독하게 합격!

금융권
NCS

문제해결능력 · 자원관리능력

SD에듀

(주)시대고시기획

Always **with you**

사람이 길에서 우연하게 만나거나 함께 살아가는 것만이 인연은 아니라고 생각합니다.
책을 펴내는 출판사와 그 책을 읽는 독자의 만남도 소중한 인연입니다.
(주)시대고시기획은 항상 독자의 마음을 헤아리기 위해 노력하고 있습니다.
늘 독자와 함께 하겠습니다.

PREFACE

머리말

최근 금융권에서는 객관적인 평가를 위해 필기시험의 비중을 높였다. 한편, NCS가 도입되면서 NCS기반 블라인드 채용이 금융권 채용문화로 확산되고 NCS 필기시험 준비는 필수가 되었다.

실제 금융권 필기시험의 기출문제를 살펴보면 평소 꾸준히 준비하지 않으면 쉽게 통과할 수 없도록 구성되어 있다.

그중에서도 NCS기반 능력중심채용을 진행하는 대부분의 금융권에서 문제해결능력과 자원관리능력을 핵심영역으로 출제하고 있다. 문제해결능력과 자원관리능력은 문제를 푸는 데 많은 시간과 집중을 요하기 때문에 수험생들이 가장 어려움을 느끼고 포기하는 영역이다.

이에 본서는 수험생들에게 좋은 길잡이가 되어 주고자 금융권 필기시험의 문제해결능력과 자원관리능력의 출제경향을 파악하고 시험에 효과적으로 대응할 수 있도록 다음과 같이 구성하였다.

📝 도서의 특징

첫 째 주요 금융권 NCS 문제해결능력과 자원관리능력 기출복원문제를 통해 출제유형을 파악할 수 있도록 하였습니다.

둘 째 문제해결능력/자원관리능력 세부 영역을 기준으로 핵심이론과 3단계에 걸친 체계적인 문제로 단기간 실력 향상에 도움이 될 수 있도록 하였습니다.

셋 째 자신의 향상된 실력을 점검하고 실전에 대비할 수 있도록 최종점검 모의고사를 수록하였습니다.

끝으로 본서로 금융권 채용 시험을 준비하는 여러분 모두의 건강과 합격을 진심으로 기원한다.

SD적성검사연구소 씀

금융권 필기시험 분석

주요 금융권 NCS 출제영역

구분	의사소통능력	수리능력	문제해결능력	자원관리능력	대인관계능력	정보능력	조직이해능력	직업윤리능력
신한은행	O	O	O					
우리은행	O	O	O			O	O	
KB국민은행	O	O	O					
NH농협은행	O	O	O			O		
지역농협	O	O	O	O			O	
IBK기업은행	O	O	O	O		O		
Sh수협은행	O	O	O	O		O	O	
새마을금고	O	O	O		O		O	
하나은행	O	O		O			O	
신협중앙회	O	O	O	O	O	O	O	
KDB산업은행	O	O	O			O		
한국수출입은행	O	O	O				O	O
국민건강보험공단	O	O	O					
건강보험심사평가원	O	O	O	O		O	O	
국민연금공단	O	O	O			O	O	
신용보증기금	O	O	O					
기술보증기금	O	O	O			O	O	
주택도시보증공사	O	O	O		O		O	
예금보험공사	O		O			O		

※ 최근 시행된 필기전형을 기준으로 정리한 것이며, 변동될 수 있으니 반드시 채용공고의 평가영역을 확인하시기 바랍니다.

NCS 문제해결/자원관리능력은 무엇을 중심으로 공부해야 하나요?

NCS 필기시험 경험자만 알고 있는 핵심 Tip

👤 문제해결능력

질문의 의도를 정확히 파악하라!
문제해결능력 문제는 무엇을 묻는지 정확하게 파악하여 풀이방향을 정확히 설정하는 것이 중요하다.

문제를 풀어나가는 방향을 익혀라!
상황이 주어지거나 혹은 여러 조건들이 제시되고 이를 종합적으로 분석하도록 요구한다. 따라서 문제를 어떻게 해결할 것인지 접근방향을 설정하는 것이 중요하며, 다양한 유형을 접하여 익숙해지도록 노력해야 한다.

중요한 정보는 반드시 표시해라!
문제에는 필요한 정보와 불필요한 정보가 있다. 필요한 정보만을 가려내어 문제풀이에 사용하기 위해서는 자신만의 표시를 해두는 것이 좋다. 실제시험에서는 짧은 시간과 긴장감으로 정보를 잘못 적용하여 틀리는 실수가 많으므로 사전에 연습을 해두자.

👤 자원관리능력

효율적인 방안을 선택하는 능력을 키워라!
자원관리의 목적은 최소 비용으로 최대 성과를 얻기 위해 자원을 활용하는 것이다. 따라서 대부분의 문제가 가장 효율적인 대안을 찾는 유형으로 출제된다.

풀이과정을 필기하는 습관을 들여라!
자원관리능력의 문제는 풀이과정이 긴 경우가 많아 계산을 실수하기 쉽다. 당연히 검산하는 데에도 시간이 걸리기 때문에 풀이과정을 필기하지 않으면 시간을 또 소모하거나 아예 포기하게 된다. 이를 방지하기 위해서 풀이과정을 필기하는 습관을 들여야 한다.

도서 200% 활용하기

1 NCS 최신 출제 경향을 파악할 수 있는 기출복원문제

2021년에 출제된 주요 금융권 최신기출문제를 복원 · 수록해 수험생들이 최신 출제 경향을 파악할 수 있도록 하였다.

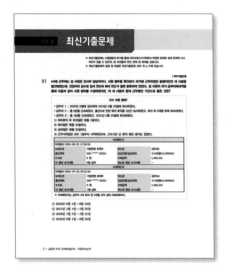

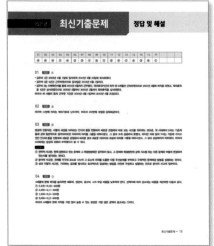

2 체계적으로 학습할 수 있는 단계별 문제

대표유형, 유형학습, 심화문제를 통해 단계별 학습이 가능하도록 하였다. 또한 문제를 차근차근 풀어보고 확실하게 이해한 문제는 'ㅇ', 헷갈리는 문제는 '△', 모르는 문제는 '×'로 표시하여 체계적인 오답확인을 할 수 있게 하였다.

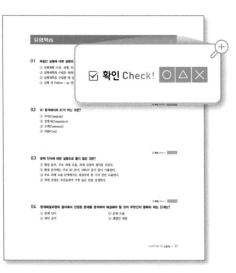

3 자신의 실력을 점검해보는 최종점검 모의고사

최종점검 모의고사 2회분을 수록해 지금까지 익혔던 학습내용을 정리하고, 자신의 실력을 분석 · 점검할 수 있도록 하였다.

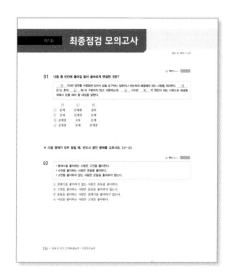

4 독학을 위한 친절한 정답 및 해설

혼자 학습하는 데 무리가 없도록 자세한 해설을 수록하였다.

오답분석

① 은호의 엄마는 은호보다 5mm 큰 신발을 신으므로 은호 엄마의 신발 사이즈는 240mm이다. 따라서 은호 아빠와 엄마의 신발 사이즈 차이는 270−240＝30mm이다.

② 은수의 신발 사이즈는 230mm 이하로 엄마의 신발 사이즈와 최소 10mm 이상 차이가 난다.

④ 235mm인 은호의 신발 사이즈와 230mm 이하인 은수의 신발 사이즈는 최소 5mm 이상 차이가 난다.

이 책의 차례

2021년 주요 금융권 NCS 문제해결능력·자원관리능력 최신기출문제 002

PART 1 문제해결능력

이론 · **004**
CHAPTER 01 모듈형 · · · · · · · · · · · · · · **010**
CHAPTER 02 사고력 · · · · · · · · · · · · · · **018**
CHAPTER 03 문제처리능력 · · · · · · · · · · **053**

PART 2 자원관리능력

이론 · **128**
CHAPTER 01 모듈형 · · · · · · · · · · · · · · **138**
CHAPTER 02 시간자원관리형 · · · · · · · · · **147**
CHAPTER 03 예산자원관리형 · · · · · · · · · **164**
CHAPTER 04 인적자원관리형 · · · · · · · · · **181**
CHAPTER 05 물적자원관리형 · · · · · · · · · **201**

FINAL 최종점검 모의고사

제1회 최종점검 모의고사 · · · · · · · · · · · **224**
제2회 최종점검 모의고사 · · · · · · · · · · · **246**

별 책 정답 및 해설

PART 1 정답 및 해설 · · · · · · · · · · · · · **002**
PART 2 정답 및 해설 · · · · · · · · · · · · · **026**
FINAL 정답 및 해설 · · · · · · · · · · · · · · **046**

2021년 주요 금융권 NCS
문제해결능력 · 자원관리능력
최신기출문제

※ 최신기출문제는 수험생들의 후기를 통해 (주)시대고시기획에서 복원한 문제로 실제 문제와 다소 차이가 있을 수 있으며, 본 저작물의 무단 전재 및 복제를 금합니다.
※ 최신기출문제의 정답 및 해설은 최신기출문제 바로 뒤 p.15에 있습니다.

❙ IBK기업은행

01 I사에 근무하는 김 사원은 인사부 담당자이다. 사원 명부를 확인하다 과거에 근무하였던 동명이인인 세 사람을 발견하였는데, 전임자의 실수로 입사 연도와 퇴사 연도가 잘못 분류되어 있었다. 김 사원이 과거 급여이체내역을 통해 다음과 같이 사원 명부를 수정하였다면, 이 세 사람이 함께 근무했던 기간으로 옳은 것은?

〈I사 사원 명부〉

• 김주미 1 : 2009년 6월에 입사하여 2018년 6월 25일에 퇴사하였다.
• 김주미 2 : 총 8년을 근속하였고, 출산으로 인한 육아 휴직을 1년간 실시하였고, 복귀 후 6개월 후에 퇴사하였다.
• 김주미 3 : 총 3년을 근속하였고, 2021년 5월 25일에 퇴사하였다.
1) 육아휴직 후 복귀일은 매월 1일이다.
2) 퇴사일은 매월 25일이다.
3) 급여일은 매월 25일이다.
4) 근무시작일은 모두 1일부터 시작하였으며, 근속기간 간 휴직 혹은 병가는 없었다.

이체확인서			
이체일시 2021-08-25 17:32:34			
보내는분	기업은행 회계부	받는분	김주미2
출금계좌	423-****-23213	입금은행/입금계좌	◇◇은행(414493394)
수수료	0 원	이체금액	1,930,342
내 통장 표시내용	8월 급여	받는분 통장 표시내용	–
이체확인서			
이체일시 2021-07-25 16:12:24			
보내는분	기업은행 회계부	받는분	김주미2
출금계좌	423-****-23213	입금은행/입금계좌	◇◇은행(414493394)
수수료	0 원	이체금액	1,930,342
내 통장 표시내용	7월 급여	받는분 통장 표시내용	–

※ 이체확인서는 김주미 2의 퇴사 전 2개월 간의 급여 이체자료이다.

---

① 2016년 6월 1일 ~ 6월 25일
② 2017년 1월 1일 ~ 1월 25일
③ 2018년 1월 1일 ~ 1월 31일
④ 2018년 6월 1일 ~ 6월 25일

02 다음은 I은행의 계좌번호 생성 방법이다. 다음 중 옳지 않은 것은?

〈계좌번호 생성 방법〉

000 - 00 - 000000

- 1 ~ 3번째 자리 : 지점번호
- 4 ~ 5번째 자리 : 계정과목
- 6 ~ 10번째 자리 : 일련번호(지점 내 발급 순서)
- 11번째 자리 : 체크기호(난수)

[지점번호]

지점	번호	지점	번호	지점	번호
국회	736	영등포	123	동대문	427
당산	486	삼성역	318	종로	553
여의도	583	신사동	271	보광동	110
신길동	954	청담동	152	신용산	294

[계정과목]

계정과목	보통예금	저축예금	적금	당좌예금	가계종합	기업자유
번호	01	02	04	05	06	07

① 271-04-540616 : I은행의 신사동지점에서 발행된 계좌번호이다.

② 553-01-480157 : 입금과 인출을 자유롭게 할 수 있는 통장을 개설하였다.

③ 954-04-126541 : 일정한 금액을 주기적으로 불입하는 조건으로 개설했다.

④ 294-05-004325 : 신용산지점에서 4,325번째 개설된 당좌예금이다.

03 다음 〈사례〉는 문제해결에 필요한 사고가 부족한 결과 벌어진 일이다. 다음 〈사례〉에서 S사에게 필요한 사고는 무엇인가?

> **사례**
>
> ### S사의 아이돌 그룹 흥행 실패
>
> 아이돌 열풍이 부는 만큼 K-POP 신인 아이돌들이 대거 등장하였다. 이에 연예기획사 S사 역시 자신의 회사를 대표할 아이돌 그룹을 데뷔시켰고, 다른 회사들처럼 외모와 몸매 모두 특출난 아이돌들로 그룹을 구성하였다. 하지만 다른 회사의 아이돌들 역시 외모와 몸매 모두 특출났기 때문에 크게 이슈화되진 않았다. 그러던 와중 경쟁사인 Y사 역시 아이돌 그룹을 데뷔시켰는데, 이들의 외모는 일반적으로 데뷔해오던 예쁘고 잘생긴 아이돌상의 이미지가 아닌 각자만의 개성이 뚜렷한 외모의 그룹이었다. 그 결과 굉장히 이슈가 되어 다른 아이돌들에 비해 세간의 관심을 한 몸에 받았다.

① 전략적 사고
② 분석적 사고
③ 성과 지향적 사고
④ 발상의 전환

04 ○○회사는 현재 22,000원에 판매하고 있는 A제품의 판매 이익을 높이기 위해 다양한 방식을 고민하고 있다. 다음 A제품에 대한 정보를 참고할 때, A제품의 판매 이익을 가장 많이 높일 수 있는 방법으로 옳은 것은?

> 〈A제품 정보〉
>
> • 개당 소요 비용
>
> | 재료비 | 생산비 | 광고비 |
> | --- | --- | --- |
> | 2,500원 | 4,000원 | 1,000원 |
>
> • A/S 관련 사항
> - 고객의 무료 A/S요청 시 회사는 1회당 3,000원을 부담해야 한다.
> - 무료 A/S는 구매 후 단 1회에 한해 제공된다.
> - 판매되는 제품 중 무료 A/S가 요구되는 제품의 비율은 15%이다.
> • 판매 이익＝(판매량×판매가격)－{(재료비＋생산비＋광고비)＋(A/S 부담 비용×A/S 비율)}

① 재료비를 25% 감소시킨다.
② 생산비를 10% 감소시킨다.
③ 광고비를 50% 감소시킨다.
④ A/S 부담 비용을 20% 감소시킨다.

※ 다음은 I은행의 출장여비 지급 기준에 대한 자료이다. 자료를 보고 이어지는 물음에 답하시오. [5~6]

〈출장여비 지급 기준〉

항공	숙박 (1박)	교통비	일비	식비
실비	• 1, 2급 : 실비 • 3급 : 80,000원 • 4, 5급, 6급 　: 50,000원	• 서울·경기지역 　: 1일 10,000원 • 나머지 지역 　: 1일 15,000원	30,000원/일	20,000원/일

※ 2급 이상 차이 나는 등급과 출장에 동행하게 된 경우, 높은 등급이 묵는 호텔에서 묵을 수 있는 금액을 지원한다.

1급	이사장
2급	이사
3급	부장
4급	차장
5급	과장
6급	대리

※ 부장, 차장, 과장, 주임의 출장비는 이사장, 이사＞부장＞차장＞과장＞대리의 순으로 차등하다(부장부터 일비 만 원씩 감소).

｜IBK기업은행

05 다음 중 자료에 대한 설명으로 옳은 것은?

① 외국으로 비행기를 타고 출장을 간 B과장의 총 비용은 같은 객실에서 묵는다면 비용이 항상 같다.
② 서울·경기 지역으로 C차장이 1박 2일로 출장을 간다면 비용은 출장비는 20만 원 이상이다.
③ 같은 조건으로 출장을 간다면 이사장이 이사보다 출장비를 많이 받는다.
④ 이사장과 출장을 가게 된 A대리는 이사장과 같은 호텔, 같은 등급의 객실에서 묵을 수 있다.

｜IBK기업은행

06 부장과 차장이 함께 9박 10일로 제주도로 출장을 가게 되었다. 부장과 동일한 출장비를 제공하기 위하여 차장의 호텔을 한 단계 업그레이드 할 때 차장이 원래 묵을 수 있는 호텔보다 얼마가 이득인가?

① 230,000원
② 250,000원
③ 270,000원
④ 290,000원

※ 다음은 임대주택 신청자의 신청번호에 대한 자료이다. 자료를 보고 이어지는 질문에 답하시오. [7~9]

임대주택 신청자의 신청번호는 14자리로 이루어져 있다.

AA	BB	CCCC	DDD	E	FF
임대주택 구분	임대주택 신청연도	(예정)입주신청일	임대기간	공급면적	신청자 월평균소득 대비 비율

임대주택 구분	임대주택 신청연도	(예정)입주신청일
11 : 대학생 전형 12 : (신청일 기준 대학졸업후 2년 이내) 사회초년생 전형 21 : (예비)신혼부부 전형 22 : (만 9세 이하 자녀가 있는)한 부모 전형 30 : (만 65세 이상)고령자 전형	15 : 2015년 16 : 2016년 17 : 2017년 18 : 2018년 19 : 2019년 20 : 2020년 21 : 2021년	EF월 GH일 입주예정인 경우 EFGH로 입력 * 임대주택 입주신청일은 임대주택 신청연도에 한해 가능하다.

임대기간	공급면적	신청자 월평균소득 대비 비율
RT0 : 2년 미만 RT2 : 2년 RT3 : 3년 RT4 : 4년 RT5 : 5년	N : 16m^2 B : 23m^2 E : 30m^2 X : 36m^2	GH : 80% 이하 VE : 100% 이하 QW : 120% 이하 CR : 150% 이하 FL : 180% 이하

* 임대기간이 2년 이상일 경우 6개월간 임대료가 면제된다.

07 2019년도 신청 및 10월 10일 입주예정인 월평균소득 대비 비율이 100% 이하 대학생의 임대기간 3년 공급면적 30m^2 임대주택 신청번호로 옳은 것은?

① 11191001RT3EVE

② 11191010RT3EVE

③ 12191001RT3EVE

④ 12191010RT3EVE

08 다음 중 임대주택을 신청한 A씨의 신청번호로 옳은 것은?

> 올해로 만 65세인 A씨는 월평균소득 대비 65% 비율로 임대주택 신청 대상자라는 통지를 받았다. 그는 현재 전세 거주 중으로 계약만료일은 다음 달인 2018년 5월 22일이 다. 이에 그는 계약만료일 5일 전으로 입주신청을 하였다. 그는 최대 임대기간으로 신청하였으며, 1인 가족으로 신청이 가능한 면적 16m² 또는 23m² 중 더 큰 면적으로 신청하였다.

① 30180517RT5BGH

② 30180522RT5BGH

③ 30180527RT5BGH

④ 30190517RT5BGH

09 다음 중 임대료 면제혜택을 받을 수 있는 신청자는 모두 몇 명인가?

> 대학생과 사회초년생을 제외한 2018년도 이후 신청자 중에서 6개월간 임대료 면제 혜택 대상인 월평균소득 대비 비율 120% 이하인 신청자에게 추가로 2개월간 임대료 면제 혜택을 제공하려고 한다.

11180502RT4NGH	21191212RT0EQW	22201228RT2EVE	12190124RT2BQW
30150822RT2EFL	21160214RT2XCR	11160727RT0NCR	22150227RT2BFL
30171124RT2BQW	30180317RT3NGH	11200319RT3EVE	22200630RT2XQW
30190516RT2BCR	21180405RT3EVE	21190628RT2XGH	12200728RT5NVE

① 2명

② 3명

③ 4명

④ 5명

IBK기업은행 본사는 직원 복지를 위해 커피머신기를 구매하려고 계획하고 있으며, 아래의 표는 커피머신기에 대한 견적 및 정보 자료이다.

구분	N커피머신	M커피머신	I커피머신	L커피머신
제조사	미국 N회사	중국 M회사	이탈리아 I회사	이탈리아 L회사
가격	101,000원	81,600원	168,000원	180,800원
단위당 커피캡슐가격	496원	427원	830원	655원
주요 특징	타사제품 호환가능	타사제품 호환가능	타사제품 호환불가	타사제품 호환불가
	약간 연한 맛	약간 연한 맛	풍부하고 진한 맛	풍부하고 진한 맛
	2년 A/S 보장	A/S 보장 ×	3년 A/S 보장	3년 A/S 보장
	우유 스팀 가능	우유 스팀 불가	우유 스팀 가능	우유 스팀 가능
	세척용이성 中(무난)	세척용이성 下(쉬움)	세척용이성 中(무난)	세척용이성 高(어려움)

│ IBK기업은행

10 커피머신 구매를 담당하고 있는 K주임은 사내 설문조사를 통해 팀별 커피머신 선호도를 조사하였다. 이를 참고하였을 때, 팀별로 구매할 커피머신을 올바르게 나열한 것은?

평가요인 \ 팀	운영1팀	운영2팀	운영3팀	운영지원팀	경영지원팀
맛 선호도	진한 맛 선호	연한 맛 선호	연한 맛 선호	진한 맛 선호	연한 맛 선호
우유 스팀 여부	필요	불필요	불필요	필요	필요
세척용이성 선호도	상관없음	下	상관없음	中 이하	상관없음
커피캡슐 가격	600 ~ 700원	400 ~ 500원	300 ~ 450원	800 ~ 900원	450 ~ 550원
타사제품 호환여부	상관없음	필요	필요	상관없음	필요

	운영1팀	운영2팀	운영3팀	운영지원팀	경영지원팀
①	L커피머신	M커피머신	M커피머신	I커피머신	N커피머신
②	M커피머신	M커피머신	N커피머신	I커피머신	L커피머신
③	M커피머신	L커피머신	M커피머신	I커피머신	N커피머신
④	N커피머신	I커피머신	M커피머신	L커피머신	I커피머신

11 10번에서와 같이 팀별로 커피머신을 구매 후 한 달간 사용하였을 때, 운영지원팀이 구매한 커피머신의 총 비용을 계산하였더니 716,000원으로 계산되었다. 운영지원팀에서 사용한 커피캡슐은 몇 개인가?(단, 커피머신가격과 배송료가 포함된 비용으로 배송료는 50,000원이다)

① 540개   ② 560개

③ 580개   ④ 600개

12 다음 제시문을 바탕으로 추론할 수 있는 것은?

> • 축산업이 발전하면 소득이 늘어난다.
> • 해외수입이 줄어들면 축산업이 발전한다.

① 해외수입이 줄어들면 소득이 줄어든다.
② 해외수입이 늘어나면 소득이 늘어난다.
③ 축산업이 발전되지 않으면 소득이 늘어난다.
④ 해외수입이 줄어들면 소득이 늘어난다.

13 다음 1분기 예산서에서 간접비의 총액은?

1분기 예산서		
비목	금액	세목
( )	930,000원	가. 인건비(5명) - 1월 : 300,000원 - 2월 : 250,000원 - 3월 : 380,000원
( )	4,500,000원	나. 장비 및 재료비 - 프로그램 구입비 : 1,000,000원 - 컴퓨터 구입비 : 1,500,000원 - 시제품 제작비 : 2,000,000원
( )	1,200,000원	다. 활동비 - 조사비 : 800,000원 - 인쇄비 : 400,000원
( )	1,000,000원	라. 프로젝트 추진비 - 여비 : 700,000원 - 회의비 : 300,000원
( )	7,500,000원	마. 일반관리비 - 공과금 : 4,000,000원 - 건물관리비 : 3,500,000원
계	15,130,000원	

① 7,500,000원 ② 7,630,000원

③ 8,700,000원 ④ 9,700,000원

14 다음과 같이 시리얼 넘버가 생성될 때 주어진 시리얼 넘버로 추론할 수 있는 것은?

〈시리얼 넘버 생성 방법〉

(상품명) − (제조연도) − (라인) − (생산 번호)

예 2021년 1월 11일에 생산 라인 k3에서 만들어진 1,002번째 A상품의 시리얼 넘버

→ HKE − 210111 − k3 − 1002

상품분류	상품명	상품 분류	상품명
A	HKE	C	JND
B	BIW	D	KFQ

〈시리얼 넘버〉

BIW−201209−m7−999

① 이 상품은 농업용 상품이다.

② 이 상품은 2012년에 만들어졌다.

③ B상품은 모두 999개이다.

④ 겨울에 만들어진 상품이다.

⑤ 이 회사의 라인은 모두 7개이다.

※ 다음은 국민건강보험공단의 여비규정에 대한 자료이다. 이어지는 질문에 답하시오. [15~16]

〈국내여비 정액표〉

구분	대상	가군	나군	다군
운임	항공운임	실비(1등석 / 비지니스)	실비(2등석 / 이코노미)	
	철도운임	실비(특실)		실비(일반실)
	선박운임	실비(1등급)	실비(2등급)	
	자동차운임 · 버스운임	실비		
	자동차운임 · 자가용승용차운임	실비		
일비(1일당)		2만 원		
식비(1일당)		2만 5천 원	2만 원	
숙박비(1박당)		실비	실비(상한액 : 서울특별시 7만 원, 광역시 · 제주도 6만 원, 그 밖의 지역 5만 원)	

〈실비 단가(1일당 상한액)〉

구분	가군	나군	다군
항공운임	100만 원	50만 원	
철도운임	7만 원		3만 원
선박운임	50만 원	20만 원	
버스운임	1,500원		
자가용승용차운임	20만 원		
숙박비	15만 원	–	–

15 지난 주 출장을 다녀온 A부장의 출장 내역이 다음과 같을 때, A부장이 받을 수 있는 최대 여비는?

〈A부장 출장 내역〉

- 2박 3일 동안 가군으로 출장을 간다.
- 항공은 첫째 날과 셋째 날에 이용한다.
- 철도는 첫째 날과 둘째 날에 이용한다.
- 자가용은 출장 기간 동안 매일 이용한다.

① 315만 5천 원
② 317만 원
③ 317만 5천 원
④ 318만 원

16 영업팀 3명이 각각 다른 군으로 출장을 간다면, 영업팀이 받는 총 여비는?

〈영업팀 출장 내역〉

- 1박 2일 동안 출장을 간다.
- 비용은 최대로 받는다.
- 항공은 첫째 날에 이용한다.
- 선박은 둘째 날에 이용한다.
- 기차는 출장 기간 동안 매일 이용한다.
- 버스는 출장 기간 동안 매일 이용한다.
- 자가용은 출장 기간 동안 매일 이용한다.
- 나군은 서울에 해당한다.
- 다군은 제주도에 해당한다.

① 485만 9천 원   ② 488만 6천 원

③ 491만 6천 원   ④ 497만 9천 원

17 다음은 국민건강보험공단의 재난적 의료비 지원사업에 대한 자료이다. 이에 대해 바르게 알고 있는 사람을 〈보기〉에서 모두 고르면?

〈재난적 의료비 지원사업〉

- 개요

  질병·부상 등으로 인한 치료·재활 과정에서 소득·재산 수준 등에 비추어 과도한 의료비가 발생해 경제적 어려움을 겪게 되는 상황으로 의료비 지원이 필요하다고 인정된 사람에게 지원합니다.
- 대상질환

  1. 모든 질환으로 인한 입원환자
  2. 중증질환으로 외래진료를 받은 환자

  ※ 중증질환 : 암, 뇌혈관, 심장, 희귀, 중증난치, 중증화상질환
- 소득기준

  – 기준중위소득 100% 이하 : 지원 원칙(건보료 기준)

  – 기준중위소득 100 ~ 200% 이하 : 연소득 대비 의료비부담비율을 고려해 개별심사 후 지원

  ※ 재산 과표 5.4억 원 초과 고액재산보유자는 지원 제외
- 의료비기준

  1회 입원에 따른 가구의 연소득 대비 의료비 발생액[법정본인부담, 비급여 및 예비(선별)급여 본인부담]기준금액 초과 시 지원

  – 기초생활수급자, 차상위계층 : 80만 원 초과 시 지원

  – 기준중위소득 50% 이하 : 160만 원 초과 시 지원

  – 기준중위소득 100% 이하 : 연소득의 15% 초과 시 지원

보기

가 : 18세로 뇌혈관 치료 때문에 외래진료를 받은 학생에게 이 사업에 대해 알려주었어. 학생의 집은 기준중위소득 100%에 해당되기 때문에 지원을 받을 수 있을 거야.

나 : 이번에 개인 질환으로 입원했는데, 200만 원이 나왔어. 기준중위소득 50%에 해당되는데 지원금을 받을 수 있어 다행이야.

다 : 어머니가 심장이 안 좋으셔서 외래진료를 받고 있는데 돈이 많이 들어. 기준중위소득 200%에 속하는데 현금은 없지만 재산이 5.4억 원이어서 공단에서 지원하는 사업에 지원도 못하고 요즘 힘드네.

라 : 요즘 열이 많이 나서 근처 병원으로 통원 치료를 하고 있어. 기초생활수급자인 내 형편으로 볼 때, 지원금을 받는 데 문제없겠지?

① 가, 나   ② 가, 다

③ 나, 다   ④ 다, 라

01	02	03	04	05	06	07	08	09	10	11	12	13	14	15	16	17			
④	④	④	①	④	③	②	①	④	①	④	④	①	④	③	④	①			

01 정답 ④

- 김주미 1은 2009년 6월 1일에 입사하여 2018년 6월 25일에 퇴사하였다.
- 김주미 3은 3년간 근무하였으므로 입사일은 2018년 6월 1일이다.
- 김주미 2는 이체확인서를 통해 2021년 8월까지 근무했다. 육아휴직기간과 복직 후 6개월간 근속하였으므로 2021년 3월에 복직을 하였고, 육아휴직을 1년간 실시하였으므로 2020년 2월부터 2021년 3월까지 육아휴직을 실시하였다.

따라서 세 사람이 함께 근무한 기간은 2018년 6월 1일부터 2018년 6월 25일이다.

02 정답 ④

마지막 11번째 자리는 체크기호로 난수이다. 따라서 432번째 개설된 당좌예금이다.

03 정답 ④

발상의 전환이란, 사물과 세상을 바라보는 인식의 틀을 전환하여 새로운 관점에서 바로 보는 사고를 의미하는 것으로, 위 사례에서 S사는 기존의 틀에 갇혀 일반적으로 생각되어오던 이미지의 아이돌 그룹을 데뷔시켰고, 그 결과 크게 성공하지 못했다. 하지만 이와 달리 Y사는 기존에 가지고 있던 인식의 틀을 전환하여 새로운 관점에서 바라본 결과 새로운 이미지의 개성파 아이돌 그룹을 데뷔시켰고, 그 결과 성공에까지 이르렀다. 따라서 S사에게는 발상의 전환이 부족했다고 볼 수 있다.

오답분석
① 전략적 사고란, 현재 당면하고 있는 문제와 그 해결방법에만 집착하지 말고, 그 문제와 해결방안이 상위 시스템 또는 다른 문제와 어떻게 연결되어 있는지를 생각하는 것이다.
② 분석적 사고란, 전체를 각각의 요소로 나누어 그 요소의 의미를 도출한 다음 우선순위를 부여하고 구체적인 문제해결 방법을 실행하는 것이다.
③ 성과 지향적 사고란, 기대하는 결과를 명시하고 효과적으로 달성하는 방법을 사전에 구상하고 실행하는 것으로 분석적 사고의 일부이나.

04 정답 ①

A제품의 판매 이익을 높이려면 재료비, 생산비, 광고비, A/S 부담 비용을 낮추어야 한다. 선택지에 따라 감소되는 비용을 계산하면 다음과 같다.
① $2,500 \times 0.25 = 625$원
② $4,000 \times 0.1 = 400$원
③ $1,000 \times 0.5 = 500$원
④ $3,000 \times 0.2 = 600$원
따라서 A제품의 판매 이익을 가장 많이 높일 수 있는 방법은 가장 많은 금액이 감소되는 ①이다.

05 정답 ④

대리와 이사장은 2급 이상 차이가 나기 때문에 같은 이사장과 같은 등급의 호텔 객실에서 묵을 수 있다.

오답분석

① 비행기 요금은 실비이기 때문에 변동이 있을 수 있다.
② 숙박비 5만 원, 교통비 2만 원, 일비 6만 원, 식비 4만 원으로 17만 원이다.
③ 같은 조건이라면 이사장과 이사는 출장비가 같다.

06 정답 ③

차장은 숙박비가 4급이며 1일 50,000만 원이 지원되고, 부장은 3급이며 1일 80,000원이 지원된다. 9박 10일이므로 총 9일 동안 호텔에서 숙박한다. 차장이 묵는 4급 호텔에서 9일간 비용은 450,000원이고, 3급 호텔에서 9일간 비용은 720,000원이다. 따라서 차장의 호텔을 업그레이드 할 때, 원래 묵을 수 있는 호텔보다 720,000−450,000=270,000원 이득이다.

07 정답 ②

신청번호 구성 순으로 정리하면 다음과 같다.
• 임대주택 구분 : 대학생 전형(11)
• 임대주택 신청연도 : 2019년(19)
• 입주예정일 : 10월 10일(1010)
• 임대기간 : 3년(RT3)
• 공급면적 : 30m²(E)
• 신청자 월평균소득 대비 비율 : 100% 이하(VE)
따라서 신청자의 신청번호는 '11191010RT3EVE'이다.

08 정답 ①

신청번호 구성 순으로 정리하면 다음과 같다.
• 임대주택 구분 : 만 65세 이상 고령자 전형(30)
• 임대주택 신청연도 : 2018년(18)
• 입주예정일 : 5월 17일(0517)
• 임대기간 : 5년(RT5)
• 공급면적 : 23m²(B)
• 신청자 월평균소득 대비 비율 : 65%(GH)
따라서 신청자의 신청번호는 '30180517RT5BGH'이다.

09 정답 ④

임대주택 신청자 신청번호 구성 순으로 조건에 해당되지 않는 신청자를 지우면 다음과 같다.
1. 대학생전형(11)과 사회초년생전형(12)에 해당하는 신청자를 지운다.

11180502RT4NGH	21191212RT0EQW	22201228RT2EVE	12190124RT2BQW
30150822RT2EFL	21160214RT2XCR	11160727RT0NCR	22150227RT2BFL
30171124RT2BQW	30180317RT3NGH	11200319RT3EVE	22200630RT2XQW
30190516RT2BCR	21180405RT3EVE	21190628RT2XGH	12200728RT5NVE

2. 신청연도가 2017년 이전인 신청자는 지운다.

~~11180502RT4NGH~~	21191212RT0EQW	22201228RT2EVE	12190124RT2BQW
~~30150822RT2EFL~~	~~21160214RT2XCR~~	~~11160727RT0NCR~~	22150227RT2BFL
~~30171124RT2BQW~~	30180317RT3NGH	11200319RT3EVE	22200630RT2XQW
30190516RT2BCR	21180405RT3EVE	21190628RT2XGH	12200728RT5NVE

3. 입주신청일에 대한 언급은 없으므로 제외한다.

4. 6개월간 임대료 면제 혜택 대상이려면 임대기간이 2년 이상이어야 한다. 따라서 임대기간이 2년 미만인 RT0인 신청자는 지운다.

~~11180502RT4NGH~~	~~21191212RT0EQW~~	22201228RT2EVE	12190124RT2BQW
~~30150822RT2EFL~~	~~21160214RT2XCR~~	~~11160727RT0NCR~~	22150227RT2BFL
~~30171124RT2BQW~~	30180317RT3NGH	11200319RT3EVE	22200630RT2XQW
30190516RT2BCR	21180405RT3EVE	21190628RT2XGH	12200728RT5NVE

5. 월평균소득 대비 비율이 120% 이하에 해당하지 않는 신청자(CR, FL)는 지운다.

~~11180502RT4NGH~~	~~21191212RT0EQW~~	22201228RT2EVE	12190124RT2BQW
~~30150822RT2EFL~~	~~21160214RT2XCR~~	~~11160727RT0NCR~~	22150227RT2BFL
~~30171124RT2BQW~~	30180317RT3NGH	11200319RT3EVE	22200630RT2XQW
~~30190516RT2BCR~~	21180405RT3EVE	21190628RT2XGH	12200728RT5NVE

따라서 혜택을 받을 수 있는 신청자는 모두 5명이다.

10 정답 ①

구분	운영1팀	운영2팀	운영3팀	운영지원팀	경영지원팀
맛 선호도	진한 맛 선호	연한 맛 선호	연한 맛 선호	진한 맛 선호	연한 맛 선호
우유 스팀 여부	필요	불필요	불필요	필요	필요
세척용이성 선호도	상관없음	下	상관없음	中 이하	상관없음
커피캡슐 가격	600 ~ 700원	400 ~ 500원	300 ~ 450원	800 ~ 900원	450 ~ 550원
타사제품 호환여부	상관없음	필요	필요	상관없음	필요
	L커피머신	M커피머신	M커피머신	I커피머신	N커피머신

11 정답 ④

총 비용이 716,000원이므로 배송료 50,000원과 커피머신 비용 168,000원을 차감하면 498,000원이다.
운영지원팀에서 사용한 커피캡슐의 개수를 x개라고 하면 다음과 같다.
→ $498,000 = x \times 830$
∴ $x = 600$

12 정답 ④

'축산업이 발전함'을 P, '소득이 늘어남'을 Q, '해외수입이 줄어듦'을 R이라고 하면
첫 번째 조건 P → Q
두 번째 조건 R → P
이므로 R → P → Q의 관계가 되어 R → Q인 ④가 정답이 된다.

13 정답 ①

1분기 예산서 중 간접비는 '마. 일반관리비'이다. 따라서 간접비 총액은 7,500,000원이다.
가 ~ 라는 모두 직접비이다.
- 직접비의 예 : 재료비, 원료와 장비, 시설비, 여행(출장) 및 잡비, 인건비
- 간접비의 예 : 보험료, 건물관리비, 광고비, 통신비, 공과금, 사무 비품비

14 정답 ④

2020년 12월 9일에 생산된 상품이므로 겨울에 만들어졌음을 알 수 있다.

오답분석
① 이 상품이 농업용인지는 알 수 없다.
② 이 상품은 2020년에 만들어졌다.
③ 이 상품은 B의 999번째 상품이지만, B가 모두 999개인지는 알 수 없다.
⑤ 이 상품의 라인은 m7이지만, 라인이 모두 7개인지는 알 수 없다.

15 정답 ③

- 일비 : 2만×3=6만 원
- 철도운임 : 7만×2=14만 원
- 숙박비 : 15만×2=30만 원
- 항공운임 : 100만×2=200만 원
- 자가용승용차운임 : 20만×3=60만 원
- 식비 : 2.5만×3=7.5만 원

따라서 A부장이 받을 수 있는 최대 여비는 6+200+14+60+30+7.5=317만 5천 원이다.

16 정답 ④

- 가군
  - 일비 : 2만×2=4만 원
  - 선박운임 : 50만×1=50만 원
  - 버스운임 : 1,500×2=3,000원
  - 숙박비 : 15만×1=15만 원
  - 항공운임 : 100만×1=100만 원
  - 철도운임 : 7만×2=14만 원
  - 자가용승용차운임 : 20만×2=40만 원
  - 식비 : 2.5만 원×2=5만 원

  그러므로 4+100+50+14+0.3+40+15+5=228만 3천 원이다

- 나군
  - 일비 : 2만×2=4만 원
  - 선박운임 : 20만×1=20만 원
  - 버스운임 : 1,500×2=3,000원
  - 숙박비 : 7만×1=7만 원
  - 항공운임 : 50만×1=50만 원
  - 철도운임 : 7만×2=14만 원
  - 자가용승용차운임 : 20만×2=40만 원
  - 식비 : 2만×2=4만 원

  그러므로 4+50+20+14+0.3+40+7+4=139만 3천 원이다.

- 다군
  - 일비 : 2만×2=4만 원
  - 선박운임 : 20만×1=20만 원
  - 버스운임 : 1,500×2=3,000원
  - 숙박비 : 6만×1=6만 원
  - 항공운임 : 50만×1=50만 원
  - 철도운임 : 3만×2=6만 원
  - 자가용승용차운임 : 20만×2=40만 원
  - 식비 : 2만×2=4만 원

  그러므로 4+50+20+6+0.3+40+6+4=130만 3천 원이다.

따라서 총 여비는 228.3+139.3+130.3=497만 9천 원이다.

17 정답 ①

가. 뇌혈관은 중증질환에 해당되고, 소득수준도 조건에 해당되기 때문에 이 사업의 지원금을 받을 수 있다.

나. 기준중위소득 50% 이하는 160만 원 초과 시 지원할 수 있다.

오답분석

다. 기준중위소득 200%는 연소득 대비 의료비부담비율을 고려해 개별심사 후 지원받을 수 있다. 이때 재산 과표 5.4억 원을 초과하는 고액재산보유자는 지원이 제외되므로 재산이 5.4억 원인 다의 어머니는 심사에 지원할 수 있다.

라. 통원 치료는 대상질환에 해당하지 않는다.

시대에듀 win 시대로 www.sdedu.co.kr/winsidaero

금융권 NCS

문제해결능력 · 자원관리능력

1

문제해결능력

CHAPTER 01 모듈형

CHAPTER 02 사고력

CHAPTER 03 문제처리능력

| 01 | 문제해결능력

(1) 문제

① 문제와 문제점의 의미

ㄱ 문제 : 원활한 업무수행을 하기 위해 해결해야 하는 질문이나 의논 대상

ㄴ 문제점 : 문제의 근본원인이 되는 사항으로 문제해결에 필요한 열쇠인 핵심 사항

예 스트레스로 인해 신경성 장염에 걸렸을 때, 신경성 장염의 발생이 '문제'이며, 스트레스는 '문제점'이다.

② 문제의 분류

구분	창의적 문제	분석적 문제
문제제시 방법	현재 문제가 없더라도 보다 나은 방법을 찾기 위한 문제 탐구로, 문제 자체가 명확하지 않음	현재의 문제점이나 미래의 문제로 예견될 것에 대한 문제 탐구로, 문제 자체가 명확함
해결 방법	창의력에 의한 많은 아이디어의 작성을 통해 해결	분석·논리·귀납과 같은 논리적 방법을 통해 해결
해답 수	해답의 수가 많으며, 많은 답 가운데 보다 나은 것을 선택	답의 수가 적으며, 한정되어 있음
주요 특징	주관적, 직관적, 감각적, 정성적, 개별적, 특수성	객관적, 논리적, 이성적, 정량적, 일반적, 공통성

CHECK POINT

모듈형 문제가 출제되는 기업에서 문제의 유형에 관한 문제가 자주 출제된다.

③ 문제의 유형

ㄱ 기능에 따른 문제 유형 : 제조 문제, 판매 문제, 자금 문제, 인사 문제, 경리 문제, 기술상 문제

ㄴ 해결 방법에 따른 문제 유형 : 논리적 문제, 창의적 문제

ㄷ 시간에 따른 문제 유형 : 과거 문제, 현재 문제, 미래 문제

ㄹ 업무 수행 과정 중 발생한 문제 유형 : 발생형 문제, 탐색형 문제, 설정형 문제

• 발생형 문제 : 이미 일어난 문제로, 당장 걱정하고 해결하기 위해 고민하는 문제

• 탐색형 문제 : 더 잘해야 하는 문제로, 현재의 상황을 개선히거나 효율을 높이기 위한 문제

• 설정형 문제 : 미래상황에 대응하는 장래의 경영전략의 문제로, 앞으로 어떻게 할 것인가 하는 문제

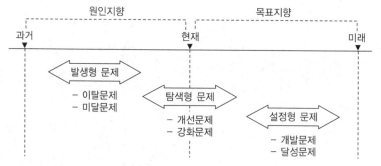

문제에 대한 설명으로 옳지 않은 것은?

① 업무를 수행함에 있어서 답을 요구하는 질문이나 의논하여 해결해야 되는 사항을 의미한다.

② 해결하기를 원하지만 실제로 해결해야 하는 방법을 모르고 있는 상태도 포함된다.

③ 얻고자 하는 해답이 있지만 그 해답을 얻는 데 필요한 일련의 행동을 알지 못한 상태도 있다.

④ 일반적으로 창의적 문제, 분석적 문제, 논리적 문제로 구분된다.

문제는 일반적으로 창의적 문제, 분석적 문제로 구분된다.

정답 ④

(2) 문제해결

① 문제해결의 정의

문제해결이란 목표와 현상을 분석하고, 이 분석 결과를 토대로 주요 과제를 도출하여 바람직한 상태나 기대되는 결과가 나타나도록 최적의 해결안을 찾아 실행·평가하는 활동을 말한다.

② 문제해결의 기본요소

㉠ 체계적인 교육훈련

㉡ 문제해결 방법에 대한 다양한 지식

㉢ 문제 관련 지식에 대한 가용성

㉣ 문제해결자의 도전의식과 끈기

㉤ 문제에 대한 체계적인 접근

③ 문제해결 시 필요한 사고

㉠ 전략적 사고

㉡ 분석적 사고

㉢ 발상의 전환

㉣ 내·외부자원의 효율적인 활용

④ 문제해결 시 장애 요인

㉠ 문제를 철저히 분석하지 않는 경우 : 근본적인 문제해결을 하지 못하거나 새로운 문제를 야기하는 결과를 초래할 수 있다.

㉡ 고정관념에 얽매이는 경우 : 정해진 규정과 틀에 얽매여서 새로운 아이디어와 가능성을 무시해 버릴 수 있다.

ⓒ 쉽게 떠오르는 단순한 정보에 의지하는 경우 : 단순한 정보에 의지하면 문제를 해결하지 못하거나 오류를 범하게 된다.

ⓔ 너무 많은 자료를 수집하려고 노력하는 경우 : 무엇이 제대로 된 자료인지를 알지 못하는 우를 범할 우려가 많다.

⑤ 문제해결방법

ⓞ 소프트 어프로치에 의한 문제해결

- 대부분의 기업에서 볼 수 있는 전형적인 문제해결방법
- 직접적인 표현이 아닌, 시사 또는 암시를 통하여 의사를 전달하고 감정을 서로 통하게 함으로써 문제해결을 도모하는 방법
- 코디네이터(3자)는 결론을 미리 머릿속에 그려가면서 권위나 공감에 의지하여 의견을 중재하고, 타협과 조정을 통해 해결을 도모
- 결론이 애매하게 끝나는 경우가 적지 않음

ⓛ 하드 어프로치에 의한 문제해결

- 서로의 생각을 직설적으로 주장하고 논쟁이나 협상을 통해 서로의 의견을 조정해가는 방법
- 사실과 원칙에 근거한 토론으로 해결방법을 도모
- 코디네이터(3자)는 구성원들에게 지도와 설득을 하고 전원이 합의하는 일치점을 찾도록 노력
- 합리적이긴 하나, 창조적인 아이디어나 높은 만족감을 이끌어내기는 어려움

ⓔ 퍼실리테이션에 의한 문제해결

- 퍼실리테이션은 '촉진'을 의미하며, 어떤 그룹이나 집단이 의사결정을 잘 하도록 도와주는 일을 의미
- 조직이 어떤 방향으로 나아갈지 알려주고, 주제에 대한 공감을 이룰 수 있도록 도와주는 역할을 담당
- 깊이 있는 커뮤니케이션을 통해 서로의 문제점을 이해하고 공감함으로써 창조적인 문제해결을 도모
- 퍼실리테이션에 의한 방법은 구성원의 동기가 강화되고 팀워크도 한층 강화되는 특징을 가짐
- 코디네이터(3자)가 합의점이나 줄거리를 준비해놓고 예정대로 결론을 도출하는 것은 적절하지 않음

• 예제풀이 •

문제해결에 필요한 기본적 사고
전략적 사고, 분석적 사고, 발상의 전환, 내·외부자원의 활용

정답 ②

• 핵심예제 •

문제해결에 필요한 기본적 사고로 옳은 것은?

① 외부자원만을 효과적으로 활용한다.
② 전략적 사고를 해야 한다.
③ 같은 생각을 유지한다.
④ 추상적 사고를 해야 한다.

| 02 | 사고력

(1) 창의적 사고

① 창의적 사고의 의미

창의적 사고란 이미 알고 있는 경험과 지식을 해체하고 새로운 정보로 결합함으로써 가치있고 참신한 아이디어를 산출하는 사고를 말한다.

② 창의적 사고의 특징

㉠ 정보와 정보의 조합이다.

㉡ 사회나 개인에게 새로운 가치를 창출한다.

㉢ 창조적인 가능성이다.

③ 창의적 사고의 개발 방법

㉠ 자유연상법 : 어떤 생각에서 다른 생각을 계속해서 떠올리는 작용을 통해, 어떤 주제에 대해 생각나는 것을 열거해 나가는 발산적 사고 방법

예 브레인스토밍

㉡ 강제연상법 : 각종 힌트를 강제적으로 연결지어서 발상하는 방법

예 체크리스트

㉢ 비교발상법 : 주제와 본질적으로 닮은 것을 힌트로 하여 새로운 아이디어를 얻는 방법

예 NM법, Synectics(창조공학)

● 핵심예제 ●

창의적 사고의 특징으로 옳지 않은 것은?

① 외부 정보끼리의 조합이다.

② 사회나 개인에게 새로운 가치를 창출한다.

③ 창조적인 가능성이다.

④ 사고력, 성격, 대도 등의 전인격적인 기능성을 포함한다.

● 예제풀이 ●

창의적 사고는 정보와 정보의 조합으로, 정보에는 내부 정보와 외부 정보가 있다.

정답 ①

---

(2) 논리적 사고

① 논리적 사고의 의미

논리적 사고란 사고의 전개에 있어서 전후의 관계가 일치하고 있는지를 살피며, 아이디어를 평가하는 사고를 말한다.

② 논리적 사고를 하기 위해 필요한 요소

생각하는 습관, 상대 논리의 구조화, 구체적인 생각, 타인에 대한 이해・설득

③ 논리적 사고를 개발하는 방법

㉠ 피라미드 구조 방법 : 하위의 사실이나 현상으로부터 상위의 주장을 만들어 나가는 방법

㉡ SO WHAT 방법 : 눈앞에 있는 정보로부터 의미를 찾아내어 가치있는 정보를 이끌어내는 방법

● 핵심예제 ●

논리적 사고를 위한 요소가 아닌 것은?

① 생각하는 습관
② 상대 논리의 구조화
③ 타인에 대한 이해·설득
④ 추상적인 생각

(3) 비판적 사고

① 비판적 사고의 의미

비판적 사고는 제기된 주장에 어떤 오류나 잘못이 있는지를 찾아내기 위하여 지엽적인 부분을 확대하여 문제로 삼는 것이 아니라, 지식·정보를 바탕으로 한 합당한 근거에 기초를 두고 현상을 분석하고 평가하는 사고를 말한다.

② 비판적 사고를 하기 위해 필요한 요소

지적 호기심, 객관성, 개방성, 융통성, 지적 회의성, 지적 정직성, 체계성, 지속성, 결단성, 다른 관점에 대한 존중

③ 비판적인 사고를 하기 위해서는 어떤 현상에 대해 문제의식을 가지고, 고정관념을 타파해야 한다.

| 03 | 문제처리능력

문제처리능력이란 목표와 현상을 분석하고, 이 분석결과를 토대로 문제를 도출하여 최적의 해결책을 찾아 실행·평가하는 활동을 할 수 있는 능력을 말한다.

〈문제해결 절차〉
문제 인식 → 문제 도출 → 원인 분석 → 해결안 개발 → 실행 및 평가

(1) 문제 인식

해결해야 할 전체 문제를 파악하여 우선순위를 정하고 선정된 문제에 대한 목표를 명확히 하는 단계로, '환경 분석 → 주요 과제 도출 → 과제 선정'을 통해 수행된다.

※ 환경 분석 시 자주 사용되는 방법

• 3C 분석 : 3C에 대한 체계적인 분석(3C : 자사, 경쟁사, 고객)
• SWOT 분석 : 기업내부의 강점(Strength), 약점(Weakness), 외부환경의 기회(Opportunity), 위협요인(Threat)을 분석·평가하고 이들을 서로 연관 지어 전략과 문제해결 방안을 개발하는 방법

(2) 문제 도출

선정된 문제를 분석하여 해결해야 할 것이 무엇인지를 명확히 하는 단계로, '문제 구조 파악 → 핵심 문제 선정'을 통해 수행된다.

※ 문제 구조 파악 시 자주 사용되는 방법
- Logic Tree 방법 : 문제의 원인을 깊이 파고들어 해결책을 구체화할 때 제한된 시간 속에 넓이와 깊이를 추구하는 데 도움이 되는 기술로, 주요 과제를 나무 모양으로 분해·정리하는 방법

(3) 원인 분석

파악된 핵심문제에 대한 분석을 통해 근본 원인을 도출해내는 단계로, '이슈 분석 → 데이터 분석 → 원인 파악'을 통해 수행된다.

(4) 해결안 개발

문제로부터 도출된 근본 원인을 효율적으로 해결할 수 있는 최적의 해결방안을 수립하는 단계로, '해결안 도출 → 해결안 평가 및 최적안 선정'을 통해 수행된다.

(5) 실행 및 평가

해결안 개발을 통해 만들어진 실행계획을 실제 상황에 적용하는 활동으로, 당초 장애가 되는 문제의 원인들을 해결안을 사용하여 제거해 나가는 단계이다. '실행계획 수립 → 실행 → 사후 관리(Follow – up)'를 통해 수행된다.

대표유형

다음 사례에 나타난 홍보팀 팀장의 상황은 문제해결절차의 어느 단계에 해당하는가?

A회사는 이번에 새로 출시한 제품의 판매량이 생각보다 저조하여 그 원인에 대해 조사하였고, 그 결과 신제품 홍보 방안이 미흡하다고 판단하였다. 효과적인 홍보 방안을 마련하기 위해 홍보팀에서는 회의를 진행하였고, 팀원들은 다양한 홍보 방안을 제시하였다. 홍보팀 팀장은 중요도와 실현 가능성 등을 고려하여 팀원들의 다양한 의견 중 최종 홍보 방안을 결정하고자 한다.

① 문제 인식　　　　　　　　　　　　② 문제 도출
③ 원인 분석　　　　　　　　　　　　④ 해결안 개발

정답　해설

해결안 개발은 문제로부터 도출된 근본원인을 효과적으로 해결할 수 있는 최적의 해결방안을 수립하는 단계로 해결안 도출, 해결안 평가 및 최적안 선정의 절차로 진행된다. 홍보팀 팀장은 팀원들이 제시한 다양한 홍보 방안을 중요도와 실현 가능성 등을 고려하여 최종 홍보 방안을 결정해야 한다. 따라서 해결안 개발 단계 중에서도 해결안을 평가하고 가장 효과적인 해결안을 선정해야 하는 단계에 해당한다.

정답　④

이거 알면 30초 컷

문제해결 절차

문제 인식 → 문제 도출 → 원인 분석 → 해결안 개발 → 실행 및 평가

• 문제 인식
  해결해야 할 전체 문제를 파악하여 우선순위를 정하고 선정된 문제에 대한 목표를 명확히 하는 단계
• 문제 도출
  선정된 문제를 분석하여 해결해야 할 것이 무엇인지를 명확히 하는 단계
• 원인 분석
  파악된 핵심문제에 대한 분석을 통해 근본 원인을 도출해내는 단계
• 해결안 개발
  문제로부터 도출된 근본 원인을 효율적으로 해결할 수 있는 최적의 해결방안을 수립하는 단계
• 실행 및 평가
  해결안 개발을 통해 만들어진 실행계획을 실제 상황에 적용하는 활동으로, 당초 장애가 되는 문제의 원인들을 해결안을 사용하여 제거해 나가는 단계

☑ 확인 Check! ○△✕

01 해결안 실행에 대한 설명으로 옳지 않은 것은?

① 실행계획 수립, 실행, Follow – up의 절차로 진행된다.
② 실행계획의 수립은 육하원칙에 대한 답을 가지고 계획하는 단계이다.
③ 실행계획을 수립할 때 실행상의 문제점을 해결하기 위한 모니터링 체계를 구축해야 한다.
④ 실행 및 Follow – up 단계에서는 가능한 사항부터 실행하도록 한다.

☑ 확인 Check! ○△✕

02 3C 분석에서의 3C가 아닌 것은?

① 자사(Company)
② 경쟁사(Competitor)
③ 고객(Customer)
④ 비용(Cost)

☑ 확인 Check! ○△✕

03 문제 인식에 대한 설명으로 옳지 않은 것은?

① 환경 분석, 주요 과제 도출, 과제 선정의 절차를 거친다.
② 환경 분석에는 주로 3C 분석, SWOT 분석 등이 사용된다.
③ 주요 과제 도출 단계에서는 처음부터 한 가지 안만 도출한다.
④ 과제 선정은 우선순위가 가장 높은 안을 선정한다.

☑ 확인 Check! ○△✕

04 문제해결과정의 절차에서 선정된 문제를 분석하여 해결해야 할 것이 무엇인지 명확히 하는 단계는?

① 문제 인식   ② 문제 도출
③ 원인 분석   ④ 해결안 개발

05 논리적 사고에 대한 설명으로 옳은 것은?

① 다른 사람을 공감시키기 어렵다.

② 짧은 시간에 사고를 할 수 있다.

③ 행동을 하고 생각하게 한다.

④ 주위를 설득하는 일이 어렵다.

06 문제해결의 장애요소가 아닌 것은?

① 문제를 철저하게 분석하지 않는 경우

② 다양한 발상을 하려는 경우

③ 쉽게 떠오르는 단순한 정보에 의지하는 경우

④ 너무 많은 자료를 수집하려고 노력하는 경우

07 다음 중 문제의 유형이 아닌 것은?

① 발생형 문제

② 탐색형 문제

③ 미래 문제

④ 과거 문제

08 문제해결을 위한 방법으로 옳지 않은 것은?

① 소프트 어프로치

② 하드 어프로치

③ 소프트 & 하드 어프로치

④ 퍼실리테이션

09 문제해결을 위한 기본요소가 아닌 것은?

① 체계적인 교육훈련
② 문제관련 지식에 대한 가용성
③ 문제에 대한 추상적 접근
④ 문제해결자의 도전의식과 끈기

10 문제해결과정이 순서대로 바르게 나열된 것은?

ㄱ. 문제 인식	ㄴ. 실행 및 평가
ㄷ. 원인 분석	ㄹ. 문제 도출
ㅁ. 해결안 개발	

① ㄱ - ㄴ - ㄷ - ㄹ - ㅁ
② ㄱ - ㄹ - ㄷ - ㅁ - ㄴ
③ ㄴ - ㄷ - ㄹ - ㅁ - ㄱ
④ ㄹ - ㄱ - ㄷ - ㅁ - ㄴ

☑ **확인 Check!** ○ △ ✕

01 문제원인의 패턴에 대한 설명으로 옳은 것은?

① 문제원인의 패턴에는 단순한 인과관계, 추상적 인과관계, 닭과 계란의 인과관계, 복잡한 인과관계가 있다.
② 단순한 인과관계로는 브랜드의 향상이 매출확대로 이어지고, 매출확대가 다시 브랜드의 인지도 향상으로 이어지는 경우가 있다.
③ 닭과 계란의 인과관계로는 소매점에서 할인율을 자꾸 내려서 매출 점유율이 내려가기 시작하는 경우가 있다.
④ 복잡한 인과관계는 단순한 인과관계와 닭과 계란의 인과관계의 두 유형이 복잡하게 서로 얽혀 있는 경우이다.

☑ **확인 Check!** ○ △ ✕

02 H화장품 회사의 기획팀에 근무 중인 A ~ D직원은 신제품 개발 프로젝트와 관련하여 회의를 진행하였으나, 별다른 해결 방안을 얻지 못했다. 다음 회의 내용을 바탕으로 할 때, A ~ D직원의 문제 해결을 방해하는 장애요소가 잘못 연결된 것은?

> A직원 : 요즘 10대들이 선호하는 스타일을 조사해보았습니다. 스트릿 패션이나 편한 캐주얼 룩을 좋아하면서도 유행에 민감한 모습을 보이는 것으로 나타났습니다. 물론 화장품에 대한 관심은 계속해서 높아지고 있음을 알 수 있었습니다.
>
> B직원 : 10대들의 패션보다는 화장품에 대한 관심이 이번 회의에 중요하지 않을까요? 이번에 고등학교에 올라가는 제 조카는 귀여운 디자인의 화장품을 좋아하던데요. 아무래도 귀여운 디자인으로 승부를 보는 게 좋을 것 같아요.
>
> C직원 : 아! 제가 지금 좋은 생각이 떠올랐어요! 10대들의 지나친 화장품 사용을 걱정하는 학부모들을 위해 자사의 친환경적인 브랜드 이미지를 강조하는 것은 어떨까요?
>
> D직원 : 제 생각에는 구매력이 낮은 10대보다는 만족을 중시하는 '욜로' 소비성향을 보이는 20 ~ 30대를 위한 마케팅이 필요할 것 같아요.

① A직원 – 너무 많은 자료를 수집하려고 노력하는 경우
② B직원 – 고정관념에 얽매이는 경우
③ C직원 – 쉽게 떠오르는 단순한 정보에 의지하는 경우
④ D직원 – 문제를 철저하게 분석하지 않는 경우

03 다음은 업무 수행 과정에서 발생하는 문제의 유형 3가지를 소개한 자료이다. 자료에서 설명하는 문제의 유형에 대하여 〈보기〉의 사례가 적절하게 연결된 것은?

〈문제의 유형〉

발생형 문제	현재 직면한 문제로, 어떤 기준에 대하여 일탈 또는 미달함으로써 발생하는 문제이다.
탐색형 문제	탐색하지 않으면 나타나지 않는 문제로, 현재 상황을 개선하거나 효율을 더 높이기 위해 발생하는 문제이다.
설정형 문제	미래지향적인 새로운 과제 또는 목표를 설정하면서 발생하는 문제이다.

보기

(가) A회사는 초콜릿 과자에서 애벌레로 보이는 곤충 사체가 발견되어 과자 제조과정에 대해 고민하고 있다.
(나) B회사는 점차 다가오는 초고령사회에 대비하여 노인들을 위한 애플리케이션을 개발하기로 했다.
(다) C회사는 현재의 충전지보다 더 많은 전압을 회복시킬 수 있는 충전지를 연구하고 있다.
(라) D회사는 발전하고 있는 드론시대를 위해 드론센터를 건립하기로 결정했다.
(마) E회사는 업무 효율을 높이기 위해 근로시간을 단축하기로 결정했다.
(바) F회사는 올해 개발한 침대에 방사능이 검출되어 안전기준에 부적합 판정을 받았다.

	발생형 문제	탐색형 문제	설정형 문제
①	(가), (바)	(다), (마)	(나), (라)
②	(가), (마)	(나), (라)	(다), (바)
③	(가), (나)	(다), (바)	(라), (마)
④	(가), (나)	(마), (바)	(다), (라)

04 퍼실리테이션의 문제해결에 대한 설명으로 옳은 것은?

① 주제에 대한 공감을 이루기 어렵다.
② 단순한 타협점의 조정에 그치는 것이 아니다.
③ 초기에 생각하지 못했던 창조적인 해결방법을 도출하기는 어렵다.
④ 제3자가 합의점이나 줄거리를 준비해놓고 예정대로 결론이 도출된다.

05 (가) ~ (다)에 들어갈 말로 올바른 것은?

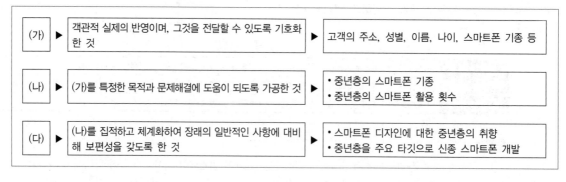

	(가)	(나)	(다)
①	자료	지식	정보
②	정보	자료	지식
③	지식	자료	정보
④	자료	정보	지식

06 다음과 같은 주의점을 가진 문제구조를 파악하는 방법은?

〈주의해야 할 점〉

• 전체 과제를 명확히 해야 한다.
• 분해해가는 가지의 수준을 맞춰야 한다.
• 원인이 중복되거나 누락되지 않고 각각의 합이 전체를 포함해야 한다.

① Logic Tree 방법
③ 3C 분석
② SWOT 분석
④ 심층면접 분석

07 다음 예시는 어떤 창의적 사고를 개발하는 방법인가?

'신차 출시'라는 같은 주제에 대해서 판매방법, 판매대상 등의 힌트를 통해 사고 방향을 미리 정해서 발상한다. 이때 판매방법이라는 힌트에 대해서는 '신규 해외 수출 지역을 물색한다.'라는 아이디어를 떠올릴 수 있을 것이다.

① 자유 연상법
③ 비교 발상법
② 강제 연상법
④ 비교 연상법

08 문제를 해결할 때 필요한 분석적 사고에 대한 설명으로 옳은 것은?

☑ 확인 Check! ○△✕

① 전체를 각각의 요소로 나누어 그 요소의 의미를 도출한 다음 우선순위를 부여하고 구체적인 문제해결방법을 실행하는 것이 요구된다.

② 성과 지향의 문제는 일상업무에서 일어나는 상식, 편견을 타파하여 사고와 행동을 객관적 사실로부터 시작해야 한다.

③ 가설 지향의 문제는 기대하는 결과를 명시하고 효과적인 달성 방법을 사전에 구상하고 실행에 옮겨야 한다.

④ 사실 지향의 문제는 현상 및 원인분석 전에 지식과 경험을 바탕으로 일의 과정이나 결과, 결론을 가정한 다음 검증 후 사실일 경우 다음 단계의 일을 수행해야 한다.

☑ 확인 Check! ○△✕

09 논리적 사고를 개발하는 방법 중 'So what? 기법'을 사용한 예로 옳은 것은?

- 우리 회사의 자동차 판매대수가 사상 처음으로 전년 대비 마이너스를 기록했다.
- 우리나라의 자동차 업계 전체는 일제히 적자 결산을 발표했다.
- 주식 시장은 몇 주간 조금씩 하락하는 상황에 있다.

① 자동차 판매가 부진하다.

② 자동차 산업의 미래가 좋지 않다.

③ 자동차 산업과 주식시장의 상황이 복잡하다.

④ 자동차 관련 기업의 주식을 사서는 안 된다.

☑ 확인 Check! ○△✕

10 문제해결안 개발방법에 대한 설명으로 옳지 않은 것은?

① 해결안 개발은 문제로부터 도출된 근본원인을 효과적으로 해결할 수 있는 최적의 해결방안을 수립하는 단계이다.

② 해결안 개발은 해결안 도출, 해결안 평가 및 최적안 선정의 절차로 진행된다.

③ 해결안 선정은 중요도만을 고려해서 평가를 내린다.

④ 해결안을 도출할 때는 같은 해결안을 그루핑(Grouping)하는 과정을 통해 해결안을 정리해야 한다.

대표유형 ① 명제

다음 명제가 모두 참일 때, 반드시 참인 명제는?

> • 재현이가 춤을 추면 서현이나 지훈이가 춤을 춘다.
> • 재현이가 춤을 추지 않으면 종열이가 춤을 춘다.
> • 종열이가 춤을 추지 않으면 지훈이도 춤을 추지 않는다.
> • 종열이는 춤을 추지 않았다.

① 재현이만 춤을 추었다.

② 서현이만 춤을 추었다.

③ 지훈이만 춤을 추었다.

④ 재현이와 서현이 모두 춤을 추었다.

정답 해설

세 번째, 네 번째 명제에 의해, 종열이와 지훈이는 춤을 추지 않았다. 또한, 두 번째 명제의 대우에 의해, 재현이가 춤을 추었고, 첫 번째 명제에 따라 서현이가 춤을 추었다.

정답 ④

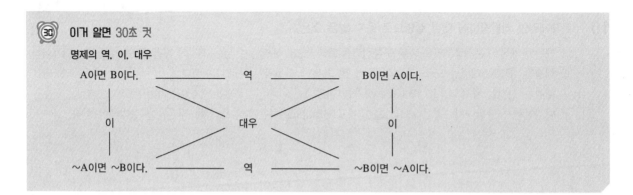

이거 알면 30초 컷

명제의 역, 이, 대우

A이면 B이다. ——— 역 ——— B이면 A이다.

이   대우   이

~A이면 ~B이다. ——— 역 ——— ~B이면 ~A이다.

대표유형 ② 참거짓

어느 호텔 라운지에 둔 화분이 투숙자 중의 1명에 의하여 깨진 사건이 발생했다. 이 호텔에는 A, B, C, D 4명의 투숙자가 있었으며, 각 투숙자는 아래와 같이 세 가지 사실을 진술하였다. 4명의 투숙자 중 3명은 진실을 말하고, 1명이 거짓을 말하고 있다면 화분을 깬 사람은 누구인가?

- A : 나는 깨지 않았다. B도 깨지 않았다. C가 깨뜨렸다.
- B : 나는 깨지 않았다. C도 깨지 않았다. D도 깨지 않았다.
- C : 나는 깨지 않았다. D도 깨지 않았다. A가 깨뜨렸다.
- D : 나는 깨지 않았다. B도 깨지 않았다. C도 깨지 않았다.

---

① A
② B
③ C
④ D

정답 | 해설 ──────────────────────────────────○

- A가 거짓말을 한다면 A가 깨뜨린 것이 된다.
- B가 거짓말을 한다면 한 명은 C가 깼다고 말하고, 두 명은 깨지 않았다고 말한 것이 된다.
- C가 거짓말을 한다면 한 명은 C가 깼다고 말하고, 두 명은 깨지 않았다고 말한 것이 된다.
- D가 거짓말을 한다면 한 명은 C가 깼다고 말하고, 한 명은 깨지 않았다고 말한 것이 된다.

그러므로 A가 거짓말을 하였고, A가 화분을 깨뜨렸다.

정답 ①

 이거 알면 30초 컷

진실게임 유형 중 90% 이상은 다음 두 가지 방법으로 풀 수 있다. 주어진 진술을 빠르게 훑으며 다음 두 가지 중 어떤 경우에 해당되는지 확인한 후 문제를 풀어나간다.

두 명 이상의 발언 중 한쪽이 진실이면 다른 한쪽이 거짓인 경우

1) A가 진실이고 B가 거짓인 경우, B가 진실이고 A가 거짓인 경우 두 가지로 나눌 수 있다.
2) 두 가지 경우에서 각 발언의 진위 여부를 판단한다.
3) 주어진 조건과 비교한다(범인의 숫자가 맞는지, 진실 또는 거짓을 말한 인원수가 조건과 맞는지 등).

두 명 이상의 발언 중 한쪽이 진실이면 다른 한쪽도 진실인 경우

1) A와 B가 모두 진실인 경우, A와 B가 모두 거짓인 경우 두 가지로 나눌 수 있다.
2) 두 가지 경우에서 각 발언의 진위 여부를 판단하여 범인을 찾는다.
3) 주어진 조건과 비교한다(범인의 숫자가 맞는지, 진실 또는 거짓을 말한 인원수가 조건과 맞는지 등).

A, B, C, D, E 5명이 다음과 같이 일렬로 나란히 자리에 앉는다고 할 때, 올바르게 추론한 것은?

> • 자리의 순서는 왼쪽을 기준으로 첫 번째 자리로 한다.
> • D는 A의 바로 왼쪽에 있다.
> • B와 D 사이에 C가 있다.
> • A는 마지막 자리가 아니다.
> • A와 B 사이에 C가 있다.
> • B는 E의 바로 오른쪽에 앉는다.

① D는 두 번째에 앉을 수 있다.
② E는 네 번째 자리에 앉을 수 있다.
③ C는 두 번째 자리에 앉을 수 있다.
④ C는 E의 오른쪽에 앉을 수 있다.

정답 해설

두 번째 조건에서 D는 A의 바로 왼쪽에 앉으며, 마지막 조건에서 B는 E의 바로 오른쪽에 앉으므로 'D – A', 'E – B'를 각각 한 묶음으로 생각할 수 있다. 세 번째 조건에서 C는 세 번째 자리에 앉아야 하며, 마지막 조건에 의해 'D – A'는 각각 첫 번째, 두 번째 자리에 앉아야 한다. 이를 표로 정리하면 다음과 같다.

첫 번째	두 번째	세 번째	네 번째	다섯 번째
D	A	C	E	B

따라서 ②가 정답이다.

오답분석

① D는 첫 번째 자리에 앉는다.
③ C는 세 번째 자리에 앉는다.
④ C는 E의 왼쪽에 앉는다.

정답 ②

 이거 알면 30초 컷

주어진 명제를 자신만의 방법으로 도식화하여 푸는 것이 좋다. 또한 경우의 수가 여러 개인 명제보다 경우의 수가 1 ~ 2개인 명제를 먼저 도식화하면, 그만큼 경우의 수가 줄어들어 문제를 빨리 해결할 수 있다.

| 명제 |

※ 다음 명제가 모두 참일 때, 반드시 참인 명제를 고르시오. **[1~11]**

01

- 도보로 걷는 사람은 자가용을 타지 않는다.
- 자전거를 타는 사람은 자가용을 탄다.
- 자전거를 타지 않는 사람은 버스를 탄다.

① 자가용을 타는 사람은 도보로 걷는다.
② 버스를 타지 않는 사람은 자전거를 타지 않는다.
③ 버스를 타는 사람은 도보로 걷는다.
④ 도보로 걷는 사람은 버스를 탄다.

02

- 축구를 좋아하는 사람은 골프를 좋아하지 않는다.
- 야구를 좋아하는 사람은 골프를 좋아한다.
- 야구를 좋아하지 않는 사람은 농구를 좋아한다.
- 야구를 좋아하는 사람은 다정하다.
- 농구를 좋아하지 않는 사람은 친절하다.
- 한영이는 축구를 좋아한다.

① 한영이는 골프를 좋아한다.
② 한영이는 농구를 좋아한다.
③ 한영이는 야구를 좋아한다.
④ 한영이는 다정하다.

03

- 효주는 지영이보다 나이가 많다.
- 효주와 채원이는 같은 회사에 다니고, 이 회사는 나이 많은 사람이 승진을 더 빨리 한다.
- 효주는 채원이보다 승진을 빨리 했다.

① 효주는 나이가 가장 많다.
② 채원이는 지영이보다 나이가 많다.
③ 채원이는 효주보다 나이가 많다.
④ 지영이는 채원이보다 나이가 많다.

04

- 국어를 좋아하는 학생은 영어를 좋아한다.
- 수학을 싫어하는 학생은 국어를 좋아한다.
- 수학을 좋아하는 학생은 영어를 싫어한다.
- 영어를 좋아하는 학생은 사회를 좋아한다.

① 영어를 싫어하는 학생은 국어를 좋아한다.
② 국어를 싫어하는 학생은 영어도 싫어한다.
③ 영어를 좋아하는 학생은 수학도 좋아한다.
④ 사회를 좋아하는 학생은 수학도 좋아한다.

05

- A대학교에 다니기 위해서는 B시에 거주해야 한다.
- 빨간 머리인 사람은 B시에 거주하면 안 된다.
- 한나는 A대학교에 다닌다.

① 한나는 B시가 아닌 곳에 거주한다.
② A대학교에 다니는 사람 중에 한나는 없다.
③ B시에 거주하지 않으면 빨간머리가 아니다.
④ 한나는 빨간머리가 아니다.

06

- 커피를 좋아하는 사람은 홍차를 좋아한다.
- 우유를 좋아하는 사람은 홍차를 좋아하지 않는다.
- 우유를 좋아하지 않는 사람은 콜라를 좋아한다.

① 커피를 좋아하는 사람은 콜라를 좋아하지 않는다.
② 우유를 좋아하는 사람은 콜라를 좋아한다.
③ 커피를 좋아하는 사람은 콜라를 좋아한다.
④ 우유를 좋아하지 않는 사람은 홍차를 좋아한다.

07

- 현명한 사람은 거짓말을 하지 않는다.
- 건방진 사람은 남의 말을 듣지 않는다.
- 거짓말을 하지 않으면 다른 사람의 신뢰를 얻는다.
- 남의 말을 듣지 않으면 친구가 없다.

① 현명한 사람은 다른 사람의 신뢰를 얻는다.
② 건방진 사람은 친구가 있다.
③ 거짓말을 하지 않으면.현명한 사람이다.
④ 다른 사람의 신뢰를 얻으면 거짓말을 하지 않는다.

08

- 스포츠를 좋아하는 사람은 음악을 좋아한다.
- 그림을 좋아하는 사람은 독서를 좋아한다.
- 음악을 좋아하지 않는 사람은 독서를 좋아하지 않는다.

① 스포츠를 좋아하지 않는 사람은 독서를 좋아한다.
② 음악을 좋아하는 사람은 독서를 좋아하지 않는다.
③ 독서를 좋아하는 사람은 스포츠를 좋아하지 않는다.
④ 그림을 좋아하는 사람은 음악을 좋아한다.

09

> • 축구를 잘하는 사람은 배구도 잘한다.
> • 농구를 못하는 사람은 야구도 못한다.
> • 배구를 못하는 사람은 농구도 못한다.

① 배구를 못하는 사람은 야구도 못한다.
② 축구를 잘하는 사람은 야구를 못한다.
③ 야구를 잘하는 사람은 축구를 못한다.
④ 농구를 못하는 사람은 축구를 잘한다.

10

> • 티라노사우르스는 공룡이다.
> • 곤충을 먹으면 공룡이 아니다.
> • 곤충을 먹지 않으면 직립보행을 한다.

① 직립보행을 하지 않으면 공룡이다.
② 직립보행을 하면 티라노사우르스이다.
③ 곤충을 먹지 않으면 티라노사우르스이다.
④ 티라노사우르스는 직립보행을 한다.

11

> • A카페에 가면 타르트를 주문한다.
> • 빙수를 주문하면 타르트를 주문하지 않는다.
> • 타르트를 주문하면 아메리카노를 주문한다.

① 아메리카노를 주문하면 빙수를 주문하지 않는다.
② 빙수를 주문하지 않으면 A카페를 가지 않았다는 것이다.
③ 아메리카노를 주문하지 않으면 A카페를 가지 않았다는 것이다.
④ 타르트를 주문하지 않으면 빙수를 주문한다.

※ 다음 명제가 모두 참일 때, 빈칸에 들어갈 명제로 옳은 것을 고르시오. [12~13]

12

> 술을 많이 마시면 간에 무리가 간다.
> _____
> 스트레스를 많이 받으면 술을 많이 마신다.
> 그러므로 운동을 꾸준히 하지 않으면 간에 무리가 간다.

① 운동을 꾸준히 하지 않아도 술을 끊을 수 있다.
② 간이 건강하다면 술을 마실 수 있다.
③ 술을 마시지 않는다는 것은 스트레스를 주지 않는다는 것이다.
④ 스트레스를 많이 받지 않는다는 것은 운동을 꾸준히 했다는 것이다.

13

> 미영이는 일요일에 직장에 가지 않는다.
> 미영이는 직장에 가지 않는 날이면 집에서 밥을 먹는다.
> 그러므로 _____

① 미영이는 월요일에 집에서 밥을 먹는다.
② 미영이는 직장에 가는 날이면 외식을 한다.
③ 미영이는 일요일에 집에서 밥을 먹는다.
④ 미영이가 외식을 한다면 그날은 일요일이다.

| 참거짓 |

※ 다음 명제가 모두 참일 때, 반드시 참인 명제를 고르시오. [14~22]

☑ 확인 Check! ○ △ ✕

14

- L마트에서 사온 초콜릿 과자 3개와 커피 과자 3개를 A, B, C, D, E가 서로 나누어 먹었다.
- A와 C는 한 종류의 과자만 먹었다.
- B는 초콜릿 과자 1개만 먹었다.
- C는 B와 같은 종류의 과자를 먹었다.
- D와 E 중 한 명은 두 종류의 과자를 먹었다.

① A는 초콜릿 과자 2개를 먹었다.
② C는 초콜릿 과자 2개를 먹었다.
③ A가 커피 과자 1개를 먹었다면, D와 E 중 한 명은 과자를 먹지 못했다.
④ A와 D가 같은 과자를 하나씩 먹었다면, E가 두 종류의 과자를 먹었을 것이다.

☑ 확인 Check! ○ △ ✕

15

- 민정이는 일주일에 세 번 아르바이트를 한다.
- 민정이는 월요일과 일요일에는 아르바이트를 하지 않는다.
- 이틀 연속 아르바이트를 하는 날은 없다.

① 화요일은 민정이가 아르바이트를 하는 날이다.
② 수요일은 민정이가 아르바이트를 하는 날이다.
③ 목요일은 민정이가 아르바이트를 하지 않는 날이다.
④ 토요일은 민정이가 아르바이트를 하지 않는 날이다.

☑ 확인 Check! ○ △ ✕

16

- 수학 수업을 듣지 않는 학생들은 국어 수업을 듣지 않는다.
- 모든 학생들은 국어 수업을 듣는다.
- 수학 수업을 듣는 어떤 학생들은 영어 수업을 듣는다.

① 모든 학생들은 영어 수업을 듣는다.
② 모든 학생들은 국어, 수학, 영어 수업을 듣는다.
③ 어떤 학생들은 국어와 영어 수업만 듣는다.
④ 어떤 학생들은 국어, 수학, 영어 수업을 듣는다.

17

- 갑과 을 앞에 감자칩, 쿠키, 비스킷이 놓여 있다.
- 세 가지의 과자 중에는 각자 좋아하는 과자가 반드시 있다.
- 갑은 감자칩과 쿠키를 싫어한다.
- 을이 좋아하는 과자는 갑이 싫어하는 과자이다.

① 갑은 좋아하는 과자가 없다.
② 갑은 비스킷을 싫어한다.
③ 을은 비스킷을 싫어한다.
④ 갑과 을이 같이 좋아하는 과자가 있다.

18

- 설현, 보민, 석정이 서로의 가방을 들어주기로 했다.
- 아무도 자기 가방을 든 사람은 없다.
- 설현은 보민의 가방을 들지 않았다.
- 석정은 설현의 가방을 들지 않았다.

① 보민은 석정의 가방을 들었다.
② 석정은 보민의 가방을 들었다.
③ 설현은 석정의 가방을 들지 않았다.
④ 보민은 설현의 가방을 들지 않았다.

19

- 모든 손님들은 A와 B 중에서 하나만을 주문했다.
- A를 주문한 손님 중에서 일부는 C를 주문했다.
- B를 주문한 손님들만 추가로 주문할 수 있는 D도 많이 판매되었다.

① B와 C를 동시에 주문하는 손님도 있었다.
② B를 주문한 손님은 C를 주문하지 않았다.
③ D를 주문한 손님은 C를 주문하지 않았다.
④ D를 주문한 손님은 A를 주문하지 않았다.

20

> - 근대화는 전통 사회의 생활양식에 큰 변화를 가져온다.
> - 생활양식의 급격한 변화로 전통 사회의 고유성을 잃는다.
> - 전통 사회의 고유성을 유지한다면 문화적 전통을 확립할 수 있다.

① 문화적 전통이 확립되지 않는다면 전통 사회의 생활양식은 급격하게 변한다.
② 근대화가 이루어지지 않는다면 전통 사회의 고유성을 유지할 수 있다.
③ 전통 사회의 생활양식이 변했다면 근대화가 이루어진 것이다.
④ 전통 사회의 고유성을 유지한다면 생활양식의 변화 없이 문화적 전통을 확립할 수 있다.

21

> - 영희, 상욱, 수현이는 영어, 수학, 국어 시험을 보았다.
> - 영희는 영어 2등, 수학 2등, 국어 2등을 하였다.
> - 상욱이는 영어 1등, 수학 3등, 국어 1등을 하였다.
> - 수현이는 수학만 1등을 하였다.
> - 전체 평균 1등을 한 사람은 영희이다.

① 총점이 가장 높은 것은 영희이다.
② 수현이의 수학 점수는 상욱이의 영어 점수보다 높다.
③ 상욱이의 영어 점수는 영희의 수학 점수보다 높다.
④ 영어와 수학 점수만을 봤을 때, 상욱이가 1등일 것이다.

22

> - 모든 1과 사원은 가장 실적이 많은 2과 사원보다 실적이 많다.
> - 가장 실적이 많은 4과 사원은 모든 3과 사원보다 실적이 적다.
> - 3과 사원 중 일부는 가장 실적이 많은 2과 사원보다 실적이 적다.

① 1과 사원 중 가장 적은 실적을 올린 사원과 같은 실적을 올린 사원이 4과에 있다.
② 어떤 3과 사원은 가장 실적이 적은 1과 사원보다 실적이 적다.
③ 모든 2과 사원은 4과 사원 중 일부보다 실적이 적다.
④ 어떤 1과 사원은 가장 실적이 많은 3과 사원보다 실적이 적다.

23 4일간 태국으로 여행을 간 현수는 하루에 한 번씩 매일 발 마사지를 받았는데, 현수가 간 마사지 숍에는 30분, 1시간, 1시간 30분, 2시간의 발 마사지 코스가 있었다. 제시된 내용이 모두 참일 때, 다음 중 항상 참인 것은?

> • 첫째 날에는 2시간이 소요되는 코스를 선택하였다.
> • 둘째 날에는 셋째 날보다 1시간이 더 소요되는 코스를 선택하였다.
> • 넷째 날에 받은 코스의 소요 시간은 첫째 날의 코스보다 짧고 셋째 날의 코스보다 길었다.

① 첫째 날에 받은 마사지 코스가 둘째 날에 받은 마사지 코스보다 길다.
② 넷째 날에 받은 마사지 코스는 둘째 날에 받은 마사지 코스보다 짧다.
③ 첫째 날에 받은 마사지 코스는 넷째 날에 받은 마사지 코스보다 1시간 이상 더 길다.
④ 셋째 날에 가장 짧은 마사지 코스를 선택하였다.

24 준수, 민정, 영재, 세희, 성은 5명은 항상 진실만을 말하거나 거짓만 말한다. 다음 진술을 토대로 추론할 때, 거짓을 말하는 사람을 모두 고르면?

> • 준수 : 성은이는 거짓만 말한다.
> • 민정 : 영재는 거짓만 말한다.
> • 영재 : 세희는 거짓만 말한다.
> • 세희 : 준수는 거짓만 말한다.
> • 성은 : 민정이와 영재 중 한 명만 진실만 말한다.

① 민정, 세희   ② 영재, 준수
③ 영재, 성은   ④ 영재, 세희

25 기말고사를 치르고 난 후 A, B, C, D, E 5명의 친구가 다음과 같이 성적에 대해 이야기를 나누었는데, 이 중 1명의 진술은 거짓이다. 다음 중 올바른 결론을 내린 것은?(단, 동점은 없으며, 모든 사람은 진실 또는 거짓만 말한다)

> • A : E는 1등이고, D는 C보다 성적이 높다.
> • B : B는 E보다 성적이 낮고, C는 A보다 성적이 높다.
> • C : A는 B보다 성적이 낮다.
> • D : B는 C보다 성적이 높다.
> • E : D는 B보다, A는 C보다 성적이 높다.

① B가 1등이다.
② A가 2등이다.
③ E가 2등이다.
④ D가 3등이다.

26 경찰은 어떤 테러범의 아지트를 알아내 급습했다. 테러범의 아지트에는 방이 3개 있는데, 그중 2개의 방에는 지역특산물과 폭발물이 각각 들어 있고, 나머지 1개의 방은 비어 있다. 단, 폭발물이 들어 있는 방의 안내문은 위장하기 위해 안내문의 내용을 거짓으로 붙여 놓았다는 사실을 알았다. 진입하기 전 건물을 확인한 결과 각 방에는 아래와 같은 안내문이 붙어 있었고, 아래 안내문 중 단 하나만 참이라고 할 때, 가장 올바른 결론은 무엇인가?

> • 방 A의 안내문 : 방 B에는 폭발물이 들어 있다.
> • 방 B의 안내문 : 이 방은 비어 있다.
> • 방 C의 안내문 : 이 방에는 지역특산물이 들어 있다.

① 방 A에는 반드시 지역특산물이 들어 있다.
② 방 B에는 지역특산물이 들어 있을 수 있다.
③ 폭발물을 피하려면 방 B를 택하면 된다.
④ 방 C에는 반드시 폭발물이 들어 있다.

※ 다음 명제가 모두 참일 때, 반드시 참인 명제를 고르시오. [27~38]

27

- 수영, 슬기, 경애, 정서, 민경 5명은 서로의 머리 길이를 비교해보았다.
- 5명의 머리 길이는 모두 다르다.
- 수영이는 단발머리로 슬기와 경애의 머리보다 짧다.
- 정서의 머리는 수영보다 길지만, 슬기보다는 짧다.
- 경애의 머리는 정서보다 길지만, 슬기보다는 짧다.
- 민경의 머리는 경애보다 길지만, 다섯 명 중에 가장 길지는 않다.

① 경애는 단발머리이다.
② 슬기의 머리가 가장 길다.
③ 민경의 머리는 슬기보다 길다.
④ 수영의 머리가 다섯 명 중 가장 짧지는 않다.

28

- 다음은 서로 다른 밝기 등급(1~5등급)을 가진 A~E 별의 밝기를 측정하였다.
- 1등급이 가장 밝은 밝기 등급이다.
- A별은 가장 밝지도 않고, 두 번째로 밝지도 않다.
- B별은 C별보다 밝고, E별보다 어둡다.
- C별은 D별보다 밝고, A별보다 어둡다.
- E별은 A별보다 밝다.

① A별의 밝기 등급은 4등급이다.
② A~E 별 중 B별이 가장 밝다.
③ 어느 별이 가장 어두운지 확인할 수 없다.
④ 별의 밝기 등급에 따라 순서대로 나열하면 'E-B-A-C-D'이다.

29

- 정수, 영수, 영호, 재호, 경호 5명은 시력 검사를 하였다.
- 정수의 시력은 1.2이다.
- 정수의 시력은 영수의 시력보다 0.5 높다.
- 영호의 시력은 정수보다 낮고 영수보다 높다.
- 영호의 시력보다 낮은 재호의 시력은 0.6~0.8이다.
- 경호의 시력은 0.6 미만으로 안경을 새로 맞춰야 한다.

① 영호의 시력은 1.0 이상이다.
② 경호의 시력이 가장 낮은 것은 아니다.
③ 정수의 시력이 가장 높다.
④ 재호의 시력은 영수의 시력보다 높다.

30

- 영서, 연수, 수희, 주림 4명은 서로의 키를 비교해보았다.
- 영서는 연수보다 크다.
- 연수는 수희보다 작다.
- 주림이는 가장 작지는 않지만, 수희보다는 작다.
- 수희는 두 번째로 크다.
- 키가 같은 사람은 아무도 없다.

① 수희가 제일 크다.　　　　　　　　② 연수가 세 번째로 크다.
③ 연수는 주림이보다 크다.　　　　　④ 연수가 가장 작다.

31

- 관수, 보람, 창호, 동주, 인성 5명은 서로의 키를 비교해보았다.
- 관수는 보람이보다 크다.
- 창호는 보람이보다 작다.
- 동주는 관수보다 크다.
- 인성이는 보람이보다 작지 않다.

① 인성이는 창호보다 크고 관수보다 작다.
② 보람이는 동주, 관수보다 작지만 창호보다는 크다.
③ 창호는 관수, 보람이보다 작지만 인성이 보다는 크다.
④ 동주는 관수, 보람, 창호, 인성이보다 크다.

32

> • 원숭이는 기린보다 키가 크다.
> • 기린은 하마보다 몸무게가 더 나간다.
> • 원숭이는 기린보다 몸무게가 더 나간다.

① 원숭이는 하마보다 키가 크다.
② 원숭이는 하마보다 몸무게가 더 나간다.
③ 기린은 하마보다 키가 크다.
④ 하마는 기린보다 몸무게가 더 나간다.

33

> • A은행은 고객만족도 조사에서 90점을 받았다.
> • B은행의 고객만족도 점수는 A은행보다 5점 높다.
> • C은행의 고객만족도 점수는 A은행과 B은행의 평균 점수이다.

① A은행의 점수가 가장 높다.
② A은행의 점수가 C은행의 점수보다 높다.
③ B은행의 점수가 C은행의 점수보다 낮다.
④ A은행의 점수가 가장 낮다.

34

> • 냉장고 A/S 기간은 세탁기 A/S 기간보다 길다.
> • 에어컨의 A/S 기간은 냉장고의 A/S 기간보다 길다.
> • 컴퓨터의 A/S 기간은 3년으로 세탁기의 A/S 기간보다 짧다.

① 세탁기의 A/S 기간은 3년 이하이다.
② 세탁기의 A/S 기간이 가장 짧다.
③ 컴퓨터의 A/S 기간이 가장 짧다.
④ 냉장고의 A/S 기간이 가장 길다.

35

- 경철이는 윤호보다 바둑을 못 둔다.
- 윤호는 정래보다 바둑을 못 둔다.
- 혜미는 윤호보다 바둑을 잘 둔다.

① 정래는 혜미보다 바둑을 잘 둔다.
② 바둑을 가장 잘 두는 사람은 혜미다.
③ 혜미는 경철이보다 바둑을 잘 둔다.
④ 경철이가 정래보다 바둑을 잘 둔다.

36

- 노란상자는 초록상자에 들어간다.
- 파란상자는 빨간상자에 들어간다.
- 빨간상자와 노란상자가 같은 크기이다.

① 파란상자는 초록상자에 들어가지 않는다.
② 초록상자는 빨간상자에 들어간다.
③ 초록상자는 파란상자에 들어가지 않는다.
④ 노란상자는 빨간상자에 들어간다.

37

- 바나나의 열량은 방울토마토의 열량보다 높다.
- 딸기의 열량은 사과의 열량보다 낮다.
- 사과의 열량은 바나나의 열량보다 낮다.

① 딸기의 열량이 가장 낮다.
② 방울토마토의 열량이 가장 낮다.
③ 사과의 열량이 가장 높다.
④ 바나나의 열량이 가장 높다.

38

> - 바둑이는 점박이보다 먼저 태어났다.
> - 얼룩이는 바둑이보다 늦게 태어났다.
> - 깜둥이는 네 형제 중 가장 먼저 태어났다.

① 점박이는 네 형제 중 막내다.
② 얼룩이는 네 형제 중 막내다.
③ 바둑이는 네 형제 중 둘째다.
④ 점박이는 얼룩이보다 먼저 태어났다.

※ 다음 명제가 모두 참일 때, 빈칸에 들어갈 명제로 옳은 것을 고르시오. [39~40]

39

> 경란이는 5,000원을 가지고 있다.
> 재민이는 경란이보다 2,000원을 더 가지고 있다.
> 종민이는 재민이보다 1,000원을 적게 가지고 있다.
> 그러므로 _____

① 경란이가 돈이 제일 많다.
② 재민이가 돈이 제일 많다.
③ 종민이가 돈이 제일 많다.
④ 종민이는 경란이보다 가지고 있는 돈이 적다.

40

> 갑은 수학시험에서 을보다 15점이 낮다.
> 병의 점수는 갑의 점수보다 5점이 높다.
> 그러므로 _____

① 갑의 점수가 가장 높다.
② 갑의 점수가 병의 점수보다 높다.
③ 을의 점수가 병의 점수보다 낮다.
④ 갑의 점수가 가장 낮다.

| 명제 |

※ 다음 명제가 모두 참일 때, 반드시 참인 명제를 고르시오. [1~12]

☑ 확인 Check! ○△✕

01

- C가 산악회 회원이면 D도 산악회 회원이다.
- A가 산악회 회원이면 D는 산악회 회원이 아니다.
- D가 산악회 회원이 아니면 B가 산악회 회원이 아니거나 C가 산악회 회원이다.
- D가 산악회 회원이면 B는 산악회 회원이고 C도 산악회 회원이다.
- A ~ D 중 최소 1명 이상이 산악회 회원이다.

① A는 산악회 회원이다.
② B는 산악회 회원이 아니다.
③ C는 산악회 회원이 아니다.
④ B와 D의 산악회 회원 여부는 같다.

☑ 확인 Check! ○△✕

02

- A가 외근을 나가면 B도 외근을 나간다.
- A가 외근을 나가면 D도 외근을 나간다.
- D가 외근을 나가면 E도 외근을 나간다.
- C가 외근을 나가지 않으면 B도 외근을 나가지 않는다.
- D가 외근을 나가지 않으면 C도 외근을 나가지 않는다.

① B가 외근을 나가면 A도 외근을 나간다.
② D가 외근을 나가면 C도 외근을 나간다.
③ A가 외근을 나가면 E도 외근을 나간다.
④ C가 외근을 나가지 않으면 D도 외근을 나가지 않는다.

03

• 회사원 K씨는 건강을 위해 평일에 요일별로 비타민 B, 비타민 C, 비타민 D, 칼슘, 마그네슘을 하나씩 먹는다.
• 비타민 C는 월요일에 먹지 않으며, 수요일에도 먹지 않는다.
• 비타민 D는 월요일에 먹지 않으며, 화요일에도 먹지 않는다.
• 비타민 B는 수요일에 먹지 않으며, 목요일에도 먹지 않는다.
• 칼슘은 비타민 C와 비타민 D보다 먼저 먹는다.
• 마그네슘은 비타민 D보다 늦게 먹고, 비타민 B보다는 먼저 먹는다.

① 비타민 C는 금요일에 먹는다.
② 마그네슘은 수요일에 먹는다.
③ 칼슘은 비타민 C보다 먼저 먹지만, 마그네슘보다는 늦게 먹는다.
④ 월요일에는 칼슘, 금요일에는 비타민 B를 먹는다.

04

• 고기를 좋아하는 사람은 소시지를 좋아한다.
• 우유를 좋아하는 사람은 치즈를 좋아한다.
• 과일을 좋아하는 사람은 소시지를 좋아하지 않는다.
• 소를 좋아하는 사람은 치즈와 소시지를 좋아하지 않는다.

① 고기를 좋아하는 사람은 과일을 좋아한다.
② 고기를 좋아하는 사람은 우유를 좋아한다.
③ 소를 좋아하는 사람은 고기와 우유를 좋아하지 않는다.
④ 소를 좋아하는 사람은 과일과 소시지를 좋아한다.

05

• 연차를 쓸 수 있으면 제주도 여행을 한다.
• 배낚시를 하면 회를 좋아한다.
• 다른 계획이 있으면 배낚시를 하지 않는다.
• 다른 계획이 없으면 연차를 쓸 수 있다.

① 제주도 여행을 하면 다른 계획이 없다.
② 연차를 쓸 수 있으면 배낚시를 한다.
③ 다른 계획이 있으면 연차를 쓸 수 없다.
④ 제주도 여행을 하지 않으면 배낚시를 하지 않는다.

06

> • 과학 기술의 발전은 국가 발전의 원동력이다.
> • 앞으로도 계속적인 국가 발전을 도모해야 한다.
> • 과학 기술의 발전에는 인적 자원과 물적 자원이 필요하다.
> • 인구수에 비해 고급 과학 기술 인력은 상대적으로 부족하다.
> • 우리나라는 천연 부존자원이 절대적으로 부족한 국가이다.

① 국가 발전을 도모하기 위해서는 천연 자원을 수입하여 과학 기술 발전의 바탕을 튼튼히 해야 한다.
② 천연 자원이 부족한 현실에서 계속적인 국가 발전을 도모하기 위해서는 고급 인력을 양성해야 한다.
③ 국제화 시대를 맞이하여 인적 자원을 해외로 수출하는 대신 천연 부존자원의 수입을 확대해야 한다.
④ 과학 기술의 발전을 국가 발전으로 이어 나가려면 새로운 대체 에너지를 개발하고 산아 제한을 실시해야 한다.

07

> • 철수는 의사이거나 변호사이다.
> • 의사는 스포츠카와 오토바이를 가지고 있다.
> • 변호사는 스포츠카를 가지고 있지 않거나 오토바이를 가지고 있지 않다.

① 철수가 스포츠카를 가지고 있지 않다면 철수는 변호사이다.
② 철수가 스포츠카나 오토바이를 가지고 있다면 철수는 변호사가 아니다.
③ 철수가 변호사라면 오토바이를 가지고 있지 않다.
④ 철수는 의사이면서 변호사이다.

08

> • 경환은 덕진의 손자이다.
> • 수환은 휘영의 아들이다.
> • 진철은 경환의 아버지이다.
> • 휘영은 덕진의 형이다.

① 휘영은 진철의 조카이다.
② 휘영은 경환의 삼촌이다.
③ 덕진은 수환의 삼촌이다.
④ 진철은 수환이보다 나이가 적다.

09

> • 음식을 요리하는 사람은 설거지를 하지 않는다.
> • 주문을 받는 사람은 음식 서빙을 함께 담당한다.
> • 음식 서빙을 담당하는 사람은 요리를 하지 않는다.
> • 음식 서빙을 담당하는 사람은 설거지를 한다.

① A사원은 설거지를 하면서 음식 서빙도 한다.
② B사원이 설거지를 하지 않으면 음식을 요리한다.
③ C사원이 음식 주문을 받으면 설거지는 하지 않는다.
④ D사원이 설거지를 하지 않으면 음식 주문도 받지 않는다.

10

> • 서로 다른 음식을 판매하는 총 여섯 대의 푸드트럭이 이 사업에 신청하였고, 이들 중 세 대의 푸드트럭이 최종 선정될 예정이다.
> • 치킨을 판매하는 푸드트럭이 선정되면, 핫도그를 판매하는 푸드트럭은 선정되지 않는다.
> • 커피를 판매하는 푸드트럭이 선정되지 않으면, 피자를 판매하는 푸드트럭이 선정된다.
> • 솜사탕을 판매하는 푸드트럭이 선정되면, 치킨을 판매하는 푸드트럭도 선정된다.
> • 핫도그를 판매하는 푸드트럭이 최종 선정되었다.
> • 피자를 판매하는 푸드트럭과 떡볶이를 판매하는 푸드트럭 중 하나만 선정된다.
> • 솜사탕을 판매하는 푸드트럭이 선정되지 않으면, 떡볶이를 판매하는 푸드트럭이 선정된다.

① 치킨, 커피, 핫도그를 판매하는 푸드트럭이 선정될 것이다.
② 피자, 솜사탕, 핫도그를 판매하는 푸드트럭이 선정될 것이다.
③ 피자, 커피, 핫도그를 판매하는 푸드트럭이 선정될 것이다.
④ 커피, 핫도그, 떡볶이를 판매하는 푸드트럭이 선정될 것이다.

11

> - B가 워크숍에 참석하면 E는 참석하지 않는다.
> - D는 B와 E가 워크숍에 참석하지 않을 때 참석한다.
> - A가 워크숍에 참석하면 B 또는 D 중 한 명이 함께 참석한다.
> - C가 워크숍에 참석하면 D는 참석하지 않는다.
> - C가 워크숍에 참석하면 A도 참석한다.
> - C는 워크숍에 참석한다.

① A, B, C   ② A, C, D

③ A, C, D, E   ④ A, B, C, D

12

> - 테니스를 좋아하는 사람은 가족 여행을 싫어한다.
> - 가족 여행을 좋아하는 사람은 독서를 좋아한다.
> - 독서를 좋아하는 사람은 쇼핑을 싫어한다.
> - 쇼핑을 좋아하는 사람은 그림 그리기를 좋아한다.
> - 그림 그리기를 좋아하는 사람은 테니스를 좋아한다.

① 그림 그리기를 좋아하는 사람은 가족 여행을 좋아한다.

② 쇼핑을 싫어하는 사람은 그림 그리기를 좋아한다.

③ 테니스를 좋아하는 사람은 독서를 좋아한다.

④ 쇼핑을 좋아하는 사람은 가족 여행을 싫어한다.

13 다음 명제가 모두 참일 때, 빈칸에 들어갈 명제로 옳은 것은?

> 검은 양은 더위를 많이 탄다.
> 어미 양이 검은 양이면 새끼 양도 검은 양이다.
> 그러므로 _____

① 새끼 양이 검은 양이 아니면 어미 양은 검은 양이다.

② 어미 양이 더위를 많이 타면 새끼 양도 더위를 많이 탄다.

③ 새끼 양이 검은 양이면 어미 양은 더위를 많이 탄다.

④ 어미 양이 검은 양이면 새끼는 더위를 많이 탄다.

☑ **확인** Check! ○△✕

14 L회사 1층의 ○○커피숍에서는 모든 음료를 주문할 때마다 음료의 수에 따라 쿠폰에 도장을 찍어준다. 10개의 도장을 모두 채울 경우 한 잔의 음료를 무료로 받을 수 있다고 할 때, 다음을 읽고 바르게 추론한 것은?(단, 서로 다른 2장의 쿠폰은 1장의 쿠폰으로 합칠 수 있으며, 음료를 무료로 받을 때 쿠폰은 반납해야 한다)

- A사원은 B사원보다 2개의 도장을 더 모았다.
- C사원은 A사원보다 1개의 도장을 더 모았으나, 무료 음료를 받기엔 2개의 도장이 모자라다.
- D사원은 오늘 무료 음료 한 잔을 포함하여 총 3잔을 주문하였다.
- E사원은 D사원보다 6개의 도장을 더 모았다.

① A사원의 쿠폰과 D사원의 쿠폰을 합치면 무료 음료 한 잔을 받을 수 있다.
② A사원은 4개의 도장을 더 모아야 무료 음료 한 잔을 받을 수 있다.
③ C사원과 E사원이 모은 도장 개수는 서로 같다.
④ D사원이 오늘 모은 도장 개수는 B사원보다 많다.

☑ **확인** Check! ○△✕

15 같은 반 학생인 A, B, C, D, E의 영어 단어 시험 결과이다. 다음 내용을 바탕으로 올바르게 추론한 것은?

- A는 이번 시험에서 1문제의 답을 틀렸다.
- B는 이번 시험에서 10문제의 답을 맞혔다.
- C만 유일하게 이번 시험에서 20문제 중 답을 다 맞혔다.
- D는 이번 시험에서 B보다 많은 문제의 답을 틀렸다.
- E는 지난 시험에서 15문제의 답을 맞혔고, 이번 시험에서는 지난 시험보다 더 많은 문제의 답을 맞혔다.

① A는 E보다 많은 문제의 답을 틀렸다.
② C는 가장 많이 답을 맞혔고, B는 가장 많이 답을 틀렸다.
③ B는 D보다 많은 문제의 답을 맞혔지만, E보다는 적게 답을 맞혔다.
④ D는 E보다 많은 문제의 답을 맞혔다.

16 남학생 A, B, C, D와 여학생 W, X, Y, Z 총 8명이 있다. 입사 시험을 본 뒤, 이 8명의 득점을 알아보았더니, 남녀 모두 1명씩 짝을 이루어 동점을 받았다. 다음 중 옳은 것은?

- 여학생 X는 남학생 B 또는 C와 동점이다.
- 여학생 Y는 남학생 A 또는 B와 동점이다.
- 여학생 Z는 남학생 A 또는 C와 동점이다.
- 남학생 B는 여학생 W 또는 Y와 동점이다.

① 남학생 D와 여학생 W는 동점이다.
② 여학생 X와 남학생 B가 동점이다.
③ 여학생 Z와 남학생 C는 동점이다.
④ 여학생 Y는 남학생 A와 동점이다.

17 연경, 효진, 다솜, 지민, 지현 5명 중에서 1명이 선생님의 책상에 있는 화병에 꽃을 꽂아 두었다. 이 가운데 두 명의 이야기는 모두 거짓이지만 세 명의 이야기는 모두 참이라고 할 때 선생님 책상에 꽃을 꽂아둔 사람은?

- 연경 : 화병에 꽃을 꽂아두는 것을 나와 지현이만 보았다. 효진이의 말은 모두 맞다.
- 효진 : 화병에 꽃을 꽂아둔 사람은 지민이다. 지민이가 그러는 것을 지현이가 보았다.
- 다솜 : 지민이는 꽃을 꽂아두지 않았다. 지현이의 말은 모두 맞다.
- 지민 : 화병에 꽃을 꽂아두는 것을 세 명이 보았다. 효진이는 꽃을 꽂아두지 않았다.
- 지현 : 나와 연경이는 꽃을 꽂아두지 않았다. 나는 누가 꽃을 꽂는지 보지 못했다.

① 연경
② 효진
③ 다솜
④ 지민

18 W은행의 홍보팀에서 근무하고 있는 김 대리, 이 사원, 박 사원, 유 사원, 강 대리 중 1명은 이번 회사 워크숍에 참석하지 않았다. 이들 중 2명이 거짓말만을 한다고 할 때, 다음 중 워크숍에 참석하지 않은 사람은 누구인가?

> • 강 대리 : 나와 김 대리는 워크숍에 참석했다. 나는 누가 워크숍에 참석하지 않았는지 알지 못한다.
> • 박 사원 : 유 사원은 이번 워크숍에 참석하였다. 강 대리님의 말은 모두 사실이다.
> • 유 사원 : 워크숍 불참자의 불참 사유를 세 사람이 들었다. 이 사원은 워크숍에 참석했다.
> • 김 대리 : 나와 강 대리만 워크숍 불참자의 불참 사유를 들었다. 이 사원의 말은 모두 사실이다.
> • 이 사원 : 워크숍에 참석하지 않은 사람은 유 사원이다. 유 사원이 개인 사정으로 인해 워크숍에 참석하지 못한다고 강 대리님에게 전했다.

① 강 대리   ② 박 사원
③ 유 사원   ④ 김 대리

19 A ~ E는 각각 월요일 ~ 금요일 중 하루씩 돌아가며 당직을 선다. 이 중 2명이 거짓말을 하고 있다고 할 때, 다음 중 이번 주 수요일에 당직을 서는 사람은 누구인가?

> • A : 이번 주 화요일은 내가 당직이야.
> • B : 나는 수요일 당직이 아니야. D가 이번 주 수요일 당직이야.
> • C : 나와 D는 이번 주 수요일 당직이 아니야.
> • D : B는 이번 주 목요일 당직이고, C는 다음날인 금요일 당직이야.
> • E : 나는 이번 주 월요일 당직이야. 그리고 C의 말은 모두 사실이야.

① A   ② B
③ C   ④ D

20 하반기 정기인사 발표에 따라 일부 직원들이 부서이동을 하였다. 다음은 직원 A, B, C, D, E, F, G의 인사이동에 대한 정보이다. 직원들의 인사이동에 대한 설명 중 반드시 참인 것은?

> • A가 기획재무본부에서 건설기술본부로 이동하면, C는 스마트도시본부에서 기획재무본부로 이동하지 않는다.
> • E가 건설기술본부에서 도시재생본부로 이동하지 않는 경우에만, D가 전략사업본부에서 스마트도시본부로 이동한다.
> • B가 주거복지본부에서 전략사업본부로 이동하면, A는 기획재무본부에서 건설기술본부로 이동한다.
> • C는 스마트도시본부에서 기획재무본부로 이동한다.
> • 전략사업본부에서 스마트도시본부로의 D의 이동과, 도시재생본부에서 공공주택본부로의 F의 이동 중 하나의 이동만 일어난다.
> • B가 주거복지본부에서 전략사업본부로 이동하거나, E가 건설기술본부에서 도시재생본부로 이동하거나, G가 공공주택본부에서 주거복지본부로 이동하는 일 중 2가지 이상의 이동이 이루어졌다.

① A는 기획재무본부에서 건설기술본부로 이동한다.
② G는 이번 인사이동에서 이동하지 않는다.
③ C와 E는 기획재무본부로 이동한다.
④ F는 도시재생본부에서 공공주택본부로 이동한다.

21 다음은 이번 주 기상예보이다. 다음에 근거하여 바르게 추론한 것은?

> • 주말을 제외한 이번 주 월요일부터 금요일까지의 평균 낮 기온은 25도로 예상됩니다.
> • 화요일의 낮 기온은 26도로 월요일보다 1도 높을 것으로 예상됩니다.
> • 수요일 낮에는 많은 양의 비가 내리면서 전일보다 3도 낮은 기온이 예상됩니다.
> • 금요일의 낮 기온은 이번 주 평균 낮 기온으로 예상됩니다.

① 월요일과 목요일의 낮 기온은 같을 것이다.
② 목요일의 낮 기온은 26도로 예상할 수 있다.
③ 화요일의 낮 기온이 주말보다 높을 것이다.
④ 목요일의 낮 기온은 월~금요일의 평균 기온보다 낮을 것이다.

22 체육 수업으로 인해 한 학급의 학생들이 모두 교실을 비운 사이 도난 사고가 발생했다. 담임 선생님은 체육 수업에 참여하지 않은 A ~ E 5명과 상담을 진행하였고, 이들은 아래와 같이 진술하였다. 이 중 2명의 학생은 거짓말을 하고 있으며, 거짓말을 하는 한 명의 학생이 범인이다. 다음 중 범인은 누구인가?

- A : 저는 그 시간에 교실에 간 적이 없어요. 저는 머리가 아파 양호실에 누워있었어요.
- B : A의 말은 사실이에요. 제가 넘어져서 양호실에 갔었는데, A가 누워있는 것을 봤어요.
- C : 저는 정말 범인이 아니에요. A가 범인이에요.
- D : B의 말은 모두 거짓이에요. B는 양호실에 가지 않았어요.
- E : 사실 저는 C가 다른 학생의 가방을 열어 물건을 훔치는 것을 봤어요.

---

① A　　　　　　　　　　　　　　　② B
③ C　　　　　　　　　　　　　　　④ D

23 A ~ D 4명은 각각 1명의 자녀를 두고 있는 아버지이다. 4명의 아이 중 2명은 아들이고, 2명은 딸이다. 아들의 아버지인 2명만 사실을 말할 때, 다음 중 올바른 결론은?

- A : B와 C의 아이는 아들이다.
- B : C의 아이는 딸이다.
- C : D의 아이는 딸이다.
- D : A와 C의 아이는 딸이다.

---

① A의 아이는 아들이다.
② B의 아이는 딸이다.
③ C의 아이는 아들이다.
④ D의 아이는 아들이다.

24 N은행 사무실에 도둑이 들었다. 범인은 2명이고, 용의자로 지목된 A, B, C, D, E가 다음과 같이 진술했다. 이 중 2명이 거짓말을 하고 있다고 할 때, 다음 중 동시에 범인이 될 수 있는 사람으로 짝지어진 것은?

> • A : B나 C 중에 한 명만 범인이에요.
> • B : 저는 확실히 범인이 아닙니다.
> • C : 제가 봤는데 E가 범인이에요.
> • D : A가 범인이 확실해요.
> • E : 사실은 제가 범인이에요.

① A, B   ② D, E
③ B, C   ④ B, D

25 L회사는 제품 하나를 생산하는 데 원료 분류, 제품 성형, 제품 색칠, 포장의 단계를 거친다. 어느 날 제품에 문제가 발생해 직원들을 불러 책임을 물었다. 직원 중 한 사람은 거짓을 말하고 세 사람은 참을 말할 때, 거짓을 말한 직원과 실수가 발생한 단계를 올바르게 짝지은 것은?(단, A는 원료 분류, B는 제품 성형, C는 제품 색칠, D는 포장 단계에서 일하며, 실수는 한 곳에서만 발생했다)

> • A직원 : 나는 실수하지 않았다.
> • B직원 : 포장 단계에서 실수가 일어났다.
> • C직원 : 제품 색칠에선 절대로 실수가 일어날 수 없다.
> • D직원 : 원료 분류 과정에서 실수가 있었다.

① A - 원료 분류   ② A - 포장
③ B - 포장   ④ D - 포장

26 A ~ E사원이 강남, 여의도, 상암, 잠실, 광화문 다섯 지역에 각각 출장을 간다. 다음 대화에서 A ~ E 중 한 명은 거짓말을 하고 나머지 네 명은 진실을 말하고 있을 때, 항상 거짓인 것은?

> • A : B는 상암으로 출장을 가지 않는다.
> • B : D는 강남으로 출장을 간다.
> • C : B는 진실을 말하고 있다.
> • D : C는 거짓말을 하고 있다.
> • E : C는 여의도, A는 잠실로 출장을 간다.

① A는 광화문으로 출장을 가지 않는다.
② B는 여의도로 출장을 가지 않는다.
③ C는 강남으로 출장을 가지 않는다.
④ E는 상암으로 출장을 가지 않는다.

27 다음 다섯 사람이 얘기를 하고 있다. 이 중 두 사람은 진실만을 말하고, 세 사람은 거짓만을 말하고 있다. 지훈이 거짓을 말할 때, 다음 중 진실만을 말하는 사람을 짝지은 것은?

> • 동현 : 정은이는 지훈이와 영석이를 싫어해.
> • 정은 : 아니야. 난 둘 중 한 사람은 좋아해.
> • 선영 : 동현이는 정은이를 좋아해.
> • 지훈 : 선영이는 거짓말만 해.
> • 영석 : 선영이는 동현이를 싫어해.
> • 선영 : 맞아. 그런데 정은이는 지훈이와 영석이 둘 다 좋아해.

① 선영, 영석
② 정은, 영석
③ 동현, 영석
④ 정은, 선영

※ 다음 명제가 모두 참일 때, 반드시 참인 명제를 고르시오. [28~38]

✅ 확인 Check! ○△✕

28

- 가장 큰 B종 공룡보다 A종 공룡은 모두 크다.
- 일부의 C종 공룡은 가장 큰 B종 공룡보다 작다.
- 가장 큰 D종 공룡보다 B종 공룡은 모두 크다.

① 가장 작은 A종 공룡만 한 D종 공룡이 있다.
② 가장 작은 C종 공룡만 한 D종 공룡이 있다.
③ 어떤 C종 공룡은 가장 작은 A종 공룡보다 작다.
④ 어떤 A종 공룡은 가장 큰 C종 공룡보다 작다.

✅ 확인 Check! ○△✕

29

- 규민이와 준일이는 2015년과 2019년에 키를 재보았다.
- 2015년의 규민이는 2019년의 준일이보다 10cm가 크다.
- 준일이는 2015년에 비해 2019년에 10cm가 더 자랐다.
- 규민이는 2015년에 비해 2019년에 30cm가 더 자랐다.

① 2015년에는 규민이와 준일이의 키 차이가 10cm다.
② 2019년에는 규민이와 준일이의 키 차이가 20cm다.
③ 2019년의 규민이와 준일이의 키 차이에 대해서 전혀 알 수가 없다.
④ 2019년에는 규민이가 준일이보다 40cm 더 크다.

✅ 확인 Check! ○△✕

30

- 집 주변에 카페, 슈퍼, 꽃집, 학교가 있다.
- 집과 카페의 거리는 집과 슈퍼의 거리보다 멀다.
- 집과 꽃집의 거리는 집과 슈퍼의 거리보다 가깝다.
- 집과 학교의 거리는 집과 카페의 거리보다 멀다.

① 슈퍼는 꽃집보다 집에서 가깝다.
② 제시된 곳 중에서 집과 가장 가까운 곳은 슈퍼이다.
③ 카페는 집에서 두 번째로 가깝다.
④ 학교는 집에서 가장 멀다.

31

> - 자동차 외판원인 A, B, C, D, E, F 여섯 명의 판매실적을 비교하였다.
> - A는 B보다 실적이 좋다.
> - C는 D보다 실적이 나쁘다.
> - E는 F보다 실적이 나쁘지만, A보다는 실적이 좋다.
> - B는 D보다 실적이 좋지만, E보다는 실적이 나쁘다.

① 실적이 가장 좋은 외판원은 F이다.
② 외판원 C의 실적은 꼴찌가 아니다.
③ B보다 실적이 안 좋은 외판원은 3명이다.
④ 외판원 E의 실적이 가장 좋다.

32

> - 아메리카노는 카페라테보다 많이 팔린다.
> - 유자차는 레모네이드보다 덜 팔린다.
> - 카페라테는 레모네이드보다 많이 팔리지만, 녹차보다는 덜 팔린다.
> - 녹차는 스무디보다 덜 팔리지만, 아메리카노보다 많이 팔린다.

① 가장 많이 팔리는 음료는 스무디이다.
② 유자차는 가장 안 팔리지는 않는다.
③ 카페라테보다 덜 팔리는 음료는 3개이다.
④ 녹차가 가장 많이 팔린다.

33

> - 재은이는 화요일에 월요일보다 50m 더 달려 200m를 달렸다.
> - 재은이는 수요일에 화요일보다 30m 적게 달렸다.
> - 재은이는 목요일에 수요일보다 10m 더 달렸다.

① 재은이는 목요일에 가장 많이 달렸다.
② 재은이는 목요일에 화요일보다 20m 적게 달렸다.
③ 재은이는 월요일에 수요일보다 50m 적게 달렸다.
④ 재은이는 목요일에 가장 적게 달렸다.

34

- ○○박물관에는 발견된 연도가 서로 다른 왕의 유물들이 전시되어 있다.
- 왕의 목걸이는 100년 전에 발견되었다.
- 왕의 신발은 목걸이보다 나중에 발견되었다.
- 왕의 초상화는 가장 최근인 10년 전에 발견되었다.
- 왕의 편지는 신발보다 먼저 발견되었고 목걸이보다 나중에 발견되었다.
- 왕의 반지는 30년 전에 발견되어 신발보다 늦게 발견되었다.

① 왕의 편지가 가장 먼저 발견되었다.
② 왕의 신발은 두 번째로 발견되었다.
③ 왕의 반지는 편지보다 먼저 발견되었다.
④ 왕의 유물을 발견된 순서대로 나열하면 '목걸이 – 편지 – 신발 – 반지 – 초상화'이다.

35

- 현수, 주현, 지연, 재현, 형호는 한 유명 가수의 첫 공연을 보기 위해 각자 다른 열의 좌석의 표를 예매하기로 했다.
- 좌석은 앞 열일수록 무대와 가깝다.
- 현수의 좌석은 지연이와 주현이의 좌석보다 무대와 가깝다.
- 재현이의 좌석은 지연이의 좌석보다 앞이고, 형호의 좌석보다는 뒤이다.
- 무대와 형호의 좌석 간 거리는 무대와 현수의 좌석 간 거리보다 길다.
- 주현이의 좌석이 무대와 가장 멀리 떨어져 있다.

① 형호는 현수와 재현 사이의 좌석을 예매했다.
② 형호는 현수 바로 뒤의 좌석을 예매했다.
③ 형호는 재현이와 지연 사이의 좌석을 예매했다.
④ 현수는 다섯 중 가장 뒤쪽 열의 좌석을 예매했다.

36

- 3학년 1반에서는 학생들의 투표를 통해 득표수에 따라 학급 대표를 선출하기로 하였고, 학급 대표 후보로 A, B, C, D, E가 나왔다.
- 1반 학생들은 총 30명이며, 다섯 후보의 득표수는 서로 다르다.
- A는 15표를 얻었다.
- B는 C보다 2표를 더 얻었지만, A보다는 낮은 표를 얻었다.
- D는 A보다 낮은 표를 얻었지만, C보다는 높은 표를 얻었다.
- E는 1표를 얻어 가장 낮은 득표수를 기록했다.

① 5명 중 2명이 10표 이상을 얻었다.　　② B보다 D의 득표수가 높다.
③ D보다 B의 득표수가 높다.　　　　　　④ A가 학급 대표로 선출된다.

37

- 수진이는 어제 밤 10시에 자서 오늘 아침 7시에 일어났다.
- 지은이는 어제 수진이보다 30분 늦게 자서 오늘 아침 7시가 되기 10분 전에 일어났다.
- 혜진이는 항상 9시에 자고, 8시간의 수면 시간을 지킨다.
- 정은이는 어제 수진이보다 10분 늦게 잤고, 혜진이보다 30분 늦게 일어났다.

① 지은이는 가장 먼저 일어났다.　　　② 정은이는 가장 늦게 일어났다.
③ 혜진이의 수면 시간이 가장 짧다.　　④ 수진이의 수면 시간이 가장 길다.

38

- K공단에서는 근무 연수가 1년씩 높아질수록 사용할 수 있는 여름 휴가 일수가 하루씩 늘어난다.
- K공단에 근무하는 A ~ E사원은 각각 서로 다른 해에 입사하였고, 최대 근무 연수가 4년을 넘지 않는다.
- 올해로 3년 차인 A사원은 여름 휴가일로 최대 4일을 사용할 수 있다.
- B사원은 올해 여름휴가로 5일을 모두 사용하였다.
- C사원이 사용할 수 있는 여름 휴가 일수는 A사원의 휴가 일수보다 짧다.
- 올해 입사한 D사원은 1일을 여름 휴가일로 사용할 수 있다.
- E사원의 여름 휴가 일수는 D사원보다 길다.

① E사원은 C사원보다 늦게 입사하였다.
② 근무한 지 1년이 채 되지 않으면 여름휴가를 사용할 수 없다.
③ 근무 연수가 높은 순서대로 나열하면 'B − A − C − E − D'이다.
④ B사원의 올해 근무 연수는 4년이다.

☑ 확인 Check! ○ △ ×

39

> A팀장은 B과장보다 야근을 한 시간 더 했다.
> C대리는 B과장보다 야근을 30분 덜 했다.
> D차장은 C대리보다 10분 야근을 더 했다.
> 그러므로 _____

① C대리는 B과장보다 야근을 더 했다.
② B과장은 C대리보다 야근을 덜 했다.
③ 네 사람 중 A팀장이 야근을 가장 오래 했다.
④ D차장이 네 사람 중 가장 먼저 퇴근했다.

☑ 확인 Check! ○ △ ×

40

> 토르는 캡틴 아메리카보다 힘이 세다.
> 아이언맨은 캡틴 아메리카보다 힘이 약하다.
> 캡틴 아메리카는 헐크보다 힘이 세다.
> 그러므로 _____

① 아이언맨이 힘이 가장 약하다.
② 헐크와 아이언맨은 힘이 같다.
③ 아이언맨은 토르보다 힘이 약하다.
④ 헐크는 아이언맨보다 힘이 세다.

문제처리능력

대표유형 **1** 문제처리

N공단은 직원들의 여가를 위해 하반기 동안 다양한 프로그램을 운영하고자 한다. 운영할 프로그램은 수요도 조사 결과를 통해 결정된다. 다음 〈조건〉에 따라 프로그램을 선정할 때, 운영될 프로그램들로 알맞게 짝지어진 것은?

〈프로그램 후보별 수요도 조사 결과〉

분야	프로그램명	인기 점수	필요성 점수
운동	강변 자전거 타기	6	5
진로	나만의 책 쓰기	5	7
여가	자수교실	4	2
운동	필라테스	7	6
교양	독서토론	6	4
여가	볼링모임	8	3

※ 수요도 조사에는 전 직원이 참여하였다.

조건
- 수요도는 인기 점수와 필요성 점수에 가점을 적용한 후, 2 : 1의 가중치에 따라 합산하여 판단한다.
- 각 프로그램의 인기 점수와 필요성 점수는 10점 만점으로 하여 전 직원이 부여한 점수의 평균값이다.
- 운영 분야에 하나의 프로그램만 있는 경우, 그 프로그램의 필요성 점수에 2점을 가산한다.
- 운영 분야에 복수의 프로그램이 있는 경우, 분야별로 필요성 점수가 가장 낮은 프로그램은 후보에서 탈락한다.
- 수요도 점수가 동점일 경우, 인기 점수가 높은 프로그램을 우선시한다.
- 수요도 점수가 가장 높은 2개의 프로그램을 선정한다.

① 강변 자전거 타기, 볼링모임
② 나만의 책 쓰기, 필라테스
③ 자수교실, 독서토론
④ 필라테스, 볼링모임

〈조건〉에 따라 각 프로그램들의 점수와 선정여부를 나타내면 다음과 같다.

분야	프로그램명	가중치 반영 인기 점수	가중치 반영 필요성 점수	수요도 점수	비고
운동	강변 자전거 타기	12	5	–	탈락
진로	나만의 책 쓰기	10	7+2	19	
여가	자수교실	8	2	–	탈락
운동	필라테스	14	6	20	선정
교양	독서토론	12	4+2	18	
여가	볼링모임	16	3	19	선정

수요도 점수는 '나만의 책 쓰기'와 '볼링모임'이 19점으로 동일하므로 다섯 번째 조건에 따라 인기 점수가 더 높은 '볼링모임'이 선정된다. 따라서 다음 하반기 동안 운영될 프로그램은 '필라테스', '볼링모임'이다.

정답 ④

이거 알면 30초 컷

먼저 문제에서 묻는 것을 파악한 후, 필요한 상황과 정보를 찾아 이를 활용하여 문제를 풀어간다.

대표유형 ② 자료분석

갑돌이는 해외에서 개당 1,000달러인 시계를 2개 구매하여 세관신고 없이 밀반입하려고 하였으나 결국 걸리고 말았다. 아래는 이와 같은 밀반입 문제를 방지하기 위해 마련된 정책 변경 기사이다. 이에 대해 옳지 않은 말을 한 사람은?

> 올해부터 해외에서 600달러 이상 신용카드로 물건을 사거나 현금을 인출하면, 그 내역이 세관에 실시간으로 통보된다. 여행객 등이 600달러 이상의 구매 한도를 넘기게 되면, 국내 입국을 하면서 세관에 자진 신고를 해야 한다.
> 기존의 관세청은 분기별로 5,000달러 이상 물품을 해외에서 구매한 경우, 여신전문금융업법에 따라 신용카드업자·여신전문금융업협회가 매년 1월 31일, 4월 30일, 7월 31일, 10월 31일 국세청에 그 내역을 제출해왔다.
> 그러나 올해부터는 관세청이 분기마다 통보를 받지 않고, 실시간으로 구매 내역을 넘겨 받을 수 있다. 신용카드 결제뿐 아니라 해외에 머물며 600달러 이상 현금을 인출하는 것도 마찬가지로 통보 대상에 해당한다. 관세청은 이러한 제도를 오는 4월부터 적용할 계획이다.
>
> – A신문 2018-01-04일자

① A : 갑돌이가 인출하지 않고 가져간 현금으로만 물건을 결제하였다면, 세관에 신고하지 않아도 되겠군.
② B : 해외에서 구매한 총금액이 600달러보다 낮으면 세관신고할 필요가 없겠군.
③ C : 갑돌이가 5월에 해외에 체류하며 신용카드로 같은 소비를 했다면 관세청에 실시간으로 통보되겠군.
④ D : 3월에 해외에서 5,000달러 이상을 신용카드로 사용한다면 4월에 국세청에 내역이 넘어가겠군.

정답 해설

갑돌이가 인출하지 않고 현금을 들고 갔더라도 600달러 이상이면 신고를 해야 한다.

오답분석
② 600달러 이상이면 세관신고가 필요하다.
③ 5월이면 변경된 제도가 적용된 후이므로 600달러 이상 신용카드 결제를 했다면 관세청에 실시간으로 통보된다.
④ 신용카드 사용 내역이 실시간으로 제출되는 시점은 4월부터이므로 3월에 5,000달러 이상 사용된 카드 결제 내역은 4월에 국세청에 보고된다.

정답 ①

다음 수제 초콜릿에 대한 분석 기사를 읽고 〈보기〉에서 설명하는 SWOT 분석에 의한 마케팅 전략을 진행하고자 할 때, 해당되지 않은 것을 고르면?

> 오늘날 식품 시장을 보면 원산지와 성분이 의심스러운 제품들로 넘쳐 납니다. 이로 인해 소비자들은 고급스럽고 안전한 먹거리를 찾고 있습니다. 우리의 수제 초콜릿은 이러한 요구를 완벽하게 충족시켜주고 있습니다. 풍부한 맛, 고급 포장, 모양, 건강상의 혜택, 강력한 스토리텔링 모두 높은 품질을 원하는 소비자들의 요구를 충족시켜주는 것입니다. 사실 수제 초콜릿을 만드는 데는 비용이 많이 듭니다. 각종 장비 및 유지 보수에서부터 값비싼 포장, 유통 업체의 높은 수익을 보장해주다 보면 초콜릿을 생산하는 업체에게 남는 이익은 많지 않습니다. 또한 수제 초콜릿의 존재 자체를 많은 사람들이 알지 못하는 상황입니다. 하지만 보다 좋은 식품에 대한 인기가 높아짐에 따라 더 많은 업체들이 수제 초콜릿을 취급하기를 원하고 있습니다. 따라서 수제 초콜릿은 일반 초콜릿보다 더 높은 가격으로 판매될 수 있을 것입니다. 현재 초콜릿을 대량으로 생산하는 대형 기업들은 자신들의 일반 초콜릿과 수제 초콜릿의 차이를 줄이는 데 최선을 다하고 있습니다. 그리고 직접 맛을 보기 전에는 일반 초콜릿과 수제 초콜릿의 차이를 알 수 없기 때문에 소비자들은 굳이 초콜릿에 더 많은 돈을 지불해야 하는 이유를 알지 못할 수 있습니다. 따라서 수제 초콜릿의 효과적인 마케팅 전략이 필요한 시점입니다.

보기

〈SWOT 분석에 의한 마케팅 전략〉

- SO전략(강점 – 기회전략) : 강점을 살려 기회를 포착
- ST전략(강점 – 위협전략) : 강점을 살려 위협을 회피
- WO전략(약점 – 기회전략) : 약점을 보완하여 기회를 포착
- WT전략(약점 – 위협전략) : 약점을 보완하여 위협을 회피

① 수제 초콜릿의 값비싸고 과장된 포장을 바꾸고, 그 비용으로 안전하고 맛있는 수제 초콜릿을 홍보하면 어떨까.
② 수제 초콜릿을 고급 포장하여 수제 초콜릿의 스토리텔링을 더 살려보는 것은 어떨까.
③ 수제 초콜릿의 스토리텔링을 포장에 명시한다면 소비자들이 믿고 구매할 수 있을 거야.
④ 수제 초콜릿의 마케팅을 강화하는 방법으로 수제 초콜릿의 차이를 알려 대기업과의 경쟁에서 이겨야겠어.

정답 해설

고급 포장과 스토리텔링은 모두 수제 초콜릿의 강점에 해당되므로 SWOT 분석에 의한 마케팅 전략으로 볼 수 없다. SO전략과 ST전략으로 보일 수 있으나, 기회를 포착하거나 위협을 회피하는 모습을 보이지 않기에 적절하지 않다.

오답분석

① 값비싼 포장(약점)을 보완하여 좋은 식품에 대한 인기(기회)에 발맞춰 홍보하는 WO전략에 해당된다.
③ 수제 초콜릿의 스토리텔링(강점)을 포장에 명시하여 소비자들의 요구를 충족(기회)시키는 SO전략에 해당된다.
④ 수제 초콜릿의 존재를 모르는(약점) 소비자들을 겨냥한 마케팅을 강화하여 대기업과의 경쟁(위협)을 이겨내는 WT전략에 해당된다.

정답 ②

이거 알면 30초 컷

문제에서 제시된 분석 도구가 무엇인지 확인한 후, 분석 결과를 종합적으로 판단하여 각 선택지의 전략 과제와 일치하는지를 판단한다.

| 문제처리 |

☑ 확인 Check! ○△✕

01 L공장에서 제조하는 화장품 용기의 일련번호는 아래와 같이 구성된다. 일련번호를 '형태 – 용량 – 용기높이 – 재질 – 용도' 순서로 표시할 때, 다음 제품 정보 중 일련번호로 가능하지 않은 것은?

〈일련번호 구성요소〉

형태	기본형		단지형		튜브형	
	CR		SX		TB	
용량	100mL 이하		150mL 이하		150mL 초과	
	K		Q		Z	
용기높이	4cm 미만	8cm 미만		15cm 미만	15cm 이상	
	040	080		150	151	
재질	유리		플라스틱A		플라스틱B	
	G1		P1		P2	
용도	스킨	토너		에멀전	크림	
	S77	T78		E85	C26	

〈제품 정보〉

ㄱ. A화장품 토너 기본형 용기로 높이는 14cm이며, 유리로 만들어졌다.
ㄴ. 용량이 100mL인 플라스틱 튜브형 크림은 용기 높이가 약 17cm이다.
ㄷ. 특별 프로모션으로 나온 K회사 화장품 에멀전은 150mL의 유리 용기에 담겨있다.
ㄹ. B코스메틱의 스킨은 200mL로 플라스틱B 기본형 용기에 들어있다.

① TBK151P2C26
② CRZ150P1S77
③ CRQ080G1E85
④ CRZ150G1T78

02 한 경기장에는 네 개의 탈의실이 있는데 이를 대여할 때에는 다음과 같은 〈조건〉을 따라야 한다. 이미 예약된 탈의실이 아래와 같다고 할 때 금요일의 빈 시간에 탈의실을 대여할 수 있는 단체를 모두 고르면?

구분	월	화	수	목	금
A	시대		한국		
B	우리			시대	
C			나라		나라
D	한국	시대		우리	

조건
- 일주일에 최대 세 번, 세 개의 탈의실을 대여할 수 있다.
- 한 단체가 하루에 두 개의 탈의실을 대여하려면, 인접한 탈의실을 대여해야 한다.
- 탈의실은 A - B - C - D 순서대로 직선으로 나열되어 있다.
- 탈의실은 하루에 두 개까지 대여할 수 있다.
- 전날 대여한 탈의실을 똑같은 단체가 다시 대여할 수 없다.

① 나라
③ 한국, 나라
② 우리, 나라, 한국
④ 시대, 한국, 나라

03 W은행 인사팀 직원인 K씨는 사내 설문조사를 통해 요즘 사람들이 연봉보다는 일과 삶의 균형을 더 중요시하고 직무의 전문성을 높이고 싶어 한다는 결과를 도출했다. 다음 중 설문조사 결과와 W은행 임직원의 근무여건에 관한 자료를 참고하여 인사제도를 합리적으로 변경한 것은?

〈임직원 근무여건〉

구분	주당 근무 일수(평균)	주당 근무시간(평균)	직무교육 여부	퇴사율
정규직	6일	52시간 이상	○	17%
비정규직 1	5일	40시간 이상	○	12%
비정규직 2	5일	20시간 이상	✕	25%

① 정규직의 연봉을 7% 인상한다.
② 정규직을 비정규직으로 전환한다.
③ 비정규직 1의 직무교육을 비정규직 2와 같이 조정한다.
④ 정규직의 주당 근무시간을 비정규직 1과 같이 조정하고 비정규직 2의 직무교육을 시행한다.

04 A항공사는 현재 신입사원을 모집하고 있으며, 지원자격은 아래와 같다. 다음 〈보기〉의 지원자 중 A항공사 지원자격에 부합하는 사람은 모두 몇 명인가?

〈A항공사 대졸공채 신입사원 지원자격〉

- 4년제 정규대학 모집대상 전공 중 학사학위 이상 소지한 자(졸업예정자 지원 불가)
- TOEIC 750점 이상인 자(국내 응시 시험에 한함)
- 병역필 또는 면제자로 학업성적이 우수하고, 해외여행에 결격사유가 없는 자

  ※ 공인회계사, 외국어 능통자, 통계 전문가, 전공 관련 자격 보유자 및 장교 출신 지원자 우대

모집분야		대상 전공
일반직	일반관리	• 상경, 법정 계열 • 통계 / 수학, 산업공학, 신문방송, 식품공학(식품 관련 학과) • 중국어, 러시아어, 영어, 일어, 불어, 독어, 서반아어, 포르투갈어, 아랍어
	운항관리	• 항공교통, 천문기상 등 기상 관련 학과 – 운항관리사, 항공교통관제사 등 관련 자격증 소지자 우대
전산직		컴퓨터공학, 전산학 등 IT 관련 학과

시설직		• 전기부문 : 전기공학 등 관련 전공
		  – 전기기사, 전기공사기사, 소방설비기사(전기) 관련 자격증 소지자 우대
		• 기계부문 : 기계학과, 건축설비학과 등 관련 전공
		  – 소방설비기사(기계), 전산응용기계제도기사, 건축설비기사, 공조냉동기사, 건설기계기사, 일반기계기사 등 관련 자격증 소지자 우대
		• 건축부문 : 건축공학 관련 전공(현장 경력자 우대)

보기

지원자	지원분야	학력	전공	병역사항	TOEIC 점수	참고사항
A	전산직	대졸	컴퓨터공학	병역필	820점	• 중국어, 일본어 능통자이다. • 해외 비자가 발급되지 않는 상태이다.
B	시설직 (건축부문)	대졸	식품공학	면제	930점	• 건축현장 경력이 있다. • 전기기사 자격증을 소지하고 있다.
C	일빈직 (운항관리)	대재	항공교통학	병역필	810점	• 전기공사기사 자격증을 소지하고 있다. • 학업 성적이 우수하다.
D	시설직 (기계부문)	대졸	기계공학	병역필	745점	• 건축설비기사 자격증을 소지하고 있다. • 장교 출신 지원자이다.
E	일반직 (일반관리)	대졸	신문방송학	미필	830점	• 소방설비기사 자격증을 소지하고 있다. • 포르투갈어 능통자이다.

① 1명   ② 2명
③ 3명   ④ 없음

05 다음은 개인과외교습 표지 부착 안내에 대한 설명이다. 부착 표지 서식에 따라 올바르게 제작한 표지는?(단, 글자 비율은 13 : 24 : 13으로 모두 동일하다)

〈개인과외교습 표지 부착 안내〉

교육부 학원정책팀(☎ 044-123-1234)

「학원의 설립·운영 및 과외교습에 관한 법률」 개정으로 개인과외교습자는 개인과외 표지를 부착하도록 하여 개인 과외 운영의 투명성 및 학습자의 알 권리를 강화하였습니다.

• 개인과외교습자가 그 주거지에서 과외교습을 하는 경우에는 주된 출입문 또는 출입문 주변에 쉽게 볼 수 있는 위치에 표지를 부착해야 합니다.

• 또한, 개인과외교습자가 그 주거지에 표지를 부착하지 않은 경우에는 위반횟수에 따라 과태료가 부과됩니다.

　※ 과태료 : 1회 위반 50만 원, 2회 위반 100만 원, 3회 위반 200만 원

〈부착 표지 서식〉

▶ 재질 : 자율로 하되, 비바람에 쉽게 훼손되지 않는 것
▶ 색깔 : 바탕 – 흰색, 글자 – 검정색
▶ 내용 : 우측 상단 – 신고번호, 정중앙 – 개인과외교습자 표시, 우측 하단 – 교습과목
▶ 글자체 : 자율
▶ 글자비율 : '교육지원청 신고번호·개인과외교습자·교습과목'의 글자크기 비율은 13 : 24 : 13

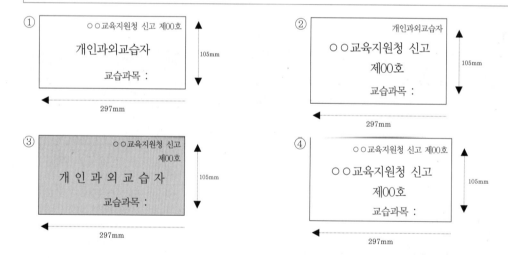

06 다음은 청약가점제의 청약가점 기준표를 나타낸 것이다. 아래 기준표를 참고할 때 청약가점이 가장 높은 것은?

〈청약가점 기준표〉

(단위 : 점)

가점 항목	가점 상한	가점 구분	점수	가점 구분	점수
무주택 기간 ①	32	1년 미만	2	8년 이상 ~ 9년 미만	18
		1년 이상 ~ 2년 미만	4	9년 이상 ~ 10년 미만	20
		2년 이상 ~ 3년 미만	6	10년 이상 ~ 11년 미만	22
		3년 이상 ~ 4년 미만	8	11년 이상 ~ 12년 미만	24
		4년 이상 ~ 5년 미만	10	12년 이상 ~ 13년 미만	26
		5년 이상 ~ 6년 미만	12	13년 이상 ~ 14년 미만	28
		6년 이상 ~ 7년 미만	14	14년 이상 ~ 15년 미만	30
		7년 이상 ~ 8년 미만	16	15년 이상	32
부양 가족 수 ②	35	0명	5	4명	25
		1명	10	5명	30
		2명	15	6명 이상	35
		3명	20		
입주자 저축 가입기간 ③	17	6개월 미만	1	8년 이상 ~ 9년 미만	10
		6개월 이상 ~ 1년 미만	2	9년 이상 ~ 10년 미만	11
		1년 이상 ~ 2년 미만	3	10년 이상 ~ 11년 미만	12
		2년 이상 ~ 3년 미만	4	11년 이상 ~ 12년 미만	13
		3년 이상 ~ 4년 미만	5	12년 이상 ~ 13년 미만	14
		4년 이상 ~ 5년 미만	6	13년 이상 ~ 14년 미만	15
		5년 이상 ~ 6년 미만	7	14년 이상 ~ 15년 미만	16
		6년 이상 ~ 7년 미만	8	15년 이상	17
		7년 이상 ~ 8년 미만	9		

※ 청약가점 : ①+②+③

	무주택 기간	부양가족 수	입주자 저축 가입기간
①	1,265일	4명	73개월
②	2,564일	2명	62개월
③	1,956일	2명	142개월
④	3,214일	3명	95개월

07 다음은 H공단의 장기요양인정점수 산정 방법을 나타낸 안내 자료이다. A씨의 영역별 심신상태가 〈보기〉와 같을 때, 안내 자료를 통해 계산한 A씨의 장기요양등급으로 옳은 것은?

〈장기요양인정 영역별 조사항목 점수표〉

영역	영역별 조사항목의 판단기준		점수
신체기능	기능자립정도	완전자립	1
		부분도움	2
		완전도움	3
인지기능	증상유무	있다	1
		없다	0
행동변화	증상유무	있다	1
		없다	0
간호처치	증상유무	있다	1
		없다	0
재활	운동장애정도	운동장애 없음	1
		불완전운동장애	2
		완전운동장애	3
	관절제한정도	제한없음	1
		한쪽관절제한	2
		양관절제한	3

〈장기요양등급〉

등급	장기요양인정점수
1	95점 이상
2	75점 이상 95점 미만
3	60점 이상 75점 미만
4	51점 이상 60점 미만

영역	항목(심신상태)						
신체기능 (12항목)	• 옷 벗고 입기 • 세수하기 • 양치질하기 • 목욕하기	(부분도움) (완전자립) (완전자립) (부분도움)	• 식사하기 • 체위 변경하기 • 일어나 앉기 • 옮겨 앉기	(부분도움) (부분도움) (완전자립) (부분도움)	• 방 밖으로 나오기 • 화장실 사용하기 • 대변 조절하기 • 소변 조절하기	(부분도움) (부분도움) (부분도움) (부분도움)	
인지기능 (7항목)	• 단기 기억장애 • 날짜 불인지 • 장소 불인지	(있음) (있음) (없음)	• 나이 · 생년 불인지 • 지시 불인지 • 상황 판단력 감퇴	(있음) (있음) (있음)	• 의사소통 · 전달장애	(없음)	
행동변화 (14항목)	• 망각 • 환각, 환청 • 슬픈 상태, 울기도 함 • 불규칙수면 · 주야혼돈 • 도움에 저항	(있음) (없음) (없음) (없음) (있음)	• 길을 잃음 • 폭언, 위협행동 • 밖으로 나가려 함 • 물건 망가트리기 • 부적절한 행동	(있음) (있음) (없음) (없음) (있음)	• 돈 · 물건 감추기 • 부적절한 옷 입기 • 대소변 불결 행위 • 서성거림 · 안절부절못함	(없음) (있음) (없음) (있음)	
간호처치 (9항목)	• 기관지 절개관 간호 • 흡인 • 산소요법	(없음) (없음) (없음)	• 욕창 간호 • 경관 영양 • 암성통증 간호	(있음) (없음) (없음)	• 도뇨 관리 • 장루 간호 • 투석 간호	(있음) (있음) (없음)	
재활 (10항목)	운동장애(4항목)		• 우측 상지 • 좌측 상지	(불완전운동장애) (불완전운동장애)	• 우측 하지 • 좌측 하지	(불완전운동장애) (불완전운동장애)	
	관절제한(6항목)		• 어깨 관절 • 팔꿈치 관절 • 손목 및 수지 관절	(제한없음) (한쪽관절제한) (한쪽관절제한)	• 고관절 • 무릎 관절 • 발목 관절	(한쪽관절제한) (양관절제한) (한쪽관절제한)	

① 1등급　　　　　　　　　　　　② 2등급

③ 3등급　　　　　　　　　　　　④ 4등급

08 다음은 인천국제공항의 자동출입국 심사 이용에 관한 안내문이다. 다음 중 사전 등록 없이 자동출입국심사대 이용이 가능한 사람은?

더욱 편리해진 자동출입국 심사 이용 안내

19세 이상의 국민과 17세 이상의 등록 외국인은 사전 등록절차 없이 자동출입국 심사대를 바로 이용할 수 있습니다. 다만, 출입국 규제, 형사범, 체류만료일이 1개월 이내인 외국인 등 출입국관리 공무원의 대면심사가 필요한 외국인은 이용이 제한됩니다.

■ **사전 등록 없이 이용 가능한 자**
  - 19세 이상 대한민국 국민
  - 외국인 등록 또는 거소신고를 한 17세 이상 등록외국인

■ **사전 등록 후 이용 가능자**

사전 등록 대상	7세 이상 19세 미만 국민, 인적사항(성명, 주민등록번호)이 변경된 경우, 17세 미만 외국인 등
사전 등록 장소	제1여객터미널 3층 G카운터 자동출입국심사 등록센터 / 제2여객터미널 2층 출입국서비스센터

---

① 인적사항 변경이 없는 35세 A씨와 A씨의 아들 7세 B군
② 한 달 전 개명하여 인적사항이 변경된 50세 C씨
③ 외국인 등록이 되어있는 17세 미국인 D씨
④ 체류만료일이 10일 남은 24세 영국인 E씨

09 다음은 정보공개 대상별 정보공개수수료에 대한 자료이다. 아래 표에 따를 때, 〈보기〉의 정보열람인 중 정보공개 수수료를 가장 많이 지급하는 사람부터 순서대로 나열한 것은?(단, 정보열람인들이 열람한 정보는 모두 공개대상 인 정보이다)

〈정보공개 대상별 정보공개 방법 및 수수료〉

공개 대상	열람·시청	사본(종이 출력물)·인화물·복제물

문서, 도면, 사진 등	• 열람
	  – 1일 1시간 이내 : 무료
	  – 1시간 초과 시 30분마다 1,000원
		• 사본(종이 출력물)
		  – A3 이상 300원(1장 초과 시 100원/장)
		  – B4 이하 250원(1장 초과 시 50원/장)

필름, 테이프 등	• 녹음테이프(오디오자료)의 청취
	  – 1건이 1개 이상으로 이루어진 경우
	    : 1개(60분 기준)마다 1,500원
	  – 여러 건이 1개로 이루어진 경우
	    : 1건(30분 기준)마다 700원
	• 영화필름의 시청
	  – 1편이 1캔 이상으로 이루어진 경우
	    : 1캔(60분 기준)마다 3,500원
	  – 여러 편이 1캔으로 이루어진 경우
	    : 1편(30분 기준)마다 2,000원
	• 사진필름의 열람
	  – 1장 : 200원
	  – 1장 초과 시 50원/장
		• 녹음테이프(오디오자료)의 복제
		  – 1건이 1개 이상으로 이루어진 경우
		    : 1개마다 5,000원
		  – 여러 건이 1개로 이루어진 경우
		    : 1건마다 3,000원
		• 사진필름의 복제
		  – 1컷마다 6,000원
		• 사진필름의 인화
		  – 1컷마다 500원

마이크로필름, 슬라이드 등	• 마이크로필름의 열람
	  – 1건(10컷 기준)1회 : 500원
	  – 10컷 초과 시 1컷마다 100원
	• 슬라이드의 시청
	  – 1컷마다 200원
		• 사본(종이 출력물)
		  – A3 이상 300원(1장 초과 시 200원/장)
		  – B4 이하 250원(1장 초과 시 150원/장)
		• 마이크로필름의 복제
		  – 1롤마다 1,000원
		• 슬라이드의 복제
		  – 1컷마다 3,000원

보기

- A : 공시지가에 관련된 문서와 지가비공개 대상에 대한 문서를 하루 동안 각각 3시간 30분씩 열람하고, 공시지가 관련 문서를 A3용지로 총 25장에 걸쳐 출력하였다.
- B : 한 캔에 포함된 두 편의 영화필름 중 20분짜리 독립유공자 업적 관련 한 편의 영화를 시청하고, 13컷으로 구성된 관련 슬라이드를 시청하였으며, 해당 슬라이드의 1컷부터 6컷까지를 복제하였다.
- C : 공단 사업연혁과 관련된 마이크로필름 2롤과 3건(1건이 1개)으로 이루어진 녹음테이프 자료를 복제하였고, 최근 해외협력사업과 관련된 사진필름 8장을 열람하였다.
- D : 하반기 공사 입찰계약과 관련된 문서의 사본을 B4용지로 35장을 출력하고, 작년 공사 관련 사진필름을 22장 열람하였다.

① A – B – C – D
② A – B – D – C
③ B – A – C – D
④ B – C – A – D

10 의료정보분석부의 B대리는 최근 노인 난청 환자의 정신질환 진료 현황을 분석하여 보고서를 작성하였다. 보고서를 검토하던 B대리는 분석 결과에 시각적 효과를 위해 자료를 첨부하기로 했다. B대리가 첨부했을 자료로 옳지 않은 것은?

〈노인 난청 환자의 정신질환 진료 현황〉

1. 분석 배경
- 난청은 여러 원인으로 인해 말이나 소리를 듣는 것에 어려움이 있는 증상으로, 이로 인한 진료 인원은 매년 증가하고 있음
- 난청이 있는 노인은 소외감 등으로 인해 우울증과 같은 정신질환이 발생할 가능성이 높은 것으로 알려져 있어, 정신질환이 발생한 난청 진료 환자의 국내 현황을 분석함

2. 분석 방법과 내용
- 대상 : 2013년 난청으로 진료 받은 65세 이상 환자
  - 이전에 난청 혹은 정신질환 진료를 받은 경험이 있는 환자 제외
- 자료원 : 2013 ~ 2018년 건강보험 청구자료
- 분석 방법
  - 2013년 난청으로 진료 받은 경험이 없는 환자(이전 정신질환 진료 없음)를 대조군으로 설정하여 난청 진료 환자의 정신질환 발생 현황 비교(첫 진료시점을 기준으로 '18년 12월까지 추적 관찰)
  - 대조군은 난청 환자의 성별과 연령을 기준으로 1 : 1 매칭하여 설정함

3. 분석 결과
1) 65세 이상 난청 진료 환자는 2013년 126,718명에서 2018년 202,477명으로 약 59.79% 증가하였으며, 최근 증가율이 더 높게 나타남
2) 난청 환자(105,350명)와 대조군을 대상으로 5년 동안 정신질환 발생을 추적한 결과, 난청 환자의 정신질환 발생 확률이 더 높은 것으로 분석됨
   - 난청 환자는 난청으로 처음 진료 받은 시점을 기준으로 5년 내에 정신질환이 발생할 확률이 30.7%로, 비난청 진료 환자(24.1%)보다 1.3배 높음
3) 정신질환 중에는 치매, 불인 장애, 우울승 등의 순으로 많이 발생함
   - 치매가 가장 많이 발생(13.3%)하였으나, 두 집단 간 발생률의 차이는 없음
   - 다음으로 진료환자가 많은 불안장애와 우울증 발생 비중은 난청 환자에서 각각 8.2%, 6.7%로, 비난청 환자의 5.8%, 4.6%보다 높게 나타남

---

① [그림 1] 난청 진료 환자 현황

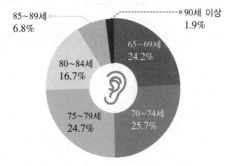

② [그림 2] 난청과 비난청 환자의 정신질환 발생 확률

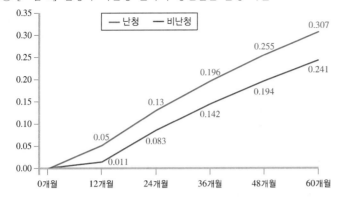

③ [표 1] 난청과 비난청 환자의 정신질환 발생 확률

구분	1년	2년	3년	4년	5년
난청 진료 환자	5.0%	13.0%	19.6%	25.5%	30.7%
비난청 진료 환자	1.1%	8.3%	14.2%	19.4%	24.1%

④ [표 2] 다빈도 정신질환과 발생 환자 수

순위	질환명	난청 환자(비중)	비난청 환자
1	치매	14,012명(13.3%)	14,012명(13.3%)
2	불안장애	8,639명(8.2%)	6,110명(5.8%)
3	우울증	7,058명(6.7%)	4,846명(4.6%)
4	뇌손상, 뇌기능 이상 및 신체질환에 의한 기타 정신장애	6,637명(6.3%)	4,530명(4.3%)
5	비기질성 수면장애	5,162명(4.9%)	4,003명(3.8%)

11 K기업은 가전전시회에서 자사의 제품을 출품하기로 하였다. 자사의 제품을 보다 효과적으로 홍보하기 위하여 다음과 같이 행사장의 A ~ G 중 세 곳에서 홍보판촉물을 배부하기로 하였다. 가장 많은 사람들에게 홍보판촉물을 나눠 줄 수 있는 위치는 어디인가?

- 전시관은 제1전시관 → 제2전시관 → 제3전시관 → 제4전시관 순서로 배정되어 있다.
- 행사장 출입구는 한 곳이며, 다른 곳으로는 출입이 불가능하다.
- 방문객은 행사장 출입구로 들어와서 시계 반대 방향으로 돌며, 4개의 전시관 중 2개의 전시관만을 골라 관람한다.
- 방문객은 자신이 원하는 2개의 전시관을 모두 관람하면 행사장 출입구를 통해 나가기 때문에 한 바퀴를 초과해서 도는 방문객은 없다.
- 방문객은 전시관 입구로 들어가면 출구로 나오기 때문에 전시관의 입구와 출구 사이에 있는 외부 통로를 동시에 지나치지 않는다.
- 행사장에는 시간당 평균 400명이 방문하며, 각 전시관의 시간당 평균 방문객 수는 다음과 같다.

제1전시관	제2전시관	제3전시관	제4전시관
100명	250명	150명	300명

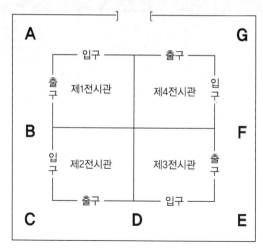

① A, B, C

② A, D, G

③ B, C, E

④ B, D, F

12 다음은 S은행의 연차휴가와 관련된 자료이다. A대리는 2016년 1월 1일에 입사하였고 매해 80% 이상 출근하였다. 오늘 날짜가 2020년 1월 26일이라면 A대리의 당해 연도 연차휴가는 며칠인가?

> **제29조(연차휴가)**
> • 직전 연도에 연간 8할 이상 출근한 직원에게는 15일의 연차유급휴가를 준다.
> • 3년 이상 근속한 직원에 대하여는 최초 1년을 초과하는 근속연수 매 2년에 연차유급휴가에 1일을 가산한 휴가를 준다. 여기서 소수점 단위는 절사하고, 가산휴가를 포함한 총 휴가일수는 25일을 한도로 한다.
> • 연차휴가는 직원의 자유의사에 따라 분할하여 사용할 수 있다. 반일단위(09시 ~ 14시, 14시 ~ 18시)로 분할하여 사용할 수 있으며 반일 연차휴가 2회는 연차휴가 1일로 계산한다.
> • 연차휴가를 줄 수 없을 때는 연봉 및 복리후생관리규정에 정하는 바에 따라 보상금을 지급한다.

① 15일   ② 16일
③ 17일   ④ 18일

13 다음은 A와 B의 시계조립 작업지시서 내용이다. 〈조건〉에 따라 작업할 때, B의 최종 완성 시간과 유휴 시간은 각각 얼마인가?(단, 이동 시간은 고려하지 않는다)

> 〈작업지시서〉
>
> [각 공작 기계 및 소요 시간]
> 1. 앞면 가공용 A공작 기계 : 20분
> 2. 뒷면 가공용 B공작 기계 : 15분
> 3. 조립 : 5분
>
> [공작 순서]
> 시계는 각 1대씩 만들며 A는 앞면부터 가공하여 뒷면 가공 후 조립하고, B는 뒷면부터 가공하여 앞면 가공 후 조립하기로 하였다.

> **조건**
> 1. A, B공작 기계는 각 1대씩이며 모두 사용해야 하고, 두 명이 동시에 작업을 시작한다.
> 2. 조립은 가공이 이루어진 후 즉시 실시한다.

	최종 완성 시간	유휴 시간
①	40분	5분
②	45분	5분
③	45분	10분
④	50분	5분

14 다음 자료를 참고할 때, 〈보기〉에 제시된 주민등록번호 빈칸에 해당하는 숫자로 옳은 것은?

우리나라에서 국민에게 발급하는 주민등록번호는 각각의 번호가 고유한 번호로, 13자리 숫자로 구성된다. 13자리 숫자는 생년, 월, 일, 성별, 출생신고지역, 접수번호, 검증번호로 구분된다.

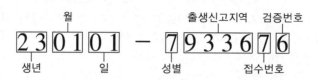

여기서 13번째 숫자인 검증번호는 주민등록번호의 정확성 여부를 검사하는 번호로, 앞의 12자리 숫자를 이용해서 구해지는데 계산법은 다음과 같다.

- 1단계 : 주민등록번호의 앞 12자리 숫자에 가중치 2, 3, 4, 5, 6, 7, 8, 9, 2, 3, 4, 5를 곱한다.
- 2단계 : 가중치를 곱한 값의 합을 계산한다.
- 3단계 : 가중치의 합을 11로 나눈 나머지를 구한다.
- 4단계 : 11에서 나머지를 뺀 수를 10으로 나눈 나머지가 검증번호가 된다.

> **보기**
>
> 240202 - 803701( )

① 4   ② 5
③ 6   ④ 7

15 (가) ~ (다)와 같은 생산 합리화 원칙이 적용된 사례를 〈보기〉에서 골라 바르게 짝지은 것은?

〈생산 합리화 원칙〉

(가) 공정과 제품의 특성에 따라 작업을 분업화한다.
(나) 불필요한 요소를 제거하여 작업 절차를 간소화한다.
(다) 제품의 크기, 형태에 대해 기준을 설정하여 규격화한다.

> **보기**
>
> ㄱ. 휴대전화와 충전 장치의 연결 방식을 같은 형식으로 만들었다.
> ㄴ. 음료수의 생산 과정을 일곱 단계에서 다섯 단계의 과정으로 줄여 작업하였다.
> ㄷ. 한 사람이 하던 자동차 바퀴의 나사 조립과 전기 장치 조립을 각각 두 사람이 하도록 하였다.

	(가)	(나)	(다)			(가)	(나)	(다)
①	ㄱ	ㄴ	ㄷ		②	ㄴ	ㄱ	ㄷ
③	ㄴ	ㄷ	ㄱ		④	ㄷ	ㄴ	ㄱ

16 K씨는 인터넷뱅킹 사이트에 가입하기 위해 절차에 따라 정보를 입력하는데 그 중 패스워드 만드는 과정이 까다로워 계속 실패 중이다. 사이트 가입 시 패스워드 〈조건〉이 다음과 같을 때, 〈조건〉에 부합하는 패스워드는 무엇인가?

> **조건**
> • 패스워드는 7자리이다.
> • 영어 대문자와 소문자, 숫자, 특수기호를 적어도 하나씩 포함해야 한다.
> • 숫자 0은 다른 숫자와 연속해서 나열할 수 없다.
> • 영어 대문자는 다른 영어 대문자와 연속해서 나열할 수 없다.
> • 특수기호를 첫 번째로 사용할 수 없다.

① a?102CB
② 7!z0bT4
③ #38Yup0
④ ssng99&

17 귀하는 '지역농산물 이용촉진 및 직거래 활성화'를 위한 기본계획을 작성하려고 한다. 다음 중 분야별 세부 과제로 적절하지 않은 것은?

〈지역농산물 이용촉진 및 직거래 활성화 계획〉	
3대 분야	주요 과제
1. 직거래 등 新유통경로 안정적 정착	ㄱ. 직거래장터 활성화 • 온라인 직거래 활성화 • 꾸러미 / 공동체 지원 농업 ㄴ. 홈쇼핑 활용 농산물 판매 확대 • 전통시장 연계 직거래모델 구축
2. 지역농산물 이용 촉진	• 지역 농산물 이용 활성화 ㄷ. 지역 농산물 소비 촉진 홍보 • 구매실적 평가
3. 활성화 기반 조성	ㄹ. 로컬푸드 직매장 경영안정 및 활성화 • 우수 농산물 직거래 인증제 추진 • 직거래 주체 육성 • 중앙 · 지방 협력체계 구축 • 실태조사 및 연구 • 안전성 검사 지원 • 금융 인센티브 제공

① ㄱ
② ㄴ
③ ㄷ
④ ㄹ

18 제시된 자료와 〈조건〉을 바탕으로 철수, 영희, 민수, 철호가 상품을 구입한 쇼핑몰을 올바르게 연결한 것은?

〈이용약관의 주요내용〉

쇼핑몰	주문 취소	환불	배송비	포인트 적립
A	주문 후 7일 이내 취소 가능	10% 환불수수료, 송금수수료 차감	무료	구입 금액의 3%
B	주문 후 10일 이내 취소 가능	환불수수료, 송금수수료 차감	20만 원 이상 무료	구입 금액의 5%
C	주문 후 7일 이내 취소 가능	환불수수료, 송금수수료 차감	1회 이용 시 1만 원	없음
D	주문 후 당일에만 취소 가능	환불수수료, 송금수수료 차감	5만 원 이상 무료	없음
E	취소 불가능	고객 귀책 사유에 의한 환불 시에만 10% 환불수수료	1만 원 이상 무료	구입 금액의 10%
F	취소 불가능	원칙적으로 환불 불가능 (사업자 귀책 사유일 때만 환불 가능)	100g당 2,500원	없음

조건

• 철수는 부모님의 선물로 등산용품을 구입하였는데, 판매자의 업무착오로 배송이 지연되어 판매자에게 전화로 환불을 요구하였다. 판매자는 판매금액 그대로를 통장에 입금해주었고 구입 시 발생한 포인트도 유지하여 주었다.

• 영희는 옷을 구매할 때 배송료를 고려하여 한 가지씩 여러 번에 나누어 구매하기보다는 가능한 한 한꺼번에 주문하곤 하였다.

• 인터넷 사이트에서 영화티켓을 20,000원에 주문한 민수는 다음날 같은 티켓을 18,000원에 파는 가게를 발견하고 전날 주문한 물건을 취소하려 했지만 취소가 되지 않아 곤란을 겪은 적이 있다.

• 가방을 10만 원에 구매한 철호는 도착한 물건의 디자인이 마음에 들지 않아 환불 및 송금수수료와 배송료를 감수하는 손해를 보면서도 환불할 수밖에 없었다.

	철수	영희	민수	철호
①	E	B	C	D
②	F	E	D	B
③	E	D	F	C
④	F	C	E	B

19 인천공항의 공중보건비상 발생 시 상황별 대응관계가 아래와 같을 때, 기사에 해당하는 단계는?

〈공중보건비상 발생 시 상황별 대응단계〉

구분	판단기준	주요조치
관심(Blue) 단계	해외감염병 발생 시	• 해외동향 신속파악 및 대응 • 환자 조기발견 감시체계 가동 • 대국민 홍보 • 환자 진단 및 발생대비 체계 수립
주의(Yellow) 단계	• 해외감염병 국내 유입 시 - 세계보건기구 감염병주의보 발령 • 국내에서 감염병 발생	• 상황모니터링 및 위기경보 발령 • 감염병 감시체계 강화(일일보고) • 신속 진단 심험실진단체계 구축 • 국가방역 인프라 준비태세 점검
경계(Orange) 단계	• 해외감염병의 국내 유입 후 타 지역 전파 • 국내감염병의 타 지역으로 전파	• 중앙방역대책본부 운영 • 국가 방역・검역체계 강화 : 24시간 비상방역체제 운영 등 • 필요물자 비축확대, 국가 방역・검역 인력보강, 대국민 홍보 강화
심각(Red) 단계	• 해외감염병의 전국적 확산 • 국내감염병의 전국적 확산	• 범정부적 대응체계 구축・운영 강화 • 국가 가용자원 동원방안 마련 : 의료인 지도명령권 발동, 군 의료인력 자원 등 • 국내외 입출국자 관리 강화

중동 지역에서 주로 유행하는 중동호흡기증후군(메르스) 환자가 국내에 처음으로 확인됐다. 질병관리본부는 20일 바레인으로부터 입국한 68세의 한국인 남자 1명이 중동호흡기증후군 환자로 확인되었다고 발표했다.

이 남성은 지난 4월 18일 ~ 5월 3일까지 바레인에서 체류하면서 농작물 재배 관련 일에 종사하고 5월 4일 카타르를 경유해 인천공항을 통해 입국한 것으로 확인됐다. 입국 시 별다른 증상은 없었지만 입국 일주일 후인 지난 11일 발열 및 기침 등의 증상이 발생해 병원을 방문하고 20일 국립보건연구원에서 병원체를 확진한 것으로 알려지고 있다.

메르스 바이러스는 지난 2012년 사우디아라비아에서 처음 발견된 뒤 중동 지역에서 집중적으로 발견됐다. 정식 명칭은 '메르스 코로나 바이러스'. 의학계에 따르면 2003년 아시아에서 발생한 뒤 전 세계로 확산되며 800명 가까운 사망자를 낸 중증급성호흡기증후군(사스) 바이러스와 비슷하다. 메르스 바이러스는 감염되면 1 ~ 2주일의 잠복기를 거친 후 고열, 기침, 호흡곤란 등의 증상이 나타난다. 심하면 폐렴과 신부전증을 동반하며 사스보다 치사율이 6배 가량 높다. 메르스 바이러스의 정확한 감염 원인은 밝혀지지 않았지만, 박쥐나 낙타에 의해 전파되는 것으로 알려져 있다.

① 관심(Blue) 단계

② 주의(Yellow) 단계

③ 경계(Orange) 단계

④ 심각(Red) 단계

20 농식품공무원인 A씨는 5월을 맞이하여 공무원 및 유관기관 임직원들을 대상으로 하는 교육을 들으려고 한다. 교육과정과 A씨의 5월 일정이 아래와 같을 때, A씨가 이수할 수 있는 교육의 개수는?(단, 결석 없이 모두 참석해야 이수로 인정받을 수 있다)

〈농식품공무원교육원 5월 교육과정 안내〉

과정명	교육일정	계획인원(명)	교육내용
세계농업유산의 이해	5. 10 ~ 5. 12	35	국가농업유산의 정책방향, 농업유산의 제도 및 규정, 농업유산 등재 사례 등
벌과 꿀의 세계	5. 15 ~ 5. 17	35	양봉산업 현황과 방향, 꿀벌의 생태, 관리 방법, 양봉견학 및 현장실습 등
농촌관광상품 개발 및 활성화	5. 15 ~ 5. 19	35	농촌관광 정책방향 및 지역관광자원 연계방안 이해, 운영사례 및 현장체험 등
디지털 사진촬영 및 편집	5. 15 ~ 5. 19	30	주제별 사진촬영기법 실습, 스마트폰 촬영방법 실습 등
미디어 홍보역량 강화	5. 17 ~ 5. 19	20	보도자료 작성법, 어문 규정에 따른 보도자료 작성법, 우수 미흡 사례
농업의 6차 산업화	5. 22 ~ 5. 24	30	농업의 6차 산업화 개념 및 정책 방향, 마케팅 전략, 해외 성공 사례, 우수업체 현장방문 등
첨단과수·시설 원예산업육성	5. 22 ~ 5. 24	30	과수·시설원예 정책방향, 기술 수준, 한국형 스마트팜, 통합 마케팅 사례 및 유통 현장견학
엑셀중급 (데이터분석)	5. 22 ~ 5. 26	30	엑셀2010의 데이터 관리기법, 피벗 활용 및 함수 활용실습
외식산업과 농업 연계전략	5. 29 ~ 6. 1	30	식품·외식산업 정책방향, 외식산업과 농업 연계전략, 외식콘텐츠 개발 계획 등
종자·생명 산업	5. 29 ~ 6. 2	30	종자·생명 산업 정책방향, 농식품바이오 기술 융복합, 식물·동물 자원 유전체 기술 및 글로벌 트렌드 등
귀농·귀촌 길잡이	5. 29 ~ 6. 2	35	귀농·귀촌 현황과 전망, 주민과 갈등해소 및 소통 방법, 농지 이용 가이드, 주택 구입방법, 창업아이템 분석 등
농지관리제도 실무	5. 29 ~ 6. 2	30	농지정책방향, 농지법, 농지은행제도, 농지민원사례, 농지정보시스템, 농지제도 발전방향 등

〈A씨의 5월 일정〉

- 5월 3 ~ 5일 : 농식품부 관련 세종시 출장
- 5월 9일 : 출장 관련 보고서 작성 및 발표
- 5월 15일 : 학회 세미나 출석
- 5월 24 ~ 25일 : 취미 활동인 기타 동아리 정기 공연 참가
- 6월 1일 : 여름 장마철 예방 대책 회의 참석

① 1개 ② 2개
③ 3개 ④ 4개

21 국민건강보험공단에 재직 중인 A사원은 호스피스완화케어센터의 서비스를 쉽게 설명하기 위해 사례를 들어 정리하려 한다. 내용을 분류에 따라 구분한 것으로 올바른 것은?

> 환자 및 가족 : 홍길동(남 / 51세, 간암 말기), 아내(40세), 딸(10세)
> 비고 : 조건부수급가정, 다문화가정(베트남 출신 아내)
>
> ㉠ 외국인 아내에 대한 양육 불안감을 사회적 지원으로 해소
> ㉡ 간병특례 혜택을 받을 수 있도록 주민센터와 연계 지원
> ㉢ 통증 조절을 위한 복약지도
> ㉣ 죽음 앞의 무력감에 대한 대처
> ㉤ 식욕부진에 따른 데이밀 제공
> ㉥ 임종 전 신부님, 수녀님 방문
> ㉦ 영적 편안함, 충분한 작별인사
> ㉧ 보건소 암환자 진료비를 지원받을 수 있도록 정보 제공

신체적 돌봄
(A)

경제적 돌봄
(D)

영적 돌봄
(B)

심리사회적 돌봄
(C)

호스피스완화케어센터 서비스 내용

심리사회적 돌봄
· 남편 임종 후 사후처리 절차 지원
· LH공사와 상담하여 주거 지원
· 생애말기 돌봄센터에서 사별가족모임에 참여하여 감정순화 지원

심리사회적 돌봄
· 구청 드림스타트/지역아동센터 연계
· 대학생 멘토링 자원봉사자 파견으로 아동의 학습 및 보호 기능 강화

① (A) : ㉡, ㉢, ㉤
② (B) : ㉡, ㉥, ㉦
③ (C) : ㉠, ㉣
④ (D) : ㉤, ㉧

22 사내 시설 예약을 담당하는 K사원은 ○○ 서포터즈 발대식 안내문을 받고 〈조건〉에 따라 시설을 예약하려고 한다. 다음 중 K사원이 예약할 시설로 가장 적절한 것은?

〈○○ 서포터즈 발대식 안내〉

- 일시 : 8월 17일 ~ 8월 18일(1박 2일)
- 대상인원 : 서포터즈 선발인원 117명, 아나운서 6명

… (하략) …

〈사내 시설 현황〉

구분	최대 수용 인원	시설 예약완료 현황			부대시설	
		8월 16일	8월 17일	8월 18일	마이크	프로젝터
한빛관	166명	–	–	09:00 ~ 11:00	○	✕
비전홀	158명	15:00 ~ 17:00	–	–	○	○
대회의실	148명	09:00 ~ 10:00	–	–	○	○
세미나실	124명	–	–	–	✕	✕

조건

• 운영 인원 10명을 포함한 전체 참여 인원을 수용할 수 있어야 한다.
• 마이크와 프로젝터가 모두 있어야 한다.
• 발대식 전날 정오부터 대여가 가능해야 한다.

① 한빛관
③ 대회의실

② 비전홀
④ 세미나실

23 최근 스마트폰 보급과 모바일 쇼핑의 활성화를 바탕으로 모바일 결제시장이 급성장하고 있다. 이에 S은행은 모바일 뱅킹 서비스와 관련하여 분석한 결과를 토대로 다음과 같은 전략 과제를 수립하였다. 이를 근거로 실행방안을 구상하였을 때, 다음 중 가장 적절하지 않은 것은?

단계	전략 과제
정보 취득 및 설치 단계	1. 최초 접근 채널 다양화 2. 모바일 뱅킹 서비스 친숙도 증대 3. 모바일 뱅킹 이용방법 이해도 증진 4. 앱 / 인증서 설치 등 편의성 증대 5. 시스템 안전성 어필 및 고객의 이체 실수 두려움 제거
이용단계	6. 직관적이고 심플한 UI구성 7. 이용단계 간소화 및 오류 제거 8. 대면 – 비대면 채널 간 연계 강화 9. 다양한 채널로 언제 어디서든 도움 제공

① 스마트 체험존 구축
② 직원을 통한 모바일 결제서비스 안내 강화
③ 서비스 단계 축소로 간편함 어필
④ 안전한 금융거래를 위한 스마트OTP 도입 추진

24 K은행에서는 직원들에게 다양한 혜택이 있는 복지카드를 제공한다. 복지카드의 혜택사항과 B사원의 일과가 다음과 같을 때 ⓐ ~ ⓔ 중에서 복지카드로 혜택을 볼 수 없는 행동은?

〈복지카드 혜택사항〉

구분	세부내용
교통	대중교통(지하철, 버스) 3 ~ 7% 할인
의료	병원 5% 할인(동물병원 포함, 약국 제외)
쇼핑	의류, 가구, 도서 구입 시 5% 할인
영화	영화관 최대 6천 원 할인

〈B사원의 일과〉

B는 오늘 친구와 백화점에서 만나 쇼핑을 하기로 약속을 했다. 집에서 ⓐ 지하철을 타고 약 20분이 걸려 백화점에 도착한 B는 어머니 생신 선물로 ⓑ 화장품과 옷을 산 후, 동생의 이사 선물로 줄 ⓒ 침구류도 구매하였다. 쇼핑이 끝난 후 B는 ⓓ 버스를 타고 집에 돌아와 자신이 키우는 애완견의 예방접종을 위해 ⓔ 병원에 가서 진료를 받았다.

① ⓐ, ⓑ, ⓓ　　　　　　　　② ⓑ, ⓒ
③ ⓐ, ⓑ, ⓒ　　　　　　　　④ ⓒ, ⓔ

☑ 확인 Check! ○ △ ✕

25 다음은 W은행 전세자금대출 관련 설명서의 일부이다. 이를 토대로 홈페이지의 Q&A 담당인 A사원이 게시판에 올라온 질문에 잘못 답변한 것을 고르면?

◆ **대출대상자**

부동산중개업소를 통해 임대차계약(임차보증금이 있는 월세계약 포함)을 체결하고 5% 이상의 계약금을 지급한 임차인으로 다음 요건을 모두 충족하는 고객[임대인이 주택사업자(법인 임대사업자 포함)인 경우에는 부동산중 개업소를 통하지 않은 자체계약서 인정 가능]

• 대출신청일 현재 만 19세 이상인 고객
• 대출신청일 현재 임대차계약기간이 1년 이상 남은 고객
• 임차보증금이 수도권(서울특별시 포함) 4억 원, 그 외 지역의 경우 3억 원 이하여야 함[단, 임대인이 주택사업 자(법인 임대사업자 포함)인 경우 임차보증금 제한 없음]
• 임차권의 대항력 및 우선변제권을 확보한 고객 또는 확보할 수 있는 고객
• 외국인 및 재외국민이 아닌 고객

◆ **대상주택**

전 지역 소재 주택으로서 다음의 조건을 모두 갖추어야 함

• 임대인에 따라 다음 주택을 대상으로 함
  – 임대인이 개인인 경우 : 아파트(주상복합아파트 포함), 연립주택, 다세대주택, 단독주택, 다가구주택, 주거 용 오피스텔
  – 임대인이 주택사업자(법인 임대사업자 포함)인 경우 : 아파트(주상복합아파트 포함), 연립주택, 주거용 오피 스텔
• 소유권에 대한 권리침해 사항(경매신청, 압류, 가압류, 가처분, 가등기 등)이 없어야 함
• 전입세대열람내역 확인 시 타 세대의 전입내역이 없을 것(단, 단독주택 및 다가구주택은 여러 세대가 공동 거 주하므로 다른 세대의 전입내역이 있는 경우에도 취급 가능)
• 미등기 건물 또는 건축물대장상 위반건축물이 아닌 경우
• 선순위채권이 존재하는 경우 주택가격의 60% 이내일 것
• 임대인이 외국인, 해외거주자인 경우 취급할 수 없음

---

① Q : 아직 계약금을 내지 않았는데, 전세자금대출을 받아 계약금을 먼저 내고 싶습니다.

   A : 부동산중개업소를 통해 임대차계약(임차보증금이 있는 월세계약 포함)을 체결하고 5% 이상의 계약금을 지 급하여야만 대출을 진행할 수 있습니다.

② Q : 내년에 입주 예정인 만 18세 예비 대학생입니다. 올해 대출을 받아 내년에 입주하고 싶은데, 가능한가요?

   A : 대출신청일 현재 만 19세 이상이셔야 합니다.

③ Q : 다음 달이 전세계약 만기라 대출을 받고 싶습니다.

   A : 대출신청일 현재 임대차계약기간이 1년 이상 남아야 합니다.

④ Q : 필리핀에서 한국으로 귀화한 지 2년이 지났습니다. 다른 조건을 만족하면 대출이 가능한가요?

   A : 외국인인 경우 대출이 불가합니다.

26 N은행손해보험 고객지원센터에 접수된 질문사항들이다. 아래의 보험금 청구 절차 안내문을 토대로 고객들의 질문에 답변할 때, 적절하지 않은 것은?

〈보험금 청구 절차 안내문〉

단계	구분	내용
Step 1	사고 접수 및 보험금 청구	피보험자, 가해자, 피해자가 사고발생 통보 및 보험금 청구를 합니다. 접수는 가까운 영업점에 관련 서류를 제출합니다.
Step 2	보상팀 및 보상담당자 지정	보상처리 담당자가 지정되어 고객님께 담당자의 성명, 연락처를 SMS로 전송해 드립니다. 자세한 보상관련 문의사항은 보상처리 담당자에게 문의하시면 됩니다.
Step 3	손해사정사법인(현장확인자)	보험금 지급여부 결정을 위해 사고현장조사를 합니다. (병원 공인된 손해사정법인에게 조사업무를 위탁할 수 있음)
Step 4	보험금 심사(심사자)	보험금 지급여부를 심사합니다.
Step 5	보험금 심사팀	보험금 지급여부가 결정되면 피보험자 예금통장에 보험금이 입금됩니다.

※ 3만 원 초과 10만 원 이하 소액통원의료비를 청구할 경우, 보험금 청구서와 병원영수증, 질병분류기호(질병명)가 기재된 처방전만으로 접수가 가능합니다.

※ 의료기관에서 환자가 요구할 경우 처방전 발급 시 질병분류기호(질병명)가 기재된 처방전 2부 발급이 가능합니다.

※ 온라인 접수 절차는 N은행손해보험 홈페이지에서 확인하실 수 있습니다.

① Q : 자전거를 타다가 팔을 다쳐서 병원비가 56,000원이 나왔습니다. 보험금을 청구하려고 하는데 제출할 서류는 어떻게 되나요?

　A : 고객님의 의료비는 10만 원이 넘지 않는 관계로 보험금 청구서와 병원영수증, 진단서가 필요합니다.

② Q : 사고를 낸 당사자도 보험금을 청구할 수 있나요?

　A : 네, 고객님. 사고의 가해자와 피해자 모두 보험금을 청구하실 수 있습니다.

③ Q : 사고 접수는 인터넷으로 접수가 가능한가요?

　A : 네, 가능합니다. 자세한 접수 절차는 N은행손해보험 홈페이지에서 확인하실 수 있습니다.

④ Q : 질병분류기호가 기재된 처방전은 어떻게 발급하나요?

　A : 처방전 발급 시, 해당 의료기관에 질병분류기호를 포함해달라고 요청하시면 됩니다.

27 다음은 중소기업 방송광고 활성화(제작비) 지원사업 절차이다. 이에 대한 설명으로 옳지 않은 것은?

<중소기업 방송광고 활성화(제작비) 지원사업 절차>

사업 시행 공고 (한국방송광고진흥공사)	3월, 7월	홈페이지 등에 공고

⇩

지원 신청 (해당 기업)	3월, 7월	• 신청자격 : 이노비즈 등 인증 중소기업으로 접수 마감일 기준 최근 1년 이내 지상파(전국) 또는 종합편성방송사에 방송광고 집행 실적이 없는 기업 • 신청 접수 : (1차) 3월 21일 ~ 4월 1일, (2차) 7월 18일 ~ 7월 29일

⇩

지원대상 선정 (지원협의회)	4월, 8월	• 예비심사(필요 시 시행) • 본심사

⇩

사업수행 협약 체결 (지원대상기업, 한국방송광고진흥공사)	4월, 8월	선정 통보 후 5일 이내 협약 체결

⇩

사업 수행 (지원대상기업)	협약 후 3개월 이내	• 방송광고 제작 계약서 제출(협약 후 45일 이내) • 방송광고 제작 • 방송광고 청약

⇩

사업 수행 완료 후 기금 지원 신청 (지원대상기업 → 한국방송광고진흥공사)	협약 후 3개월 이내	• 완성된 방송광고물 • 완성된 방송광고물의 제작비 상세 명세서 • 완성된 방송광고물의 방송광고 심의 소재 등록증 • 방송광고 청약서 등과 함께 기금 지원 신청서 제출

⇩

검증 및 기금 지원 결정 (시원협의회)	기금 지원 신청 익월	• 기금 지원 신청 금액 및 완성된 방송광고물의 검증 • 지원협의회 최종 승인 및 지급

① 3월에 사업 시행 공고를 보고 4월 1일까지 신청 접수를 하면 된다.

② 4월과 8월에 지원협의회에서 지원대상을 선정하는데 모두 예비심사와 본심사를 받아야 한다.

③ 지원대상 선정과 같은 달에 사업수행 협약을 체결한다.

④ 협약 후 45일 이내에 방송광고 제작 계약서를 제출하고, 3개월 이내에 방송광고물을 제작한다.

28 A고객은 3일 후 떠날 3주간의 제주도 여행에 대비하여 가족 모두 여행자 보험에 가입하고자 W은행에 방문하였다. 이에 K사원이 A고객에게 여행자 보험 상품을 추천하고자 할 때, K사원의 설명으로 적절하지 않은 것은?(단, A고객 가족의 나이는 만 14세, 17세, 45세, 51세, 75세이다)

〈W은행 여행자 보험〉

- 가입연령 : 만 1 ~ 79세(인터넷 가입 만 19 ~ 70세)
- 납입방법 : 일시납
- 납입기간 : 일시납
- 보험기간 : 2일 ~ 최대 1개월
- 보장내용

보장의 종류	보험금 지급사유	지급금액
상해사망 및 후유장해	여행 중 사고로 상해를 입고 그 직접적인 결과로 사망하거나 후유장해상태가 되었을 때	− 사망 시 가입금액 전액 지급 − 후유장해 시 장해정도에 따라 가입금액의 30 ~ 100% 지급
질병사망	여행 중 발생한 질병으로 사망 또는 장해지급률 80% 이상의 후유장해가 남았을 경우	가입금액 전액 지급
휴대품 손해	여행 중 우연한 사고로 휴대품이 도난 또는 파손되어 손해를 입은 경우	가입금액 한도 내에서 보상하되 휴대품 1개 또는 1쌍에 대하여 20만 원 한도로 보상(단, 자기부담금 1만 원 공제)

- 유의사항
  - 보험계약 체결일 기준 만 15세 미만자의 경우 사망은 보장하지 않음
  - 보장금액과 상해, 질병 의료실비에 관한 보장내용은 홈페이지 참조

---

① 고객님, 가족 모두 가입하시려면 반드시 은행에 방문해주셔야 합니다.

② 고객님, 만 14세 자녀의 경우 본 상품에 가입하셔도 사망보험금은 지급되지 않습니다.

③ 고객님, 여행 도중 귀중품을 분실하셨을 경우에 분실물의 수량과 관계없이 최대 20만 원까지 보상해드립니다.

④ 고객님, 후유장해 시 보험금은 장해정도에 따라 차등지급됩니다.

29 다음 중 기초생활수급자 선정과 관련된 서술로 옳지 않은 것은?

가. 기초생활수급자 선정 기준

부양의무자가 없거나, 부양의무자가 있어도 부양능력이 없거나 또는 부양을 받을 수 없는 자로서 소득인정액이 최저생계비 이하인 자

※ 부양능력이 있는 부양의무자가 있어도 부양을 받을 수 없는 경우란, 부양의무자가 교도소 등에 수용되거나 병역법에 의해 징집·소집되어 실질적으로 부양을 할 수 없는 경우와 가족관계 단절 등을 이유로 부양을 거부하거나 기피하는 경우 등을 가리킨다.

나. 매월 소득인정액 기준

• (소득인정액)=(소득평가액)+(재산의 소득환산액)
• (소득평가액)=(실제소득)-(가구특성별 지출비용)

다. 가구별 매월 최저생계비

(단위 : 만 원)

1인	2인	3인	4인	5인	6인
42	70	94	117	135	154

라. 부양의무자의 범위

수급권자의 배우자, 수급권자의 1촌 직계혈족 및 그 배우자, 수급권자와 생계를 같이 하는 2촌 이내의 혈족

---

① 소득인정액이 최저생계비 이하인 자로서 부양의무자가 없으면 기초생활수급자로 선정된다.
② 소득인정액은 소득평가액과 재산의 소득환산액을 합한 것이다.
③ 수급권자의 삼촌은 부양의무자에 해당되지 않는다.
④ 소득평가액은 실제소득에서 가구특성별 지출비용을 합한 것이다.

30 다음은 S은행에서 진행하고 있는 이벤트 포스터이다. 해당 이벤트를 고객에게 추천할 경우 사전에 확인해야 할 사항으로 적절하지 않은 것은?

〈S은행 가족사랑 패키지 출시 기념 이벤트〉

▲ 이벤트 기간 : 2019년 11월 2일(월) ~ 12월 31일(목)
▲ 세부내용

대상	응모요건	경품
가족사랑 통장·적금·대출 신규 가입고객	① 가족사랑 통장 신규 ② 가족사랑 적금 신규 ③ 가족사랑 대출 신규	가입고객 모두에게 OTP 또는 보안카드 무료 발급
가족사랑 고객	가족사랑 통장 가입 후 다음 중 1가지 이상 신규 ① 급여이체 신규 ② 가맹점 결제대금 이체 신규 ③ 신용(체크)카드 결제금액 20만 원 이상 ④ 가족사랑 대출 신규(1천만 원 이상)	• 여행상품권(200만 원)(1명) • 최신 핸드폰(3명) • 한우세트(300명) • 연극 티켓 2매(전 고객)
국민행복카드 가입고객	국민행복카드 신규＋당행 결제계좌 등록 (동 카드로 임신 출산 바우처 결제 1회 이상 사용)	어쩌다 엄마(책)(500명)

▲ 당첨자 발표 : 2020년 1월 중순(예정), 홈페이지 공지 및 영업점 통보
　－ 제세공과금은 S은행이 부담하며 본 이벤트는 당행의 사정으로 변경 또는 중단될 수 있습니다.
　－ 당첨고객은 추첨일 현재 대상상품 유지고객에 한하며, 당첨자 명단은 추첨일 기준 금월 중 S은행 홈페이지에서 확인하실 수 있습니다.
　－ 기타 자세한 내용은 인터넷 홈페이지(www.Sbank.com)를 참고하시거나 가까운 영업점, 고객센터(0000-0000)에 문의하시기 바랍니다.
　　※ 유의사항 : 상기이벤트 당첨자 중 핸드폰 등 연락처 불능, 수령 거절 등의 고객 사유로 1개월 이상 경품 미수령 시 당첨이 취소될 수 있습니다.

① 가족사랑 패키지 출시 이벤트는 11월부터 약 2개월 동안 진행되는구나.
② 가족사랑 대출을 신규로 가입했을 경우에 OTP나 보안카드를 무료로 발급받을 수 있구나.
③ 가족사랑 통장을 신규로 가입한 후, 급여이체를 설정하면 OTP가 무료로 발급되고 연극 티켓도 받을 수 있구나.
④ 2020년 1월에 이벤트 당첨자를 발표하는데, 별도의 통보가 없으니 영업점을 방문하시라고 설명해야겠구나.

31 C은행에 근무하는 A씨는 예금주 명의변경에 대한 문의를 받았다. 다음 약관을 바탕으로 고객의 문의에 답하려고 할 때 옳지 않은 것은?

---

1. **법인대표자 변경**
   - (사고변경) 신고 및 재발급의뢰서
   - 신대표자임 입증서류
     - 법인 : 법인등기부등본과 사업자등록증 원본
     - 임의단체 : 고유번호증 또는 납세번호증
     - 관공서 : 감독기관 또는 소속관서장 임명증명서
   - 대표자신분증
   - 통장, 도장
2. **개명에 의한 변경**
   〈개인 개명〉
   - (사고변경) 신고 및 재발급의뢰서
   - 기본증명서 또는 주민등록초본(신명의와 구명의 확인 가능)
   - 통장, 도장
   〈법인명칭 변경〉
   - (사고변경) 신고 및 재발급의뢰서
   - 법인등기부등본과 사업자등록증 원본
     - 임의단체 : 고유번호증 또는 납세번호증
     - 관공서 : 감독기관 또는 소속관서장 임명증명서
   - 대표자 신분증
   - 통장, 도장
3. **사망에 의한 변경**
   - 상속인 전원 연서한 (사고변경)신고 및 재발급의뢰서
   - 피상속인(예금주)의 가족관계 등록부(가족관계 증명서, 기본증명서) 및 제적등본
   - 상속인 전원 인감증명서(다만, 본인 내점하는 경우 인감증명서 대신 실명확인증표 가능)
   - 위임 있는 경우 인감증명서(또는 서명사실학인서) 첨부된 위임장
4. **대리인에 의한 명의 변경**
   〈개인 개명, 사망, 유증에 의한 변경〉
   - 본인 위임장(인감도장 날인)
   - 본인 인감증명서 또는 본인 서명사실확인서
   - 대리인 신분증
   - 주민등록초본 및 기본증명서(신명의와 구명의 확인 가능)
   - 통장, 도장
5. **법인 상호변경, 대표자 변경에 의한 경우**
   - 사업자등록증 또는 사업자등록증명원
     - 임의단체 : 고유번호증 또는 납세번호증
     - 관공서 : 감독기관 또는 소속관서장 임명증명서
   - 법인등기부등본
   - 대표자 위임장(법인인감 날인)

- 법인임감증명서
- 대리인 신분증
- 통장, 도장

6. **명의변경 제한 상품**
- 농어가목돈마련저축
- 세금우대(비과세)예금
- 비과세가계저축
- 근로자우대저축
- 장학적금
- 생계형비과세저축

7. **명의변경 수수료**
- 징수기준 : 고객으로부터 예금(신탁포함)계좌에 대한 명의변경 요청 시 징수
- 징수금액 : 건당 5,000원(단, 예금명의변경에 따른 통장(증서) 재발급수수료는 면제 가능)

제목 : [예금] 예금주 명의변경 시 처리절차

안녕하세요. 예금주 명의변경 처리 절차에 대한 문의가 있습니다. 이번에 개명을 하게 되어 통장 명의를 변경하고자 하는데, 서류가 어떤 것들이 필요하나요? 아 참고로 개인 개명입니다. 또 명의변경을 할 경우 수수료는 따로 드나요? 그리고 이 통장이 근로자우대저축 통장인데 상관없는 거죠? 아, 만약에 제가 시간이 안되면 다른 사람이 대신 가도 상관 없나요? 만약에 그게 가능하다면 필요한 서류는 뭐가 있을까요? 빠른 답변 부탁드립니다.

답변 : 안녕하세요. 고객님 C은행입니다.

안녕하세요. 은행입니다. 우선 저희 은행에 많은 관심을 주셔서 감사드립니다.

예금주 명의변경과 관련한 문의에 대한 답변을 하나씩 해드리겠습니다.

- **개인 개명에 의한 변경 시 필요한 서류**

  ① (사고변경) 신고 및 재발급의뢰서, 기본증명서 또는 주민등록초본, 통장, 도장이 필요합니다.

- **명의변경 수수료**

  ② 명의변경과 관련한 수수료는 따로 들지 않습니다.

- **근로자우대저축 통장의 명의변경 가능 여부**

  ③ 근로자우대저축은 명의변경에 제한되는 상품입니다.

- **대리인 명의변경 여부**

  ④ 개인 개명에 대한 명의변경도 대리인에 의해서 가능합니다.

  이때 필요한 서류는 본인 위임장(인감도장 날인), 본인 인감증명서 또는 본인 서명사실확인서, 대리인 신분증, 주민등록초본 및 기본증명서, 통장, 도장입니다.

문의하신 답변이 도움되었길 바라며 추가 문의가 있으면 언제든지 게시판에 문의해주세요.

오늘도 즐거운 하루 보내세요. 감사합니다.

32 성경책을 리폼하는 J사는 현재 다음과 같은 할인 이벤트를 진행 중이다. 다음 중 할인 이벤트를 이해한 내용으로 적절하지 않은 것은?(단, 할인되지 않은 모든 디자인의 성경리폼 기존 원가는 3만 원이다)

〈성경 리폼 20%+10% 할인 이벤트〉

▶ 행사기간 : 오픈형 성경 리폼 기존 20%할인+10% 추가할인 행사
▶ 대상 : 오픈형 성경책 리폼만 해당됨(지퍼형, 지갑결합형의 경우 10% 할인 행사중)
▶ 주문 및 할인방법
　－ 검색어에 J사 성경 리폼을 검색하여 N쇼핑에서 주문합니다.
　－ 본 용지를 프린트하여 아래 빈칸을 작성한 후, 보내주실 성경책에 동봉해주셔야 추가 10% 할인을 받으실 수 있습니다.
　－ 10% 추가 할인은 작업이 끝나는 동시에 고객님이 원하시는 방법으로 돌려드립니다.

성함		연락처	
신청 디자인	• 오픈형(　) • 지퍼형(　) • 지갑결합형(　)	10% 환불 방법	• 성경책 받으실 때 10% 현금 동봉(　) • 작업완료 시 아래의 계좌로 입금(　) 　－ 은행명 : (　　　) 　－ 예금주 : (　　　) 　－ 계좌번호 : (　　　　)
택배 받을 주소			

〈성경 리폼 구매평 이벤트〉

▶ 회원 가입 후 댓글을 통해 리폼된 성경책의 구매평을 남기면 1,000원 할인 쿠폰 지급
▶ 회원 가입 후 리폼된 성경책 사진과 함께 댓글로 구매평을 남기면 3,000원 할인 쿠폰 지급

---

① 10% 추가 할인 전에 오픈형 성경 리폼의 가격은 2만 4천 원이었을 것이다.
② 사진과 함께 댓글로 구매평을 남길 경우 기존 원가의 20% 가격이 환급된다.
③ 지퍼형으로 성경을 리폼하고 사진과 함께 구매평을 남길 경우, 기존 원가보다 6천 원 더 이익이다.
④ 오픈형으로 성경을 리폼하고 사진 없이 댓글로 구매평을 남길 경우, 기존 원가보다 1만 원 더 이익이다.

33 다음은 미성년자(만 19세 미만)의 전자금융서비스 신규 · 변경 · 해지 신청에 필요한 서류와 관련한 자료이다. 자료를 이해한 내용으로 옳은 것은?

구분	미성년자 본인 신청 (만 14세 이상)	법정대리인 신청 (만 14세 미만은 필수)
신청서류	• 미성년자 실명확인증표 • 법정대리인(부모) 각각의 동의서 • 법정대리인 각각의 인감증명서 • 미성년자의 가족관계증명서 • 출금계좌통장, 통장인감(서명)	• 미성년자의 기본증명서 • 법정대리인(부모) 각각의 동의서 • 내방 법정대리인 실명확인증표 • 미내방 법정대리인 인감증명서 • 미성년자의 가족관계증명서 • 출금계좌통장, 통장인감
	※ 유의사항 　① 미성년자 실명확인증표 : 학생증(성명 · 주민등록번호 · 사진 포함), 청소년증, 주민등록증, 여권 등(단, 학생증 　　에 주민등록번호가 포함되지 않은 경우 미성년자의 기본증명서 추가 필요) 　② 전자금융서비스 이용신청을 위한 법정대리인 동의서 법정대리인 미방문 시 인감 날인(단, 한부모가정인 경우 　　친권자 동의서 필요 – 친권자 확인 서류 : 미성년자의 기본증명서) 　③ 법정대리인이 자녀와 함께 방문한 경우 법정대리인의 실명확인증표로 인감증명서 대체 가능 ※ 법정대리인 동의서 양식은 '홈페이지 → 고객센터 → 약관 · 설명서 · 서식 → 서식자료' 중 '전자금융게시' 내용 　참고		

① 만 13세인 희수가 전자금융서비스를 해지하려면 반드시 법정대리인이 신청해야 한다.

② 법정대리인이 자녀와 함께 방문하여 신청할 경우, 반드시 인감증명서가 필요하다.

③ 올해로 만 18세인 지성이가 전자금융서비스를 변경하려면 신청서류로 이름과 사진이 들어있는 학생증과 법정대리인 동의서가 필요하다.

④ 법정대리인 신청 시 동의서는 부모 중 한 명만 있으면 된다.

34 다음 안전문화 실천프로세스에 관한 자료를 보고 옳지 않은 설명을 한 사람을 모두 고른 것은?

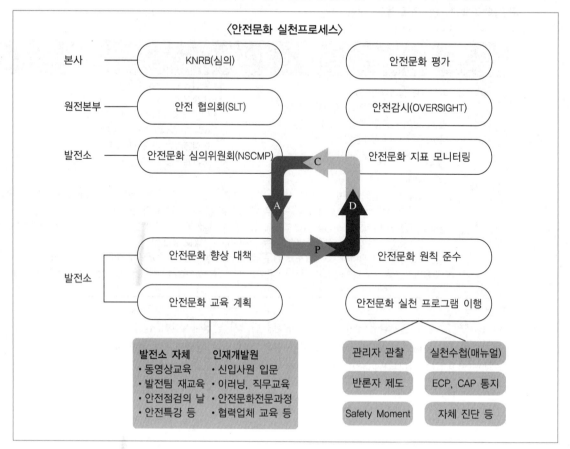

- 가인 : 안전문화 실천프로세스는 크게 4단계인 A, B, C, D단계로 이루어져 있다고 말할 수 있다.
- 지훈 : 본사에서는 심의를 담당하고 원전본부는 안전 협의회를 담당하고, 발전소는 안전문화 심의위원회를 맡고 있다.
- 상현 : 발전소에서 시행하는 안전문화 교육 계획은 발전소 자체에서 하는 활동과 인재개발원에서 하는 활동으로 나뉜다.
- 유림 : C단계는 안전문화 평가, 안전감시, 안전문화 모니터링 준수 등이 있다.

① 가인, 지훈
② 가인, 지훈
③ 지훈, 상현
④ 유림, 가인

35 다음 중 정수장 수질검사 현황에 대해 올바르게 말한 사람은?

〈정수장 수질검사 현황〉

급수 지역	항목						검사결과	
	일반세균 100 이하 (CFU/mL)	대장균 불검출 (수/100mL)	NH_3-N 0.5 이하 (mg/L)	잔류염소 4.0 이하 (mg/L)	구리 1 이하 (mg/L)	망간 0.05 이하 (mg/L)	적합	기준 초과
함평읍	0	불검출	불검출	0.14	0.045	불검출	적합	없음
이삼읍	0	불검출	불검출	0.27	불검출	불검출	적합	없음
학교면	0	불검출	불검출	0.13	0.028	불검출	적합	없음
엄다면	0	불검출	불검출	0.16	0.011	불검출	적합	없음
나산면	0	불검출	불검출	0.12	불검출	불검출	적합	없음

① A사원 : 함평읍의 잔류염소는 가장 낮은 수치를 보였고, 기준치에 적합하네.
② B사원 : 모든 급수지역에서 일반세균이 나오지 않았어.
③ C사원 : 기준치를 초과한 곳은 없었지만 적합하지 않은 지역은 있어.
④ D사원 : 대장균과 구리가 검출되면 부적합 판정을 받네.

☑ 확인 Check! ○△✕

36 다음 SWOT 분석 결과를 바탕으로 섬유 산업이 발전할 수 있는 방안으로 적절한 것을 〈보기〉에서 모두 고른 것은?

강점(Strength)	약점(Weakness)
• 빠른 제품 개발 시스템	• 기능 인력 부족 심화 • 인건비 상승
기회(Opportunity)	위협(Threat)
• 한류의 영향으로 한국 제품 선호 • 국내 기업의 첨단 소재 개발 성공	• 외국산 저가 제품 공세 강화 • 선진국의 기술 보호주의

보기

ㄱ. 한류 배우를 모델로 브랜드 홍보 전략을 추진한다.
ㄴ. 단순 노동 집약적인 소품종 대량 생산 체제를 갖춘다.
ㄷ. 소비자 기호를 빠르게 분석하여 제품 생산에 반영한다.
ㄹ. 선진국의 원천 기술을 이용한 기능성 섬유를 생산한다.

① ㄱ, ㄴ
② ㄱ, ㄷ
③ ㄴ, ㄷ
④ ㄴ, ㄹ

37 다음은 SWOT 분석에 대한 설명과 유전자 관련 업무를 수행 중인 A사의 SWOT 분석 자료이다. 자료를 참고하여 〈보기〉의 ㉠ ~ ㉣ 중 빈칸 A, B에 들어갈 내용으로 적절한 것을 고르면?

SWOT 분석은 기업의 내부환경과 외부환경을 분석하여 강점(Strength), 약점(Weakness), 기회(Opportunity), 위협(Threat) 요인을 규정하고 이를 토대로 경영전략을 수립하는 기법으로, 미국의 경영컨설턴트인 앨버트 험프리(Albert Humphrey)에 의해 고안되었다.

- 강점(Strength) : 내부환경(자사 경영자원)의 강점
- 약점(Weakness) : 내부환경(자사 경영자원)의 약점
- 기회(Opportunity) : 외부환경(경쟁, 고객, 거시적 환경)에서 비롯된 기회
- 위협(Threat) : 외부환경(경쟁, 고객, 거시적 환경)에서 비롯된 위협

〈A사 SWOT 분석 결과〉

강점(Strength)	약점(Weakness)
• 유전자 분야에 뛰어난 전문가로 구성 • _____A_____	• 유전자 실험의 장기화
기회(Opportunity)	위협(Threat)
• 유전자 관련 업체 수가 적음 • _____B_____	• 고객들의 실험 부작용에 대한 두려움 인식

보기
㉠ 투자 유치의 어려움
㉡ 특허를 통한 기술 독점 가능
㉢ 점점 증가하는 유전자 의뢰
㉣ 높은 실험 비용

	A	B
①	㉠	㉣
②	㉡	㉠
③	㉠	㉢
④	㉡	㉢

38 귀하의 회사는 ○○○ 제품을 개발하여 중국 시장에 진출하고자 한다. 귀하의 상사가 3C 분석 결과를 건네며, 사업 계획에 반영하고 향후 해결해야 할 회사의 전략 과제가 무엇인지 정리하여 보고하라는 지시를 내렸다. 다음 중 회사에서 해결해야 할 전략 과제로 적절하지 않은 것은?

Customer	Competitor	Company
• 전반적인 중국 시장은 매년 10% 성장 • 중국 시장 내 제품의 규모는 급성장 중임 • 20 ~ 30대 젊은 층이 중심 • 온라인 구매가 약 80% 이상 • 인간공학 지향	• 중국기업들의 압도적인 시장점유 • 중국기업들 간의 치열한 가격경쟁 • A/S 및 사후관리 취약 • 생산 및 유통망 노하우 보유	• 국내시장 점유율 1위 • A/S 등 고객서비스 부문 우수 • 해외 판매망 취약 • 온라인 구매시스템 미흡(보안, 편의 등) • 높은 생산원가 구조 • 높은 기술개발력

① 중국 시장의 판매유통망 구축   ② 온라인 구매시스템 강화
③ 고객서비스 부문 강화   ④ 원가 절감을 통한 가격 경쟁력 강화

39 다음은 중국에 진출한 프렌차이즈 커피전문점에 대해 SWOT 분석을 한 것이다. (가), (나), (다), (라)에 들어갈 전략으로 올바르게 나열된 것은?

S(Strength)	W(Weakness)
• 풍부한 원두커피의 맛 • 독특한 인테리어 • 브랜드 파워 • 높은 고객 충성도	• 중국 내 낮은 인지도 • 높은 시설비 • 비싼 임대료
O(Opportunity)	**T(Threat)**
• 중국 경제 급성장 • 서구문화에 대한 관심 • 외국인 집중 • 경쟁업체 진출 미비	• 중국의 차 문화 • 유명 상표 위조 • 커피 구매 인구의 감소

(가)	(나)
• 브랜드가 가진 미국 고유문화 고수 • 독특하고 차별화된 인테리어 유지 • 공격적 점포 확장	• 외국인 많은 곳에 점포 개설 • 본사 직영으로 인테리어
(다)	**(라)**
• 고품질 커피로 상위 소수고객에 집중	• 녹차 향 커피 • 개발 상표 도용 감시

	(가)	(나)	(다)	(라)		(가)	(나)	(다)	(라)
①	SO전략	ST전략	WO전략	WT전략	②	WT전략	ST전략	WO전략	SO전략
③	SO전략	WO전략	ST전략	WT전략	④	ST전략	WO전략	ST전략	WT전략

40 H자동차 회사에 근무하는 D씨는 올해 새로 출시될 예정인 수소전기차 '럭스'에 대해 SWOT 분석을 진행하기로 하였다. '럭스'의 분석 내용이 다음과 같을 때, 〈보기〉의 (가) ~ (라) 중 SWOT 분석에 들어갈 내용으로 적절하지 않은 것은?

〈수소전기차 '럭스' 분석 내용〉

▶ 럭스는 서울에서 부산을 달리고도 절반 가까이 남는 609km에 달하는 긴 주행거리와 5분에 불과한 짧은 충전시간이 장점이다.

▶ 수소전기차의 정부 보조금 지급 대상은 총 240대로, 생산량에 비해 보조금이 부족한 실정이다.

▶ 전기차의 경우 전기의 가격은 약 10 ~ 30원/km이며, 수소차의 경우 수소의 가격은 약 72.8원/km이다.

▶ 럭스는 정부와 지자체의 보조금을 통해 3천여 만 원에 구입이 가능하며, 이는 첨단 기술이 집약된 친환경차를 중형 SUV 가격에 구매한다는 점에서 매력적이지 않을 수 없다.

▶ 화석연료료 만든 전기를 충전해서 움직이는 전기차보다 물로 전기를 만들어서 움직이는 수소전기차가 더 친환경적이다.

▶ 수소를 충전할 수 있는 충전소는 전국 12개소에 불과하며, H자동차 회사는 올해 안에 10개소를 더 설치한다고 발표하였으나 모두 완공될지는 미지수이다.

▶ 현재 전 세계에서 친환경차의 인기는 뜨거우며, 저유가와 레저 문화의 확산으로 앞으로도 인기가 지속될 전망이다.

보기

강점(Strength)	약점(Weakness)
• (가) <u>보조금 지원으로 상대적으로 저렴한 가격</u> • 일반 전기차보다 깨끗한 수소전기차 • 짧은 충전시간과 긴 주행거리	• (나) <u>충전 인프라 부족</u> • (다) <u>전기보다 비싼 수소 가격</u>
기회(Opportunity)	**위협(Threat)**
• (라) <u>친환경차에 대한 인기</u> • 레저 문화의 확산	• 생산량에 비해 부족한 보조금

① (가)　　　　　　　　　　② (나)

③ (다)　　　　　　　　　　④ (라)

| 문제처리 |

01 A, B 두 여행팀은 다음 정보에 따라 자신의 효용을 극대화하는 방향으로 관광지 이동을 결정한다고 할 때, 각 여행팀은 어떤 결정을 할 것이며, 그때 두 여행팀의 총효용은 얼마인가?

〈여행팀의 효용정보〉

• A여행팀과 B여행팀이 동시에 오면 각각 10, 15의 효용을 얻는다.
• A여행팀은 왔으나, B여행팀이 안 온다면 각각 15, 10의 효용을 얻는다.
• A여행팀은 안 오고, B여행팀만 왔을 땐 각각 25, 20의 효용을 얻는다.
• A, B여행팀이 모두 오지 않았을 때는 각각 35, 15의 효용을 얻는다.

〈결정방법〉

A, B여행팀 모두 결정할 때 효용의 총합은 신경 쓰지 않는다. 상대방이 어떤 선택을 했는지는 알 수 없고 서로 상의하지 않는다. 각 팀은 자신의 선택에 따른 다른 팀의 효용이 얼마인지는 알 수 있다. 이때 다른 팀의 선택을 예상해서 자신의 효용을 극대화하는 선택을 한다.

	A여행팀	B여행팀	총효용
①	관광지에 간다	관광지에 간다	25
②	관광지에 가지 않는다	관광지에 간다	45
③	관광지에 간다	관광지에 가지 않는다	25
④	관광지에 가지 않는다	관광지에 가지 않는다	50

02 다음은 W구청의 민원사무처리규정 일부이다. 이를 참고하여 A, B, C씨가 요청한 민원이 처리·완료되는 시점을 각각 올바르게 구한 것은?

■ 민원사무처리기본표(일부)

소관별	민원명	처리기간(일)	수수료(원)
공통	진정, 단순질의, 건의	7	없음
	법정질의	14	없음
주민복지	가족, 종중, 법인묘지설치허가	7 ~ 30	없음
	개인묘지설치(변경)신고	5	없음
	납골시설(납골묘, 납골탑)설치신고	7 ~ 21	없음
종합민원실	토지(임야)대장등본	즉시	500
	지적(임야)도등본	즉시	700
	토지이용계획확인서	1	1,000
	등록사항 정정	3	없음
	토지거래계약허가	15	없음
	부동산중개사무소 등록	7	개인 : 20,000 / 법인 : 3,000
	토지(임야)분할측량	7	별도

■ 민원사무처리기간 산정방식(1일 근무시간은 8근무시간으로 한다)
• 민원사무처리기간을 "즉시"로 정한 경우
  – 정당한 사유가 없으면 접수 후 3근무시간 내에 처리하여야 한다.
• 민원사무처리기간을 "5일" 이하로 정한 경우
  – 민원 접수 시각부터 "시간" 단위로 계산한다.
  – 토요일과 공휴일은 산입하지 않는다.
• 민원사무처리기간을 "6일" 이상으로 정한 경우
  – 초일을 산입하여 "일" 단위로 계산한다.
  – 토요일은 산입하되, 공휴일은 산입하지 않는다.
• 신청서의 보완이 필요한 기간은 처리기간에 포함되지 않는다.

[4월 29일(금) 민원실 민원접수 현황]

01. 오전 10시 / A씨 / 부동산중개사무소 개점으로 인한 등록신청서 제출
02. 오후 12시 / B씨 / 토지의 소유권을 이전하는 계약을 체결하고자 허가서 제출
03. 오후 14시 / C씨 / 토지대장에서 잘못된 부분이 있어 정정요청서 제출
※ 공휴일 : 5/5 어린이날, 5/6 임시공휴일, 5/14 석가탄신일

	A씨	B씨	C씨
①	5/9(월)	5/19(목)	5/4(수) 10시
②	5/9(월)	5/19(목)	5/4(수) 14시
③	5/9(월)	5/23(월)	5/10(월) 14시
④	5/10(화)	5/19(목)	5/3(화) 14시

03 올해 목표를 금연으로 정한 L씨는 금연치료지원 프로그램에 참여했다. 그러나 L씨는 개인 사정으로 프로그램 참여 시작 후 7주(49일) 만에 그만두게 되었다. 금연치료지원 프로그램 안내문과 L씨의 참여내역이 다음과 같을 때, L씨가 7주(49일)까지 냈던 본인부담금은?(단, 부가세는 고려하지 않는다)

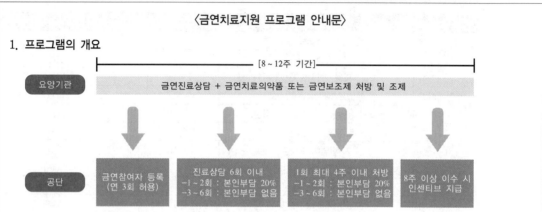

〈금연치료지원 프로그램 안내문〉

1. 프로그램의 개요

[8~12주 기간]

요양기관: 금연진료상담 + 금연치료의약품 또는 금연보조제 처방 및 조제

공단:
- 금연참여자 등록 (연 3회 허용)
- 진료상담 6회 이내
  - 1~2회 : 본인부담 20%
  - 3~6회 : 본인부담 없음
- 1회 최대 4주 이내 처방
  - 1~2회 : 본인부담 20%
  - 3~6회 : 본인부담 없음
- 8주 이상 이수 시 인센티브 지급

※ 8주~12주 기간 동안 6회 이내의 진료상담과 금연치료의약품 또는 금연보조제(니코틴패치, 껌, 정제) 구입비용 지원

2. 제공기관 및 지원대상

- 제공기관 : 공단에 금연치료 지원사업 참여 신청한 모든 병·의원, 보건소, 보건지소 등
- 지원대상 : 금연치료 참여 의료기관에 방문하여 등록한 금연치료를 희망하는 모든 흡연자에 대해 지원(단, 1년에 3번까지 지원 가능하며, 예정된 차기 진료일로부터 1주 이상 의료기관을 방문하여 진료받지 않은 경우 프로그램 탈락으로 간주하여 1회차 지원을 종료함)

3. 지원내용

- 금연진료·상담료 : '최초상담료'와 '금연유지상담료'로 구분하고, 건강보험공단에서 80% 지원(금연참여자 20% 부담)

구분	금연(단독)진료	금연(동시)진료
최초상담	22,500원	금연(단독)진료와 전체 금액은 같으나 최초상담 시 1,500원,
유지상담	13,500원	유지상담 시 900원을 공단이 더 부담

※ 금연진료를 타 상병과 동시에 진료하는 경우 '금연(동시)진료'와 금연진료만 행하는 '금연(단독)진료'로 구분
※ 의료급여수급자 및 저소득층(건강보험료 하위 20% 이하)은 진료·상담료 전액 지원

- 약국금연관리비용 : 금연치료의약품, 금연보조제 등 사용안내 및 복약지도 관련 비용 지원

금연치료의약품			금연보조제		
합계	공단부담금	본인부담금	합계	공단부담금	본인부담금
8,100원	6,500원	1,600원	2,000원	1,600원	400원

※ 의료급여수급자 및 저소득층(건강보험료 하위 20% 이하)은 진료·상담료 전액 지원

- 금연치료의약품·금연보조제 : 1회 처방당 4주 이내의 범위(총 12주)에서 금연치료의약품 및 금연보조제(니코틴패치, 껌, 정제) 구입비용 지원
  - 금연치료의약품

구분		부프로피온정	바레니클린정	챔픽스정
약가 상한액		정당 530원	정당 1,800원	정당 2,100원
본인부담금	건강보험	정당 100원	정당 360원	정당 400원
	의료급여 / 저소득층	없음		

  - 금연보조제

구분		금연보조제(니코틴패치, 껌, 정제)	비고
지원액	건강보험	1일당 1,500원	지원액을 초과하는 비용은 본인이 부담
	의료급여 / 저소득층	1일당 2,940원	

〈L씨의 7주 차까지의 참여내역〉

- 의료급여·저소득층 여부 : 해당사항 없음
- 처방받은 금연치료의약품 : 챔픽스정(1일 2정 복용)
- 타 상병과 동시진료 여부 : 고혈압으로 인해 매 진료 시 같이 진료받았음
- 금연진료·상담 방문 횟수 : 4회
- 약국방문 횟수 : 2회[1회 차 : 4주치(28일치) 처방, 2회 차 : 3주치(21일치) 처방]

① 없음 ② 43,500원
③ 47,200원 ④ 50,700원

04 K공단에서는 지역가입자의 생활수준 및 연간 자동차세액 점수표를 기준으로 지역보험료를 산정한다. 지역가입자 A ~ D의 조건을 보고 보험료를 계산한 것으로 옳은 것은?(단, 원 단위 이하는 절사한다)

〈생활수준 및 경제활동 점수표〉

구분		1구간	2구간	3구간	4구간	5구간	6구간	7구간
가입자 성별 및 연령별	남성	20세 미만 / 65세 이상	60세 이상 65세 미만	20세 이상 30세 미만 / 50세 이상 60세 미만	30세 이상 50세 미만	–	–	–
	점수	1.4점	4.8점	5.7점	6.6점			
	여성	20세 미만 / 65세 이상	60세 이상 65세 미만	25세 이상 30세 미만 / 50세 이상 60세 미만	20세 이상 25세 미만 / 30세 이상 50세 미만	–	–	–
	점수	1.4점	3점	4.3점	5.2점			
재산정도(만 원)		450 이하	450 초과 900 이하	900 초과 1,500 이하	1,500 초과 3,000 이하	3,000 초과 7,500 이하	7,500 초과 15,000 이하	15,000 초과
점수		1.8점	3.6점	5.4점	7.2점	9점	10.9점	12.7점
연간 자동차세액(만 원)		6.4 이하	6.4 초과 10 이하	10 초과 22.4 이하	22.4 초과 40 이하	40 초과 55 이하	55 초과 66 이하	66 초과
점수		3점	6.1점	9.1점	12.2점	15.2점	18.3점	21.3점

※ (지역보험료)=[(생활수준 및 경제활동 점수)+(재산등급별 점수)+(자동차등급별 점수)]×(부과점수당 금액)
※ 모든 사람의 재산등급별 점수는 200점, 자동차등급별 점수는 100점으로 가정한다.
※ 부과점수당 금액은 183원이다.

	성별	연령	재산정도	연간 자동차세액	지역보험료
① A씨	남성	32세	2,500만 원	12.5만 원	57,030원
② B씨	여성	56세	5,700만 원	35만 원	58,130원
③ C씨	남성	55세	20,000만 원	43만 원	60,010원
④ D씨	여성	23세	1,400만 원	6만 원	57,380원

05 N공단은 현재 모든 사원과 연봉 협상을 하는 중이다. 연봉은 전년도 성과지표에 따라서 결정되고 직원들의 성과지표가 다음과 같을 때, 가장 많은 연봉을 받을 직원은 누구인가?

〈성과지표별 가중치〉

(단위 : 원)

성과지표	수익 실적	업무 태도	영어 실력	동료 평가	발전 가능성
가중치	3,000,000	2,000,000	1,000,000	1,500,000	1,000,000

〈사원별 성과지표 결과〉

구분	수익 실적	업무 태도	영어 실력	동료 평가	발전 가능성
A사원	3	3	4	4	4
B사원	3	3	3	4	4
C사원	5	2	2	3	2
D사원	3	3	2	2	5

※ (당해 연도 연봉)=3,000,000원+(성과금)
※ 성과금은 각 성과지표와 그에 해당하는 가중치를 곱한 뒤 모두 더한다.
※ 성과지표의 평균이 3.5 이상인 경우 당해 연도 연봉에 1,000,000원이 추가된다.

① A사원
② B사원
③ C사원
④ D사원

06 다음은 아이돌봄 서비스 종류 중 하나인 시간제 돌봄(일반형) 서비스에 관한 내용이다. 자료를 참고할 때, 〈보기〉 중 가장 많은 본인부담금을 납부하는 사람은?(단, 서비스 이용요금은 하루를 기준으로 하며, 갑 ~ 정은 모두 정부지원 대상이다)

〈시간제 돌봄(일반형) 서비스〉

- 이용대상 : 만 3개월 이상 ~ 만 12세 이하 아동
- 이용시간 : 1회 2시간 이상 사용
  - 양육공백이 발생하는 가정(취업한부모, 장애부모, 맞벌이 가정, 다자녀 가정, 기타 양육부담 가정)은 연 600시간 내에서 정부지원
  - 양육공백이 발생하지 않은 정부미지원 가정(전업주부 등) 및 정부지원시간을 다 사용한 가정은 전액 본인부담으로 서비스 이용 가능
- 서비스 내용(가사활동은 제외)
  - 부모가 올 때까지 임시 보육, 놀이활동, 준비된 식사 및 간식 챙겨주기, 보육시설 및 학교 등·하원, 준비물 보조 등(영아를 대상으로 시간제 돌봄을 제공할 경우 영아종일제 업무 병행)
- 서비스 이용요금 : 시간당 7,800원
  - 야간(오후 10시 ~ 오전 6시)·휴일에는 시간당 3,900원의 본인부담금 추가
  - 한 가정에 돌봄 아동이 2명일 경우 총 금액의 15% 할인, 돌봄 아동이 3명일 경우 총 금액의 33.3% 할인

구분	소득기준 (4인 가족 기준 중위소득)	시간제(시간당 7,800원)			
		A형(2013. 01. 01. 이후 출생 아동)		B형(2012. 12. 31. 이전 출생 아동)	
		정부지원	본인부담	정부지원	본인부담
가형	60% 이하	6,240원 (80%)	1,560원 (20%)	5,460원 (70%)	2,340원 (30%)
나형	85% 이하	3,900원 (50%)	3,900원 (50%)		7,800원
다형	120% 이하	2,340원 (30%)	5,460원 (70%)		7,800원
라형	120% 초과		7,800원		7,800원

※ 본인부담금 계산 시 원 단위 이하는 절사한다.

보기

신청자	소득기준	신청시간	돌봄대상
갑	130%	오전 10시 ~ 오후 4시	2013년생 남아 1명
을	84%	오후 4시 ~ 오후 9시	2014년생 여아 1명, 2016년생 남아 2명
병	100%	오후 6시 ~ 오후 11시	2011년생 여아 1명
정	50%	오후 3시 ~ 자정	2010년생 남아 1명, 2013년생 여아 1명

① 갑
② 을
③ 병
④ 정

07 신도시를 건설 중인 A국 정부는 보행자를 위한 신호등을 건설하려고 하는데, 노인 인구가 많은 도시의 특징을 고려하여 신호등의 점멸 신호 간격을 조정하려고 한다. 이와 관련된 A국의 도로교통법이 아래와 같다고 할 때, 5m와 20m 거리의 횡단보도 신호등 점멸 시간은 각각 얼마인가?

〈도로교통법 시행령〉

- 일반적으로 성인이 걷는 속도인 60cm/초에 기초해 점멸 시간을 정한다.
- 전체길이가 10m를 넘는 횡단보도의 경우, 10m 초과분에 대해서 1.2초/m의 시간을 추가해 점멸 시간을 정한다.
- 신도시에 새롭게 건설되는 신호등에 대해서는 추가로 3초의 여유시간을 추가해 점멸 시간을 정한다.
- 노인이 많은 지역에서는 일반적인 성인이 걷는 속도를 1.5로 나눈 값에 기초해 점멸 시간을 정한다.

	5m	20m		5m	20m
①	8.3초	53초	②	8.3초	62초
③	15.5초	53초	④	15.5초	65초

08 갑은 효율적인 월급 관리를 위해 펀드에 가입하고자 한다. A, B, C, D펀드 중에 하나를 골라 가입하려고 하는데, 안정적이고 우수한 펀드에 가입하기 위해 〈조건〉에 따라 비교하여 다음과 같은 결과를 얻었다. 〈보기〉에서 옳은 것만 골라 짝지은 것은?

조건
- 둘을 비교하여 우열을 가릴 수 있으면 우수한 쪽에는 5점, 아닌 쪽에는 2점을 부여한다.
- 둘을 비교하여 어느 한 쪽이 우수하다고 말할 수 없는 경우에는 둘 다 0점을 부여한다.
- 각 펀드는 다른 펀드 중 두 개를 골라 총 4번의 비교를 했다.
- 총합의 점수로는 우열을 가릴 수 없으며 각 펀드와의 비교를 통해서만 우열을 가릴 수 있다.

〈결과〉

A펀드	B펀드	C펀드	D펀드
7점	7점	4점	10점

보기
ㄱ. D펀드는 C펀드보다 우수하다.
ㄴ. B펀드가 D펀드보다 우수하다고 말할 수 없다.
ㄷ. A펀드와 B펀드의 우열을 가릴 수 있으면 A ~ D까지의 우열순위를 매길 수 있다.

① ㄱ
② ㄱ, ㄴ
③ ㄱ, ㄷ
④ ㄱ, ㄴ, ㄷ

09 다음 자료는 N공단 고객의 소리 운영 규정의 일부이다. 고객서비스 업무를 담당하고 있는 1년 차 사원인 K씨는 7월 18일 월요일에 어느 한 고객으로부터 질의 민원을 접수받았다. 그러나 부득이한 사유로 기간 내 처리가 불가능할 것으로 보여 본사 총괄부서장의 승인을 받고 지연하였다. 해당 민원은 늦어도 언제까지 처리가 완료되어야 하는가?

제1조(목적)
이 규정은 N공단에서 고객의 소리 운영에 필요한 사항에 대하여 규정함을 목적으로 한다.

제2조(정의)
"고객의 소리(Voice Of Customer)"라 함은 N공단 직무와 관련된 행정 처리에 대한 이의신청, 진정 등 민원과 N공단의 제도, 서비스 등에 대하여 불만이나 불편사항, 건의·단순 질의 등 모든 고객의 의견을 말한다.

제7조(처리기간)
① 고객의 소리는 다른 업무에 우선하여 처리하여야 하며 처리기간이 남아있음 등의 이유로 처리를 지연시켜서는 아니 된다.
② 고객의 소리 처리기간은 24시간으로 한다. 다만, 서식민원은 별도로 한다.

제8조(처리기간의 연장)
① 부득이한 사유로 기간 내에 처리하기 곤란한 경우 중간답변을 하여야 하며, 이 경우 처리기간은 48시간으로 한다.
② 중간답변을 하였음에도 기간 내에 처리하기 어려운 사항은 1회에 한하여 본사 총괄부서장의 승인을 받고 추가로 연장할 수 있다. 이 경우 추가되는 연장시간은 48시간으로 한다.
③ 업무의 성격이나 중요도, 본사 총괄부서의 처리시간에 임박한 재배정 등으로 제1항 내지 제2항의 기간 내에 처리할 수 없는 사항은 부서장 또는 소속장이 본사 총괄부서장에게 특별 기간연장을 요구할 수 있다.

---

① 7월 19일　　　　　　　② 7월 20일
③ 7월 21일　　　　　　　④ 7월 22일

10 다음은 국민연금법의 국민연금 가입기간에 관한 내용이다. 국민연금 가입자 A ~ D의 가입기간을 계산했을 때, 다음 중 가입기간이 가장 긴 사람은?(단, A ~ D는 모두 지역가입자이다)

> **제17조(국민연금 가입기간의 계산)**
> ① 국민연금 가입기간(이하 "가입기간"이라 한다)은 월 단위로 계산하되, 가입자의 자격을 취득한 날이 속하는 달의 다음 달부터 자격을 상실한 날의 전날이 속하는 달까지로 한다. 다만, 다음 각 호의 어느 하나에 해당하는 경우 자격을 취득한 날이 속하는 달은 가입기간에 산입하되, 가입자가 그 자격을 상실한 날의 전날이 속하는 달에 자격을 다시 취득하면 다시 취득한 달을 중복하여 가입기간에 산입하지 아니한다.
>   1. 가입자가 자격을 취득한 날이 그 속하는 달의 초일인 경우(자격 취득일이 속하는 달에 다시 그 자격을 상실하는 경우는 제외한다)
>   2. 임의계속가입자의 자격을 취득한 경우
>   3. 가입자가 희망하는 경우
> ② 가입기간을 계산할 때 연금보험료를 내지 아니한 기간은 가입기간에 산입하지 아니한다. 다만, 사용자가 근로자의 임금에서 기여금을 공제하고 연금보험료를 내지 아니한 경우에는 그 내지 아니한 기간의 2분의 1에 해당하는 기간을 근로자의 가입기간으로 산입한다. 이 경우 1개월 미만의 기간은 1개월로 한다.
> ③ 「국민건강보험법」 제13조에 따른 국민건강보험공단(이하 "건강보험공단"이라 한다)이 보건복지부령으로 정하는 바에 따라 근로자에게 그 사업장의 체납 사실을 통지한 경우에는 제2항 단서에도 불구하고 통지된 체납월(滯納月)의 다음 달부터 체납 기간은 가입기간에 산입하지 아니한다. 이 경우 그 근로자는 제90조 제1항에도 불구하고 대통령령으로 정하는 바에 따라 기여금을 건강보험공단에 낼 수 있다.
> ④ 제77조에 따라 지급받은 반환일시금이 제57조 제1항에 따라 환수할 급여에 해당하는 경우 이를 반납하지 아니하는 때에는 그에 상응하는 기간을 가입기간에 산입하지 아니한다.

	구분	자격 취득일	자격 상실일	비고
①	A	2018.03.23.	2019.03.23.	가입기간 중 보험료 3개월간 미납
②	B	2017.10.03.	2018.08.24.	-
③	C	2018.05.01.	2019.02.16	-
④	D	2017.12.03.	2019.01.01	-

11 다음은 아동수당에 대한 매뉴얼이다. 아래의 대화를 보고, 올바르게 처리한 것을 모두 고른 것은?

〈아동수당〉

- 아동수당은 만6세 미만 아동의 보호자에게 월 10만 원의 수당을 지급하는 제도
- 아동수당은 보육료나 양육수당과는 별개의 제도로서 다른 복지급여를 받고 있어도 수급이 가능하지만, 반드시 신청을 해야 혜택을 받을 수 있음
- 6월 20일부터 사전 신청 접수가 시작되고, 9월 21일부터 수당이 지급
- 아동수당 수급대상 아동을 보호하고 있는 보호자나 대리인은 20일부터 아동 주소지 읍·면·동 주민센터에 방문 신청 또는 복지로 홈페이지 및 모바일 앱에서 신청
- 아동수당 제도 첫 도입에 따라 초기에 아동수당 신청이 한꺼번에 몰릴 것으로 예상돼 연령별 신청기간을 운영(각 연령별 신청기간은 만 0~1세는 20~25일, 만 2~3세는 26~30일, 만 4~5세는 7월 1~5일, 전 연령은 7월 6일부터)
- 아동수당은 신청한 달의 급여분(사전신청은 제외)부터 지급. 따라서 9월분 아동수당을 받기 위해서는 9월말까지 아동수당을 신청(단 소급적용은 되지 않음)
- 아동수당 관련 신청서 작성요령이나 수급 가능성 등 자세한 내용은 아동수당 홈페이지에서 확인 가능

고객 : 저희 아이가 만 5세인데요. 아동수당을 지급받을 수 있나요?

(가) : 네, 만 6세 미만의 아동이면 9월 21일부터 10만 원의 수당을 지급받을 수 있습니다.

고객 : 제가 보육료를 지원받고 있는데, 아동수당도 받을 수 있는 건가요?

(나) : 아동수당은 보육료와는 별개의 제도로 신청만 하면 수당을 받을 수 있어요.

고객 : 그럼 아동수당을 신청을 하려면 어떻게 해야 하나요?

(다) : 아동 주소지의 주민센터를 방문하거나 복지로 홈페이지나 모바일 앱에서 신청하시면 됩니다.

고객 : 따로 정해진 신청기간은 없나요?

(라) : 6월 20일부터 사전 신청 접수가 시작되고, 9월 말까지 아동수당을 신청하면 되지만 소급 적용이 되지 않습니다. 10월에 신청하시면 9월 아동수당은 지급받을 수 없으므로 9월 말까지 신청해주시면 될 것 같습니다.

고객 : 네, 감사합니다.

① (가), (나)
② (가), (다)
③ (가), (나), (다)
④ (나), (다), (라)

12 T회사는 창립 10주년을 맞이하여 전 직원 단합대회를 준비하고 있다. 이를 위해 사장 B는 여행상품 한 가지를 선정하여 떠날 계획을 갖고 있는데, 직원 투표 결과를 참고하여 결정하려고 한다. 직원 투표 결과와 여행지별 1인당 경비가 아래 표와 같이 주어져 있으며, 추가로 행사를 위한 각 부서별 고려사항을 참고하여 선택할 경우 보기에서 가장 적절한 답을 고르면?

상품내용		투표 결과					
여행상품	1인당 비용(원)	총무팀	영업팀	개발팀	홍보팀	공장1	공장2
A	500,000	2	1	2	0	15	6
B	750,000	1	2	1	1	20	5
C	600,000	3	1	0	1	10	4
D	1,000,000	3	4	2	1	30	10
E	850,000	1	2	0	2	5	5

〈여행 상품별 혜택 정리〉

상품명	날짜	장소	식사제공	차량지원	편의시설	체험시설
A	5/10 ~ 5/11	해변	O	O	✕	✕
B	5/10 ~ 5/11	해변	O	O	O	✕
C	6/7 ~ 6/8	호수	O	O	O	✕
D	6/15 ~ 6/17	도심	O	✕	O	O
E	7/10 ~ 7/13	해변	O	O	O	✕

〈부서별 고려사항〉

- 총무팀 : 행사 시 차량 지원 가능함
- 영업팀 : 6월 초순에 해외 바이어와 가격 협상 회의 일정
- 공장1 : 3일 연속 공장 비가동시 품질 저하 예상됨
- 공장2 : 7월 중순 공장 이전 계획 있음

보기

a. 총 여행상품비용은 1억 500만 원이 필요하다.
b. 가장 인기가 좋은 여행 상품은 B이다.
c. 공장1은 여행 상품 선택에 가장 큰 영향력을 발휘했다.

① a   ② a, b
③ a, c   ④ b, c

13 건강보험심사평가원에서는 의약품안전사용서비스(DUR)이라는 시스템을 제공하고 있다. 다음 자료를 참고하여 R씨가 복용하는 약에 대한 설명으로 〈보기〉에서 옳은 것을 모두 고른 것은?

※ 의약품안전사용서비스(DUR)란?

환자가 여러 의사에게 진료 받을 경우 의사와 약사는 환자가 복용하고 있는 약을 알지 못하고 처방·조제하여 환자가 약물 부작용에 노출될 가능성이 있습니다. 의약품 처방·조제 시 병용금기 등 의약품 안전성 관련 정보를 실시간으로 제공하여 부적절한 약물사용을 사전에 점검할 수 있도록 의사 및 약사에게 의약품 안전 정보를 제공하는 것을 "DUR(Drug Utilization Review)" 또는 "의약품안전사용서비스"라고 하며 주로 의사 및 약사가 이용하지만 일반인도 이용가능하다.

- 병용금기

  두 개 이상의 약물을 같이 복용했을 때 예상하지 못한 부작용이 나타나거나 치료 효과가 떨어지는 약물

- 연령금기

  약물의 특성상 소아나 노인 환자에게 복용이 권장되지 않는 약물

- 임부금기

  임신 또는 임신하고 있을 가능성이 있는 환자가 복용하면 태아기형 및 태아독성 등 태아에 대한 위험성이 있는 약물

- 용량주의

  1일 최대 투여량을 초과하여 복용할 경우 부작용 발생이 우려되는 약물

- 투여기간주의

  최대 복용기간을 초과하여 복용할 경우 부작용 발생이 우려되는 약물

〈R씨가 복용하는 약 및 의약품안전사용서비스 결과〉

제품명	제품코드	주성분코드	업체명
네오시탈정10밀리그램	647204860	474802ATB	Q코러스(주)
고날 - 에프펜300	661700051	162730BIJ	P제약(주)
명세핀정6밀리그램	651904430	149204ATB	B제약(주)
스무디핀정200밀리그램	643504520	378603ATB	K약품(주)
캐리괴테크네륨산나트륨	672400160	368401BIJ	N연구소
대한5%포도당가생리식염액	645100242	319000BIJ	L약품공업(주)

네오시탈정10밀리그램(에스시탈로프람옥살산염)_(12.77mg/1정)	1일 최대 20mg 이내로 복용해야 하는 용량주의 의약품입니다.
명세핀정6밀리그램(독세핀염산염)_(6.78mg/1정)	1일 최대 6mg 이내로 복용해야 하는 용량주의 의약품입니다.
스무디핀정200밀리그램(쿠에티아핀푸마르산염)_(0.23026g/1정)	임부에 대한 안전성 미확립. 임신 3기에 투여 시 신생아에서 추체외로장애, 금단증상(초조, 근육긴장항진 또는 저하, 진전 등) 보고
고날 - 에프펜300(폴리트로핀알파, 유전자재조합)_(22.23μg/0.5mL)	임부에 대한 안전성 미확립. 임신 3기에 투여 시 신생아에서 추체외로장애, 금단증상(초조, 근육긴장항진 또는 저하, 진전 등) 보고

보기

ㄱ. R씨가 임신부일 경우 임부금기인 약은 두 가지이며, 그 중 제품코드가 '661700051'이 있다.

ㄴ. 병용금기에 해당하는 약의 업체명은 K약품(주)이다.

ㄷ. 1일 최대 투여량을 초과할 경우 부작용이 발생할 수 있는 의약품에 해당하는 약의 주성분코드는 '474802ATB'이고, 20mg 이내로 복용해야 한다.

ㄹ. 의약품안전사용서비스는 의사 및 약사에게 안전 정보를 제공하기 위한 시스템이며, R씨는 사용할 수 없다.

① ㄱ

② ㄴ, ㄹ

③ ㄱ, ㄷ

④ ㄱ, ㄴ, ㄷ

☑ 확인 Check! ○ △ ✕

14 다음은 N공단의 2020년 ~ 2023년 경영목표 중 전략방향 및 전략과제이다. 빈칸에 들어갈 과제로 알맞게 짝지어진 것은?

전략방향	신뢰받는 공기업 위상 정립	가스산업 경쟁력 확보	성과중심 경영시스템 정착
전략과제	사회적 책임 강화	해외사업 성공적 수행	(C)
	(A)	Global Provider로 성장	기술가치 제고
	고객중심 가치창출	(B)	활기찬 조직문화 확립

	(A)	(B)	(C)
①	안전·안정적 설비 운영	신규수요 창출	재무구조 안정성 제고
②	신규수요 창출	안전·안정적 설비 운영	재무구조 안정성 제고
③	재무구조 안정성 제고	안전·안정적 설비 운영	신규수요 창출
④	재무구조 안정성 제고	신규수요 창출	안전·안정적 설비 운영

15 다음은 국민연금법의 벌칙에 대한 내용이다. 아래 〈보기〉의 국민연금 가입자 중 벌칙조항을 위반한 사람과 위반 행위에 대해 적용될 벌칙 또는 과태료가 바르게 연결한 것은?

제9장 벌칙

제128조(벌칙)

① 거짓이나 그 밖의 부정한 방법으로 급여를 받은 자는 3년 이하의 징역이나 3천만 원 이하의 벌금에 처한다.

② 다음 각 호의 어느 하나에 해당하는 자는 1년 이하의 징역이나 1천만 원 이하의 벌금에 처한다.

    1. 부담금의 전부 또는 일부를 사업장가입자에게 부담하게 하거나 임금에서 기여금을 공제할 때 기여금을 초과 하는 금액을 사업장가입자의 임금에서 공제한 사용자

    2. 납부 기한까지 정당한 사유 없이 연금보험료를 내지 아니한 사용자

    3. 근로자가 가입자로 되는 것을 방해하거나 부담금의 증가를 기피할 목적으로 정당한 사유 없이 근로자의 승급 또는 임금 인상을 하지 아니하거나 해고나 그 밖의 불리한 대우를 한 사용자

    4. 공단의 업무를 수행하면서 알게 된 비밀을 누설한 자

제129조 삭제

제130조(양벌규정) 법인의 대표자나 법인 또는 개인의 대리인, 사용인, 그 밖의 종업원이 그 법인 또는 개인의 업무 에 관하여 제128조의 위반행위를 하면 그 행위자를 벌하는 외에 그 법인 또는 개인에게도 해당 조문의 벌금형을 과(科)한다. 다만, 법인 또는 개인이 그 위반행위를 방지하기 위하여 해당 업무에 관하여 상당한 주의와 감독을 게을 리하지 아니한 경우에는 그러하지 아니하다.

제131조(과태료)

① 다음 각 호의 어느 하나에 해당하는 자에게는 50만 원 이하의 과태료를 부과한다.

    1. 가입자 자격 및 소득 등에 관한 신고를 하지 아니하거나 거짓으로 신고한 사용자

    2. 공단 또는 공단의 직원이 서류나 그 밖의 자료 제출을 요구하거나 조사·질문을 할 때 이를 거부·기피·방 해하거나 거짓으로 답변한 사용자

② 다음 각 호의 어느 하나에 해당하는 자에게는 10만 원 이하의 과태료를 부과한다.

    1. 가입자 자격 및 소득 등에 관한 신고 또는 수급권 변경 등에 관한 신고를 하지 아니한 가입자

    2. 사용자에게 가입자 등에 대한 변경 내용을 통지하지 아니한 가입자

    3. 공단 또는 공단의 직원이 서류나 그 밖의 소득·재산 등에 관한 자료의 제출을 요구하거나 조사·실문할 때 이를 거부·기피·방해하거나 거짓으로 답변한 기입자, 가입자였던 자 또는 수급권자

③ 제1항 및 제2항에 따른 과태료는 대통령령으로 정하는 바에 따라 보건복지부장관이 부과·징수한다.

보기

- 사용자인 가영은 연금보험료 납부기한이 지났지만 귀찮다는 이유로 보험료를 납부하지 않았다.
- 사용자인 나라는 기여금을 초과하는 금액을 사업장가입자의 임금에서 공제하였다.
- 국민연금공단 직원이 가입자인 다현에게 소득 관련 자료를 제출할 것을 요구하자, 다현은 거짓으로 자료를 만들어 제출했다.
- 국민연금공단의 직원인 라희는 업무를 수행하면서 알게 된 중대한 비밀을 누설했다.

① 가영 – 3년 이하의 징역이나 3천만 원 이하의 벌금

② 나라 – 1년 이하의 징역이나 1천만 원 이하의 벌금

③ 다현 – 20만 원 이하의 과태료

④ 라희 – 50만 원 이하의 벌금

16 다음은 국민연금법의 일부 내용이다. 아래 〈보기〉에서 연금을 받을 수 있는 사람과 받는 연금의 종류가 바르게 연결된 것은?(단, 가입자의 나이는 2019년 5월 2일을 기준일로 하여 만 나이로 계산하며, 유족연금의 경우 가입자의 유족이 받는다)

제6조(가입 대상) 국내에 거주하는 국민으로서 18세 이상 60세 미만인 자는 국민연금 가입 대상이 된다. 다만, 「공무원연금법」, 「군인연금법」, 「사립학교교직원 연금법」 및 「별정우체국법」을 적용받는 공무원, 군인, 교직원 및 별정우체국 직원, 그 밖에 대통령령으로 정하는 자는 제외한다.

제61조(노령연금 수급권자)

① 가입기간이 10년 이상인 가입자 또는 가입자였던 자에 대하여는 60세(특수직종근로자는 55세)가 된 때부터 그가 생존하는 동안 노령연금을 지급한다.

② 가입기간이 10년 이상인 가입자 또는 가입자였던 자로서 55세 이상인 자가 대통령령으로 정하는 소득이 있는 업무에 종사하지 아니하는 경우 본인이 희망하면 제1항에도 불구하고 60세가 되기 전이라도 본인이 청구한 때부터 그가 생존하는 동안 일정한 금액의 연금(이하 "조기노령연금"이라 한다)을 받을 수 있다.

제72조(유족연금의 수급권자)

① 다음 각 호의 어느 하나에 해당하는 사람이 사망하면 그 유족에게 유족연금을 지급한다.
1. 노령연금 수급권자
2. 가입기간이 10년 이상인 가입자 또는 가입자였던 자
3. 연금보험료를 낸 기간이 가입대상기간의 3분의 1 이상인 가입자 또는 가입자였던 자
4. 사망일 5년 전부터 사망일까지의 기간 중 연금보험료를 낸 기간이 3년 이상인 가입자 또는 가입자였던 자. 단, 가입대상기간 중 체납기간이 3년 이상인 사람은 제외한다.
5. 장애등급이 2급 이상인 장애연금 수급권자

② 제1항에도 불구하고 같은 항 제3호 또는 제4호에 해당하는 사람이 다음 각 호의 기간 중 사망하는 경우에는 유족연금을 지급하지 아니한다.
1. 제6조 단서에 따라 가입 대상에서 제외되는 기간
2. 국외이주·국적상실 기간

보기

구분	생년월일	국민연금 가입기간	비고
김갑돌	1959.03.02.	2005.03. ~ 2017.08.	–
이을석	1975.10.03.	2008.02. ~ 2018.05.	2018.09. 캐나다 이주 후 캐나다에서 사망
정병문	1964.04.21.	2007.07. ~ 2017.02.	현재 소득이 없음
박정환	1964.02.15.	2004.06. ~ 2018.12.	특수직종근로자

※ 가입자 모두 가입기간 동안 연금보험료를 납부하였다.

① 김갑돌 – 유족연금
② 이을석 – 유족연금
③ 정병문 – 조기노령연금
④ 박정환 – 노령연금

17 다음은 H공단의 비상임이사 공모이다. 다음 〈보기〉 중 비상임이사 공모에 지원한 후보로 가장 적절한 사람 2명을 모두 고른 것은?

〈H공단 비상임이사 공모〉

H공단에서 국민주거안정의 실현과 국토의 효율적 이용으로 삶의 질 향상과 국민경제 발전을 선도할 전문성과 역량을 갖춘 비상임이사를 모십니다.

- 공모직위 및 임기
  - 공모직위 : 비상임이사 1명
  - 임기 : 2년(직무수행실적 등에 따라 1년 단위 연임 가능)

- 자격요건
  공공기관의 운영에 관한 법률 제34조 등에서 정한 결격사유에 해당되지 않는 분으로서
  - 경영에 대한 풍부한 학식과 경험을 갖추신 분
  - 공공성과 기업성을 조화시킬 수 있는 능력을 갖추신 분
  - 공직자로서 준법성, 도덕성 등의 자질을 갖추신 분
  - 토지, 도시, 주택분야 등 전문분야에 대한 지식과 경험을 갖추신 분
  - 최고 의사결정기구 구성원으로서 경영 비전 제시능력을 갖추신 분

- 제출서류
  - 지원서 1부(지정서식, 개인정보제공동의서 포함)
  - 자기소개서 1부(지원동기, 경력 및 업적 중심, A4용지 4매 이내)
  - 직무수행계획서 1부(A4용지 5매 이내)
    * 제출된 서류는 확정일로부터 반환을 청구할 수 있으며, 기재내용이 사실과 다를 시, 임용이 취소될 수 있음
    * 제출서류 서식은 H공단 홈페이지에서 내려 받아 사용

- 제출기간 및 제출장소
  - 제출기간 : 2019. 9. 3(월) ~ 2019. 9. 12(수) 18:00(토・공휴일은 방문접수 불가)
  - 제출장소 : (우 52852) 경남 진주시 충의로 19(충무공동) H공단 임원추천위원회(16층, 경영관리실)
  - 제출방법 : 방문 제출 또는 등기우편 제출(제출기간 내 도착분에 한함)

- 심사방법
  - 임원추천위원회에서 제출서류를 기초로 서류심사 평가

- 기타
  - 자세한 사항은 H공단 임원추천위원회(055-922-3160 ~ 1)로 문의하시거나 H공단 홈페이지를 참조하시기 바랍니다.

> **보기**
>
> - 20년간 의료분야에서만 전문인력으로 활동한 A는 음주운전 경력이 4회 이상 있고 이로 인해 운전면허가 취소된 상태이며, 자기소개서에 이 사실을 밝히지 않았다.
> - B는 국내 건설분야 대기업에서 30년 이상 근무하였으며, 지원서, 자기소개서, 직무수행계획서 각 1부씩을 9월 8일에 임원추천위원회를 방문하여 접수하고자 한다.
> - C는 경영학 분야 박사학위를 보유하고 있으며, 제출서류를 모두 구비하여 9월 4일에 등기로 발송하였고, 9월 6일에 도착하였다는 확인메일을 받았다.
> - D는 국내 중견기업 이사를 역임하였고, 공공기관에서도 근무한 경력도 보유하고 있으며, 모든 제출서류는 9월 11일에 임원추천위원회를 방문하여 제출할 예정이다.

① A, B

② A, C

③ B, C

④ C, D

☑ **확인 Check!** ○ △ ✕

18 S통신사, L통신사, K통신사 3사는 모두 A~G카드사와의 제휴를 통해 전월에 일정 금액 이상 카드 사용 시 통신비를 할인해주고 있다. 통신비의 할인조건과 최대 할인금액이 아래와 같을 때, 다음 자료를 해석한 것으로 적절한 것은?

제휴카드사	통신사	최대 할인금액	할인조건
A카드사	S통신사	20,000원	• 전월 카드 사용 100만 원 이상 시 2만 원 할인 • 전월 카드 사용 50만 원 이상 시 1만 원 할인
	L통신사	9,000원	• 전월 카드 사용 30만 원 이상 시 할인
	K통신사	8,000원	• 전월 카드 사용 30만 원 이상 시 할인
B카드사	S통신사	20,000원	• 전월 카드 사용 100만 원 이상 시 2만 원 할인 • 전월 카드 사용 50만 원 이상 시 1만 원 할인
	L통신사	9,000원	• 전월 카드 사용 30만 원 이상 시 할인
	K통신사	9,000원	• 전월 카드 사용 50만 원 이상 시 9천 원 할인 • 전월 카드 사용 30만 원 이상 시 6천 원 할인
C카드사	S통신사	22,000원	• 전월 카드 사용 100만 원 이상 시 2.2만 원 할인 • 전월 카드 사용 50만 원 이상 시 1만 원 할인 • 전월 카드 1회 사용 시 5천 원 할인
D카드사	L통신사	9,000원	• 전월 카드 사용 30만 원 이상 시 할인
	K통신사	9,000원	• 전월 카드 사용 30만 원 이상 시 할인
E카드사	K통신사	8,000원	• 전월 카드 사용 30만 원 이상 시 할인
F카드사	K통신사	15,000원	• 전월 카드 사용 50만 원 이상 시 할인
G카드사	L통신사	15,000원	• 전월 카드 사용 70만 원 이상 시 1.5만 원 할인 • 전월 카드 사용 30만 원 이상 시 1만 원 할인

① S통신사를 이용할 경우 가장 많은 통신비를 할인받을 수 있는 제휴카드사는 A카드사이다.
② 전월에 33만 원을 사용했을 경우 L통신사에 대한 할인금액은 G카드사보다 D카드사가 더 많다.
③ 전월에 52만 원을 사용했을 경우 K통신사에 대한 할인금액이 가장 많은 제휴카드사는 F카드사이다.
④ S통신사의 모든 제휴카드사는 전월 실적이 50만 원 이상이어야 통신비 할인이 가능하다.

19 다음은 제품 생산에 소요되는 작업 시간과 〈조건〉을 정리한 것이다. 이에 대한 설명으로 옳은 것은?

〈제품 생산에 소요되는 작업 시간〉

(단위 : 시간)

제품 \ 작업구분	절삭 작업	용접 작업
a	2	1
b	1	2
c	3	3

조건
- a, b, c제품을 각 1개씩 생산한다.
- 주어진 기계는 절삭기 1대, 용접기 1대이다.
- 각 제품은 절삭 작업을 마친 후 용접 작업을 해야 한다.
- 총작업시간을 최소화하기 위해 제품의 제작 순서는 관계없다.

① 가장 적게 소요되는 총 작업시간은 8시간이다.
② 가장 많이 소요되는 총 작업시간은 12시간이다.
③ 총 작업시간을 최소화하기 위해 제품 b를 가장 늦게 만든다.
④ 총 작업시간을 최소화하기 위해 제품 a를 가장 먼저 만든다.

20 R공단은 부대시설 건축을 위해 A건축회사와 계약을 맺었다. 다음의 계약서를 보고 건축시설처의 L대리가 파악할 수 있는 내용으로 올바른 것은?

공사도급계약서

제10조 [상세시공도면 작성]

(1) '을'은 건축법 제24조 제4항에 따라 공사감리자로부터 상세시공도면의 작성을 요청받은 경우에는 상세시공도면을 작성하여 공사감리자의 확인을 받아야 하며, 이에 따라 공사를 하여야 한다.

(2) '갑'은 상세시공도면의 작성범위에 관한 사항을 설계자 및 공사감리자의 의견과 공사의 특성을 감안하여 계약서 상의 시방에 명시하고, 상세시공도면의 작성비용을 공사비에 반영한다.

제11조 [안전관리 및 재해보상]

(1) '을'은 산업재해를 예방하기 위하여 안전시설의 설치 및 보험의 가입 등 적정한 조치를 하여야 한다. 이때 '갑'은 계약금액의 안전관리비 및 보험료 상당액을 계상하여야 한다.

(2) 공사현장에서 발생한 산업재해에 대한 책임은 '을'에게 있다. 다만, 설계상의 하자 또는 '갑'의 요구에 의한 작업으로 인한 재해에 대하여는 그렇지 아니하다.

제12조 [응급조치]

(1) '을'은 재해방지를 위하여 특히 필요하다고 인정될 때에는 미리 긴급조치를 취하고 즉시 이를 '갑'에게 통지하여야 한다.

(2) '갑'은 재해방지 및 기타 공사의 시공상 긴급·부득이하다고 인정할 때에는 '을'에게 긴급조치를 요구할 수 있다.

(3) 제1항 및 제2항의 응급조치에 소요된 경비에 대하여는 제16조 제2항의 규정을 준용한다.

---

① 응급조치에 소요된 비용은 '갑'이 부담한다.

② '을'은 산업재해를 예방하기 위한 조치를 해야 하고, '갑'은 계약금액에 이와 관련한 금액을 책정해야 한다.

③ '을'은 재해방지를 위하여 미리 긴급조치를 취할 수 있고, 이를 '갑'에게 알릴 의무는 없다.

④ 공사현장에서 발생한 모든 산업재해에 대한 책임은 '을'에게 있다.

21 귀하는 Q호텔에서 연회장 예약 일정을 관리하고 있다. 곧 연말이라 다양한 행사를 위해 연회장 예약문의가 빈번히 접수되고 있다. 다음과 같은 고객의 전화를 받았을 때, 귀하의 판단으로 옳지 않은 것은?

〈12월 연회장 예약 일정〉

※ 예약 : 연회장 이름(시작시간)

일	월	화	수	목	금	토
1 라벤더(13) 팬지(17)	2 팬지(15)	3 민트(14) 세이지(16)	4 세이지(14)	5 라벤더(11) 세이지(16)	6 민트(13) 세이지(18)	7 민트(11) 세이지(16)
8 민트(12) 라벤더(17)	9 민트(17)	10 세이지(15)	11 라벤더(13) 팬지(16)	12 라벤더(15) 세이지(16)	13 세이지(14) 팬지(15)	14 민트(11) 팬지(16)

〈호텔 연회장 현황〉

구분	수용 가능 인원	최소 투입인력	이용시간
민트	300명	35명	3시간
라벤더	300명	30명	2시간
팬지	250명	25명	3시간
세이지	200명	20명	2시간

※ 오전 10시부터 시작하여 오후 9시에 모든 업무를 종료함
※ 연회부의 동 시간대 투입인력은 총 50명을 넘을 수 없음
※ 연회시작 전·후 1시간씩 연회장 세팅 및 정리

〈고객〉 저희 회사에서 연말을 맞이하여 12월 초에 송년회를 개최하려고 합니다. 그래서 연회장을 예약하려고 하는데, 가능한지 확인 부탁드립니다. 인원은 총 250명이고, 월, 화, 수요일은 피하고 싶습니다. 그리고 행사는 정오에서 저녁 7시 사이에 진행할 수 있도록 알아봐 주십시오.

① 12월 초에 행사를 진행하길 원하니까, 최대한 첫 번째 주에 예약이 될 수 있도록 검토해야겠군.
② 송년회 참석인원을 고려했을 때, 세이지를 제외한 나머지 연회장은 모두 가능하겠군.
③ 저녁 7시 이전에 마칠 수 있는 시간대를 고려하여 일정을 확인해야해.
④ 목요일부터 일요일까지 일정을 검토했을 때, 주말은 예약이 불가능해.

22 경영기획실에서 근무하는 귀하는 매년 부서별 사업계획을 정리하는 업무를 맡고 있다. 부서별 사업계획을 간략하게 정리한 보고서를 보고 귀하가 할 수 있는 생각으로 옳은 것은?

〈사업별 기간 및 소요예산〉

- A사업 : 총 사업기간은 2년으로, 첫해에는 1조 원, 둘째 해에는 4조 원의 예산이 필요하다.
- B사업 : 총 사업기간은 3년으로, 첫해에는 15조 원, 둘째 해에는 18조 원, 셋째 해에는 21조 원의 예산이 필요하다.
- C사업 : 총 사업기간은 1년으로, 총 소요예산은 15조 원이다.
- D사업 : 총 사업기간은 2년으로, 첫해에는 15조 원, 둘째 해에는 8조 원의 예산이 필요하다.
- E사업 : 총 사업기간은 3년으로, 첫해에는 6조 원, 둘째 해에는 12조 원, 셋째 해에는 24조 원의 예산이 필요하다.

올해를 포함한 향후 5년간 위의 5개 사업에 투자할 수 있는 예산이 아래와 같다.

〈연도별 가용예산〉

(단위 : 조 원)

1차연도(올해)	2차연도	3차연도	4차연도	5차연도
20	24	28.8	34.5	41.5

〈규정〉

(1) 모든 사업은 한번 시작하면 완료될 때까지 중단할 수 없다.
(2) 5개 사업에 투자할 수 있는 예산은 당해 사업연도에 남아도 상관없다.
(3) 각 사업연도의 예산은 이월될 수 없다.
(4) 모든 사업을 향후 5년 이내에 반드시 완료한다.

① B사업을 세 번째 해에 시작하고 C사업을 최종연도에 시행한다.
② A사업과 D사업을 첫해에 동시에 시작한다.
③ 첫해에는 E사업만 시작한다.
④ D사업을 첫해에 시작한다.

23 다음 글에 대한 분석으로 타당한 것을 〈보기〉에서 모두 고른 것은?

> 식탁을 만드는 데에는 노동과 자본만 투입된다고 가정하자. 노동자 1명의 시간당 임금은 8,000원이고, 노동자는 1명이 투입되어 A기계 또는 B기계를 사용하여 식탁을 생산한다. A기계를 사용하면 10시간이 걸리고, B기계를 사용하면 7시간이 걸린다. 이때, 식탁 1개의 시장가격은 100,000원이고, 식탁 1개를 생산하는 데 드는 임대료는 A기계의 경우 10,000원, B기계의 경우 20,000원이다.
> 만약 A, B기계 중 어떤 것을 사용해도 생산된 식탁의 품질은 같다고 한다면, 기업은 어떤 기계를 사용할 것인가? (단, 작업 환경·물류비 등 다른 조건은 고려하지 않는다)

보기

ㄱ. 기업은 B기계보다는 A기계를 선택할 것이다.
ㄴ. '어떻게 생산할 것인가?'와 관련된 경제 문제이다.
ㄷ. 합리적인 선택을 했다면, 식탁 1개당 24,000원의 이윤을 기대할 수 있다.
ㄹ. A기계를 선택하는 경우 식탁 1개를 만드는 데 드는 비용은 70,000원이다.

① ㄱ, ㄴ
② ㄱ, ㄷ
③ ㄴ, ㄷ
④ ㄴ, ㄹ

24 다음은 K교통카드의 환불방법에 대한 자료이다. K교통카드에서 근무하고 있는 C사원은 아래 자료를 통해 고객들에게 환불규정을 설명하고자 한다. 다음 중 설명으로 적절하지 않은 것은?

〈K교통카드 정상카드 잔액환불 안내〉

환불처		환불금액	환불방법	환불수수료	비고
편의점	A편의점	2만 원 이하	환불처에 방문하여 환불수수료를 제외한 카드 잔액 전액을 현금으로 환불받음	500원	카드값 환불 불가
	B편의점 C편의점 D편의점 E편의점	3만 원 이하			
지하철	역사 내 K교통카드 서비스센터	5만 원 이하	환불처에 방문하여 환불수수료를 제외한 카드 잔액 전액 또는 일부 금액을 현금으로 환불받음 ※ 한 카드당 한 달에 최대 50만 원까지 환불 가능	500원 ※ 기본운임료(1,250원) 미만 잔액은 수수료 없음	
은행 ATM	A은행	20만 원 이하	− 본인 명의의 해당은행 계좌로 환불수수료를 제외한 잔액 이체 ※ 환불 불가카드 − 모바일 K교통카드, Y사 플러스카드	500원	
	B은행 C은행 D은행 E은행 F은행	50만 원 이하			
모바일 (P사, Q사, R사)			− 1인 월 3회, 최대 50만 원까지 환불 가능 : 10만 원 초과 환불은 월 1회, 연 5회 가능 ※ App에서 환불신청 가능하며 고객명의 계좌로 환불수수료를 제외한 금액이 입금	500원 ※ 기본운임료(1,250원) 미만 잔액은 수수료 없음	
K교통카드 본사		50만 원 이하	− 1인 1일 최대 50만 원까지 환불 가능 − 5만 원 이상 환불 요청 시 신분확인 (이름, 생년월일, 연락처) ※ 10만 원 이상 고액 환불의 경우 내방 당일 카드잔액 차감 후 익일 18시 이후 계좌로 입금(주말, 공휴일 제외) ※ 지참서류 : 통장사본, 신분증	월 누적 50만 원까지 수수료 없음 (50만 원 초과 시 수수료 1%)	

− 잔액이 5만 원을 초과하는 경우 K교통카드 본사로 내방하시거나, K교통카드 잔액환불 기능이 있는 ATM에서 해당은행 계좌로 환불이 가능합니다(단, 모바일 K교통카드, Y사 플러스카드는 ATM에서 환불이 불가능합니다).
− ATM 환불은 주민번호 기준으로 월 50만 원까지 가능하며, 환불금액은 해당은행 본인명의 계좌로 입금됩니다.
  ※ 환불접수처 : K교통카드 본사, 지하철 역사 내 K교통카드 서비스센터, 은행 ATM, 편의점 등
    단, 부분환불 서비스는 K교통카드 본사, 지하철 역사 내 K교통카드 서비스센터에서만 가능합니다.
  ※ 부분환불 금액 제한 : 환불요청금액 1만 원 이상 ~ 5만 원 이하만 부분환불 가능(환불금액단위는 1만 원이며, 이용 건당 수수료는 500원입니다)

① 카드 잔액이 4만 원이고 환불요청금액이 2만 원일 경우 지하철 역사 내 K교통카드 서비스센터에서 환불이 가능하다.

② 모바일에서 환불 시 카드 잔액이 40만 원일 경우 399,500원을 환불받을 수 있다.

③ 카드 잔액 30만 원을 전액 환불할 경우 A은행을 제외한 은행 ATM에서 299,500원 환불받을 수 있다.

④ 카드 잔액 17만 원을 K교통카드 본사에 방문해 환불한다면 당일 카드잔액을 차감하고 즉시 계좌로 이체 받을 수 있다.

25 제약회사에 근무하는 귀하는 의약품 특허출원과 관련하여 다음과 같이 보고서를 작성하였고, 상사에게 보고서를 제출하기 전에 최종 검토를 하고자 한다. 보고서를 작성할 때 참고한 자료가 아래와 같다면, 보고서 내용 중 수정이 필요한 부분은 무엇인가?

〈보고서 내용 일부〉

2017년부터 2019년까지 의약품의 특허출원은 (A) 매년 감소하였다. 그러나 기타 의약품이 전체 의약품 특허출원에서 차지하는 비중은 매년 증가하여 2019년에는 전체 의약품 특허출원의 (B) 25% 이상을 차지하였다. 다국적기업의 의약품별 특허출원 현황을 살펴보면, 원료 의약품에서 다국적기업 특허출원이 차지하는 비중은 다른 의약품에 비해 매년 그 비중이 높아져 2019년에는 (C) 20% 이상을 차지하게 되었다. 한편 2019년 다국적기업에서 출원한 완제 의약품 특허출원 중 다이어트제 출원은 (D) 11%였다.

[참고자료]

〈표1〉 의약품별 특허출원 현황

구분 \ 연도	2017년	2018년	2019년
완제 의약품	7,137건	4,394건	2,999건
원료 의약품	1,757건	797건	500건
기타 의약품	2,236건	1,517건	1,220건
합계	11,130건	6,708건	4,719건

〈표2〉 의약품별 특허출원 중 다국적기업 출원 현황

구분 \ 연도	2017년	2018년	2019년
완제 의약품	404건	284건	200건
원료 의약품	274건	149건	103건
기타 의약품	215건	170건	141건
합계	893건	603건	444건

〈표3〉 완제 의약품 특허출원 중 다이어트제 출원 현황

구분	2017년	2018년	2019년
출원 건수	53건	32건	22건

① (A)   ② (B)
③ (C)   ④ (D)

26 S공연기획사는 2019년 봄부터 시작할 지젤 발레 공연 티켓을 Q소셜커머스에서 판매할 예정이다. Q소셜커머스에서 보낸 다음 판매 자료를 토대로 아침 회의 시간에 나눈 대화 중 옳지 않은 것은?

〈2018년 판매결과 보고〉

공연명	정가	할인율	판매기간	판매량
백조의 호수	80,000원	67%	2018. 02. 05 ~ 2018. 02. 10	1,787장
세레나데&봄의 제전	60,000원	55%	2018. 03. 10 ~ 2018. 04. 10	1,200장
라 바야데르	55,000원	60%	2018. 06. 27 ~ 2018. 08. 28	1,356장
한여름 밤의 꿈	65,000원	65%	2018. 09. 10 ~ 2018. 09. 20	1,300장
호두까기 인형	87,000원	50%	2018. 12. 02 ~ 2018. 12. 08	1,405장

※ 할인된 티켓 가격의 10%가 티켓 수수료로 추가된다.
※ 2018년 2월 초에는 설 연휴가 있었다.

① A사원 : 기본 50% 이상 할인을 하는 건 할인율이 너무 큰 것 같아요.
② B팀장 : 표가 잘 안 팔려서 싸게 판다는 이미지를 줘 공연의 전체적인 질이 낮다는 부정적 인식을 줄 수도 있지 않을까요?
③ C주임 : 연휴 시기와 티켓 판매 일정을 어떻게 고려하느냐에 따라 판매량을 많이 올릴 수 있겠네요.
④ D사원 : 세레나데&봄의 제전의 경우 총 수익금이 3,700만 원 이상이겠어요.

27 다음은 A공단의 민원안내에 대한 정보이다. 〈보기〉 중 다음 안내에 따른 설명으로 옳은 것을 모두 고른 것은?

〈A공단 민원안내〉

민원사무명	처리 기간	구비서류	비고
진정, 질의, 청원, 이의신청	7일	진정서, 질의서, 청원서, 구두 또는 전화	–
건의	14일	건의서, 구두 또는 전화	–
재산 반납	7일	문서	–
재산사용료 완납증명 신청	즉시	문서, 구두 또는 전화	–
사실증명	즉시	증명원서	–
확인	즉시	확인신청서, 구두 또는 전화	–
공사준공증명	즉시	공사준공증명원서	–
실적증명(납품, 용역, 거래공사)	즉시	실적증명원서	–

재산사용신청	20일	① 신청서 ② 사업계획서 ③ 신청지 도면 ④ 법인등기부등본 및 인감증명서 ⑤ 임대보증금(현금) ⑥ 제소 전 화해 동의서 ⑦ 행정기관의 허가, 인가, 신고 등을 증명할 수 있는 　서류	④ 개인은 주민등록 등 　본 또는 운전면허증 　사본 제시 ⑥ · ⑦은 해당자에 한함
공항시설물 등의 촬영허가	7일	① 신청서 ② 시나리오 2부(흥행목적의 경우)	–
청원시설(전기, 통신, 수도, 가스) 사용승인(신규, 증설, 계속) 및 해지신청	7일	신청서	–
시설물 설치 및 수리신청 (건축물, 공작물, 전력, 통신, 수도, 가스시설물 설치)	12일	① 신청서 ② 설계도서(도면, 시방서, 구조계산서) 및 공사명세서 ③ 시방서(단, 경미한 사항은 제외)	–
귀빈실 이용신청	2일	귀빈실 이용신청서	유선 또는 문서(귀빈실 사용신청서)로 예약

※ 처리기간은 근무일인 주중을 기준으로 한다.
　(예를 들어, 처리기간이 5일인 경우 접수일로부터 기산하여 5근무일째 되는 날 민원처리가 완료된다)

〈토요민원상황실 운영 알림〉

• A공단은 주 40시간 근무제 실시(월 ~ 금, 09시 ~ 18시)로 토요일 휴무에 따른 민원인의 불편을 최소화하기 위해 본·지사에서 토요민원상황실을 운영합니다.
• 근무시간 : 09:00 ~ 13:00
• 근무내용 : 민원안내, 상담, 접수, 운항안내 등

보기

ㄱ. 이의신청의 경우, 반드시 서면을 통해서만 민원신청이 가능하다.
ㄴ. 수요일에 유선을 통해 귀빈실 이용신청을 한 경우, 빨라도 금요일부터 귀빈실을 이용할 수 있다.
ㄷ. 다다음주 화요일까지 통신시설물 수리가 완료되도록 하려면, 늦어도 이번 주 금요일에는 서류를 구비하여 제출하여야 한다.
ㄹ. 재산사용신청을 하고자 하는 경우, 신청자가 제출해야 할 서류는 최소 7개이다.

① ㄱ
② ㄴ
③ ㄷ
④ ㄱ, ㄴ

28 안전본부 사고분석 개선처에 근무하는 B대리는 혁신우수 연구대회에 출전하여 첨단장비를 활용한 차종별 보행자 사고 모형개발 자료를 발표했다. 연구 추진방향을 도출하기 위해 SWOT 분석을 한 결과가 다음과 같을 때, 분석 결과에 대응하는 전략과 그 내용이 잘못 짝지어진 것은?

강점(Strength)	약점(Weakness)
10년 이상 지속적인 교육과 연구로 신기술 개발을 위한 인프라 구축	보행자사고 모형개발을 위한 예산 및 실차 실험을 위한 연구소 부재
기회(Opportunity)	위협(Threat)
첨단 과학장비(3D스캐너, MADYMO) 도입으로 정밀 시뮬레이션 분석 가능	교통사고에 대한 국민의 관심과 분석수준 향상으로 공단의 사고분석 질적 제고 필요

① SO전략 : 과학장비를 통한 정밀 시뮬레이션 분석을 토대로 국내 차량의 전면부 형상을 취득하고 보행자사고를 분석해 신기술 개발에 도움
② WO전략 : 실차 실험 대신 과학장비를 통한 시뮬레이션 연구로 모형개발
③ ST전략 : 지속적 교육과 연구로 쌓아온 데이터를 바탕으로 사고분석 프로그램 신기술 개발을 통해 사고분석 질적 향상에 기여
④ WT전략 : 신기술 개발을 위한 연구대회를 개최해 인프라를 더욱 탄탄히 구축

29 국내 금융그룹의 SWOT 분석 결과가 다음과 같을 때, 분석 결과에 대응하는 전략과 그 내용이 올바르게 짝지어진 것은?

국내 금융그룹 SWOT 분석	
〈S(강점)〉	〈W(약점)〉
• 탄탄한 국내 시장 지배력 • 뛰어난 위기관리 역량 • 우수한 자산건전성 지표 • 수준 높은 금융 서비스	• 은행과 이자수익에 편중된 수익구조 • 취약한 해외 비즈니스와 글로벌 경쟁력 • 낙하산식 경영진 교체와 관치금융 우려 • 외화 자금 조달 리스크
〈O(기회)〉	〈T(위협)〉
• 해외 금융시장 진출 확대 • 기술 발달에 따른 핀테크의 등장 • IT 인프라를 활용한 새로운 수익 창출 • 계열사 간 협업을 통한 금융 서비스	• 새로운 금융 서비스의 등장 • 은행의 영향력 약화 가속화 • 글로벌 금융사와의 경쟁 심화 • 비용 합리화에 따른 고객 신뢰 저하

① SO전략 : 해외 비즈니스TF팀 신설로 상반기 해외 금융시장 진출 대비
② ST전략 : 금융 서비스를 다방면으로 확대해 글로벌 경쟁사와의 경쟁에서 우위 차지
③ WO전략 : 국내의 탄탄한 시장점유율을 기반으로 핀테크 사업 진출
④ WT전략 : 국내금융사의 우수한 자산건전성 지표를 홍보하여 고객 신뢰 회복

30 레저용 차량을 생산하는 A기업에 대한 SWOT 분석결과를 참고하여 다음 〈보기〉 중 각 전략에 따른 대응으로 적절한 것을 모두 고르면?

〈A기업의 SWOT 분석결과〉

강점(Strength)	약점(Weakness)
• 높은 브랜드 이미지·평판 • 훌륭한 서비스와 판매 후 보증수리 • 확실한 거래망, 딜러와의 우호적인 관계 • 막대한 R&D 역량 • 자동화된 공장 • 대부분의 차량 부품 자체 생산	• 한 가지 차종에만 집중 • 고도의 기술력에 대한 과도한 집중 • 생산설비에 막대한 투자 → 차량모델 변경의 어려움 • 한 곳의 생산 공장만 보유 • 전통적인 가족형 기업 운영
기회(Opportunity)	위협(Threat)
• 소형 레저용 차량에 대한 수요 증대 • 새로운 해외시장의 출현 • 저가형 레저용 차량에 대한 선호 급증	• 휘발유의 부족 및 가격의 급등 • 레저용 차량 전반에 대한 수요 침체 • 다른 회사들과의 경쟁 심화 • 차량 안전 기준의 강화

보기

ㄱ. ST전략 – 기술개발을 통하여 연비를 개선한다.
ㄴ. SO전략 – 대형 레저용 차량을 생산한다.
ㄷ. WO전략 – 규제강화에 대비하여 보다 안전한 레저용 차량을 생산한다.
ㄹ. WT전략 – 생산량 감축을 고려한다.
ㅁ. WO전략 – 국내 다른 지역이나 해외에 공장들을 분산 설립한다.
ㅂ. ST전략 – 경유용 레저 차량 생산을 고려한다.
ㅅ. SO전략 – 해외 시장 진출보다는 내수 확대에 집중한다.

① ㄱ, ㄴ, ㅁ, ㅂ
② ㄱ, ㄹ, ㅁ, ㅂ
③ ㄴ, ㄹ, ㅂ, ㅅ
④ ㄴ, ㄹ, ㅁ, ㅂ

31 남성 정장 제조 전문회사에서 20대를 위한 캐주얼 SPA 브랜드에 신규 진출하려고 한다. 귀하는 3C 분석 방법을 취하여 다양한 자료를 조사했으며, 아래와 같은 분석내용을 도출하였다. 다음 중 자사에서 추진하려는 신규 사업 계획의 타당성에 대해서 올바르게 설명한 것은?

3C	상황분석
고객(Customer)	• 40대 중년 남성을 대상으로 한 정장 시장은 정체 및 감소 추세 • 20대 캐주얼 및 SPA 시장은 매년 급성장
경쟁사(Competitor)	• 20대 캐주얼 SPA 시장에 진출할 경우, 경쟁사는 글로벌 및 토종 SPA 기업, 캐주얼 전문 기업 외에도 비즈니스 캐주얼, 아웃도어 의류 기업도 포함 • 경쟁사들은 브랜드 인지도, 유통망, 생산 등에서 차별화된 경쟁력을 가짐 • 경쟁사 중 상위업체는 하위업체와의 격차 확대를 위해 파격적 가격 정책과 20대 지향 디지털마케팅 전략을 구사
자사(Company)	• 신규 시장 진출 시 막대한 마케팅 비용 발생 • 낮은 브랜드 인지도 • 기존 신사 정장 이미지 고착 • 유통과 생산 노하우 부족 • 디지털마케팅 역량 미흡

① 20대 SPA 시장이 급성장하고, 경쟁이 치열해지고 있지만, 자사의 유통 및 생산 노하우로 가격경쟁력을 확보할 수 있으므로 신규 사업을 추진하는 것이 바람직하다.

② 40대 중년 정장 시장은 감소 추세에 있으므로 새로운 수요발굴이 필요하며, 기존의 신사 정장 이미지를 벗어나 20대 지향 디지털마케팅 전략을 구사하면 신규 시장의 진입이 가능하므로 신규 사업을 진행하는 것이 바람직하다.

③ 20대 SPA 시장이 급성장하고 있지만, 하위업체의 파격적인 가격정책을 이겨 내기에 막대한 비용이 발생하므로 신규 사업 진출은 적절하지 못하다.

④ 20대 SPA 시장은 계속해서 성장하고 매력적이지만, 경쟁이 치열하고 경쟁자의 전략이 막강하다. 이에 비해 자사의 자원과 역량은 부족하여 신규 사업 진출은 하지 않는 것이 바람직하다.

32 다음은 SWOT 분석에 관한 설명이다. 다음을 읽고 주어진 분석결과에 가장 적절한 전략을 고르면?

〈유기농 수제버거 전문점 S의 환경 분석 결과〉

SWOT	환경 분석
강점(Strength)	• 주변 외식업 상권 내 독창적 아이템 • 커스터마이징 고객 주문 서비스 • 주문 즉시 조리 시작
약점(Weakness)	• 높은 재료 단가로 인한 비싼 상품 가격 • 대기업 버거 회사에 비해 긴 조리 과정
기회(Opportunity)	• 웰빙을 추구하는 소비 행태 확산 • 치즈 제품을 선호하는 여성들의 니즈 반영
위협(Threat)	• 제품 특성상 테이크아웃 및 배달 서비스 불가

① SO전략 : 주변 상권의 프랜차이즈 샌드위치 전문업체의 제품을 벤치마킹해 샌드위치도 함께 판매한다.

② WO전략 : 유기농 채소와 유기농이 아닌 채소를 함께 사용하여 단가를 낮추고 가격을 내린다.

③ ST전략 : 테이크아웃이 가능하도록 버거의 사이즈를 조금 줄이고 사이드 메뉴를 무료로 제공한다.

④ WT전략 : 조리과정을 단축시키기 위해 커스터마이징 형식의 고객 주문 서비스 방식을 없애고, 미리 조리해놓은 버거를 배달 제품으로 판매한다.

2

PART

자원관리능력

CHAPTER 01 모듈형

CHAPTER 02 시간자원관리형

CHAPTER 03 예산자원관리형

CHAPTER 04 인적자원관리형

CHAPTER 05 물적자원관리형

| 01 | 자원관리능력

(1) 자원관리능력이란?

자원관리능력은 직장생활에서 시간·예산·물적자원·인적자원 등의 자원 가운데 무엇이 얼마나 필요한지를 확인하고, 가용할 수 있는 자원을 최대한 확보하여 실제 업무에 어떻게 활용할 것인지에 대한 계획을 수립하여 계획에 따라 확보한 자원을 효율적으로 활용하여 관리하는 능력을 의미한다.

(2) 자원관리의 기본단계

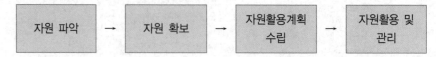

자원 파악 → 자원 확보 → 자원활용계획 수립 → 자원활용 및 관리

CHECK POINT

각 자원의 총량을 파악하고 우선순위에 따라 배분하여야 한다.

(3) 자원관리능력의 구성

① 시간자원관리능력 : 기업활동에서 필요한 시간자원을 파악하고, 가용할 수 있는 시간자원을 최대한 확보하여 실제 업무에 어떻게 활용할 것인지에 대한 시간계획을 수립하고, 이에 따라 시간을 효율적으로 활용하여 관리하는 능력

② 예산자원관리능력 : 기업활동에서 필요한 예산을 파악하고, 가용할 수 있는 예산을 최대한 확보하여 실제 업무에 어떻게 집행할 것인지에 대한 예산계획을 수립하고, 이에 따른 예산을 효율적으로 집행하여 관리하는 능력

③ 물적자원관리능력 : 기업 활동에서 필요한 물적자원(재료, 시설자원 등)을 파악하고, 가용할 수 있는 물적자원을 최대한 확보하여 실제 업무에 어떻게 활용할 것인지에 대한 계획을 수립하고, 이에 따른 물적자원을 효율적으로 활용하여 관리하는 능력

④ 인적자원관리능력 : 기업 활동에서 필요한 인적자원(근로자의 기술·능력·업무 등)을 파악하고, 동원할 수 있는 인적자원을 최대한 확보하여 실제 업무에 어떻게 배치할 것인지에 대한 예산계획을 수립하고, 이에 따른 인적자원을 효율적으로 배치하여 관리하는 능력

(4) 자원의 종류와 개념

① 기업 활동을 위한 자원에는 '시간, 예산(돈), 물적자원, 인적자원'이 있다.

② 과거에는 천연자원이 가장 중요한 자원이었으나, 최근에는 시간과 예산을 가장 중요한 자원으로 인식하고 있다.

③ 기업 활동에서의 자원은 더 높은 성과 창출을 위한 노동력과 기술이다.

(5) 자원관리(자원의 유한성)

개인과 조직에게 주어진 자원이 제한적이므로 자원을 효과적으로 확보, 유지, 활용하는 자원관리가 필요하다.

자원에 대한 설명으로 옳지 않은 것은?

① 사전적 정의는 인간생활에 도움이 되는 자연계의 일부이다.
② 오늘날에는 자연자원만이 아닌 물질적 자산, 재정적 자산, 인적 자산 등도 자원으로 보고 있다.
③ 자원은 크게 시간, 돈, 물적자원, 인적자원으로 나눌 수 있다.
④ 대부분의 자원은 무한성이라는 특징이 있다.

자원은 일반적으로 유한적이다. 개인이나 조직에게 주어진 시간은 제한되어 있으며 돈과 물적자원 역시 제한적일 수밖에 없고, 활용할 수 있는 인적자원 역시 무한대가 아니다.

정답 ④

(6) 자원의 낭비 요인

① 비계획적 행동 : 자원 활용에 대한 계획 없이 충동적이고 즉흥적으로 행동
② 편리성 추구 : 자원의 활용 시 자신의 편리함을 최우선으로 추구
③ 자원에 대한 인식의 부재 : 자신이 가지고 있는 중요 자원의 불인식
④ 노하우 부족 : 효과적인 자원관리에 대한 노하우 부족

(7) 자원관리의 4단계 과정

① 필요한 자원의 종류와 양 확인 : '어떠한' 자원이 '얼마만큼' 필요한지 파악하는 단계로, 일반적으로 '시간, 예산, 물적자원, 인적자원'으로 구분하여 파악한다.
② 이용 가능한 자원의 수집과 확보 : 필요한 양보다 조금 더 여유 있게 최대한으로 자원을 확보한다.
③ 자원활용계획 수립 : 자원이 투입되는 활동의 우선순위를 고려하여 자원을 할당하고 활용계획을 수립한다.
④ 계획에 따른 수행 : 계획을 수립한 대로 업무를 추진한다.

다음 제시문이 설명하고 있는 자원관리 단계는 무엇인가?

> 자원이 투입되는 활동의 우선순위를 고려하여 자원을 할당한다.

① 필요한 자원의 종류와 양 확인
② 이용 가능한 자원의 수집
③ 자원활용계획의 수립
④ 계획에 따른 수행

자원이 투입되는 활동의 우선순위를 고려하여 자원을 할당하는 단계는 자원활용계획의 수립(3단계)에 해당한다.

오답분석

① 필요한 자원의 종류와 양 확인 : '어떠한' 자원이 '얼마만큼' 필요한지 파악하는 단계
② 이용 가능한 자원의 수집 : 필요한 자원을 최대한으로 확보하는 단계
④ 계획에 따른 수행 : 자원의 활용계획을 수립한 대로 업무를 추진한다.

정답 ③

| 02 | 시간자원관리능력

(1) 시간의 특성

① 매일 24시간이 똑같이 반복적으로 주어진다.

② 속도가 일정하다.

③ 흘러가는 시간을 멈출 수 없다(비용통성).

④ 빌리거나 저축할 수 없다.

⑤ 어떻게 사용하는지에 따라 가치가 달라진다.

⑥ 시절에 따라 밀도와 가치가 다르다.

(2) 시간단축

① 시간단축의 의미 : 정해진 업무량에 투입되는 시간의 축소 또는 한정된 시간에 할 수 있는 업무량의 증가

② 기업의 시간단축 효과 : 생산성 향상, 위험 감소, 시장점유율 증가

(3) 시간관리

① 의의 : 개인이나 사회생활에서 각자의 습관이나 개성, 삶의 목표에 맞는 일정을 만들고 그에 따라 시간을 유용하게 사용하여 좋은 결과를 거두는 기술

② 시간관리의 필요성 : 시간의 효과적 관리를 통하여 삶의 문제를 해결(시간의 통제 불가능)

③ 시간관리의 효과

   ㉠ 스트레스 관리 : 시간관리를 통하여 일에 대한 부담을 감소시켜 스트레스가 감소

   ㉡ 균형적인 삶 : 직장에서 일을 수행하는 시간이 감소하여 다양한 삶의 향유가 가능

   ㉢ 생산성 향상 : 시간은 매우 한정된 자원이므로 효율적으로 관리할 경우 생산성 향상 가능

   ㉣ 목표 성취 : 시간관리는 목표에 매진할 시간을 갖도록 함

(4) 시간낭비 요인

① 외적 요인 : 외부인이나 외부에서 일어나는 시간에 의한 것으로 스스로 조절이 불가능

② 내적 요인 : 자신 내부의 습관에 인한 것으로 분명히 하는 것이 어려움

직장에서 발생할 수 있는 시간낭비 요인이 아닌 것은?

① 우선순위 없이 일하기
② 불명확한 목적
③ 1일 계획의 불충분
④ 짧은 회의

회의가 길어질 때 직장에서의 시간낭비 요인이 된다. 시간이 낭비되는 요인으로는 외부적인 요인에 의해 발생하여 스스로 조절이 불가능한 외적인 요인과 자기 자신에서 기인한 내적인 요인이 있다.

정답 ④

(5) 시간계획

① 의의 : 시간을 최대한 활용하기 위하여 가장 많이 반복되는 일에 가장 많은 시간을 분배하고, 최단시간에 최선의 목표를 달성하는 것

② 시간계획의 순서

명확한 목표 설정 → 일의 우선순위 확정 → 예상 소요시간 결정 → 시간계획서 작성

〈일의 우선순위 판단 매트릭스〉

	긴급함	긴급하지 않음
중요함	**Ⅰ 긴급하면서 중요한 일** 위기상황, 급박한 문제, 기간이 정해진 프로젝트	**Ⅱ 긴급하지 않지만 중요한 일** 예방 / 생산 능력 활동, 인간관계 구축, 새로운 기회 발굴, 중장기 계획
중요하지 않음	**Ⅲ 긴급하지만 중요하지 않은 일** 잠깐의 급한 질문, 일부 보고서 및 회의, 눈앞의 급박한 상황, 인기 있는 활동 등	**Ⅳ 긴급하지 않고 중요하지 않은 일** 바쁜 일, 하찮은 일, 우편물, 전화, 시간 낭비거리, 즐거운 활동 등

③ 시간계획의 기본원리(60 : 40 Rule) : 계획된 행동 60%, 비계획된 행동 40%(계획 외의 행동 20%, 자발적 행동 20%)로 계획을 세운다.

시간계획에 대한 설명으로 옳지 않은 것은?

① 시간을 최대한 활용하기 위한 계획이다.
② 최단시간에 최선의 목표를 달성하기 위함이다.
③ 가장 많이 반복되는 일에 가장 적은 시간을 분배한다.
④ 시간계획의 첫 단계는 명확히 목표를 설정하는 것이다.

시간계획을 할 때는 가장 많이 반복되는 일에 가장 많은 시간을 분배해야 한다.

정답 ③

| 03 | 예산자원관리능력

(1) 예산관리와 예산관리능력

① 예산관리 : 비용 산정＋예산 수립＋예산 집행(통제)

② 예산관리능력 : 이용 가능한 예산을 확인하고 어떻게 사용할 것인지 계획하여, 계획대로 사용하는 능력

(2) 예산관리능력의 필요성

개인이나 기업의 예산은 한정되어 있으므로 정해진 예산을 효율적으로 사용하여 최대한의 성과를 내기 위해 필요함

(3) 적정예산의 수준

무조건 적은 비용이 아닌, 책정 비용과 실제 비용의 차이가 적은 상태의 예산

CHECK POINT

비용의 종류 및 정의를 알아야 풀 수 있는 문제가 출제되므로 꼭 암기해야 한다.

(4) 직접비용(Direct Cost)과 간접비용(Indirect Cost)

① 직접비용 : 제품의 생산이나 서비스를 창출하기 위해 직접 소비된 비용(재료비, 원료와 장비, 시설비, 인건비 등)

㉠ 재료비 : 제품의 제조를 위하여 구매된 재료에 대해 지출된 비용

㉡ 원료와 장비 : 제품을 제조하는 과정에서 소모된 원료나 필요한 장비에 지출된 비용으로 실제로 구매나 임대에 사용한 비용을 모두 포함함

㉢ 시설비 : 제품을 효과적으로 제조하기 위한 목적으로 건설되거나 구매된 시설에 지출된 비용

㉣ 여행(출장) 및 잡비 : 제품 생산 또는 서비스를 창출하기 위해 출장이나 타 지역으로의 이동이 필요한 경우와 기타 과제 수행 상에서 발생하는 다양한 비용

㉤ 인건비 : 제품 생산 또는 서비스 창출을 위한 업무를 수행하는 사람들에게 지급되는 비용으로서, 계약에 의해 고용된 외부 인력에 대한 비용도 인건비에 포함되며, 일반적으로 인건비는 전체 비용 중 가장 큰 비중을 차지

② 간접비용 : 제품을 생산하거나 서비스를 창출하기 위해 소비된 비용 중에서 직접비용을 제외한 비용으로, 제품생산에 직접 관련되지는 않는다(보험료, 건물관리비, 광고비, 통신비, 사무비품비, 각종 공과금 등).

(5) 예산관리 절차

① 예산이 필요한 활동 규명 : 예산을 배정하기 전, 예산 범위 내에서 수행해야 하는 활동과 소요예산을 정리

② 우선순위 결정 : 우선적으로 예산이 배정되어야 하는 활동을 도출하기 위하여 활동별 예산지출 규모를 확인하고 우선순위 확정

③ 예산 배정 : 우선순위가 높은 활동부터 예산을 배정

(6) 과업 세부도

① 과제 및 활동계획 수립 시 가장 기본적인 수단으로 활용되는 그래프

② 필요한 모든 일들을 중요한 범주에 따라 체계화해서 구분해 놓음

● 핵심예제 ●

예산에 대한 설명으로 옳지 않은 것은?

① 필요한 비용을 미리 헤아려 계산하는 것이다.

② 좁은 범위에서는 개인의 수입·지출에 관한 것도 포함된다.

③ 예산은 한정적이므로 예산관리가 필요하다.

④ 대부분 정해진 예산범위 안에서 계획을 세우게 된다.

● 예제풀이 ●

민간기업, 공공단체와 같은 조직체뿐만 아니라 개인의 수입·지출까지 포함시키는 것은 넓은 범위의 예산이다.

정답 ②

| 04 | 물적자원관리능력

(1) 물적자원의 종류

① 자연자원 : 자연 상태 그대로의 자원(석탄, 석유 등)

② 인공자원 : 인위적으로 가공하여 만든 자원(시설, 장비 등)

(2) 물적자원관리의 중요성

다양한 물적자원을 얼마나 확보하고 활용할 수 있는지가 개인과 국가의 큰 경쟁력이 된다. 산업의 고도화와 함께 다양한 물적자원이 활용되고 있으며, 이를 필요한 시기와 장소에 활용하는 것이 매우 중요하다.

① 효과적인 관리를 이룰 경우 : 경쟁력 향상, 과제 및 사업의 성공

② 관리가 부족할 경우 : 경제적 손실, 과제 및 사업의 실패

(3) 물적자원 활용의 방해 요인

보유하고 있는 물적자원을 적절하게 활용할 수 없도록 하는 방해 요인에는 다양한 것들이 있다.

① 보관 장소를 파악하지 못하는 경우 : 보관할 때 아무 곳에나 놓아두면 필요할 때 물품을 찾기 어렵고 적시에 공급되지 못할 수 있다.

② 훼손된 경우 : 물품은 무기한 사용할 수 없으므로 적절히 관리하여 고장이나 훼손이 발생하지 않도록 해야 한다.

③ 분실한 경우 : 물품을 분실한 경우 재구입해야 하므로 경제적인 손실을 입는다.

④ 목적 없이 물건을 구입한 경우 : 필요하여 구입한 물건은 활용도가 높아서 평상시 관리를 잘하게 되지만, 뚜렷한 목적 없이 구입한 물건은 관리에 소홀해진다.

뚜렷하고 분명한 목적 없이 물건을 구입한 경우가 방해 요인이 된다. 목적을 가지고 구입한 물건은 활용도가 높기 때문에 평소에 관리를 잘 하게 된다.

물적자원 활용의 방해 요인이 아닌 것은?

① 보관 장소를 파악하지 못한 경우
② 훼손된 경우
③ 분실한 경우
④ 뚜렷한 목적으로 물건을 구입한 경우

---

(4) 물적자원관리 과정

① **사용물품과 보관물품의 구분** : 계속 사용할 물품인지 아닌지를 구분하여 가까운 시일 내에 활용하지 않는 물품은 창고나 박스에 보관한다.
② **동일 및 유사 물품의 분류** : 동일성의 원칙을 반영하여 같은 품종을 같은 장소에 보관하고, 유사성의 원칙대로 유사품을 인접한 장소에 보관한다. 이는 보관한 물품을 찾는 데 소요되는 시간을 단축시킨다.
③ **물품의 특성에 맞는 보관 장소 선정** : 개별적인 물품의 특성(물품 재질, 무게, 부피 등)을 고려하여 보관장소를 선정한 후에 차례로 정리한다. 정리할 때는 회전대응 보관의 원칙을 반영하여 물품의 활용 빈도가 상대적으로 높은 것을 가져다 쓰기 쉬운 위치에 먼저 보관한다.

물적자원을 관리할 때는 동일성의 원칙과 유사성의 원칙을 적용하여 같은 품종을 같은 장소에 보관하고, 유사품을 인접한 장소에 보관해야 한다.

물적자원관리에 대한 설명으로 옳지 않은 것은?

① 계속 사용할 물품인지 아닌지를 구분해야 한다.
② 유사 물품은 자주 찾는 곳마다 분리하여 보관한다.
③ 가까운 시일 내에 활용하지 않는 물품은 창고에 보관한다.
④ 물품의 특성을 고려하여 보관 장소를 정한다.

---

(5) 바코드와 QR코드의 사용

① **바코드(Bar Code)** : 컴퓨터가 판독하기 쉽고 데이터를 빠르게 입력하기 위하여 굵기가 다른 검은 막대와 하얀 막대를 조합시켜 문자나 숫자를 코드화한 것이다.
② **QR코드(Quick Response Code)** : 흑백 격자무늬 패턴으로 정보를 나타내는 매트릭스 형식의 바코드로, 넉넉한 용량을 강점으로 다양한 정보를 담을 수 있다.
③ **바코드의 원리를 활용한 물품관리** : 자신의 물품을 기호화하여 위치 및 정보를 작성해 놓으면 물품을 효과적으로 관리할 수 있다.

| 05 | 인적자원관리능력

(1) 인적자원

기업 경영 목적을 달성하기 위한 조직의 구성원으로, 기업 경영은 조직 구성원들의 역량과 직무 수행에 기초하여 이루어지기 때문에 구성원들이 능력을 최고로 발휘하기 위해서 인적자원의 선발·배치 및 활용이 중요하다.

(2) 효율적인 인사관리의 원칙

① 적재적소 배치의 원리 : 해당 직무 수행에 가장 적합한 인재를 배치해야 한다.

② 공정 보상의 원칙 : 근로자의 인권을 존중하고 공헌도에 따라 노동의 대가를 공정하게 지급해야 한다.

③ 공정 인사의 원칙 : 직무 배당, 승진, 상벌, 근무 성적의 평가, 임금 등을 공정하게 처리해야 한다.

④ 종업원 안정의 원칙 : 직장에서 신분이 보장되고 계속해서 근무할 수 있다는 믿음을 갖게 하여 근로자가 안정된 회사 생활을 할 수 있도록 해야 한다.

⑤ 창의력 개발의 원칙 : 근로자가 창의력을 발휘할 수 있도록 새로운 제안·건의 등의 기회를 마련하고, 적절한 보상을 위해 인센티브를 제공해야 한다.

⑥ 단결의 원칙 : 직장 내에서 구성원들이 소외감을 느끼지 않도록 배려하고, 서로 유대감을 가지고 협동·단결하는 체제를 이루도록 한다.

(3) 개인 차원의 인적자원관리(인맥관리)

① 인맥(人脈, Personal Connections) : 자신이 알고 있거나 관계를 형성하고 있는 사람들로, 일반적으로 가족, 친구, 직장동료, 선후배, 동호회 등 다양한 사람들이 포함된다.

② 개인적 차원의 인적자원관리 : 직접적인 관계에 있는 사람들로 구성된 핵심인맥과 다양한 파생인맥에 대한 관리를 의미한다. 개인적 차원의 인맥관리 방법으로는 다음과 같은 것들이 있다.

    ㉠ 명함관리

    ㉡ 인맥관리카드 작성(핵심인맥카드, 파생인맥카드)

③ 인맥활용 시의 장점

    ㉠ 각종 정보의 획득

    ㉡ 정보의 소스 획득

    ㉢ 참신한 아이디어와 해결책 도출

    ㉣ 유사시의 도움

인적자원은 개인 차원과 조직 차원에서 모두 중요하기 때문에, 모든 차원에서 관리가 필요하다.

• 핵심예제 •

인적자원에 대한 설명으로 옳지 않은 것은?

① 주위에 있는 모든 사람들이 중요한 자원이다.
② 인적자원은 조직 차원에서만 중요하다.
③ 인맥은 가족, 친구, 직장동료 등으로 나누어진다.
④ 인맥에는 핵심인맥과 파생인맥 등이 있다.

(4) 인적자원의 특성

능동성	인적자원은 능동적이고 반응적인 성격이 있다. 인적자원으로부터의 성과는 인적자원의 욕구와 동기, 태도와 행동, 만족감에 따라 결정된다.
개발가능성	인적자원은 자연적인 성장, 성숙과 함께 오랜 기간에 걸쳐 개발될 수 있는 잠재능력과 자질을 보유하고 있다.
전략적 자원	보유한 자원을 활용하는 주체가 사람, 즉 인적자원이므로 어느 자원보다 전략적으로 중요하다.

(5) 효과적인 인력배치

① 인력배치의 원칙 : 효과적인 인력배치를 위해서는 '적재적소주의, 능력주의, 균형주의'의 원칙을 지켜야 한다.

적재적소주의	• The right man for the right job. • 팀원의 능력이나 성격 등에 따라 가장 적합한 위치에 인력을 배치하여 팀원 개개인이 능력을 최대로 발휘해 줄 것을 기대하는 것 • 배치는 작업이나 직무가 요구하는 요건, 개인이 보유하고 있는 조건이 서로 균형 있고, 적합하게 대응되어야 함
능력주의	• 개인에게 능력을 발휘할 수 있는 기회와 장소를 부여하고, 그 성과를 바르게 평가하여 평가된 능력과 실적에 대해 그에 상응하는 보상을 주는 원칙 • 적재적소주의 원칙의 상위 개념
균형주의	팀 전체의 적재적소를 고려(팀 전체의 능력 향상, 의식 개혁, 사기 앙양)하여 모든 팀원에 대하여 평등하게 인력을 배치하는 것

② 배치의 유형 : 양적 배치·질적 배치·적성 배치의 3가지가 있으며, 3가지가 모두 조화롭게 운영되어야 가장 효율적이다.

양적 배치	부문의 작업량과 조업도, 여유 또는 부족 인원을 감안하여 소요 인원을 결정하여 배치하는 것
질적 배치	적재적소의 배치
적성 배치	팀원의 적성 및 흥미에 따른 배치

효과적인 인력배치의 원칙이 아닌 것은?

① 적재적소주의

② 능력주의

③ 능동주의

④ 균형주의

효과적인 인력배치를 위해서는 '적재적소주의, 능력주의, 균형주의'를 따라야 한다.

오답분석

① 적재적소주의 : 개인의 능력과 성격 등에 따라 가장 적합한 위치에 인력을 배치하는 것

② 능력주의 : 개인의 능력을 발휘할 수 있는 기회와 장소를 제공할 수 있도록 인력을 배치하는 것

④ 균형주의 : 팀 전체의 적재적소를 고려하여 모든 팀원에 대해 평등하게 인력을 배치하는 것

정답 ③

PART 2 자원관리능력

대표유형

01 다음 중 자원의 낭비요인이 아닌 것은?

① 계획적 행동   ② 편리성 추구
③ 자원에 대한 인식 부재   ④ 노하우 부족

02 다음 중 자원관리과정이 바르게 나열된 것은?

ㄱ. 필요한 자원의 종류와 양 확인   ㄴ. 계획대로 수행하기
ㄷ. 자원활용계획 세우기   ㄹ. 이용 가능한 자원 수집하기

① ㄱ - ㄴ - ㄷ - ㄹ   ② ㄱ - ㄹ - ㄷ - ㄴ
③ ㄴ - ㄷ - ㄹ - ㄱ   ④ ㄹ - ㄱ - ㄷ - ㄴ

정답 해설

01
자원의 낭비요인 중 비계획적 행동은 '자원 활용에 대한 계획 없이 충동적이고 즉흥적으로 행동'하는 것이다. 따라서 계획적 행동은 자원의 낭비요인으로 적절하지 않다.
자원의 낭비요인
비계획적 행동, 편리성 추구, 자원에 대한 인식 부재, 노하우 부족

02
자원관리과정
1. 필요한 자원의 종류와 양 확인
2. 이용 가능한 자원 수집하기
3. 자원활용계획 세우기
4. 계획대로 수행하기

정답 01 ①   02 ②

이거 알면 30초 컷

자원관리능력은 직장생활에서 실제로 쓰이는 자원의 경중을 파악하고 어떻게 해야 가장 효율적으로 업무에 활용할 수 있는지를 평가한다. 따라서 문제를 단순히 암기하는 것보다는 자원관리의 기본단계인 '자원 파악', '자원 확보', '자원활용계획 수립', '자원활용 및 관리'를 염두하며 푸는 것이 좋다.

이거 알면 30초 컷

NCS의 모듈형은 전반적으로 유형을 비트는 특수한 문제보다는 문제풀이의 바탕이 되는 기본지식을 평가하기 위한 문제가 연달아 출제되고 있다. 따라서 문제를 풀며 기본지식을 익히는 것보다는 핵심이 되는 이론을 확실히 이해한 뒤에 문제풀이에 들어가는 것이 좋다.

☑ 확인 Check! ○ △ ✕

01 다음 중 자원관리과정에 대한 설명으로 옳지 않은 것은?

① 필요한 자원의 종류와 양을 구체적으로 나누어 확인해야 한다.
② 필요한 만큼의 자원만 확보하면 된다.
③ 자원활용계획을 세울 때는 우선순위를 고려해야 한다.
④ 계획에 얽매일 필요는 없지만 최대한 계획대로 수행한다.

☑ 확인 Check! ○ △ ✕

02 다음 중 효과적인 인력배치에 대한 설명으로 옳지 않은 것은?

① 적재적소주의, 능력주의, 균형주의인 3가지 원칙을 지켜야 한다.
② 적재적소주의는 개인에게 능력을 발휘할 수 있는 기회와 장소를 부여한다.
③ 능력주의는 평가된 능력과 실적에 대해 그에 상응하는 보상을 준다.
④ 균형주의는 모든 팀원에 대한 평등한 적재적소를 고려할 필요가 있다는 것이다.

☑ 확인 Check! ○ △ ✕

03 다음 중 인맥관리카드에 대한 설명으로 옳지 않은 것은?

① 핵심인맥과 파생인맥의 구분 없이 작성해야 한다.
② 인맥관리카드에 기입하는 정보는 명함 교환 등 다양한 방법을 통해 수집한다.
③ 이름, 관계, 직장 및 부서, 학력, 출신지, 연락처 등의 내용을 기입한다.
④ 자신의 주변에 있는 인맥을 관리카드를 작성하여 관리하는 것이다.

☑ 확인 Check! ○ △ ✕

04 다음 중 명함에 메모해두면 좋은 정보와 거리가 먼 것은?

① 언제, 어디서, 무슨 일로 만났는지에 관한 내용
② 학력이나 경력
③ 만나서 마신 음료명
④ 소개자의 이름

☑ 확인 Check! ○△✕

05 다음 중 인적자원의 특성이 아닌 것은?

① 능동성
② 개발 가능성
③ 전략적 자원
④ 적극적 차단

☑ 확인 Check! ○△✕

06 물적자원관리 과정 중 같은 단계의 특성끼리 연결된 것은?

① 반복 작업 방지, 물품활용의 편리성
② 통일성의 원칙, 물품의 형상
③ 물품의 소재, 물품활용의 편리성
④ 물품의 소재, 유사성의 원칙

☑ 확인 Check! ○△✕

07 다음 중 물적자원의 낭비 사례로 가장 적절한 것은?

① 오늘 할 일을 다음으로 미루기
② 주변 사람들에게 멋대로 대하기
③ 무계획적인 지출
④ 일회용 종이컵 사용

☑ 확인 Check! ○△✕

08 다음 중 가계부를 효과적으로 관리하기 위해 명심해야 할 사항과 거리가 먼 것은?

① 하루도 빠뜨리지 않는다.
② 100원 이하는 기록하지 않아도 된다.
③ 지출하기 전에 먼저 예정 지출액을 계산한다.
④ 후회되는 지출항목은 눈에 잘 띄게 표시한다.

09 다음 중 물적자원관리에 대한 설명으로 옳은 것은?

① 물적자원을 효과적으로 관리하면 경제적 손실을 가져온다.
② 물적자원의 관리가 부족하면 과제 및 사업이 성공할 수 있다.
③ 물적자원을 효과적으로 관리하면 경쟁력을 향상시킬 수 있다.
④ 물적자원의 관리가 부족한 것은 위험한 상황에서는 큰 문제가 되지 않는다.

10 다음 중 인공자원으로만 나열된 것은?

① 시설, 장비, 나무
② 석유, 핸드폰, 나무
③ 석유, MP3, 장비
④ 시설, 장비, 댐

☑ 확인 Check! ○ △ ✕

01 다음 중 예산관리에 대한 설명으로 옳지 않은 것은?

① 무조건 비용을 적게 들이는 것이 좋다.

② 개발 책정 비용보다 개발 실제 비용이 더 크면 경쟁력 손실을 입는다.

③ 정해진 예산을 효율적으로 사용하여 최대한의 성과를 내기 위해 필요하다.

④ 예산관리는 예산통제, 비용산정, 예산편성 등을 포함한다.

☑ 확인 Check! ○ △ ✕

02 다음은 시간계획을 할 때 명심해야 할 사항에 대한 설명이다. ㉠, ㉡이 지칭하는 것으로 올바르게 짝지어진 것은?

> ㉠ 체크리스트나 스케줄표를 사용하여 계획을 반드시 기록하여 전체상을 파악할 수 있게 하여야 함
> ㉡ 여러 일 중에서 어느 일을 가장 우선적으로 처리해야 할 것인가를 결정하여야 함

	㉠	㉡
①	종이에 기록할 것	우선순위
②	정리할 시간	우선순위
③	종이에 기록할 것	권한위양
④	정리할 시간	권한위양

☑ 확인 Check! ○ △ ✕

03 다음 인적자원의 수요예측기법 중 구분방식이 다른 하나는?

① 델파이 기법

② 회귀분석

③ 추세분석

④ 시계열분석

04 다음 중 자원관리능력이 아닌 것은?

① 예산관리능력
② 인적자원관리능력
③ 물적자원관리능력
④ 무한자원관리능력

05 다음 중 예산수립의 절차가 바르게 나열된 것은?

ㄱ. 필요한 과업 및 활동 규명
ㄴ. 예산 배정
ㄷ. 우선순위 결정

① ㄱ - ㄴ - ㄷ
② ㄱ - ㄷ - ㄴ
③ ㄴ - ㄷ - ㄱ
④ ㄷ - ㄱ - ㄴ

06 다음 대화의 빈칸에 들어갈 정 부장의 조언으로 적절하지 않은 것은?

- 정 부장 : 김 대리, 시간을 충분히 주었다고 생각했는데 진행 상황이 생각보다 늦네요. 이유가 뭐죠?
- 김 대리 : 아, 부장님. 죄송합니다. 저, 그게… 서는 최대한 노력한다고 하는데 항상 시간이 모자랍니다. 업무 능력이 부족해서인 것 같습니다.
- 정 부장 : 능력은 충분해요. 노력을 하는데도 시간이 부족하다면 내 생각에는 계획을 세울 필요가 있을 것 같네요. 시간을 쓰는 데도 계획이 있어야 하는데, 시간 계획을 세울 때는 _____

① 목표를 구체적으로 세워야 합니다.
② 행동을 중심으로 세워야 합니다.
③ 현실적으로 가능해야 합니다.
④ 최대한 완벽한 계획을 세울 수 있도록 충분한 시간을 가져야 합니다.

07 다음은 팀원들을 적절한 위치에 효과적으로 배치하기 위한 3가지 원칙에 대한 글이다. 다음 중 ㉠ ~ ㉣에 들어갈 말이 바르게 연결된 것은?

> (㉠)는 개인에게 능력을 발휘할 수 있는 기회와 장소를 부여하고, 그 성과를 바르게 평가한 뒤 평가된 실적에 대해 그에 상응하는 부상을 주는 원칙을 말한다. 이때, 미래에 개발 가능한 능력까지도 함께 고려해야 한다. 반면, (㉡)는 팀의 효율성을 높이기 위해 팀원의 능력이나 성격 등에 가장 적합한 위치에 배치하여 팀원 개개인의 능력을 최대로 발휘해 줄 것을 기대하는 것이다. 즉, 작업이나 직무가 요구하는 요건과 개인이 보유하고 있는 조건이 서로 균형 있고 적합하게 대응되어야 한다. 결국 (㉢)는 (㉣)의 하위개념이라고 할 수 있다.

	㉠	㉡	㉢	㉣
①	능력주의	적재적소주의	적재적소주의	능력주의
②	능력주의	적재적소주의	능력주의	적재적소주의
③	적재적소주의	능력주의	능력주의	적재적소주의
④	적재적소주의	능력주의	적재적소주의	능력주의

08 다음 중 빈칸에 들어갈 말로 적절하지 않은 것은?

> 인적자원으로부터의 성과는 인적자원의 ( ) 여하에 따라 결정된다. 따라서 수동적인 성격의 예산과 물적자원에 비해 인적자원은 능동적이고 반응적인 성격을 지닌다.

① 욕구
② 동기
③ 양과 질
④ 태도

09 A사원은 인적자원의 효과적 활용에 대한 강연을 듣고, 인맥을 활용하였을 때의 장점에 대해 다음과 같이 정리하였다. 밑줄 친 ㉠~㉣ 중 A사원이 잘못 메모한 내용은 모두 몇 개인가?

〈○월 ○일 '인적자원의 효과적 활용'〉

• 인적자원이란?

… 중략 …

• 인맥 활용 시 장점
 - ㉠ 각종 정보와 정보의 소스 획득
 - ㉡ '나' 자신의 인간관계나 생활에 대해서 알 수 있음
  ↳ ㉢ 자신의 인생에 탄력이 생김
 - ㉣ '나' 자신만의 사업을 시작할 수 있음 ← 참신한 아이디어 획득

---

① 0개　　　　　　　　　　② 1개
③ 2개　　　　　　　　　　④ 3개

10 다음은 기업에서 확산되고 있는 사내추천제에 관한 기사이다. 다음 중 빈칸에 들어갈 말로 가장 적절한 것은?

사내 직원이나 인맥을 통해 외부의 우수한 인재를 유치하는 채용 방식인 사내추천제가 경력직 채용의 주요 경로로 자리 잡고 있다.

국내 중소기업 166곳을 대상으로 실시한 조사 결과, 이 중 79.5%인 132개 기업이 사내추천제를 실시하고 있는 것으로 나타났다. 10개 기업 가운데 8곳 정도가 경력직 사원의 일부를 사내추천제를 통해 채용하고 있는 것. 평소에 인맥이나 평판을 잘 관리해놓은 직장인들에게는 이직의 기회도 그만큼 커지고 있는 셈이다.

하지만 추천을 받는다고 해서 채용과정에서 큰 이점이 있거나, 손쉽게 이직에 성공할 것이라고 생각하면 오산이다. 추천을 받은 후보자에게 부여하는 우대항목에 대해 살펴보니 '지원자격 부여'만 한다는 기업이 38.6%로 가장 많았다. 즉, 실제 채용과정에서는 일반 지원자와 동등하게 평가하고 있었다.

사내추천제를 통한 신규인력의 채용은 앞으로도 계속 늘어날 것으로 보인다. 현재 이 제도를 실시하고 있는 중소기업의 58.3%가 향후 사내추천제 채용 비율을 '확대할 것'이라고 답했기 때문이다. 나머지 41.7%의 기업은 '현 상태를 유지할 것'이라고 답했고 '축소할 것'이라는 기업은 단 한 곳도 없었다. 이에 따라 인맥을 통해 이직을 하는 사내추천제는 앞으로 중요한 이직 경로의 하나로 떠오를 것으로 전망된다.

이처럼 각 기업들이 앞 다퉈 사내추천제를 도입하고, 또 그 규모를 늘리려는 이유는 무엇일까? 이는 (　　　　　) 한 관계자는 "이제 성공적인 이직을 하기 위해서는 능력과 인맥이라는 두 마리 토끼를 모두 잡아야 할 것."이라고 말했다.

---

① 공개 채용 제도에 비해 더 많은 인력을 채용할 수 있기 때문이다.
② 사내추천제를 통해 채용된 직원의 임금을 더 적게 책정할 수 있기 때문이다.
③ 검증된 인재를 채용할 수 있으며, 각종 비용을 줄일 수 있기 때문이다.
④ 편견과 차별이 배제된 공정한 채용이 가능하기 때문이다.

CHAPTER 02

시간자원관리형

대표유형 1 시간자원 확인

다음은 주중과 주말 교통상황에 관한 자료이다. 이에 대한 〈보기〉의 설명 중 옳은 것을 모두 고르면?

〈주중·주말 예상 교통량〉

(단위 : 만 대)

구분	전국	수도권 → 지방	지방 → 수도권
주말 교통량	490	50	51
주중 교통량	380	42	35

〈대도시 간 예상 최대 소요시간〉

구분	서울 – 대전	서울 – 부산	서울 – 광주	서울 – 강릉	남양주 – 양양
주말	2시간 40분	5시간 40분	4시간 20분	3시간 20분	2시간 20분
주중	1시간 40분	4시간 30분	3시간 20분	2시간 40분	1시간 50분

보기

ㄱ. 대도시 간 예상 최대 소요시간은 모든 구간에서 주중이 주말보다 적게 걸린다.
ㄴ. 주중 전국 교통량 중 수도권에서 지방으로 가는 교통량의 비율은 10% 이상이다.
ㄷ. 지방에서 수도권으로 가는 주말 예상 교통량은 주중 예상 교통량보다 30% 미만으로 많다.
ㄹ. 서울 – 광주 구간 주중 예상 최대 소요시간은 서울 – 강릉 구간 주말 예상 최대 소요시간과 같다.

① ㄱ, ㄴ
② ㄴ, ㄷ
③ ㄴ, ㄷ, ㄹ
④ ㄱ, ㄴ, ㄹ

정답 해설

ㄱ. 대도시 간 예상 최대 소요시간의 모든 구간에서 주중이 주말보다 소요시간이 적게 걸림을 알 수 있다.

ㄴ. 주중 전국 교통량 중 수도권에서 지방으로 가는 교통량의 비율은 $\frac{42}{380} \times 100 ≒ 11.1\%$이다.

ㄹ. 서울 – 광주 구간 주중 예상 최대 소요시간과 서울 – 강릉 구간 주말 예상 최대 소요시간은 3시간 20분으로 같다.

오답분석

ㄷ. 지방에서 수도권으로 가는 주말 예상 교통량은 주중 예상 교통량보다 $\frac{51-35}{35} \times 100 ≒ 45.7\%$ 많다.

정답 ④

이거 알면 30초 컷

시간자원관리 유형은 크게 소요 시간을 확인하는 문제와 달력이나 일시를 통해 업무 가능한 정확한 날짜를 파악하는 문제, 그리고 두 문제가 섞인 복합형 문제로 나뉜다. 문제에 따라 풀이방식과 소요되는 시간이 다르므로 유형을 먼저 파악해 시간 배분과 풀이법에 유의할 수 있도록 한다.

대표유형 ❷ 시간자원 활용계획 수립

다음 일정표를 보고 〈조건〉에 따라 모든 직원이 외부출장을 갈 수 있는 날짜는 언제인가?

〈10월 일정표〉

일	월	화	수	목	금	토
		1 건축목공기능사 시험	2	3	4	5
6	7	8	9 경영지도사 시험	10	11 건축도장기능사 합격자 발표	12
13	14	15 가스기사 시험	16	17 기술행정사 합격자 발표	18	19
20 기술행정사 원서 접수일	21 기술행정사 원서 접수일	22 기술행정사 원서 접수일	23 기술행정사 원서 접수일	24 경영지도사 합격자 발표	25 물류관리사 원서 접수일	26 물류관리사 원서 접수일
27 물류관리사 원서 접수일	28 물류관리사 원서 접수일	29	30	31		

※ 기사, 기능사, 기술사, 기능장, 산업기사 외에는 전문자격시험에 해당한다.

조건
- 기능사 시험이 있는 주에는 외부출장을 갈 수 없다.
- 전문자격증 시험이 있는 주에는 책임자 한 명은 있어야 한다.
- 전문자격시험 원서 접수 및 시험 시행일에는 모든 직원이 시외 출장을 갈 수 없다.
- 전문자격시험별 담당자는 1명이며, 합격자 발표일에 담당자는 사무실에서 대기 근무를 해야 한다.
- 전문자격시험 시행일이 있는 주에는 직무 교육을 실시할 수 없으며 모든 직원이 의무는 아니다.
- 대리자는 담당자의 책임과 권한이 동등하다.
- 출장은 주중에만 갈 수 있다.

① 10월 10일
② 10월 17일
③ 10월 19일
④ 10월 29일

정답 | 해설

오답분석
① 9일 경영지도사 시험은 전문자격시험일이므로 두 번째 조건에 따라 그 주에 책임자 한 명은 있어야 한다. 따라서 다음날인 10일에 직원 모두 출장은 불가능하다.
② 17일은 전문자격시험에 해당되는 기술행정사 합격자 발표일이며, 네 번째 조건에 따라 합격자 발표일에 담당자는 사무실에서 대기해야 한다.
③ 19일은 토요일이며, 일곱 번째 조건에 따라 출장은 주중에만 갈 수 있다.

정답 ④

☑ 확인 Check! ○ △ ✕

01 다음은 N은행 직원들의 주말 당직 일정표이다. 오전 9시부터 오후 4시까지 반드시 한 명 이상이 사무실에 당직을 서야하며, 같은 주 주말에 연속하여 당직을 설 순 없다. 또 월 2회 이상 월 최대 10시간 미만으로 당직을 서야한다. 다음 중 당직 일정을 수정해야 하는 사람은 누구인가?(단, 점심시간 12 ~ 13시는 당직시간에서 제외한다)

<주말 당직 일정표>

당직일	당직자	당직일	당직자
첫째 주 토요일	유지선 9시 ~ 14시 이윤미 12시 ~ 16시	첫째 주 일요일	임유리 9시 ~ 16시 정지수 13시 ~ 16시 이준혁 10시 ~ 14시
둘째 주 토요일	정지수 9시 ~ 13시 이윤미 12시 ~ 16시 길민성 12시 ~ 15시	둘째 주 일요일	이선옥 9시 ~ 12시 최리태 10시 ~ 16시 김재욱 13시 ~ 16시
셋째 주 토요일	이선옥 9시 ~ 12시 김재욱 13시 ~ 16시	셋째 주 일요일	유지선 9시 ~ 12시 이준혁 10시 ~ 16시
넷째 주 토요일	이윤미 9시 ~ 13시 임유리 10시 ~ 16시 서유진 9시 ~ 16시	넷째 주 일요일	이선옥 9시 ~ 12시 길민성 9시 ~ 14시 서유진 14시 ~ 16시

① 유지선

② 이준혁

③ 임유리

④ 서유진

02 경기도의 한 지점에 근무하는 U대리는 중요한 서류를 전달하기 위해 서울에 위치한 국민건강보험공단에 방문하려고 한다. U대리는 오전 9시에 출발해서 오전 11시에 행사가 시작하기 전까지 국민건강보험공단에 도착해야 한다. 다음 중 시간 안에 가장 빨리 도착할 수 있는 방법은 무엇인가?(단, 환승 시간은 무시한다)

〈이동 시 이용가능 교통편 현황〉

경기도 – 고속터미널			고속터미널 – 국민건강보험공단		
교통편	운행시간	소요시간	교통편	운행시간	소요시간
버스	매시 5분 출발 후 10분 간격	1시간	지하철	매시 10분, 50분	15분
지하철	매시 10분 출발 후 20분 간격	45분	택시	제한 없음	30분
자가용	제한 없음	1시간 20분	버스	매시 20분, 40분	25분

① 버스 – 택시
② 지하철 – 버스
③ 자가용 – 지하철
④ 지하철 – 택시

03 해외로 출장을 가는 김 대리는 다음과 같이 이동하려고 계획하고 있다. 연착 없이 계획대로 출장지에 도착했다면, 도착했을 때의 현지 시각은?

- 서울 시각으로 5일 오후 1시 35분에 출발하는 비행기를 타고, 경유지 한 곳을 거쳐 출장지에 도착한다.
- 경유지는 서울보다 1시간 빠르고, 출장지는 경유지보다 2시간 느리다.
- 첫 번째 비행은 3시간 45분이 소요된다.
- 경유지에서 3시간 50분을 대기하고 출발한다.
- 두 번째 비행은 9시간 25분이 소요된다.

① 오전 5시 35분
② 오전 6시
③ 오후 5시 35분
④ 오후 6시

04 세계 표준시는 본초 자오선인 0°를 기준으로 동서로 각각 180°, 360°로 나누어져 있으며 경도 15°마다 1시간의 시차가 생긴다. 동경 135°인 우리나라가 3월 14일 현재 오후 2시일 때, 동경 120°인 중국은 같은 날 오후 1시이고, 서경 75°인 뉴욕은 같은 날 자정이다. 이를 바탕으로 우리나라가 4월 14일 오전 6시일 때, 서경 120°인 LA의 시각을 구한 것으로 올바른 것은?

① 4월 13일, 오후 1시
② 4월 13일, 오후 5시
③ 4월 13일, 오후 9시
④ 4월 14일, 오전 3시

05 R부장은 모스크바 현지 영업소로 출장을 갈 계획이다. 4일 오후 2시 회의가 예정되어 있어 모스크바 공항에 적어도 오전 11시 이전에는 도착하고자 한다. 인천에서 모스크바까지의 비행시간은 8시간이 걸리며, 시차는 인천이 모스크바보다 6시간이 더 빠르다. R부장은 인천에서 늦어도 몇 시에 출발하는 비행기를 예약해야 하는가?

① 3일 09:00   ② 3일 19:00
③ 4일 09:00   ④ 4일 11:00

06 W은행에서는 해외영업점(헝가리, 호주, 베이징)과 화상 회의를 1시간 동안 갖기로 하였다. 모든 해외영업점의 업무시간은 오전 9시부터 오후 6시까지이며, 점심시간은 오후 12시부터 오후 1시까지이다. 다음 〈조건〉에 따를 때 회의가 가능한 시간은 언제인가?(단, 회의 가능한 시간은 서울기준이다)

> **조건**
> • 헝가리는 서울보다 7시간 느리고, 현지시간으로 오전 10시부터 2시간 외부출장이 있다.
> • 호주는 서울보다 1시간 빠르고, 현지시간으로 오후 2시부터 3시간 동안 회의가 있다.
> • 베이징은 서울보다 1시간 느리다.
> • 헝가리와 호주는 서머타임 +1시간을 적용한다.

① 오전 11시 ~ 12시
② 오후 1시 ~ 2시
③ 오후 2시 ~ 3시
④ 오후 3시 ~ 4시

07 6층으로 된 건물에서 근무하는 청원경찰은 각 층마다 모두 순찰한 후에 퇴근한다. 다음 〈조건〉에 따라 1층에서 출발하여 순찰을 완료하고 1층으로 돌아오기까지 소요되는 최소 시간은?(단, 〈조건〉 외의 다른 요인은 고려하지 않는다)

> **조건**
> - 층간 이동은 엘리베이터로만 해야 하며 엘리베이터가 한 개 층을 이동하는 데는 1분이 소요된다.
> - 엘리베이터는 한 번에 최대 세 개 층(예 1층 → 4층)을 이동할 수 있다.
> - 엘리베이터는 한 번 위로 올라갔으면, 그 다음에는 아래 방향으로 내려오고, 그 다음에는 다시 위 방향으로 올라가야 한다.
> - 하나의 층을 순찰하는 데는 10분이 소요된다.

① 1시간

② 1시간 10분

③ 1시간 16분

④ 1시간 22분

08 A씨의 업무시간은 09:00부터 18:00까지이다. 점심시간 1시간을 제외한 하루 일과 중 8분의 1은 주간업무계획을 수립하였고, 5분의 2는 프로젝트 회의를 진행하였다. 그리고 3분의 1은 거래처에 방문하였다. 이 모든 업무를 마무리하고 남은 시간 동안 시장조사를 하려고 한다. A씨가 시장조사를 하는데 쓸 수 있는 시간은?

① 1시간

② 1시간 8분

③ 1시간 15분

④ 1시간 26분

09 인사팀의 9월 월간 일정표와 〈조건〉을 고려하여 인사팀의 1박 2일 워크숍 날짜를 결정하려고 한다. 다음 중 인사팀의 워크숍 날짜로 적절한 것은?

〈9월 월간 일정표〉

월	화	수	목	금	토	일
	1	2 오전 10시 연간 채용계획 발표(A팀장)	3	4 오전 10시 주간업무보고 오후 7시 B대리 송별회	5	6
7	8 오후 5시 총무팀과 팀 연합회의	9	10	11 오전 10시 주간업무보고	12	13
14 오전 11시 승진대상자 목록 취합 및 보고(C차장)	15	16	17 A팀장 출장	18 오전 10시 주간업무보고	19	20
21 오후 1시 팀미팅(30분 소요 예정)	22	23 D사원 출장	24 외부인사 방문 일정	25 오전 10시 주간업무보고	26	27
28 E대리 휴가	29	30				

조건

- 워크숍은 평일로 한다.
- 워크숍에는 모든 팀원들이 빠짐없이 참석해야 한다.
- 워크숍 일정은 첫날 오후 3시 출발부터 다음날 오후 2시까지이다.
- 다른 팀과 함께 하는 업무가 있는 주에는 워크숍 일정을 잡지 않는다.
- 매월 말일에는 월간 업무 마무리를 위해 워크숍 일정을 잡지 않는다.

① 9월 9 ~ 10일   ② 9월 18 ~ 19일
③ 9월 21 ~ 22일   ④ 9월 28 ~ 29일

10 귀하의 팀은 출장근무를 마치고 서울로 복귀하고자 한다. 다음의 대화를 고려했을 때, 서울에 가장 일찍 도착할 수 있는 예정시각은 언제인가?

〈상황〉

- 귀하가 소속된 팀원은 총 4명이다.
- 대전에서 출장을 마치고 서울로 돌아가려고 한다.
- 고속버스터미널에는 은행, 편의점, 화장실, 패스트푸드점 등이 있다.
※ 시설별 소요시간 : 은행 30분, 편의점 10분, 화장실 20분, 패스트푸드점 25분

〈대화 내용〉

- A과장 : 긴장이 풀려서 그런가? 배가 출출하네. 햄버거라도 사 먹어야겠어.
- B대리 : 저도 출출하긴 한데 그것보다 화장실이 더 급하네요. 금방 다녀오겠습니다.
- C주임 : 그럼 그사이에 버스표를 사야 하니 은행에 들러 현금을 찾아오겠습니다.
- 귀하 : 저는 그동안 버스 안에서 먹을 과자를 편의점에서 사 오겠습니다.
- A과장 : 지금이 16시 50분이니까 다들 각자 볼일 보고 빨리 돌아와. 다 같이 타고 가야 하니까.

〈시외버스 배차정보〉

대전 출발	서울 도착	잔여좌석 수(개)
17:00	19:00	6
17:15	19:15	8
17:30	19:30	3
17:45	19:45	4
18:00	20:00	8
18:15	20:15	5
18:30	20:30	6
18:45	20:45	10
19:00	21:00	16

① 17:45
② 19:15
③ 19:45
④ 20:15

☑ 확인 Check! ○△✕

01 해외영업점에서 근무 중인 직원들 중 업무성과가 우수한 직원을 선발하여 국내로 초청하고자 한다. 다음의 자료를 토대로 각국 직원들이 국내에 도착하는 순서로 가장 올바른 것은?

〈각국 해외지사 직원들의 비행 스케줄〉

출발지	출발지 기준 이륙시각	비행시간 (출발지 → 대한민국)
독일(뮌헨)	7월 6일 (수) 오후 04:20	11시간 30분
인도(뉴델리)	7월 6일 (수) 오후 10:10	8시간 30분
미국(뉴욕)	7월 6일 (수) 오전 07:40	14시간

〈동일시점에서의 각국의 현지시각〉

국가	현지시각
대한민국(서울)	7월 6일 (수) 오전 06:20
독일(뮌헨)	7월 5일 (화) 오후 11:20
인도(뉴델리)	7월 6일 (수) 오전 03:50
미국(뉴욕)	7월 5일 (화) 오후 05:20

① 인도 – 독일 – 미국

② 인도 – 미국 – 독일

③ 미국 – 독일 – 인도

④ 미국 – 인도 – 독일

☑ 확인 Check! ○△✕

02 오전 5시 40분에 당고개에서 출발하는 4호선 오이도행 열차가 있다. 다음은 오이도역에서 출발하는 4호선 당고개행 열차의 출발 시각이다. 오이도에서 당고개까지 총 47개의 역일 때, 당고개에서 출발하는 열차가 오이도에서 출발하는 열차와 몇 번째 역에서 마주치게 되겠는가?(단, 다음 정차역까지 걸리는 시간은 모두 2분 간격이며, 오이도역을 1번으로 하여 순번을 매긴다)

〈당고개행 열차 오이도역 출발 시각〉

열차	출발 시각
㉮	06:00
㉯	06:24
㉰	06:48

	㉮	㉯	㉰		㉮	㉯	㉰
①	21번째 역	15번째 역	9번째 역	②	19번째 역	13번째 역	7번째 역
③	17번째 역	11번째 역	5번째 역	④	14번째 역	10번째 역	4번째 역

03 국민연금보험공단 소속인 A씨는 휴가철을 맞아 가족여행을 가고자 한다. 국민연금보험공단은 직원들의 복리증진을 위하여 휴가철 항공료를 일부 지원해주기로 했다. 제시된 자료를 토대로 A씨가 선택할 여행지와 여행기간이 올바르게 짝지어진 것은?

〈여행지별 항공료와 지원율〉

여행지	1인당 편도 항공료	항공료 지원율
중국	130,000원	10%
일본	125,000원	30%
싱가포르	180,000원	35%

※ 갈 때와 올 때 편도 항공료는 동일하다.

〈8월〉

일	월	화	수	목	금	토
			1	2	3	4
5	6	7	8	9	10	11
12	13	14	15	16	17	18
19	20	21	22	23	24	25
26	27	28	29	30	31	

※ 8월 3 ~ 4일은 현장부지답사로 휴가가 불가능하다.
※ 8월 15일은 광복절, 24일은 회사 창립기념일로 휴일이다.

조건
- A씨는 아내와 단둘이 여행할 예정이다.
- A씨는 여행경비 중 항공료로 최대 450,000원을 쓸 수 있다.
- 공단의 항공료 지원은 동반한 직계가족까지 모두 적용된다.

① 중국 – 8월 9일 ~ 8월 11일
② 일본 – 8월 3일 ~ 8월 6일
③ 일본 – 8월 16일 ~ 8월 19일
④ 싱가포르 – 8월 15일 ~ 8월 18일

04 독일인 A씨는 베를린에서 한국을 경유하여 일본으로 가는 비행기표를 구매하였다. A씨의 일정이 다음과 같을 때, A씨가 인천공항에 도착하는 한국시각과 A씨가 참여했을 환승투어를 올바르게 짝지은 것은?(단, 제시된 조건 외에 고려하지 않는다)

〈A씨의 일정〉

한국행 출발시각 (독일시각 기준)	비행시간	인천공항 도착시각	일본행 출발시각 (한국시각 기준)
11월 2일 19:30	12시간 20분		11월 3일 19:30

※ 독일은 한국보다 8시간 느리다.
※ 비행 출발 1시간 전에는 공항에 도착해야 한다.

〈환승투어 코스 안내〉

구분	코스	소요 시간
엔터테인먼트	• 인천공항 → 파라다이스시티 아트테인먼트 → 인천공항	2시간
인천시티	• 인천공항 → 송도한옥마을 → 센트럴파크 → 인천공항 • 인천공항 → 송도한옥마을 → 트리플 스트리트 → 인천공항	2시간
산업	• 인천공항 → 광명동굴 → 인천공항	4시간
전통	• 인천공항 → 경복궁 → 인사동 → 인천공항	5시간
해안관광	• 인천공항 → 을왕리해변 또는 마시안해변 → 인천공항	1시간

	도착시각	환승투어
①	11월 2일 23:50	산업
②	11월 2일 15:50	엔터테인먼트
③	11월 3일 23:50	전통
④	11월 3일 15:50	인천시티

05 자동차 부품을 생산하는 E기업은 반자동과 자동생산라인을 하나씩 보유하고 있다. 최근 일본의 자동차 회사와 수출계약을 체결하여 자동차 부품 34,500개를 납품하였다. 아래 E기업의 생산조건을 고려할 때, 일본에 납품할 부품을 생산하는 데 소요된 시간은 얼마인가?

〈자동차 부품 생산조건〉

• 반자동라인은 4시간에 300개의 부품을 생산하며, 그 중 20%는 불량품이다.
• 자동라인은 3시간에 400개의 부품을 생산하며, 그 중 10%는 불량품이다.
• 반자동라인은 8시간마다 2시간씩 생산을 중단한다.
• 자동라인은 9시간마다 3시간씩 생산을 중단한다.
• 불량 부품은 생산 후 폐기하고 정상인 부품만 납품한다.

① 230시간 ② 240시간
③ 250시간 ④ 260시간

06 일본 도쿄에 있는 거래처에 방문한 K씨는 회사에서 삿포로에 위치한 거래처에도 다녀오라는 연락을 받았다. 이 때 K씨가 선택할 수 있는 A ~ D교통편과 결정조건이 다음과 같을 때, K씨가 선택할 교통편은?(단, 소수점 셋째 자리에서 반올림한다)

〈교통수단별 시간 및 요금〉

구분	교통수단	시간(시간)	편안함 계수	요금(원)
A	일반열차	10	5	50,000
B	일반열차	8	5	60,000
C	고속열차	6	7	80,000
D	고속열차	5	7	100,000

※ 편안함 계수 : 1 ~ 10까지의 숫자로 산정하며, 계수가 클수록 편안하다.

〈교통수단의 결정조건〉

• 결정조건계수 : $\dfrac{(편안함\ 계수)\times700}{(시간)\times1,000+(요금)\times0.5}$

• 결정조건계수가 큰 교통수단을 선택한다.

① A ② B
③ C ④ D

07 K은행에서는 5월 한 달 동안 임직원을 대상으로 금연교육 4회, 부패방지교육 2회, 성희롱방지교육 1회를 진행하려고 한다. 다음 〈조건〉을 근거로 판단할 때 옳은 것은?

〈5월〉

일	월	화	수	목	금	토
			1	2	3	4
5	6	7	8	9	10	11
12	13	14	15	16	17	18
19	20	21	22	23	24	25
26	27	28	29	30	31	

조건

• 교육은 하루에 하나만 실시할 수 있고, 주말에는 교육을 실시할 수 없다.
• 매주 월요일은 부서회의로 인해 교육을 실시할 수 없다.
• 5월 1일부터 3일까지는 K은행의 주요 행사 기간이므로 어떠한 교육도 실시할 수 없다.
• 금연교육은 정해진 같은 요일에 주1회 실시한다.
• 부패방지교육은 20일 이전 수요일 또는 목요일에 시행하며, 이틀 연속 실시할 수 없다.
• 성희롱방지교육은 5월 31일에 실시한다.

① 5월 넷째 주에는 금연교육만 실시된다.
② 금연교육은 금요일에 실시될 수 있다.
③ 부패방지교육은 같은 요일에 실시되어야 한다.
④ 성희롱방지교육은 목요일에 실시된다.

08 주택도시보증공사에서 근무하는 차 대리는 여름휴가를 맞아 가족끼리 태국 여행을 가기로 하였다. 출국 날짜 한 달 전에 예약을 하면 특가로 갈 수 있는 상품들이 있어 조사 중이다. 남편과 함께 비즈니스석 또는 이코노미석으로 가기 원하며, 한국에서 출발시각은 점심식사를 한 후 오후 1시 30분부터 오후 5시 사이였으면 한다. 다음은 차 대리가 조사한 여행사별 상품에 관한 자료이다. 자료를 참고하여 차 대리 부부가 7월 또는 8월 여행으로 원하는 여행상품을 선택할 때, 한국에서 비행기 출발시각은 언제이며, 총금액은 얼마인가?(단, 가장 저렴한 상품을 고르고, 출발시각은 선택한 여행상품에서 제일 이른 시각으로 선택한다)

〈여행사별 태국 여행 상품〉

구분	상품 금액	기간	좌석
A여행사	345,000원	2박 3일	이코노미, 비즈니스
B여행사	300,000원		이코노미, 퍼스트 클래스
C여행사	382,000원		비즈니스, 퍼스트 클래스
D여행사	366,000원		이코노미, 비즈니스

※ 상품 금액은 이코노미석일 때의 금액이며, 비즈니스석으로 바꾸면 상품 금액의 3배, 퍼스트 클래스는 4배의 금액이다.
※ 이코노미석과 비즈니스석이 해당 여행사에 모두 있을 시, 이코노미석 상품으로 선택한다.

〈여행사별 출국날짜 및 시각〉

구분	출국날짜	출국시각
A여행사	7월 1일 ~ 8월 31일 (매주 월, 수, 토)	오전 10시, 11시, 오후 3시, 4시 30분
B여행사	6월 22일 ~ 9월 25일 (매주 목, 금)	오후 5시 20분, 7시 15분
C여행사	8월 1일 ~ 9월 14일 (매주 수요일)	오전 9시, 11시, 오후 7시, 8시 30분
D여행사	6월 10일 ~ 8월 22일 (매주 화, 수, 일)	오전 5시, 8시, 오후 2시, 4시 30분

〈여행사별 할인 혜택〉

구분	할인 혜택
A여행사	출국 한 달 전까지 예약 시 10% 할인
B여행사	3인 이상 예약 시 자녀(초등학생) 1명 반값 (초등생 없을 시 성인 한명 20% 할인)
C여행사	4인 이상 예약 시 동반 어린이 무료
D여행사	2인 이상 예약 시 상품 금액 5만 원씩 할인

	출발 시각	총금액
①	오후 2시	621,000원
②	오후 2시	632,000원
③	오후 3시	621,000원
④	오후 3시	632,000원

09 S은행 B지점에서는 5월 둘째 주(5월 8일 ~ 5월 12일) 중에 2회에 걸쳐 전 직원을 대상으로 '고객 개인정보 유출 방지'에 관한 교육을 지역 문화회관에서 진행하려고 한다. 자료를 토대로 B지점이 교육을 진행할 수 있는 요일과 시간대를 모두 나열한 것은?(단, 교육은 1회당 3시간씩 진행된다)

〈문화회관 이용 가능 요일〉

구분	월요일	화요일	수요일	목요일	금요일
9시 ~ 12시	○	✕	○	✕	○
12시 ~ 13시	점심시간(운영 안 함)				
13시 ~ 17시	✕	○	○	✕	✕

〈주간 주요 일정표〉

일정	내용
5월 8일 월요일	08:30 ~ 09:30 주간조회 및 부서별 회의 14:00 ~ 15:00 팀별 전략 회의
5월 9일 화요일	09:00 ~ 10:00 경쟁력 강화 회의
5월 10일 수요일	11:00 ~ 13:00 부서 점심 회식 17:00 ~ 18:00 팀 회식
5월 11일 목요일	15:00 ~ 16:00 경력사원 면접
5월 12일 금요일	특이사항 없음

※ 주요 일정이 있는 시간 이외에 문화회관 이용 시간과 일정 시간이 겹치지 않는다면 언제든지 교육을 받을 수 있음

① 월요일 오전, 수요일 오후, 금요일 오전
② 화요일 오전, 수요일 오후, 목요일 오전
③ 화요일 오후, 수요일 오전, 금요일 오전
④ 화요일 오후, 수요일 오후, 금요일 오전

10 H은행에서 직원들의 사기증진과 친화력 도모를 위해 전 직원들이 참여하는 사내 가족 체육대회를 열기로 하였다. 7월 달력과 다음 조건을 보고 체육대회를 열기에 가장 적합한 날은?

월	화	수	목	금	토	일
	1	2	3	4	5	6
7	8	9	10	11	12	13
14	15	16	17	18	19	20
21	22	23	24	25	26	27
28	29	30	31			

- 7월 3일부터 7일까지는 장마기간으로 비가 온다.
- 가족 모두가 참여해야 하므로 주말로 정한다.
- 마케팅팀은 토요일에 격주로 출근을 한다.
- 서비스팀은 토요일에 격주로 출근을 한다.
- 사장님은 7월 11일부터 15일까지 중국으로 출장을 간다.
- 마케팅팀 M사원은 12일에 출근을 한다.
- 서비스팀 L과장은 5일에 출근을 한다.
- A운동장은 둘째 주, 넷째 주 주말에는 개방을 하지 않는다.

① 7월 6일 ② 7월 12일
③ 7월 13일 ④ 7월 20일

CHAPTER 03

예산자원관리형

대표유형 ① 예산자원 확인

심사평가원의 B대리는 50만 원을 환전하여 대만으로 여행을 가고자 한다. 예산을 최대한 사용하여 환전한다면, 한화에서 대만 달러(TWD)로 바로 환전하였을 때와 한화를 미국 달러(USD)로 환전한 후 대만달러(TWD)로 이중 환전하였을 때, 환전한 금액의 차이는 얼마인가?(단, 환전할 때마다 소수점 이하는 버림으로 한다)

〈인천공항 S은행 환전센터〉

한화 → 대만 달러(TWD)
11월 03일 매매기준율 : 36.89(1TWD당 ₩)
환전수수료 : 9%(소수점 이하 절사)

한화 → 미국 달러(USD)
11월 03일 매매기준율 : 1,113.80(1USD당 ₩)
환전수수료 : 2%(소수점 이하 절사)

〈대만공항 환전센터〉

미국 달러(USD) → 대만 달러(TWD)
11월 03일 매매기준율 : 30.25(1USD당 TWD)
수수료 : 0%

---

① 810TWD ② 820TWD
③ 830TWD ④ 840TWD

정답 해설

먼저 한화에서 대만 달러(TWD)로 환전할 때 수수료 포함하여 환전할 수 있는 금액은 $\dfrac{500,000원}{36.89원/TWD\times1.09}\fallingdotseq12,500TWD$이고,

한화 → 미국 달러 → 대만 달러로 이중 환전할 때 금액은 다음과 같다.

$\dfrac{500,000원}{1,113원/USD\times1.02}\fallingdotseq440USD$

미국 달러로 환전한 금액 440USD를 대만 달러로 환전하면 440USD×30.25TWD/USD ≒ 13,310TWD이다.
따라서 환전한 금액의 차이는 13,310TWD−12,500TWD=810TWD이다.

정답 ①

대표유형 ② 예산자원 할당

다음은 W은행 상조회의 상조비 항목별 지급액 및 직급별 상조회비에 관한 자료이다. 작년에 입사한 A사원은 올해 5월에 둘째 돌잔치가 있었고, B과장은 3월에 세 번째 자녀가 결혼을, 9월에 부모님 한 분이 돌아가셨다고 한다. 지금이 10월 말이라고 할 때, 아래 〈조건〉을 보고 올해 상조회에서 A사원과 B과장에게 지급한 총 금액과 A사원과 B과장이 낸 총 상조회비는 얼마인가?

〈상조비 항목별 지급액〉

(단위 : 원)

항목	축의금	항목	조의금
본인 결혼	1,000,000	본인	1,000,000
자녀 출산축하	850,000	배우자	1,000,000
자녀 돌잔치	500,000	부모님	500,000
자녀 결혼	700,000	배우자 부모님	500,000

〈직급별 상조회비〉

(단위 : 원)

구분	사원	대리	과장 이상	부장 이상
회비	12,000	15,000	20,000	30,000

조건

• B과장은 결혼하기 전에 입사하였다.
• B과장의 3명의 자녀 중 첫째와 둘째는 결혼을 하였다.
• 자녀관련 축의금은 2명까지 적용한다.
• 급여는 매달 초에 지급하며, 상조회비는 월급에서 일괄 공제된다.

　　상조회 지급액　　　상조회비
① 　1,500,000원　　　320,000원
② 　1,000,000원　　　320,000원
③ 　2,550,000원　　　350,000원
④ 　1,000,000원　　　350,000원

정답 **해설**

상조회에서 올해 A사원과 B과장에게 지급한 축의금 및 조의금은 다음과 같다.
(A사원 둘째 돌잔치)+(B과장 부모님 한 분 조의금)=500,000원+500,000원=1,000,000원, 자녀 축의금은 2명까지만 적용되므로 B과장 셋째 자녀의 결혼은 해당되지 않는다.
A사원과 B과장이 올해 낸 상조회비는 1월부터 10월까지 (12,000원+20,000원)×10개월=320,000원이다.
따라서 상조회에서 올해 지급한 금액은 1,000,000원이고, A사원과 B과장이 올해 낸 상조회비는 320,000원임을 알 수 있다.

정답 ②

☑ 확인 Check! ○ △ ✕

01 S은행에서는 투자 대안을 마련하기 위해 투자대상을 검토할 때, 기대수익률(Expected Profit Rate)과 표준편차 (Standard Deviation)를 이용한다. 특히, 표준편차는 투자 대안의 위험수준을 평가하는 데 활용된다. 바람직한 투자 대안을 평가하는 데 있어 지배원리를 적용하며, 위험 한 단위당 기대수익률이 높은 투자 대안을 선호한다. 다음에 제시된 7개의 투자 대안에 대한 설명으로 옳은 것은?

투자 대안	A	B	C	D	E	F	G
기대수익률(%)	8	10	6	5	8	6	12
표준편차(%)	5	5	4	2	4	3	7

※ 지배원리란 동일한 기대수익률이면 최소의 위험을, 동일한 위험이면 최대의 수익률을 가지는 포트폴리오를 선택하는 원리를 말한다.

① 투자 대안 A와 E, C와 F는 동일한 기대수익률이 예상되기 때문에 서로 우열을 가릴 수 없다.
② 투자 대안 A, B, C, D 중에서 어느 것이 낫다고 평가할 수는 없다.
③ 투자 대안 G의 기대수익률이 가장 높기 때문에 가장 바람직한 대안이다.
④ 위험 한 단위당 기대수익률이 같은 투자 대안은 E와 F이다.

☑ 확인 Check! ○ △ ✕

02 국민건강보험공단의 사원 월급과 사원 수를 알아보기 위해 다음과 같은 정보를 얻었다. 아래 정보를 참고하여 구한 국민건강보험공단의 사원 수와 사원 월급 총액으로 바르게 짝지어진 것은 무엇인가?(단, 월급 총액은 국민건강보험공단이 사원 모두에게 주는 한 달 월급의 합을 말한다)

〈정보〉
• 사원은 모두 동일한 월급을 받는다.
• 사원이 10명 더 늘어나면, 기존 월급보다 100만 원 적어지고, 월급 총액은 기존의 80%이다.
• 사원이 20명 줄어들면, 월급은 기존과 동일하고, 월급 총액은 기존의 60%가 된다.

	사원 수	월급 총액
①	45명	1억 원
②	45명	1억 2천만 원
③	50명	1억 2천만 원
④	50명	1억 5천만 원

03 다음은 주택용 전력 요금에 관한 자료이다. 단독주택에 거주하는 A씨는 전력을 저압으로 공급받고, 빌라에 거주하는 B씨는 전력을 고압으로 공급받는다. 이번 달 A씨의 전력사용량은 285kWh이고, B씨의 전력사용량은 410kWh일 때, A씨와 B씨의 전기요금으로 올바르게 짝지어진 것은?

〈주택용 전기요금〉

구분	기본요금(원/호)		전력량요금(원/kWh)	
주택용 전력 (저압)	200kWh 이하 사용	910	처음 200kWh까지	93.3
	201 ~ 400kWh 사용	1,600	다음 200kWh까지	187.9
	400kWh 초과 사용	7,300	400kWh 초과	280.6
주택용 전력 (고압)	200kWh 이하 사용	730	처음 200kWh까지	78.3
	201 ~ 400kWh 사용	1,260	다음 200kWh까지	147.3
	400kWh 초과 사용	6,060	400kWh 초과	215.6

※ (전기요금)=(기본요금)+(전력량요금)+(부가가치세)+(전력산업기반기금)
※ (부가가치세)=[(기본요금)+(전력량요금)]×0.1(10원 미만 절사)
※ (전력산업기반기금)=[(기본요금)+(전력량요금)]×0.037(10원 미만 절사)
※ 전력량요금은 주택용 요금 누진제 적용(10원 미만 절사)
　－ 주택용 요금 누진제는 사용량이 증가함에 따라 순차적으로 높은 단가가 적용되며, 현재 200kWh 단위로 3단계 운영

	A씨의 전기요금	B씨의 전기요금
①	41,190원	55,830원
②	40,500원	55,300원
③	41,190원	60,630원
④	46,890원	55,830원

04 국민연금보험공단에 다니는 W사원이 해외로 출장을 가기로 하였다. 이번 달 영국에서 5일 동안 일을 마치고 한국에 돌아와 일주일 후 스페인으로 다시 4일간의 출장을 간다고 한다. 다음 자료를 참고하여 W사원이 영국과 스페인 출장 시 들어갈 총비용을 A, B, C은행에서 각각 환전한다고 할 때 필요한 원화의 최댓값과 최솟값의 차이는 얼마인가?(단, 출장비는 해외여비와 교통비의 합이다)

〈국가별 1일 여비〉

구분	영국	스페인
1일 해외여비	50파운드	60유로

〈국가별 교통비 및 추가 지급비용〉

구분	영국	스페인
교통비(비행시간)	380파운드(12시간)	870유로(14시간)
초과 시간당 추가 지급비용	20파운드	15유로

※ 교통비는 편도 항공권 비용이며, 비행시간도 편도에 해당한다.
※ 편도 비행시간이 10시간을 초과하면 시간당 추가 비용이 지급된다.

〈은행별 환율 현황〉

구분	매매기준율(KRW)	
	원/파운드	원/유로
A은행	1,470	1,320
B은행	1,450	1,330
C은행	1,460	1,310

① 31,900원 ② 32,700원
③ 33,500원 ④ 34,800원

05 다음은 Y시의 연간행사목록이다. Y시는 올해 행사 관련 예산이 부족하여 하나의 행사를 폐지하려고 한다. 순수익을 가장 먼저 고려할 때, 올해 폐지할 행사는 무엇인가?

〈연간행사목록〉

- 1월 : Y시 신년 음악회(지출 : 1억 원, 수익 : 5천만 원)
- 2월 : Y시 연극문화 축제(지출 : 5천만 원, 수익 : 2억 원)
- 3월 : 봄맞이 Y시 플리마켓(지출 : 1천만 원, 수익 : 3천만 원)
- 4월 : 불꽃분수 축제(지출 : 8천만 원, 수익 : 1천만 원)
- 5월 : 가족의 달 한마당(지출 : 2천만 원, 수익 : 7천만 원)
- 6월 : Y호수 축제(지출 : 7천만 원, 수익 : 1억 2천만 원)
- 8월 : 어린이 물놀이 축제(지출 : 3천만 원, 수익 : 1천 5백만 원)
- 9월 : 코스모스 축제(지출 : 5백만 원, 수익 : 3천만 원)
- 10월 : 한가위 윷놀이 한마당(지출 : 3백만 원, 수익 : 1천만 원)
- 12월 : 크리스마스 조명 축제(지출 : 4억 원, 수익 : 3억 원)

---

① Y시 신년음악회
② Y시 연극문화 축제
③ 불꽃분수 축제
④ 크리스마스 조명 축제

06 다음 자료를 근거로 판단할 때, 연구모임 A ~ D 중 두 번째로 많은 지원금을 받는 모임은?

〈지원계획〉

- 지원을 받기 위해서는 한 모임당 6명 이상 9명 미만으로 구성되어야 한다.
- 기본지원금은 모임당 1,500천 원을 기본으로 지원한다. 단, 상품개발을 위한 모임의 경우는 2,000천 원을 지원한다.
- 추가지원금

등급	상	중	하
추가지원금(천 원/명)	120	100	70

※ 추가지원금은 연구 계획 사전평가결과에 따라 달라진다.
- 협업 장려를 위해 협업이 인정되는 모임에는 위의 두 지원금을 합한 금액의 30%를 별도로 지원한다.

〈연구모임 현황 및 평가결과〉

모임	상품개발 여부	구성원 수	연구 계획 사전평가결과	협업 인정 여부
A	○	5	상	○
B	✕	6	중	✕
C	✕	8	상	○
D	○	7	중	✕

① A모임　　　　　　　　　② B모임
③ C모임　　　　　　　　　④ D모임

07 N은행에서 근무하는 진영이는 이번 출장에 KTX표를 미리 구매하여 40% 할인된 가격에 구매하였다. 하지만 출장 일정이 바뀌어서 하루 전날 표를 취소하였다. 환불 규정에 따라 16,800원을 돌려받았을 때, 할인 전 KTX표의 가격은?

〈환불 규정〉

• 2일 전 : 100%
• 1일 전부터 열차 출발 전 : 70%
• 열차 출발 후 : 50%

① 40,000원　　　　　　　　　② 48,000원
③ 56,000원　　　　　　　　　④ 67,200원

08 A, B, C, D 네 명이 저녁 식사를 한 다음 〈조건〉에 따라 돈을 지불했을 때, C가 낸 금액은 얼마인가?

조건
• A는 B, C, D가 지불한 금액 합계의 20%를 지불했다.
• C는 A와 B가 지불한 금액 합계의 40%를 지불했다.
• A와 B가 지불한 금액 합계와 C와 D가 지불한 금액 합계는 같다.
• D가 지불한 금액에서 16,000원을 빼면 A가 지불한 금액과 같다.

① 18,000원　　　　　　　　　② 20,000원
③ 22,000원　　　　　　　　　④ 24,000원

09 제시된 글을 바탕으로 전세 보증금이 1억 원인 전세 세입자가 월세 보증금 1천만 원에 전월세 전환율 한도 수준까지의 월세 전환을 원할 경우, 월 임대료 지불액을 계산한 것으로 올바른 것은?

> 나날이 치솟는 전세 보증금! 집주인이 2년 만에 전세 보증금을 올려달라고 하는데 사실 월급쟁이로 생활비를 쓰고 남은 돈을 저축하자면 그 목돈을 마련하지 못해 전세자금 대출을 알아보곤 한다. 그럴 때 생각해 볼 수 있는 것이 반전세나 월세 전환이다. 이렇게 되면 임대인들도 보증금 몇 천만 원에서 나오는 이자보다 월세가 매달 나오는 것이 좋다 보니 먼저 요구하기도 한다. 바로 그것이 '전월세 전환율'이다.
> 전월세 전환율은 {월세×12(개월)/(전세 보증금−월세 보증금)}×100으로 구할 수 있다.
> 그렇다면 전월세 전환율 비율의 제한은 어떻게 형성되는 걸까?
> 우리나라는 「주택임대차보호법」 하에서 산정률 제한을 두고 있다. 보통 10%, 기준금리 4배수 중 낮은 비율의 범위를 초과할 수 없다고 규정하고 있기 때문에 현재 기준 금리가 1.5%로 인상되어 6%가 제한선이 된다.

① 450,000원   ② 470,000원
③ 500,000원   ④ 525,000원

10 다음은 같은 동아리에서 활동하는 두 학생의 대화 내용이다. 빈칸에 들어갈 가장 작은 수는?

> 효수 : 우리 동아리 회원끼리 뮤지컬 보러 갈까?
> 연지 : 그래, 정말 좋은 생각이다. 관람료는 얼마니?
> 효수 : 개인관람권은 10,000원이고, 30명 이상 단체는 15%를 할인해 준대!
> 연지 : 30명 미만이 간다면 개인관람권을 사야겠네?
> 효수 : 아니야, 잠깐만! 계산을 해 보면……
>   아하! ⬜ 명 이상이면 단체관람권을 사는 것이 유리해!

① 25   ② 26
③ 27   ④ 28

☑ 확인 Check! ○ △ ✕

01 김 과장은 오후 2시에 있는 거래처 회의에 참석하기 위해 대중교통을 이용하여 총 10km를 이동해야 한다. 〈조건〉을 고려했을 때, 비용이 두 번째로 많이 드는 방법은?

> **조건**
> • 회의에 지각해서는 안 되며, 오후 1시 40분에 대중교통을 이용하기 시작한다.
> • 회의가 시작되기 전에 먼저 도착하여 대기하는 시간을 비용으로 환산하면 1분당 200원이다.
> • 이용가능한 대중교통은 버스, 지하철, 택시만 있고, 출발지에서 목적지까지는 모두 직선노선이다.
> • 택시의 기본요금으로 갈 수 있는 거리는 2km이다.
> • 택시의 기본요금은 2,000원이고 추가되는 2km마다 100원씩 증가하며, 2km를 1분에 간다.
> • 지하철은 2km를 2분에 가고 버스는 2km를 3분에 간다. 버스와 지하철은 2km마다 정거장이 있고, 동일노선을 운행한다.
> • 버스와 지하철요금은 1,000원이며 무료 환승이 가능하다.
> • 환승은 버스와 지하철, 버스와 택시 간에만 가능하고, 환승할 경우 소요시간은 2분이며 반드시 버스로 4정거장을 가야만 한다.
> • 환승할 때 느끼는 번거로움 등을 비용으로 환산하면 1분당 450원이다.

① 택시만 이용해서 이동한다.
② 버스만 이용해서 이동한다.
③ 버스와 택시를 환승하여 이동한다.
④ 버스와 지하철을 환승하여 이동한다.

☑ 확인 Check! ○ △ ✕

02 다음 〈보기〉의 점포 A, B, C, D, E의 일일매출액 총합은?

> **보기**
> • A점포의 일일매출액은 B점포의 일일매출액보다 30만 원 적다.
> • B점포의 일일매출액은 D점포 일일매출액의 20% 수준이다.
> • D점포와 E점포의 일일매출액을 합한 것은 C점포의 매출액보다 2,450만 원이 모자라다.
> • C점포가 이틀 동안 일한 매출액에서 D점포가 12일 동안 일한 매출액을 빼면 3,500만 원이다.
> • E점포가 30일 동안 진행한 매출액은 9,000만 원이다.

① 3,400만 원
② 3,500만 원
③ 5,500만 원
④ 6,000만 원

03 A도시락 전문점은 요일별 도시락 할인 이벤트를 진행하고 있다. W은행이 지난 한 주간 A도시락 전문점에서 구매한 내역이 〈보기〉와 같을 때, W은행의 지난주 도시락 구매비용은?

〈A도시락 요일별 할인 이벤트〉

요일	월		화		수		목		금	
할인품목	치킨마요		동백		돈까스		새치고기		진달래	
구분	원가	할인가	원가	할인가	원가	할인가	원가	할인가	원가	할인가
가격(원)	3,400	2,900	5,000	3,900	3,900	3,000	6,000	4,500	7,000	5,500

요일	토		일				매일			
할인품목	치킨제육		육개장		김치찌개		치킨(대)		치킨(중)	
구분	원가	할인가	원가	할인가	원가	할인가	원가	할인가	원가	할인가
가격(원)	4,300	3,400	4,500	3,700	4,300	3,500	10,000	7,900	5,000	3,900

※ 요일별 할인품목이 아닌 품목들은 원가로 계산한다.

보기

〈W은행의 A도시락 구매내역〉

요일	월	화	수	목	금	토	일
구매내역	동백 3개 치킨마요 10개	동백 10개 김치찌개 3개	돈까스 8개 치킨(중) 2개	새치고기 4개 치킨(대) 2개	진달래 4개 김치찌개 7개	돈까스 2개 치킨제육 10개	육개장 10개 새치고기 4개

① 316,400원

② 326,800원

③ 352,400원

④ 375,300원

04 S은행은 직원들에게 매월 25일 월급을 지급하고 있다. A대리는 이번 달 급여명세서를 보고 자신의 월급이 잘못 나왔음을 알았다. 다음 〈조건〉을 참고하여, 다음 달 A대리가 상여금과 다른 수당들이 없다고 할 때, 소급된 금액과 함께 받을 월급은 총 얼마인가?(단, 4대 보험은 국민연금, 건강보험, 장기요양, 고용보험이며, 각 항목 금액의 10원 미만은 절사한다)

<급여명세서>

(단위 : 원)

성명 : A		직책 : 대리	지급일 : 2020-03-25	
지급항목	지급액	공제항목		공제액
기본급	2,000,000	소득세		17,000
야근수당(2일)	80,000	주민세		1,950
휴일수당	–	고용보험		13,000
상여금	50,000	국민연금		90,000
기타	–	장기요양		4,360
식대	100,000	건강보험		67,400
교통비	–	연말정산		–
복지후생	–			
		공제합계		193,710
급여계	2,230,000	차감수령액		2,036,290

조건
- 국민연금은 9만 원이고, 건강보험은 기본급의 6.24%이며 회사와 50%씩 부담한다.
- 장기요양은 건강보험 총 금액의 7.0% 중 50%만 내고, 고용보험은 13,000원이다.
- 잘못 계산된 금액은 다음 달에 소급한다.
- 야근수당은 하루당 기본급의 2%이며, 상여금은 5%이다.
- 다른 항목들의 금액은 급여명세서에 명시된 것과 같으며 매달 같은 조건이다.

① 1,865,290원
② 1,866,290원
③ 1,924,290원
④ 1,966,290원

05 A대리는 3월 전기자동차 품의비를 제출하려고 한다. 한 달 총 품의비로 올바른 것은?(단, 품의비에는 렌트비와 충전요금이 포함된다)

〈일정표〉

구분	시간	세부내용
3월 14일(월)	8:00 ~ 13:00	화성 A공장 부지 답사(5명)
3월 15일(화)	18:00 ~ 21:00	수원 B업체와 현장 미팅(4명)
3월 16일(수)	8:00 ~ 12:00	송도 ○○센터 D홀 국제포럼 참석(7명)
3월 17일(목)	10:00 ~ 15:00	성남 H협력업체 출장(3명)
3월 18일(금)	11:00 ~ 16:00	일산 킨텍스 방문(2명)
3월 19일(토)	20:00 ~ 22:00	안산 C업체 공장 야간조업 현장 방문(6명)

〈전기자동차 렌트요금〉

구분	4인용	7인용
요금	45,000원	50,000원

※ 전기자동차 이용시간 내에 저압전력으로 20kW씩 1일 1회 충전해야 한다.
※ 5일 이상 연속으로 이용 시 렌트비 총 금액에서 10%를 할인한다.
※ 충전 가능 시간 : 8 ~ 9시, 14 ~ 15시, 20 ~ 21시

〈전기자동차 충전전력요금〉

구분		기본요금(원)	전력량 요금(원/kWh)			
			시간대	여름철	봄·가을철	겨울철
자가소비	저압	2,390	경부하	57.6	58.7	80.7
			중간부하	145.3	70.5	128.2
			최대부하	232.5	75.4	190.8
	고압	2,580	경부하	52.5	53.5	69.9
			중간부하	110.7	64.3	101.0
			최대부하	163.7	68.2	138.8

※ 전력량 요금 계산 시 10원 미만은 절사한다.

〈계절별·시간대별 구분〉

구분	여름철 / 봄·가을철 (6 ~ 8월) / (3 ~ 5월, 9 ~ 10월)	겨울철 (11 ~ 2월)
경부하 시간대	23:00 ~ 09:00	23:00 ~ 09:00
중간부하 시간대	09:00 ~ 10:00 12:00 ~ 13:00 17:00 ~ 23:00	09:00 ~ 10:00 12:00 ~ 17:00 20:00 ~ 22:00
최대부하 시간대	10:00 ~ 12:00 13:00 ~ 17:00	10:00 ~ 12:00 17:00 ~ 20:00 22:00 ~ 23:00

① 273,000원
② 275,000원
③ 277,000원
④ 279,000원

06 연봉 실수령액을 구하는 식이 〈보기〉와 같을 때, 연봉이 3,480만 원인 A씨의 실수령액은?(단, 원 단위 이하는 절사한다)

> **보기**
>
> • (연봉 실수령액)=(월 실수령액)×12
> • (월 실수령액)=(월 급여)−{(국민연금)+(건강보험료)+(고용보험료)+(장기요양보험료)+(소득세)+(지방세)}
> • (국민연금)=(월 급여)×4.5%
> • (건강보험료)=(월 급여)×3.12%
> • (고용보험료)=(월 급여)×0.65%
> • (장기요양보험료)=(건강보험료)×7.38%
> • (소득세)=68,000원
> • (지방세)=(소득세)×10%

① 30,944,400원 ② 31,078,000원
③ 31,203,200원 ④ 32,150,800원

07 주택도시보증공사 임직원은 신입사원 입사를 맞아 워크숍을 가려고 한다. 총 13명의 임직원이 워크숍에 참여한다고 할 때, 다음 중 가장 저렴한 비용으로 이용할 수 있는 교통편의 조합은 무엇인가?

〈이용 가능한 교통편 현황〉

구분	탑승 인원	비용	주유비	비고
소형버스	10명	200,000원	0원	1일 대여 비용
대형버스	40명	500,000원	0원	–
렌터카	5명	80,000원(대당)	50,000원	동일 기간 3대 이상 렌트 시 렌트비용 5% 할인
택시	3명	120,000원(편도)	0원	–
대중교통	제한 없음	13,400원 (1인당, 편도)	0원	10명 이상 왕복티켓 구매 시 총금액에서 10% 할인

① 대형버스 1대 ② 소형버스 1대, 렌터카 1대
③ 소형버스 1대, 택시 1대 ④ 대중교통 13명

08 A는 인천에서 런던을 가고자 한다. 다음은 인천과 런던을 잇는 항공 노선과 그 관련 정보들이다. A는 노선지수가 낮은 노선을 선호한다고 할 때, 다음 중 A가 선택할 노선으로 올바른 것은?(단, 노선지수는 인천에서 런던까지의 각 요소의 총량의 합을 기준으로 계산한다)

〈노선 목록〉

노선	거리	시간	요금	마일리지	기타사항
인천 – 베이징	937km	1시간	50만 원	104	잠정 폐쇄
인천 – 하노이	2,717km	5시간	30만 원	302	–
인천 – 방콕	3,700km	5시간	50만 원	411	–
인천 – 델리	4,666km	6시간	55만 원	518	–
인천 – 두바이	6,769km	8시간	65만 원	752	–
인천 – 카이로	8,479km	8시간	70만 원	942	–
인천 – 상하이	843km	1시간	45만 원	94	–
베이징 – 런던	8,147km	9시간	100만 원	905	–
하노이 – 런던	9,244km	10시간	90만 원	1,027	–
방콕 – 런던	9,542km	11시간	55만 원	1,060	잠정 폐쇄
델리 – 런던	6,718km	7시간	55만 원	746	–
두바이 – 런던	5,479km	6시간	50만 원	609	–
카이로 – 런던	3,514km	4시간	55만 원	390	–
상하이 – 런던	9,208km	10시간	90만 원	1,023	–

※ (노선지수)=(총거리 순위)×0.8+(총시간 순위)×0.7+(총요금 순위)×0.2
※ 마일리지를 제외한 모든 요소는 값이 작을수록 순위가 높다.
※ 폐쇄노선은 현재 사용이 불가능하다.

① 인천 – 상하이 – 런던
② 인천 – 델리 – 런던
③ 인천 – 카이로 – 런던
④ 인천 – 하노이 – 런던

09 N회사에서 근무하고 있는 P대리는 급하게 중국 공장에 방문하기 위해 교통편을 알아보고 있다. 내일 새벽 비행기를 타기 위한 여러 가지 방법 중 가장 적은 비용으로 공항에 도착하는 방법은?

〈숙박요금〉

구분	공항 근처 모텔	공항 픽업 호텔	회사 근처 모텔
요금	80,000원	100,000원	40,000원

〈대중교통 요금 및 소요시간〉

구분	버스	택시
회사 → 공항 근처 모텔	20,000원 / 3시간	40,000원 / 1시간 30분
회사 → 공항 픽업 호텔	10,000원 / 1시간	20,000원 / 30분
회사 → 회사 근처 모텔	근거리이므로 무료	
공항 픽업 호텔 → 공항	픽업으로 무료	
공항 근처 모텔 → 공항		
회사 근처 모텔 → 공항	20,000원 / 3시간	40,000원 / 1시간 30분

※ 소요시간도 금액으로 계산한다(시간당 10,000원).

① 공항 근처 모텔로 버스 타고 이동 후 숙박
② 공항 픽업 호텔로 버스 타고 이동 후 숙박
③ 공항 픽업 호텔로 택시 타고 이동 후 숙박
④ 회사 근처 모텔에서 숙박 후 버스 타고 공항 이동

10 K은행에서 근무 중인 A과장은 월요일에 사천연수원에서 진행될 세미나에 참석해야 한다. 세미나는 월요일 낮 12시부터 시작이며, 수요일 오후 6시까지 진행된다. 갈 때는 세미나에 늦지 않게만 도착하면 되지만, 올 때는 목요일 회의 준비를 위해 최대한 일찍 서울로 올라와야 한다. 교통비는 회사에 청구하지만 가능한 적은 비용으로 세미나 참석을 원할 때, 교통비는 얼마가 들겠는가?

〈KTX〉

구분	월요일		수요일		가격
서울 – 사천	08:00 ~ 11:00	09:00 ~ 12:00	08:00 ~ 11:00	09:00 ~ 12:00	65,200원
사천 – 서울	16:00 ~ 19:00	20:00 ~ 23:00	16:00 ~ 19:00	20:00 ~ 23:00	66,200원 (10% 할인 가능)

※ 사천역에서 사천연수원까지 택시비는 22,200원이며, 30분이 걸린다(사천연수원에서 사천역까지의 비용과 시간도 동일하다).

〈비행기〉

구분	월요일		수요일		가격
서울 – 사천	08:00 ~ 09:00	09:00 ~ 10:00	08:00 ~ 09:00	09:00 ~ 10:00	105,200원
사천 – 서울	19:00 ~ 20:00	20:00 ~ 21:00	19:00 ~ 20:00	20:00 ~ 21:00	93,200원 (10% 할인 가능)

※ 사천공항에서 사천연수원까지 택시비는 21,500원이며, 30분이 걸린다(사천연수원에서 사천공항까지의 비용과 시간도 동일하다).

① 168,280원
② 178,580원
③ 192,780원
④ 215,380원

CHAPTER 04 인적자원관리형

대표유형 ① 인적자원 확인

W은행에서는 동절기에 인력을 감축하여 운영한다. 아래의 〈조건〉을 고려할 때, 동절기 업무시간 단축 대상자는 누구인가?

〈동절기 업무시간 단축 대상자 현황〉

성명	업무성과 평가	통근거리	자녀 유무
최나래	C	3km	×
박희영	B	5km	○
이지규	B	52km	×
박슬기	A	55km	○
황보연	D	30km	○
김성배	B	75km	×
이상윤	C	60km	○
이준서	B	70km	○
김태란	A	68km	○
한지혜	C	50km	×

조건

- W은행의 동절기 업무시간 단축 대상자는 총 2명이다.
- 업무성과 평가에서 상위 40% 이내에 드는 경우 동절기 업무시간 단축 대상 후보자가 된다.
  (단, A>B>C>D로 매기고, 동순위자 발생 시 동순위자를 모두 고려한다)
- 통근거리가 50km 이상인 경우에만 동절기 업무시간 단축 대상자가 될 수 있다.
- 동순위자 발생 시 자녀가 있는 경우에는 동절기 업무시간 단축 대상 우선순위를 준다.
- 위의 조건에서 대상자가 정해지지 않은 경우, 통근거리가 가장 먼 직원부터 대상자로 선정한다.

① 황보연, 이상윤

② 박슬기, 김태란

③ 김태란, 이준서

④ 이준서, 김성배

정답 해설

최나래, 황보연, 이상윤, 한지혜는 업무성과 평가에서 상위 40%(인원이 10명이므로 4명)에 해당하지 않으므로 대상자가 아니다. 업무성과 평가 결과에서 40% 이내에 드는 사람은 4명까지이지만 B를 받은 사람 4명을 동순위자로 보아 6명이 대상자 후보가 된다. 이 6명 중 박희영은 통근거리가 50km 미만이므로 대상자에서 제외된다. 나머지 5명 중에서 자녀가 없는 김성배, 이지규는 우선순위에서 밀려나고, 나머지 3명 중에서는 통근거리가 가장 먼 순서대로 이준서, 김태란이 동절기 업무시간 단축 대상자로 선정된다.

정답 ③

대표유형 ② 인적자원 할당

다음은 직원들의 이번 주 초과근무 계획표이다. 하루에 5명 이상 초과근무를 할 수 없고, 초과근무 시간은 각자 일주일에 10시간을 초과할 수 없다고 한다. 한 사람만 초과근무 일정을 수정할 수 있을 때, 규칙에 어긋난 요일과 그 날에 속한 사람 중 초과근무 계획을 변경해야 할 직원은 누구인가?(단, 주말은 1시간당 1.5시간으로 계산한다)

〈초과근무 계획표〉

성명	초과근무 일정	성명	초과근무 일정
김혜정	월요일 3시간, 금요일 3시간	김재건	수요일 1시간
이설희	토요일 6시간	신혜선	수요일 4시간, 목요일 3시간
임유진	토요일 3시간, 일요일 1시간	한예리	일요일 6시간
박주환	목요일 2시간	정지원	월요일 6시간, 목요일 4시간
이지호	화요일 4시간	최명진	화요일 5시간
김유미	금요일 6시간, 토요일 2시간	김우석	목요일 1시간
이승기	화요일 1시간	차지수	금요일 6시간
정해리	월요일 5시간	이상엽	목요일 6시간, 일요일 3시간

	요일	직원		요일	직원
①	월요일	김혜정	②	화요일	정지원
③	화요일	신혜선	④	목요일	이상엽

정답 해설

초과근무 계획표를 다음과 같이 요일별로 초과근무 일정을 정리하면 목요일 초과근무자가 5명임을 알 수 있다.

월	화	수	목	금	토	일
김혜정 정해리 정지원	이지호 이승기 최명진	김재건 신혜선	박주환 신혜선 정지원 김우석 이상엽	긴혜정 김유미 차지수	이설희 임유진 김유미	임유신 한예리 이상엽

또한 목요일 초과근무자 중 단 1명만 초과근무 일정을 바꿔야 한다면 목요일 6시간과 일요일 3시간 일정으로 $6+3\times1.5=10.5$시간을 근무하는 이상엽 직원의 일정을 바꿔야한다. 따라서 목요일에 초과근무 예정인 이상엽 직원의 요일과 시간을 수정해야 한다.

정답 ④

01 어느 버스회사에서 (가)시에서 (나)시를 연결하는 버스 노선을 개통하기 위해 새로운 버스를 구매하려고 한다. 다음과 같이 노선을 운행하려고 할 때, 최소 몇 대의 버스를 구매해야 하며 이때 필요한 운전사는 최소 몇 명인가?

> 1) 새 노선의 왕복 시간 평균은 2시간이다(승하차 시간을 포함).
> 2) 배차시간은 15분 간격이다.
> 3) 운전사의 휴식시간은 매 왕복 후 30분씩이다.
> 4) 첫차는 05시 정각에, 막차는 23시에 (가)시를 출발한다.
> 5) 모든 차는 (가)시에 도착하자마자 (나)시로 곧바로 출발하는 것을 원칙으로 한다.
>   즉, (가)시에 도착하는 시간이 바로 (나)시로 출발하는 시간이다.
> 6) 모든 차는 (가)시에서 출발해서 (가)시로 복귀한다.

	버스	운전사
①	6대	8명
②	8대	10명
③	10대	12명
④	12대	14명

02 다음 주어진 자료를 토대로 하루 동안 고용할 수 있는 최대 인원은?

총 예산	본예산	500,000원
	예비비	100,000원
고용비	1인당 수당	50,000원
	산재보험료	(수당)×0.504%
	고용보험료	(수당)×1.3%

① 10명   ② 11명

③ 12명   ④ 13명

03 S은행은 상반기 신입사원 공개채용을 시행했다. 1차 서류전형과 필기전형, 면접전형이 모두 끝나고 최종 면접자들의 점수를 확인하여 합격 점수 산출법에 따라 합격자를 선정하려고 한다. 총점이 80점 이상인 지원자가 합격한다고 할 때, 다음 중 합격자끼리 올바르게 짝지어진 것은?

〈최종 면접 점수〉

구분	A	B	C	D	E
직업기초능력	75	65	60	68	90
의사소통능력	52	70	55	45	80
문제해결능력	44	55	50	50	49

〈합격 점수 산출법〉

- (직업기초능력)×0.6
- (문제해결능력)×0.4
- (의사소통능력)×0.3
- 총점 : 80점 이상

※ 과락 점수(미만) : 직업기초능력 60점, 의사소통능력 50점, 문제해결능력 45점

① A, C
③ B, E
② A, D
④ C, E

04 과장인 귀하는 올해 입사한 사원 A, B, C를 업무 능력, 리더십, 인화력의 세 영역에서 중간 평가해야 한다. 평가는 절대 평가 방식에 따라 −1(부족), 0(보통), 1(우수)로 이루어지고, 세 영역의 점수를 합산하여 개인별로 총점을 낸다. 다음을 만족할 때 가능한 평가 결과표의 개수는?

〈평가 결과표〉

영역\사원	업무 능력	리더십	인화력
A			
B			
C			

※ 각자의 총점은 0이다.
※ 각 영역의 점수 합은 0이다.
※ 인화력 점수는 A가 제일 높고, 그다음은 B, C 순이다.

① 3개
③ 5개
② 4개
④ 6개

05 주택도시보증공사는 적합한 인재를 채용하기 위하여 NCS 기반 능력중심 공개채용을 시행하였다. 1차 서류전형, 2차 직업기초능력평가, 3차 직무수행능력평가, 4차 면접전형을 모두 마친 면접자들의 평가점수를 최종 합격자 선발기준에 따라 판단하여 A ~ E 중 상위자 2명을 최종 합격자로 선정하고자 한다. 다음 중 최종 합격자들로 올바르게 짝지어진 것은?

〈최종 합격자 선발기준〉

평가요소	의사소통	문제해결	조직이해	대인관계	합계
평가비중	40%	30%	20%	10%	100%

〈면접평가 결과〉

구분	A	B	C	D	E
의사소통능력	A^+	A^+	A^+	B^+	C
문제해결능력	B^+	B+5	A^+	B+5	A+5
조직이해능력	A+5	A	C^+	A^+	A
대인관계능력	C	A^+	B^+	C^+	B^++5

※ 등급별 변환 점수 : A^+=100, A=90, B^+=80, B=70, C^+=60, C=50
※ 면접관의 권한으로 등급별 점수에 +5점을 가점할 수 있음

① A, B ② B, C
③ C, D ④ D, E

06 N은행에서 체육대회를 개최한다. 지점별로 출전선수를 선발하는데, Q지점 직원들(A ~ J)은 각자 2종목씩 필수로 출전해야 한다. 다음 중 계주에 꼭 출전해야 하는 사람을 고르면?

〈지점별 참가 인원〉

(단위 : 명)

훌라후프	계주	줄넘기	줄다리기	2인 3각
1	4	5	8	2

〈직원별 참가가능 종목〉

(단위 : 명)

구분	훌라후프	계주	줄넘기	줄다리기	2인 3각
A	✕	✕	○	○	○
B	✕	○	○	○	✕
C	○	○	○	✕	✕
D	○	✕	✕	○	✕
E	✕	○	✕	○	✕
F	✕	✕	○	○	✕
G	✕	✕	✕	○	○
H	○	○	○	○	✕
I	✕	○	○	○	✕
J	✕	○	○	✕	✕

① B, C, J

② D, E, H

③ C, E, J

④ C, G, I

07 심사평가원에 근무하는 B과장이 내년에 해외근무 신청을 하기 위해서는 의무 교육이수 기준을 만족해야 한다. B과장이 지금까지 글로벌 경영교육 17시간, 해외사무영어교육 50시간, 국제회계교육 24시간을 이수하였다며, 의무 교육이수 기준에 미달인 과목과 그 과목의 부족한 점수는 몇 점인가?

〈의무 교육이수 기준〉

(단위 : 점)

구분	글로벌 경영	해외사무영어	국제회계
이수 완료 점수	15	60	20
시간당 점수	1	1	2

※ 초과 이수 시간은 시간당 0.2점으로 환산하여 해외사무영어 점수에 통합한다.

	과목	점수
①	해외사무영어	6.8점
②	해외사무영어	7.0점
③	글로벌경영	7.0점
④	국제회계	6.8점

PART 2 자원관리능력

08 재무팀에서는 주말 사무보조 직원을 채용하기 위해 공고문을 게재하였으며, 지원자 명단은 다음과 같다. 다음 자료를 참고하였을 때, 최소비용으로 가능한 많은 인원을 채용하고자 한다면 몇 명의 지원자를 채용할 수 있겠는가?(단, 급여는 지원자가 희망하는 금액으로 지급한다)

〈사무보조 직원 채용 공고문〉

- 업무내용 : 문서수발, 전화응대 등
- 지원자격 : 경력, 성별, 나이, 학력 무관
- 근무조건 : 장기(6개월 이상, 협의불가) / 주말 11:00 ~ 22:00(협의가능)
- 급여 : 협의결정
- 연락처 : 02-000-0000

〈지원자 명단〉

성명	희망근무기간	근무가능시간	최소근무시간(하루 기준)	희망 임금(시간당/원)
박소다	10개월	11:00 ~ 18:00	3시간	7,500
서창원	12개월	12:00 ~ 20:00	2시간	8,500
한승희	8개월	18:00 ~ 22:00	2시간	7,500
김병우	4개월	11:00 ~ 18:00	4시간	7,000
우병지	6개월	15:00 ~ 20:00	3시간	7,000
김래원	10개월	16:00 ~ 22:00	2시간	8,000
최지홍	8개월	11:00 ~ 18:00	3시간	7,000

※ 지원자 모두 주말 이틀 중 하루만 출근하기를 원함
※ 하루에 2회 이상 출근은 불가함

① 2명 ② 3명
③ 4명 ④ 5명

09 N은행은 봄철을 맞이하여 '우리 땅·우리 농산물 소비 촉진'을 위해 3월 한 달간 토요일마다 판매 촉진 이벤트를 하려고 한다. 이에 한 달 동안 팀별로 교대 근무를 해야 할 때, 다음 중 셋째 주 토요일에 근무하는 사람을 모두 고르면?

> ▲ 팀별 명단
> 1팀 : 서정훈(팀장), 이광수(주임), 하동훈(주임), 민정훈(사원), 유인영(사원)
> 2팀 : 강동호(팀장), 김종대(주임), 김종인(사원), 이정은(인턴)
> 3팀 : 박선미(팀장), 이슬기(주임), 박성인(주임), 정수정(인턴)
> 4팀 : 이자영(팀장), 신주현(사원), 최안나(인턴)
>
> ▲ 토요근무규정
> ① 각 팀장은 순서대로 한 주에 한 명씩 배치된다(1팀 → 2팀 → 3팀 → 4팀).
> ② 개인사정으로 인하여 근무가 어려울 경우, 다른 사람과 대체 가능하다.
>   (같은 팀이든 다른 팀이든 상관없지만 대신 같은 직급 내에서만 대체 가능)
> ③ 근무를 대체할 근무자는 개인사유로 해당 주에 근무가 불가한 사람을 우선순위로 정한다.
>
> ▲ 토요근무 배치 예정 인원
>
> | 구분 | 명단 |
> | --- | --- |
> | 1주 차(4일) | 서정훈, 이광수, 김종인, 정수정 |
> | 2주 차(11일) | 강동호, 하동훈, 민정훈, 이슬기 |
> | 3주 차(18일) | 박선미, 유인영, 김종대, 이정은, 최안나 |
> | 4주 차(25일) | 이자영, 박성인, 신주현 |
>
> ▲ 개인사유로 불가한 날짜 및 사유
>
> | 구분 | 사유 |
> | --- | --- |
> | 1주 차(4일) | 이광수(지인 결혼식), 정수정(개인사유) |
> | 2주 차(11일) | 민정훈(건강검진) |
> | 3주 차(18일) | 김종대(지인 결혼식), 최안나(병원진료), 박성인(병원진료) |
> | 4주 차(25일) | 이광수(병원진료), 박성인(병원진료), 신주현(가족여행) |

① 박선미, 김종대, 유인영, 정수정, 신주현
② 박선미, 박성인, 유인영, 최안나, 정수정
③ 박선미, 이광수, 유인영, 이정은, 정수정
④ 박선미, 김종대, 하동훈, 이정은, 이슬기

10 K은행에서는 신입사원 2명을 채용하기 위하여 서류와 필기전형을 통과한 갑, 을, 병, 정 네 명의 최종 면접을 실시하려고 한다. 아래 표와 같이 네 개 부서의 팀장이 각각 네 명을 모두 면접하여 채용 우선순위를 결정하였다. 면접 결과에 대한 〈보기〉의 설명 중 올바른 것을 모두 고른 것은?

〈면접 결과〉

면접관 순위	인사팀장	경영관리팀장	영업팀장	회계팀장
1순위	을	갑	을	병
2순위	정	을	병	정
3순위	갑	정	정	갑
4순위	병	병	갑	을

※ 우선순위가 높은 사람 순서대로 2명을 채용한다.
※ 동점자는 인사, 경영관리, 영업, 회계팀장 순서로 부여한 고순위자로 결정한다.
※ 각 팀장이 매긴 순위에 대한 가중치는 모두 동일하다.

보기

㉠ '을' 또는 '정' 중 한 명이 입사를 포기하면 '갑'이 채용된다.
㉡ 인사팀장이 '을'과 '정'의 순위를 바꿨다면 '갑'이 채용된다.
㉢ 경영관리팀장이 '갑'과 '병'의 순위를 바꿨다면 '정'은 채용되지 못한다.

① ㉠
② ㉠, ㉡
③ ㉠, ㉢
④ ㉡, ㉢

☑ 확인 Check! ○ △ ✕

01 S구청은 주민들의 정보화 교육을 위해 정보화 교실을 동별로 시행하고 있고, 주민들은 각자 일정에 맞춰 정보화 교육을 수강하려고 한다. 다음 중 개인 일정상 신청과목을 수강할 수 없는 사람은?(단, 하루라도 수강을 빠진다면 수강이 불가능하다)

〈정보화 교육 일정표〉

교육날짜	교육시간	장소	과정명	장소	과정명
화, 목	09:30 ~ 12:00	A동	인터넷 활용하기	C동	스마트한 클라우드 활용
	13:00 ~ 15:30		그래픽 초급 픽슬러 에디터		스마트폰 SNS 활용
	15:40 ~ 18:10		ITQ한글2010(실전반)		–
수, 금	09:30 ~ 12:00		한글 문서 활용하기		Windows10 활용하기
	13:00 ~ 15:30		스마트폰 / 탭 / 패드(기본앱)		스마트한 클라우드 활용
	15:40 ~ 18:10		컴퓨터 기초(윈도우 및 인터넷)		–
월	09:30 ~ 15:30		포토샵 기초		사진 편집하기
화 ~ 금	09:30 ~ 12:00	B동	그래픽 편집 달인 되기	D동	한글 시작하기
	13:00 ~ 15:30		한글 활용 작품 만들기		사진 편집하기
	15:40 ~ 18:10		–		엑셀 시작하기
월	09:30 ~ 15:30		Windows10 활용하기		스마트폰 사진 편집 & 앱 배우기

〈개인 일정 및 신청과목〉

구분	개인일정	신청과목
D동의 홍길동 씨	• 매주 월 ~ 금 08:00 ~ 15:00 편의점 아르바이트 • 매주 월요일 16:00 ~ 18:00 음악학원 수강	엑셀 시작하기
A동의 이몽룡 씨	• 매주 화, 수, 목 09:00 ~ 18:00 학원 강의 • 매주 월 16:00 ~ 20:00 배드민턴 동호회 활동	포토샵 기초
C동의 성춘향 씨	• 매주 수, 금 17:00 ~ 22:00 호프집 아르바이트 • 매주 월 10:00 ~ 12:00 과외	스마트한 클라우드 활용
B동의 변학도 씨	• 매주 월, 화 08:00 ~ 15:00 카페 아르바이트 • 매주 수, 목 18:00 ~ 20:00 요리학원 수강	그래픽 편집 달인 되기

① 홍길동 씨   ② 이몽룡 씨

③ 성춘향 씨   ④ 변학도 씨

02 다음은 국민건강보험공단 인사팀의 하계휴가 스케줄로, A사원은 휴가를 신청하기 위해 하계휴가 스케줄을 확인하였다. 인사팀 팀장인 P부장이 25 ~ 28일은 하계워크숍 기간이므로 휴가 신청이 불가능하며, 하루에 6명 이상은 사무실에 반드시 있어야 한다고 팀원들에게 공지했다. A사원이 휴가를 쓸 수 있는 기간으로 올바른 것은?

구분	8월 휴가																			
	3	4	5	6	7	10	11	12	13	14	17	18	19	20	21	24	25	26	27	28
	월	화	수	목	금	월	화	수	목	금	월	화	수	목	금	월	화	수	목	금
P부장	■	■	■																	
K차장								■	■											
J과장	■	■	■	■	■															
H대리										■	■	■	■							
A주임														■	■	■				
B주임										■	■	■	■							
A사원																				
B사원						■	■	■												

※ 색칠된 부분은 다른 팀원의 휴가기간이다.
※ A사원은 4일 이상 휴가를 사용해야 한다(토, 일 제외).

① 8월 7 ~ 11일 ② 8월 6 ~ 11일
③ 8월 11 ~ 16일 ④ 8월 13 ~ 18일

03 W은행에서는 2월 셋째 주에 이틀 연속으로 본사에 있는 B강당에서 인문학 특강을 진행하려고 한다. 강당을 이용할 수 있는 날과 강사의 스케줄을 고려할 때 섭외 가능한 강사는?

〈B강당 이용 가능 날짜〉

구분	월요일	화요일	수요일	목요일	금요일
오전(9시 ~ 12시)	✕	○	✕	○	○
오후(13시 ~ 14시)	✕	✕	○	○	✕

※ 가능 : ○, 불가능 : ✕

〈섭외 강사 후보 스케줄〉

A강사	매주 수 ~ 목요일 10 ~ 14시 문화센터 강의
B강사	첫째 주, 셋째 주 화요일, 목요일 10시 ~ 14시 대학교 강의
C강사	매월 첫째 주 ~ 셋째 주 월요일, 수요일 오후 12시 ~ 14시 면접 강의
D강사	매주 수요일 오후 13시 ~ 16시, 금요일 오전 9시 ~ 12시 도서관 강좌
E강사	매월 첫째, 셋째 주 화 ~ 목요일 오전 9시 ~ 11시 강의

※ W은행 본사까지의 이동거리와 시간은 고려하지 않는다.
※ 강의는 연속 이틀로 진행되며 강사는 동일해야 한다.

① A, B강사　　　　　　　　　　　② B, C강사
③ C, D강사　　　　　　　　　　　④ C, E강사

04 국민연금보험공단에서는 A ~ N직원 중 면접위원을 선발하고자 한다. 면접위원의 구성 조건이 다음과 같을 때, 적절하지 않은 것은?

〈면접위원 구성 조건〉

- 면접관은 총 6명으로 구성한다.
- 이사 이상의 직급으로 50% 이상 구성해야 한다.
- 인사팀을 제외한 모든 부서는 두 명 이상 선출할 수 없고, 인사팀은 반드시 두 명 이상을 포함한다.
- 모든 면접위원의 입사 후 경력은 3년 이상으로 한다.

직원	직급	부서	입사 후 경력
A	대리	인사팀	2년
B	과장	경영지원팀	5년
C	이사	인사팀	8년
D	과장	인사팀	3년
E	사원	홍보팀	6개월
F	과장	홍보팀	2년
G	이사	고객지원팀	13년
H	사원	경영지원	5개월
I	이사	고객지원팀	2년
J	과장	영업팀	4년
K	대리	홍보팀	4년
L	사원	홍보팀	2년
M	과장	개발팀	3년
N	이사	개발팀	8년

① L사원은 면접위원으로 선출될 수 없다.
② N이사는 반드시 면접위원으로 선출된다.
③ B과장이 면접위원으로 선출됐다면 K대리도 선출된다.
④ 과장은 두 명 이상 선출되었다.

05 자동차 회사에서 기계설비를 담당하는 귀하는 12월 주말 근무표 초안을 작성하였는데, 이를 토대로 대체근무자를 미리 반영하려고 한다. 다음 중 귀하가 배정한 인원으로 올바르지 않은 것은?

• 주말근무 규정

    ① 1 ~ 3팀은 순차적으로 주말근무를 실시한다.
    ② 주말근무 후에는 차주 월요일(토요일 근무자) 및 화요일(일요일 근무자)을 휴무일로 한다.
    ③ 주말 이틀 연속 근무는 금한다.
    ④ 주말근무 예정자가 개인사정으로 인하여 근무가 어렵다면, 해당 주 휴무이거나 혹은 근무가 없는 팀의
       일원 1명과 대체한다.

• 12월 주말 근무표

구분	1주 차		2주 차		3주 차		4주 차	
	5일(토)	6일(일)	12일(토)	13일(일)	19일(토)	20일(일)	26일(토)	27일(일)
근무자	1팀	2팀	3팀	1팀	2팀	3팀	1팀	2팀

• 기계설비팀 명단

    • 1팀 : 강단해(팀장), 마징가, 차도선, 이방원, 황이성, 강의찬
    • 2팀 : 사차원(팀장), 박정훈, 이도균, 김선우, 정선동, 박아천
    • 3팀 : 마강수(팀장), 이정래, 하선오, 이광수, 김동수, 김대호

	휴무예정일자	휴무예정자	사유	대체근무자	대체근무일
①	12/5(토)	차도선	가족여행	하선오	12/12(토)
②	12/12(토)	이정래	지인 결혼식	박정훈	12/27(일)
③	12/19(토)	이도균	건강검진	이방원	12/13(일)
④	12/20(일)	이광수	가족여행	강의찬	12/26(토)

06 다음은 부서별로 핵심역량가치 중요도를 정리한 표와 신입사원들의 핵심역량평가 결과표이다. 결과표를 바탕으로 C사원과 E사원의 부서배치로 올바른 것은?(단, '−'는 중요도가 상관없다는 표시이다)

〈핵심역량가치 중요도〉

구분	창의성	혁신성	친화력	책임감	윤리성
영업팀	−	중	상	중	−
개발팀	상	상	하	중	상
지원팀	−	중	−	상	하

〈핵심역량평가 결과표〉

구분	창의성	혁신성	친화력	책임감	윤리성
A사원	상	하	중	상	상
B사원	중	중	하	중	상
C사원	하	상	상	중	하
D사원	하	하	상	하	중
E사원	상	중	중	상	하

	C사원	E사원		C사원	E사원
①	개발팀	지원팀	②	영업팀	지원팀
③	개발팀	영업팀	④	지원팀	개발팀

07 다음은 F – 2 점수제 비자에 대한 안내 자료이다. F – 2 점수제 비자를 받을 수 있는 경우는?

〈F – 2 점수제 비자 안내〉

■ **F – 2 점수제 비자란?**

한국 시민권자를 배우자로 뒀거나 5년 이상(단 하루도 빠짐없이) 한국에 체류한 경우 받을 수 있는 비자로, 나이, 학력, 한국어능력, 현 소득 등 점수를 합산하여 120점 만점에 80점을 넘을 경우 연장이 가능한 2년 기한의 비자가 발급되며, 특별한 문제가 없으면 3년 뒤 영주자격을 신청할 수 있습니다.

■ **F – 2 점수제 비자 점수 평가방법**

나이, 학력, 소득, 한국어능력시험, 연간 소득으로 구성되는 공통항목과 가·감점항목의 점수를 합산하여 평가됩니다. 가·감점항목의 경우 사회통합프로그램, 납세실적, 사회봉사 등으로 최대 30점의 가점을 받을 수 있으나, 동반가족 등이 불법체류이거나 기타 벌금 등의 처분을 받았다면 최대 5점의 감점이 될 수 있습니다. 공통항목에 대한 점수 평가표는 아래와 같습니다.

• 나이

구분	18 ~ 24세	25 ~ 29세	30 ~ 34세	35 ~ 39세	40 ~ 44세	45 ~ 50세	51세 이상
배점	20점	23점	25점	23점	20점	18점	15점

• 학력

구분	박사		석사		학사		전문학사		고졸
	이공계	인문계	이공계	인문계	이공계	인문계	이공계	인문계	
배점	35점	33점	32점	30점	28점	26점	25점	23점	15점

• 한국어능력시험

구분	고급		중급		초급	
	6급	5급	4급	3급	2급	1급
배점	20점	18점	16점	14점	12점	10점

• 연간 소득

구분	1억 원 이상	9천만 원 이상	8천만 원 이상	7천만 원 이상	6천만 원 이상	5천만 원 이상	4천만 원 이상	3천만 원 이상	2천만 원 이상	2천만 원 미만
배점	10점	9섬	8점	7점	6점	5점	4점	3점	2점	1점

① 제 현재 나이는 32세입니다. 연간 소득은 3천2백만 원이며 한국어능력시험 3급을 취득했습니다. 현재 석사 인문계 과정으로 졸업한 상태이고, 추가적으로 사회봉사활동으로 가점 20점을 확보하였습니다. 현재 독신이며 한국에서 체류한지 3년 되었습니다.

② 저는 우수한 성적으로 한국어능력시험 5급을 취득했으며, 이공계 과정으로 학사를 졸업했습니다. 현재 나이는 36세로 한국인 배우자를 두었습니다. 연간 소득은 2천4백만 원입니다. 사회통합프로그램에 참여하여 가점 5점을 확보했습니다.

③ 한국에서 지낸지 8년이 되어가고 있으며, 현재 나이는 42세입니다. 저는 성실한 납세를 통해 가점 15점을 확보하였고, 한국어능력시험 6급을 취득한 상태입니다. 연간 소득은 1천8백만 원으로 고졸 출신입니다.

④ 한국인 배우자를 둔 33세 남자입니다. 한국어를 좋아해서 한국어능력시험 6급을 취득하였고, 이공계 과정 석사로 졸업하였습니다. 사회봉사활동을 통해 가점 10점을 확보한 상태이며, 연간 소득은 2천6백만 원입니다.

08 S은행에서 승진대상자 중 2명을 승진시키려고 한다. 승진의 조건은 동료평가에서 '하'를 받지 않고 합산점수가 높은 순이다. 합산점수는 100점 만점의 점수로 환산한 승진시험 성적, 영어 성적, 성과 평가의 수치를 합산한다. 승진시험의 만점은 100점, 영어 성적의 만점은 500점, 성과 평가의 만점은 200점이라고 할 때, 승진 대상자 2명은 누구인가?

구분	승진시험 성적	영어 성적	동료 평가	성과 평가
A	80	400	중	120
B	80	350	상	150
C	65	500	상	120
D	70	400	중	100
E	95	450	하	185
F	75	400	중	160
G	80	350	중	190
H	70	300	상	180
I	100	400	하	160
J	75	400	상	140
K	90	250	중	180

① B, K
③ E, I

② A, C
④ F, G

09 N은행에서는 업무처리 시 사고를 줄이기 위해 사고 유형별로 벌점을 부과하여 소속 직원의 인사고과에 반영한다. 이를 위해 매달 부서별로 사고 건수를 조사하여 다음의 벌점 산정 방식에 따라 벌점을 부과한다. 사고 유형별 벌점과 부서별 당월 사고 유형별 건수 현황이 아래와 같을 때, A ~ D부서 중 두 번째로 높은 벌점을 받을 부서는?

〈벌점 산정 방식〉

• 당월 벌점은 사고 유형별 건수와 유형별 벌점의 곱의 총합으로 계산한다.
• 전분기 부서표창을 받은 부서의 경우, 당월 벌점에서 20점을 차감하여 최종 벌점을 계산하는 혜택을 부여한다.
• 전분기 부서표창을 받았더라도, 당월 '의도적 부정행위' 유형의 사고가 3건 이상인 경우 혜택을 적용하지 않는다.

〈사고 유형별 벌점〉

오류 종류	의도적 부정행위	의무 불이행	사소한 과실
벌점	20점	12점	6점

〈부서별 당원 사고 유형별 건수 현황〉

부서	의도적 부정행위	의무 불이행	사소한 과실	전분기 부서표창 여부
A	1건	2건	3건	×
B	1건	4건	2건	○
C	–	3건	6건	×
D	3건	2건	–	○

① A부서
② B부서
③ C부서
④ D부서

10 다음과 같은 〈조건〉에서 귀하가 판단할 수 있는 내용으로 옳지 않은 것은?

> **조건**
>
> • 프로젝트는 A부터 E까지의 작업으로 구성되며, 모든 작업은 동일 작업장 내에서 행해진다.
> • 각 작업의 필요 인원과 기간은 다음과 같다.

프로젝트	A작업	B작업	C작업	D작업	E작업
필요 인원(명)	5	3	5	2	4
기간(일)	10	18	50	18	16

>   – B작업은 A작업이 완료된 이후에 시작할 수 있음
>   – E작업은 D작업이 완료된 이후에 시작할 수 있음
> • 각 인력은 A부터 E까지 모든 작업에 동원될 수 있으며, 각 작업에 투입된 인력의 생산성은 동일하다.
> • 프로젝트에 소요되는 비용은 1인당 1일 10만 원의 인건비와 1일 50만 원의 작업장 사용료로 구성된다.
> • 각 작업의 필요 인원은 증원 또는 감원될 수 없다.

① 프로젝트를 완료하기 위해 필요한 최소인력은 5명이다.
② 프로젝트를 완료하기 위해 소요되는 최단기간은 50일이다.
③ 프로젝트를 완료하는 데 들어가는 최소비용은 6천만 원 이하이다.
④ 프로젝트를 최단기간에 완료하는 데 투입되는 최소인력은 10명이다.

CHAPTER 05 물적자원관리형

대표유형 ❶ 물적자원 확인

T공장에서 Q제품을 생산하고 있으며, 최대한 비용과 시간을 절약하려고 한다. Q제품은 A ~ F부품 중 3가지 부품으로 구성되고, 다음 자료는 부품별 한 개당 가격, Q제품에 부품 조립 시 소요시간과 필요 개수이다. 다음 중 Q제품을 완성할 경우 A ~ F부품에서 〈조건〉에 부합하는 부품 구성으로 옳은 것은?

〈부품 한 개당 가격 및 시간〉

부품	가격	시간	필요 개수	부품	가격	시간	필요 개수
A	20원	8분	4개	D	50원	10분	3개
B	35원	7분	2개	E	90원	9분 30초	2개
C	40원	7분 30초	3개	F	120원	12분 30초	1개

조건
• 완제품을 만들 때 부품의 총 가격이 가장 저렴해야 한다.
• 완제품을 만들 때 부품의 총 개수가 적어야 한다.
• 완제품을 만들 때 총 소요시간이 짧아야 한다.
• '가격 - 개수 - 소요시간' 순서대로 중요하다.
• 총 가격의 차액이 100원 이하일 경우 구성의 총 개수, 총 소요시간 순서대로 비교한다.

① A, B, C
② A, C, F
③ B, C, E
④ A, D, F

정답 해설

선택지별 하나의 완제품을 만들 때 중요도에 따라 부품의 총 가격, 총 개수 및 총 소요시간을 정리하면 다음과 같다.
① A, B, C
 - 총 가격 : $20\times4+35\times2+40\times3=270$원
 - 총 개수 : $4+2+3=9$개
 - 총 소요시간 : $8\times4+7\times2+7.5\times3=68.5$분
② A, C, F
 - 총 가격 : $20\times4+40\times3+120\times1=320$원
 - 총 개수 : $4+3+1=8$개
 - 총 소요시간 : $8\times4+7.5\times3+12.5\times1=67$분

③ B, C, E
    – 총 가격 : 35×2+40×3+90×2=370원
    – 총 개수 : 2+3+2=7개
    – 총 소요시간 : 7×2+7.5×3+9.5×2=55.5분
④ A, D, F
    – 총 가격 : 20×4+50×3+120×1=350원
    – 총 개수 : 4+3+1=8개
    – 총 소요시간 : 8×4+10×3+12.5×1=74.5분

총 가격이 가장 저렴한 구성은 ①의 A, B, C부품이지만 이 구성의 총 가격과 나머지 부품 구성의 차액이 100원 이하이므로 다섯 번째 조건에 따라 비교해보면, 이중 총 개수가 가장 적은 구성은 7개인 ③의 구성이며, 총 소요시간도 55.5분으로 가장 짧다. 따라서 Q제품을 만들 시 〈조건〉에 부합하는 부품 구성은 'B, C, E'이다.

정답 ③

대표유형 ❷ 물적자원 할당

귀하는 휴대전화를 구입하기 위하여 A, B, C 세 상품에 대해 다음과 같이 만족도를 조사하였다. 다음 중 경제적 의사결정과 관련하여 옳은 설명은?(단, 만족도 1단위는 화폐 1만 원의 가치와 같다)

〈A ~ C상품의 만족도 조사〉

(단위 : 점)

상품	가격	만족도	광고의 호감도 (5)	디자인 (12)	카메라 기능 (8)	단말기 크기 (9)	A/S (6)
A	35만 원		5	10	6	8	5
B	28만 원		4	9	6	7	5
C	25만 원		3	7	5	6	4

※ ( ) 안은 만족도의 만점임

① 합리적으로 선택한다면 상품 B를 구입할 것이다.
② 단말기 크기보다 카메라 기능을 더 중시하고 있다.
③ 만족도가 가장 큰 대안을 선택하는 것이 가장 합리적이다.
④ 예산을 25만 원으로 제한하면 휴대전화 구입을 포기할 것이다.

정답 **해설**

경제적 의사결정을 위해 상품별 만족도 총합을 계산하면 다음과 같다.

(단위 : 점)

상품	가격	만족도	광고의 호감도 (5)	디자인 (12)	카메라 기능 (8)	단말기 크기 (9)	A/S (6)	만족도 총합
A	35만 원		5	10	6	8	5	34
B	28만 원		4	9	6	7	5	31
C	25만 원		3	7	5	6	4	25

이때, 각 상품의 가격대비 만족도를 계산하면, 단위 금액 당 만족도가 가장 높은 상품 B$\left(=\dfrac{31}{28}\right)$를 구입하는 것이 가장 합리적이다.

오답분석

② 단말기 크기의 만족도 만점 점수는 9점으로 카메라 기능보다 높기 때문에 단말기 크기를 더 중시하고 있음을 알 수 있다.
③ 세 상품 중 상품 A의 만족도가 가장 크지만, 비용을 고려해야 하기 때문에 상품 A를 구입하는 것은 합리적인 선택으로 볼 수 없다.
④ 예산을 25만 원으로 제한할 경우 상품 C를 선택할 것이다.

정답 ①

☑ 확인 Check! ○ △ ✕

01 N은행에서 근무하는 K사원은 새로 도입되는 농업관련 정책 홍보자료를 만들어서 배포하려고 한다. 가장 저렴한 비용으로 인쇄할 수 있는 업체를 고르면?

〈인쇄업체별 비용 견적〉

(단위 : 원)

업체명	페이지당 비용	표지 가격		권당 제본 비용	비고
		유광	무광		
A인쇄소	50	500	400	1,500	
B인쇄소	70	300	250	1,300	
C인쇄소	70	500	450	1,000	100부 초과 시 초과 부수만 총비용에서 5% 할인
D인쇄소	60	300	200	1,000	

※ 홍보자료는 관내 20개 지점에 배포하고, 각 지점마다 10부씩 배포한다.
※ 홍보자료는 30페이지 분량으로 제본하며, 표지는 유광표지로 한다.

① A인쇄소　　　　　　　　　　　② B인쇄소
③ C인쇄소　　　　　　　　　　　④ D인쇄소

02 주택도시보증공사의 기획팀에서 근무하는 T사원은 세미나를 위한 장소를 예약하려고 한다. 세미나 장소의 선정 기준과 장소의 조건이 다음과 같다면, 가장 적합한 장소는 어디인가?

〈세미나 장소 선정 기준〉

- 5시간 대여(식사 필요)
- 가장 저렴한 비용
- 빔 프로젝터 활용 시설 필요
- 수용인원 50명 이상(식사 50인분 예약)
- 공사에서 40분 이내의 이동거리

〈장소 조건〉

장소명	수용인원	시간당 대여료	식사 제공	빔 프로젝터	이동거리
G빌딩 다목적홀	100명	250,000원	○	1일 대여비 90,000원	15분
O빌딩 세미나홀	60명	120,000원	1인당 6,000원 별도 지급	○	35분
I공연장	70명	100,000원	1인당 8,000원 별도 지급	1일 대여비 50,000원	40분
U펜션 강당	50명	50,000원	1인당 8,000원 별도 지급	✕	60분

① G빌딩 다목적홀
② O빌딩 세미나홀
③ I공연장
④ U펜션 강당

03 서울에 사는 A씨는 인터넷이 가능한 휴대폰을 구입하기 위해 매장에 들렀다. 아래 제시된 모델 중 결정계수가 가장 높은 제품을 구입할 때, A씨가 선택할 휴대폰은?

〈휴대폰 모델별 구분〉

모델명	통신속도	할부개월	단말기 가격	월 납부요금(원)
A	LTE	24	300,000	34,000
B	LTE	24	350,000	38,000
C	3G	36	250,000	25,000
D	3G	36	200,000	23,000

〈휴대폰 모델 결정계수〉

결정계수 : 할부개월×10,000+단말기 가격×0.5+월 납부요금×0.5

① A모델
② B모델
③ C모델
④ D모델

04 K은행은 사원들의 복지 증진을 위해 안마의자를 구매할 계획이다. K은행의 안마의자 구입 시 평가기준이 아래와 같을 때, 〈보기〉중 어떤 안마의자를 구매하겠는가?

〈K은행의 안마의자 구입 시 평가기준〉

• 사원들이 자주 사용할 것으로 생각되니 A/S 기간이 2년 이상이어야 한다.
• 사무실 인테리어를 고려하여 안마의자의 컬러는 레드보다는 블랙이 적절한 것으로 보인다.
• 겨울철에도 이용할 경우를 위해 안마의자에 온열기능이 있어야 한다.
• 안마의자의 구입 예산은 최대 2,500만 원까지며, 기격이 에산 안에만 해낭하면 모두 구매 가능하다.
• 안마의자의 프로그램 개수는 최소 10개 이상은 되어야 하며, 많으면 많을수록 좋다.

보기

구분	가격	컬러	A/S 기간	프로그램	옵션
A안마의자	2,200만 원	블랙	2년	12개	온열기능
B안마의자	2,100만 원	레드	2년	13개	온열기능
C안마의자	2,600만 원	블랙	3년	15개	–
D안마의자	2,400만 원	블랙	2년	13개	온열기능

① A안마의자
② B안마의자
③ C안마의자
④ D안마의자

05 M씨는 로봇청소기를 합리적으로 구매하기 위해 모델별로 성능을 비교·분석하였다. 〈보기〉에 따라 K씨가 선택할 로봇청소기 모델은?

〈로봇청소기 모델별 성능 분석표〉

모델	청소 성능		주행성능			소음 방지	자동 복귀	안전성	내구성	경제성
	바닥	카펫	자율주행성능	문턱 넘김	추락 방지					
A	★★★	★	★★	★★	★★	★★★	★★★	★★★	★★★	★★
B	★★	★★★	★★★	★★★	★	★★★	★★	★★★	★★★	★★
C	★★★	★★★	★★★	★	★★★	★★★	★★★	★★★	★★★	★
D	★★	★★	★★★	★★	★	★★	★★	★★★	★★	★★

※ ★★★ : 적합, ★★ : 보통, ★ : 미흡

보기

• M씨 : 로봇청소기는 내구성과 안전성이 1순위이고 집에 카펫은 없으니 바닥에 대한 청소 성능이 2순위야. 글을 쓰는 아내를 위해서 소음도 중요하겠지, 문턱이나 추락할만한 공간은 없으니 자율주행성능만 좋은 것으로 살펴보면 되겠네. 나머지 기준은 크게 신경 안 써도 될 것 같아.

① A모델
② B모델
③ C모델
④ D모델

06 심사평가원에서 근무하는 H사원은 신입사원 채용시험을 위한 시설을 대관하려고 한다. 채용시험 시설 선정기준과 시설별 조건을 고려하였을 때, H사원이 대관할 시설은 무엇인가?

〈채용시험 시설 선정기준〉

- 300명 이상 수용이 가능 시설
- 칠판 또는 화이트보드를 보유한 시설
- 3시간 이상 연속으로 대여 가능한 시설
- 방송시설을 보유한 시설
- 대관료가 저렴한 시설

〈시설별 조건〉

구분	수용 인원	시간당 대관료	보유 기자재	대관 가능 시간
A중학교	300명	80만 원	칠판, 방송시설	오전 10시 ~ 오후 12시
B고등학교	350명	90만 원	칠판, 방송시설	오전 9시 ~ 오후 3시
C체육관	500명	100만 원	방송시설	오전 9시 ~ 오후 6시
D호텔	280명	200만 원	✕	오전 10시 ~ 오전 11시 오후 3시 ~ 오후 5시

① A중학교
② B고등학교
③ C체육관
④ D호텔

07 김 팀장은 A사에서 사무용품을 구입하려고 한다. A사의 사무용품 할인행사를 고려하여 10,000원의 예산 내에서 구입하려고 할 때, 다음 중 효용의 합이 가장 높은 조합은?

〈품목별 가격 및 효용〉

품목	결재판	서류봉투(중) (50매)	서류봉투(대) (50매)	스테이플러	A4 파일 (20매)
가격(원/개)	2,500	1,300	1,800	2,200	3,200
효용	80	20	25	35	55

〈A사 이번 달 사무용품 할인행사〉

1. 결재판 2개 구매 시, A4 파일 1묶음 무료제공
2. 서류봉투(중) 3묶음 구매 시, 서류봉투(대) 2묶음 무료제공
3. 스테이플러 3개 구매 시, 결재판 1개 무료제공
4. A4 파일 2묶음 구매 시, 스테이플러 1개 무료제공

① 결재판 2개, 서류봉투(대) 2묶음
② 서류봉투(중) 4묶음, A4 파일 1묶음
③ 서류봉투(대) 2묶음, 스테이플러 3개
④ 스테이플러 2개, 결재판 1개, 서류봉투(대) 1묶음

08 W은행에서 근무하는 A대리가 회의실 탁자를 옮기던 중 나사가 풀려 탁자의 다리 하나가 빠졌다. A대리는 탁자 다리의 육각볼트는 찾았지만 육각너트는 찾지 못하였고, 회사 비품실에서 육각볼트의 규격에 맞는 육각너트와 스패너를 이용해 빠진 탁자의 다리를 다시 맞추고자 한다. A대리가 아래의 〈조건〉에 부합하는 육각너트와 스패너를 찾으려고 할 때, 육각너트 규격과 스패너 규격을 참고하여 A대리가 사용해야 할 육각너트 규격과 스패너 규격으로 가장 적절한 것은?

> **조건**
> • 육각볼트 규격은 나사 지름(in)×길이(in)로 구성된다.
> • A대리가 찾은 육각볼트 규격은 나사 지름이 5/16인치(in)이며, 길이는 2인치(in)이다.
> • 1인치(in)는 2.54cm이다.
> • 육각너트 규격은 육각볼트의 나사 지름과 가장 유사한 너비의 내경이 적합하다.
> • 스패너 규격은 육각너트의 외경과 가장 유사한 너비의 대변을 갖는 것이 적합하다.

〈육각너트 규격〉

규격	내경(mm)	외경(mm)
M6	6	10
M8	8	13
M10	10	17
M12	12	19

〈스패너 규격〉

규격	대변(mm)
M6	6
M8	8
M10	10
M14	14

	육각너트 규격	스패너 규격
①	M6	M10
②	M8	M10
③	M8	M14
④	M10	M10

09 다음은 6개 광종의 위험도와 경제성 점수에 관한 자료이다. 분류기준을 이용하여 광종을 분류할 때, 〈보기〉의 설명 중 옳은 것을 모두 고른 것은?

〈6개 광종의 위험도와 경제성 점수〉

(단위 : 점)

구분	금광	은광	동광	연광	아연광	철광
위험도	2.5	4.0	2.5	2.7	3.0	3.5
경제성	3.0	3.5	2.5	2.7	3.5	4.0

〈분류기준〉

위험도와 경제성 점수가 모두 3.0점을 초과하면 비축필요광종으로 분류하고, 위험도와 경제성 점수 중 하나는 3.0점 초과, 다른 하나는 2.5점 초과 3.0점 이하인 경우에는 주시광종으로 분류하며, 그 외는 비축제외광종으로 분류한다.

보기

㉠ 주시광종으로 분류되는 광종은 1종류이다.
㉡ 비축필요광종으로 분류되는 광종은 은광, 아연광, 철광이다.
㉢ 모든 광종의 위험도와 경제성 점수가 현재보다 각각 20% 증가하면, 비축필요광종으로 분류되는 광종은 4종류가 된다.
㉣ 주시광종 분류기준을 위험도와 경제성 점수 중 하나는 3.0점 초과, 다른 하나는 2.5점 이상 3.0 이하로 변경한다면, 금광과 아연광은 주시광종으로 분류된다.

① ㉠, ㉢   ② ㉠, ㉣
③ ㉢, ㉣   ④ ㉠, ㉡, ㉢

10 S은행은 직원들의 교양증진을 위해 사내 도서관에 도서를 추가로 구비하고자 한다. 새로 구매할 도서는 직원들을 대상으로 한 사전조사 결과를 바탕으로 선정점수를 결정한다. 다음 정보에 따라 추가로 구매할 도서를 선정할 때, 다음 중 최종 선정될 도서는?

〈후보 도서 사전조사 결과〉

도서명	저자	흥미도 점수	유익성 점수
재테크, 답은 있다	정우택	6	8
여행학개론	W. George	7	6
부장님의 서랍	김수권	6	7
IT혁명의 시작	정인성, 유오진	5	8
경제정의론	S. Collins	4	5
건강제일주의	임시학	8	5

조건

- S은행은 전 직원들을 대상으로 후보 도서들에 대한 사전조사를 하였다. 각 후보 도서들에 대한 흥미도 점수와 유익성 점수는 전 직원들이 10점 만점으로 부여한 점수의 평균값이다.
- 흥미도 점수와 유익성 점수를 3 : 2의 가중치로 합산하여 1차 점수를 산정하고, 1차 점수가 높은 후보 도서 3개를 1차 선정한다.
- 1차 선정된 후보 도서 중 해외저자의 도서는 가점 1점을 부여하여 2차 점수를 산정한다.
- 2차 점수가 가장 높은 2개의 도서를 최종선정한다. 만일 선정된 후보 도서들의 2차 점수가 모두 동일한 경우, 유익성 점수가 가장 낮은 후보 도서는 탈락시킨다.

① 재테크, 답은 있다 / 여행학개론
② 재테크, 답은 있다 / 건강제일주의
③ 여행학개론 / 부장님의 서랍
④ 여행학개론 / 건강제일주의

☑ 확인 Check! ○ △ ✕

01 다음은 N한의원의 요금표에 관한 자료이다. A씨와 B씨는 진료 및 치료를 받기 위해 N한의원을 방문하였다. 〈조건〉과 같이 치료를 받았을 때, A씨와 B씨는 N한의원에 얼마의 비용을 지불해야 하는가?

〈N한의원 요금표〉

구분	금액
약침	10,000원/개
체열진단	5,000원/회
감기약	2,000원/포
피로회복제	3,000원/포
경옥고	300,000원/제
청심환	5,000원/개
소화환	3,500원/개
변비환	3,500원/개
공진단	25,000원/환

조건
- A씨와 B씨는 월요일 ~ 일요일 동안 진료를 받으러 N한의원을 방문했다.
- A씨와 B씨는 진료 첫날 체열진단을 받았다.
- B씨는 피로회복제를 하루에 2포씩 먹기 위해 3일치를 지었다.
- A씨는 청심환 2개와 소화환·변비환을 1개씩 구입했다.
- A씨는 허리에 약침을 4개씩 월요일·수요일·금요일에 맞았고, B씨는 어깨에 5개씩 토요일·일요일에 맞았다.

	A씨	B씨
①	140,000원	120,000원
②	142,000원	123,000원
③	144,000원	126,000원
④	146,000원	129,000원

02 W연구원은 같은 온실에서 A ~ E식물을 하나씩 동시에 재배하는 실험을 시행한 후 식물재배온도를 결정하려고 한다. 다섯 가지 식물의 재배 가능 온도와 상품가치가 다음과 같을 때, 가장 많은 식물을 재배할 수 있는 온도와 상품가치의 총합이 가장 큰 온도를 올바르게 나열한 것은?(단, W연구원은 온도만 조절할 수 있으며, 주어진 조건 외에 다른 조건은 고려하지 않는다)

〈A ~ E의 재배 가능 온도와 상품가치〉

식물 종류	재배 가능 온도(℃)	상품가치(원)
A	0 이상 20 이하	10,000
B	5 이상 15 이하	25,000
C	25 이상 55 이하	50,000
D	15 이상 30 이하	15,000
E	15 이상 25 이하	35,000

※ 식물의 상품가치를 결정하는 유일한 것은 온도이다.
※ 온실의 온도는 0℃를 기준으로 5℃ 간격으로 조절할 수 있고, 한 번 설정하면 변경할 수 없다.

	가장 많은 식물을 재배할 수 있는 온도	상품가치의 총합이 가장 큰 온도
①	15℃	15℃
②	15℃	20℃
③	15℃	25℃
④	20℃	20℃

03 K은행에서는 영업용 차량을 구매하고자 한다. 영업용으로 사용했을 경우, 연평균 주행거리는 30,000km이고 향후 5년간 사용할 계획이다. 현재 고려하고 있는 차량은 A ~ D자동차이다. 다음 중 경비가 가장 적게 들 것으로 예상하는 차량을 구매한다면 어떤 차량이 가장 적절한가?

■ 자동차 리스트

구분	사용연료	연비(km/L)	연료탱크 용량(L)	신차구매가(만 원)
A자동차	휘발유	12	60	2,000
B자동차	LPG	8	60	2,200
C자동차	경유	15	50	2,700
D자동차	경유	20	60	3,300

■ 연료 종류별 가격

종류	리터당 가격(원/L)
휘발유	1,400
LPG	900
경유	1,150

※ (경비)=(신차구매가)+(연료비)
※ 신차구매 결제는 일시불로 함
※ 향후 5년간 연료 가격은 변동이 없는 것으로 가정함

① A자동차
② B자동차
③ C자동차
④ D자동차

04 S은행 총무부에 근무하고 있는 C사원은 업무에 필요한 프린터를 구매할 예정이다. 프린터 성능별 가중치를 고려하여 점수가 가장 높은 프린터를 구매한다고 할 때, C사원이 구매할 프린터는?

〈제품별 프린터 성능〉

구분	출력 가능 용지 장수	출력 속도	인쇄 해상도
A프린터	5,500장	10ppm	500dpi
B프린터	7,300장	7ppm	900dpi
C프린터	4,700장	15ppm	600dpi
D프린터	10,000장	11ppm	400dpi

〈프린터 성능 점수표〉

출력 가능 용지 장수	출력 속도	인쇄 해상도	점수
4,000장 미만	10ppm 미만	500dpi 미만	60점
4,000장 이상 ~ 5,000장 미만	10ppm 이상 ~ 13ppm 미만	500dpi 이상 ~ 700dpi 미만	70점
5,000장 이상 ~ 6,000장 미만	13ppm 이상 ~ 15ppm 미만	700dpi 이상 ~ 900dpi 미만	80점
6,000장 이상 ~ 7,000장 미만	15ppm 이상 ~ 18ppm 미만	900dpi 이상 ~ 1,200dpi 미만	90점
7,000장 이상	18ppm 이상	1,200dpi 이상	100점

〈프린터 성능 가중치〉

출력 가능 용지 장수	출력 속도	인쇄 해상도
50%	30%	20%

① A프린터
② B프린터
③ C프린터
④ D프린터

05 새롭게 비품관리를 담당하게 된 A사원은 기존에 거래하던 X문구와 다른 업체들과의 가격 비교를 위해 Y문구와 Z문구에 견적서를 요청한 뒤 세 곳을 비교하려고 한다. 비품의 성능 차이는 다르지 않으므로 비교 후 가격이 저렴한 곳과 거래할 예정이다. 가능한 혜택을 모두 적용할 때 견적서의 총 합계금액과 최종적으로 거래할 업체를 바르게 짝지은 것은?(단, 배송료는 총 주문금액 계산 이후 더하며 백 원 미만은 절사한다)

X문구	(사업자 702-34-2345 / 전화 02-324-2234)		
품명	수량	단가	공급가액
MLT – D209S[호환]	1	28,000원	32,000원
A4 복사용지 80G(2박스 묶음)	1	18,900원	31,900원
친환경 진행 문서 파일	1	1,500원	2,500원

※ 총 주문금액에서 20% 할인 쿠폰 사용 가능
※ 배송료 : 4,000원(10만 원 이상 구매 시 무료 배송)

Y문구	(사업자 702-98-4356 / 전화 02-259-2413)		
품명	수량	단가	공급가액
PGI – 909 – PINK[호환]	1	20,000원	25,000원
더블비 A4 복사용지 80G(2박스 묶음)	1	17,800원	22,800원
친환경 진행 문서 파일	1	1,200원	1,800원

※ 회원가 구매 시 판매가의 7% 할인
※ 배송료 : 2,500원(7만 원 이상 구매 시 무료 배송)

Z문구	(사업자 470-14-0097 / 전화 02-763-9263)		
품명	수량	단가	공급가액
MST – D128S	1	20,100원	24,100원
A4 복사용지 75G(2박스 묶음)	1	18,000원	28,000원
문서 파일	1	1,600원	3,600원

※ 첫 구매 적립금 4,000포인트 사용 가능
※ 45,000원 이상 구매 시 문서 파일 1개 무료 증정
※ 배송료 : 4,500원(6만 원 이상 구매 시 무료 배송)

① X문구 – 49,000원
② Y문구 – 46,100원
③ Z문구 – 48,200원
④ Y문구 – 48,600원

06 K은행의 홍보팀은 내년 자사 상품의 홍보를 위해 포스터, 다이어리, 팸플릿, 도서를 만들려고 한다. 인쇄 및 제본의 가격이 가격표와 같고 홍보팀에서 구성하려는 샘플 상품이 〈보기〉와 같을 때, 〈보기〉의 상품 중 가격이 가장 저렴한 샘플 상품은?

〈가격표〉

(단위 : 원)

크기	1장 인쇄 가격	포스터	다이어리	팸플릿	도서	제본
A1	100	+40	제작 불가	제작 불가	제작 불가	+150
A2	80	+35	제작 불가	+70	제작 불가	+100
A3	60	+30	+20	+60	+20	+90
A4	50	+25	+15	+50	+10	+70
A5	40	+20	+10	+40	+5	+50
A6	20	+15	+5	+30	제작 불가	+30
A7	10	+10	제작 불가	+20	제작 불가	+20

※ 1장 인쇄 가격을 기본으로 제작하는 상품의 종류 및 특징에 따라 가격이 추가된다.
※ 도서는 100매가 1권으로 제본 비용은 권수마다 추가된다.
※ 포스터, 다이어리, 팸플릿의 경우 제본 비용은 장수에 상관없이 한 번만 추가된다.

보기

상품	포스터			다이어리			팸플릿			도서		
	크기	매수	제본	크기	매수	제본	크기	매수	제본	크기	매수	제본
상품 A	A3	10	○	A4	40	○	A6	10	✕	A3	700	✕
상품 B	A5	15	✕	A5	60	○	A5	15	✕	A3	600	○
상품 C	A2	20	○	A6	80	✕	A6	16	✕	A4	800	✕
상품 D	A1	10	✕	A3	50	✕	A7	12	○	A5	900	○

① 상품 A
② 상품 B
③ 상품 C
④ 상품 D

07 다음은 A나무의 직경생장률과 재적생장량에 관한 자료이다. 다음 자료를 참고하여 표의 조건에서 재적생장률이 가장 높은 것과 낮은 것은 무엇인가?

〈수종별 조건〉

구분	직경(cm)	재적(m³)	수피두께(mm)	직경생장량(mm)
가	10	0.05	5	15
나	12	0.08	5	20
다	10	0.06	6	16
라	10	0.05	6	15
마	11	0.07	8	18
바	12	0.09	5	18
사	12	0.10	7	22
아	11	0.06	5	12

※ 계산 시 수피두께와 직경생장량에서 단위는 cm로 변환하여 공식에 대입하고, 생장률 및 생장량은 소수점 이하 셋째 자리에서 반올림한다.

〈생장률 및 생장량 공식〉

- 직경생장률 : $(2 \times 직경생장량) \div (직경 - 2 \times 수피두께)$
- 수목 재적생장량 : $(재적) \times (직경생장률)$
- 재적생장률 : $\dfrac{(재적생장량)}{(2 \times 재적) - (재적생장량)} \times 40$

	가장 높은 수목	가장 낮은 수목
①	마	아
②	나	사
③	사	바
④	라	다

08 N은행에서 비품구매를 담당하고 있는 A사원은 비품관리 매뉴얼과 비품현황을 고려해 비품을 구매하려고 한다. 다음 중 가장 먼저 구매해야 하는 비품은 무엇인가?

〈비품관리 매뉴얼〉

1. 비품을 재사용할 수 있는 경우에는 구매하지 않고 재사용하도록 한다.
2. 구매요청 부서가 많은 비품부터 순서대로 구매한다.
3. 비품은 빈번하게 사용하는 정도에 따라 등급을 매겨 구매가 필요한 경우 A, B, C 순서대로 구매한다.
4. 필요한 비품 개수가 많은 비품부터 순서대로 구매한다.

※ 매뉴얼에 언급된 순서대로 적용한다.

〈비품별 요청사항〉

구분	필요 개수 (개)	등급	재사용 가능 여부	구매요청 부서	구분	필요 개수 (개)	등급	재사용 가능 여부	구매요청 부서
연필	5	B	×	인사팀 총무팀 연구팀	커피	10	A	×	인사팀 총무팀 생산팀
볼펜	10	A	×	생산팀	녹차	6	C	×	홍보팀
지우개	15	B	×	연구팀	A4	12	A	×	홍보팀 총무팀 인사팀
메모지	4	A	×	홍보팀 총무팀	문서용 집게	4	B	○	인사팀 총무팀 생산팀 연구팀
수첩	3	C	×	홍보팀	클립	1	C	○	연구팀
종이컵	20	A	×	총무팀	테이프	0	B	×	총무팀

① A4
② 커피
③ 문서용 집게
④ 연필

09 다음은 ○○인쇄업체의 제품단가표 자료이다. A ~ D회사가 ○○인쇄업체에 〈보기〉와 같이 제품을 의뢰하였을 때, 가장 비용이 적게 나오는 회사는?

〈제품단가표〉

구분	규격	기준수량(장)	가격(원)	구분	규격	기준수량(장)	가격(원)
A3 전단지	단면	2천	84,500	족자현수막 90cm×12cm	대나무+끈	100	380,000
	단면	4천	114,500			10	40,000
	양면	4천	138,500			1	5,000
A4 전단지	단면	4천	57,500	종이족자 53cm×77cm	고무줄마감+거치대	500	484,000
	양면	4천	66,500			1천	795,000
A5 전단지	단면	8천	62,500		끈작업+거치대	500	510,000
	양면	8천	68,500			1천	825,000
B4(8절) 전단지	단면	4천	104,500	문고리전단(16절)	단면	1만6천	230,000
	단면	8천	157,500		양면	1만6천	275,000
	양면	8천	184,500	일반현수막 500cm×90cm	원형나무+끈	10	130,000
B5(12절) 전단지	단면	8천	67,500			1	14,500
	양면	8천	76,000	현수막	300cm×90cm	10	67,500
B5(32절) 전단지	단면	1만6천	73,500		400cm×90cm	10	71,500
	양면	1만6천	81,500		600cm×90cm	10	84,500
3단 접지	A4	4천	104,500		300cm×90cm	1	9,500
	B5(16절)	8천	146,500		400cm×90cm	1	9,500
문어발(단면) 칼선 포함	A3 / 5개	2천	147,500		600cm×90cm	1	11,500
	A4 / 6개	4천	164,500				
	B5 / 6개	4천	109,500				
	B5 / 10개	4천	139,500				
문어발(단면) 칼선 미포함	A4 / 6개	8천	157,500				

기타 인쇄물은 문의 바랍니다.
(☎ : 000-0000-0000)

보기

구분	제품의뢰 내역	
A회사	• A4 전단지(양면) 2만4천 장 • 현수막(600cm×90cm) 20장	• 3단 접지(A4) 8천 장
B회사	• B4(8절) 전단지(단면) 1만6천 장 • 문고리전단(16절)(단면) 1만6천 장	• 문어발(단면) 칼선 포함(A4 / 6개) 4천 장 • 일반현수막 10장
C회사	• 문어발(단면) 칼선 포함(B5 / 6개) 1만2천 장 • 문고리전단(16절)(양면) 1만6천 장	• 족자현수막 30장 • 현수막(400cm×90cm) 5장
D회사	• A3 전단지(양면) 8천 장 • 현수막(400cm×90cm) 50장	• A4 전단지(단면) 1만2천장

① A회사
③ C회사

② B회사
④ D회사

10 W은행의 총무부에는 사무실에 공기청정기를 배치하려고 하며, 아래의 성능 비교 자료를 보고 공기청정기를 선택하려고 한다. 〈보기〉의 S대리가 공기청정기에 대하여 D사원에게 아래와 같이 요청하였을 경우, D사원이 선택해야 하는 공기청정기 모델은?

업체명	모델명	성능				유지관리비용		A/S 기간	월 렌탈비
		사용면적 (m²)	탈취효율	유해가스 제거효율	소음방지 효율	에너지 사용량 (kWh/년)	필터 교체비용		
S전자	AL112WS	36.4	★★★	★★	★★★	67	46,500원	1년	267,000원
S전자	DS302GV	39.9	★★★	★★★	★★★	67	51,000원	1년	273,000원
H전자	GT227QA	41.2	★★★	★★★	★★	80	43,000원	2년	232,000원
L전자	DC846PS	36.4	★★	★★★	★★★	73	52,500원	1년	215,000원
S전자	LT356FE	38.9	★★	★★★	★★	42	41,500원	2년	352,000원
H전자	PO946VG	45.3	★★★	★★	★★★	92	42,000원	1년	228,000원
H전자	ER754LF	40.2	★★	★★	★★	99	46,500원	2년	313,000원
L전자	CT754WE	35.3	★★★	★★★	★★★	84	45,000원	1년	225,000원
L전자	AX754LS	36.8	★★	★★	★★★	115	43,000원	2년	259,000원
S전자	PO754OU	38.7	★★★	★★★	★★★	103	42,500원	1년	262,000원
성능 등급 표시		★★★ : 매우 우수　　★★ : 우수　　★ : 보통							

※ L전자의 제품은 등록비 10만 원을 별도로 지불해야 한다.
※ S전자는 4개월 렌탈비 무료 이벤트를 진행 중이다.
※ 공기청정기 필터는 10개월에 한 번씩 교체해야 한다.

> **보기**
>
> D씨, 우리 사무실에 공기청정기를 렌탈해서 배치하려고 하는데 적절한 공기청정기 좀 찾아주세요. 우선 탈취 효율은 우수 등급 이상이면 상관없지만, 사무실 분위기가 매우 조용한 편이니 소음방지 효율 부분은 매우 우수 등급이어야 합니다. 유해가스 제거 효율도 우수 등급 이상이기만 하면 될 것 같아요. 사무실에 전기제품이 많다 보니 에너지 사용량도 신경 써야 할 것 같네요. 년당 100kWh 이하인 제품으로 부탁합니다. A/S 기간은 1년 이상인 제품으로 선택해주세요. 공기청정기 사용면적은 35m² 이상이면 되겠네요. 2년 렌탈할 예정이니 제품 등록비나 이벤트 확인해서 가장 저렴한 공기청정기를 저에게 알려주세요.

① AL112WS
② GT227QA
③ DC846PS
④ PO946VG

I wish you the best of luck!

FINAL

최종점검 모의고사

제1회 최종점검 모의고사
제2회 최종점검 모의고사

정답 및 해설 p. 046

☑ 확인 Check! ○△✕

01 다음 중 빈칸에 들어갈 말이 올바르게 연결된 것은?

> _____㉠_____(이)란 업무를 수행함에 있어서 답을 요구하는 질문이나 의논하여 해결해야 되는 사항을 의미한다. _____㉠_____ 은/는 흔히 _____㉡_____와/과 구분하지 않고 사용되는데, _____㉡_____(이)란 _____㉢_____의 원인이 되는 사항으로 해결을 위해서 손을 써야 할 대상을 말한다.

	㉠	㉡	㉢
①	문제	문제점	결과
②	문제	문제점	문제
③	문제점	오류	문제
④	문제점	문제	문제점

※ 다음 명제가 모두 참일 때, 반드시 참인 명제를 고르시오. [2~3]

☑ 확인 Check! ○△✕

02

> • 클래식을 좋아하는 사람은 고전을 좋아한다.
> • 사진을 좋아하는 사람은 운동을 좋아한다.
> • 고전을 좋아하지 않는 사람은 운동을 좋아하지 않는다.

① 클래식을 좋아하지 않는 사람은 운동을 좋아한다.
② 고전을 좋아하는 사람은 운동을 좋아하지 않는다.
③ 운동을 좋아하는 사람은 클래식을 좋아하지 않는다.
④ 사진을 좋아하는 사람은 고전을 좋아한다.

03

- 액션영화를 보면 팝콘을 먹는다.
- 커피를 마시지 않으면 콜라를 마시지 않는다.
- 콜라를 마시지 않으면 액션영화를 본다.
- 팝콘을 먹으면 나쵸를 먹지 않는다.
- 애니메이션을 보면 커피를 마시지 않는다.

① 커피를 마시면 액션영화를 본다.
② 액션영화를 보면 애니메이션을 본다.
③ 나쵸를 먹으면 액션영화를 본다.
④ 애니메이션을 보면 팝콘을 먹는다.

04 K공단에서 A, B, C, D부서에 한 명씩 신입사원을 선발하였다. 지원자는 총 5명이었으며, 선발 결과에 대해 다음과 같이 진술하였다. 이 중 1명의 진술만 거짓으로 밝혀졌을 때, 다음 중 항상 옳은 것은?

- 지원자 1 : 지원자 2가 A부서에 선발되었다.
- 지원자 2 : 지원자 3은 A 또는 D부서에 선발되었다.
- 지원자 3 : 지원자 4는 C부서가 아닌 다른 부서에 선발되었다.
- 지원자 4 : 지원자 5는 D부서에 선발되었다.
- 지원자 5 : 나는 D부서에 선발되었는데, 지원자 1은 선발되지 않았다.

① 지원자 1은 B부서에 선발되었다.
② 지원자 2는 A부서에 선발되었다.
③ 지원자 3은 D부서에 선발되었다.
④ 지원자 4는 B부서에 선발되었다.

05 A, B, C, D, E는 아파트 101 ~ 105동 중 서로 다른 동에 각각 살고 있다. 다음 제시된 내용이 모두 참일 때, 다음 중 반드시 참인 것은?

- 101 ~ 105동은 일렬로 나란히 배치되어 있다.
- A와 B는 서로 인접한 동에 산다.
- C는 103동에 산다.
- D는 C 바로 옆 동에 산다.

① A는 101동에 산다.
② B는 102동에 산다.
③ D는 104동에 산다.
④ A가 102동에 산다면 E는 105동에 산다.

※ 다음 명제가 모두 참일 때, 반드시 참인 명제를 고르시오. [6~9]

06
- S은행에 재직 중인 A, B, C, D는 각각 서로 다른 지역인 인천, 세종, 대전, 강릉에서 근무하고 있다.
- A, B, C, D 모두 연수에 참여하기 위해 서울에 있는 본사를 방문한다.
- A ~ D 모두 같은 종류의 교통수단을 이용하고, 이동 시간은 거리가 멀수록 많이 소요되며, 그 외 소요되는 시간은 서로 동일하다.
- 서울과의 거리가 먼 순서대로 나열하면 강릉 – 대전 – 세종 – 인천 순서이다.
- D가 서울에 올 때, B보다 더 많은 시간이 소요된다.
- C는 A보다는 많이 B보다는 적게 시간이 소요된다.

① B는 세종에 근무한다.
② C는 대전에 근무한다.
③ D는 강릉에 근무한다.
④ C는 B보다 먼저 출발해야 한다.

07

> • 민현이는 1995년에 태어났다.
> • 재현이는 민현이보다 2년 늦게 태어났다.
> • 정현이는 재현이보다 먼저 태어났다.

① 민현이의 나이가 가장 많다.
② 정현이의 나이가 가장 많다.
③ 정현이는 민현이보다 어리다.
④ 정현이는 1997년 이전에 태어났다.

08

> • 조선 시대의 대포 중 천자포의 사거리는 1,500보이다.
> • 현자포의 사거리는 천자포의 사거리보다 700보 짧다.
> • 지자포의 사거리는 현자포의 사거리보다 100보 길다.

① 천자포의 사거리가 가장 길다.
② 현자포의 사거리가 가장 길다.
③ 지자포의 사거리가 가장 짧다.
④ 현자포의 사거리는 지자포의 사거리보다 길다.

09

> • 희정이는 세영이보다 낮은 층에 산다.
> • 세영이는 은솔이보다 높은 층에 산다.
> • 은솔이는 희진이 옆집에 산다.

① 세영이는 희진이보다 높은 층에 산다.
② 희진이는 희정이보다 높은 층에 산다.
③ 은솔이는 희정이보다 높은 층에 산다.
④ 세영이가 가장 낮은 층에 산다.

10 A기업에서 다음 면접방식으로 면접을 진행할 때, 심층면접을 할 수 있는 최대 인원수와 마지막 심층면접자의 기본면접 종료 시각을 올바르게 짝지은 것은?

〈면접방식〉

- 면접은 기본면접과 심층면접으로 구분된다. 기본면접실과 심층면접실은 각 1개이고, 면접대상자는 1명씩 입실한다.
- 기본면접과 심층면접은 모두 개별면접의 방식을 취한다. 기본면접은 심층면접의 진행 상황에 관계없이 10분 단위로 계속되고, 심층면접은 기본면접의 진행 상황에 관계없이 15분 단위로 계속된다.
- 기본면접을 마친 면접대상자는 순서대로 심층면접에 들어간다.
- 첫 번째 기본면접은 오전 9시 정각에 실시되고, 첫 번째 심층면접은 첫 번째 기본면접이 종료된 시각에 시작된다.
- 기본면접과 심층면접 모두 낮 12시부터 오후 1시까지 점심 및 휴식 시간을 가진다.
- 각각의 면접 도중에 점심 및 휴식 시간을 가질 수 없고, 1인을 위한 기본면접 시간이나 심층면접 시간이 확보되지 않으면 새로운 면접을 시작하지 않는다.
- 기본면접과 심층면접 모두 오후 1시에 오후 면접 일정을 시작하고, 기본면접의 일정과 관련 없이 심층면접은 오후 5시 정각에는 종료되어야 한다.

※ 면접대상자의 이동 및 교체 시간 등 다른 조건은 고려하지 않는다.

	인원수	종료 시각
①	27명	오후 2시 30분
②	27명	오후 2시 40분
③	28명	오후 2시 30분
④	28명	오후 2시 40분

11 갑 정당과 을 정당은 A~H선거구에서 다음 조건에 따라 선거구 통합을 고려하고 있다. 다음 〈조건〉에 근거할 때, 다음 통합방안 중 을 정당에 가장 유리한 방안은?

〈선거구 위치와 선거구 내 정당별 지지율〉

A 25 : 75	B 55 : 45	
C 65 : 35	D 40 : 60	E 40 : 60
F 60 : 40	G 30 : 70	H 75 : 25

※ 선거구 내 수치는 '갑 정당 지지율 : 을 정당 지지율'이다.
※ '두 선거구가 인접한다.'는 것은 두 선거구가 가로 혹은 세로 경계선이 되는 변을 공유하고 있다는 것을 의미한다.

> **조건**
> • 선거구 통합은 인접한 2개의 선거구 사이에서만 이루어질 수 있다.
> • 각 선거구의 유권자 수는 동일하다.
> • 모든 유권자는 자신이 속한 선거구 내에서 자신이 지지하는 정당의 후보에게 1표만 행사한다.
> • 각 정당은 선거구별로 1명의 후보자를 공천하며, 선거구별로 가장 많은 지지를 받은 후보 1인이 당선된다.
> • 한 정당에 유리한 정도는 상대 정당보다 당선자를 몇 명이나 더 많이 배출하는가를 의미하며, 상대 정당보다 많은 당선자를 배출할수록 더 유리한 것으로 본다.
> • 선거구 통합은 정당 지지율을 포함한 다른 조건에 영향을 주지 않는다.

① (A, C), (B, D), (F, G), (E, H)로 통합
② (A, B), (C, F), (D, G), (E, H)로 통합
③ (A, B), (C, D), (F, G), (E, H)로 통합
④ (A, B), (C, F), (D, E), (G, H)로 통합

12 한국철도공사는 철도사고의 예방에 힘쓰는 한편 철도사고가 발생했을 경우 안전하고 신속한 대응태세를 확립하기 위한 비상대응훈련을 실행하고 있다. 이에 사고종류, 형태, 대상, 위치를 고려하여 비상사고 유형을 분류하고 이를 코드화하였다. 비상대응훈련이 있는 오늘 당신은 〈보기〉의 상황별 시나리오를 받았다. 다음의 〈자료 1〉과 〈자료 2〉를 참고로 중앙관제센터에 비상사고의 코드를 잘못 전송한 것을 고르면?

〈자료 1〉 비상사태 유형 분류

사고 종류	철도사고 형태	철도사고 대상	철도사고 위치
충돌사고(C)	1. 열차정면충돌	1. 전동열차 2. 고속열차 3. 여객열차 4. 여객 · 위험물 열차 5. 시설 · 전기분야	1. 역내 2. 본선구간 3. 터널 4. 교량
	2. 열차추돌		
	3. 열차측면충돌		
탈선사고(R)	1. 열차탈선		
화재사고(F)	1. 열차화재		
	2. 차량화재		
	3. 역사화재		
위험물(H)	1. 화학공업(유류)		
	2. 화약류(화약, 폭약, 화공품)		
	3. 산류(황산 등)		
	4. 가스류(압축 · 액화가스)		
	5. 가연성물질(액체 · 고체류)		
	6. 산화부식제		
	7. 독물류(방사능물질, 휘산성)		
	8. 특별취급 화공품(타르류 등)		
자연재해(N)	1. 침수(노반유실)		
	2. 강설		
	3. 지진		
테러(T)	1. 독가스 테러		
	2. 폭발물 테러		
	3. 생화학(탄저균) 테러		
차량 및 시설장애(I)	1. 차량고장 및 장애		
	2. 시설고장 및 장애		
	3. 전기고장 및 장애		

〈자료 2〉 비상사고의 코드화

구분	사고 종류	사고 형태	사고 대상	사고 위치
사용 문자	문자	숫자	숫자	숫자
표기 방법	C : 충돌사고 R : 탈선사고 F : 화재사고 H : 위험물 N : 자연재해 T : 테러 I : 차량 및 시설장해	세부적인 사고 유형을 오름차순 숫자로 표현	1. 전동열차 2. 고속열차 3. 여객열차 4. 여객 · 위험물 열차 5. 시설 · 전기분야	1. 역내 2. 본선구간 3. 터널 4. 교량

보기

① (가) : C143
② (나) : R133
③ (다) : F133
④ (라) : N134

13 A씨는 자신에게 가장 적합한 신용카드를 발급받고자 한다. 아래의 정보를 토대로 A씨는 다음에 제시된 4가지의 카드 중 무엇을 선택하겠는가?

〈A씨의 생활〉

A씨는 아침에 일어나 간단하게 끼니를 챙기고 출근을 한다. 자가용을 타고 가는 길은 항상 막혀 짜증이 날 법도 하지만, A씨는 라디오 뉴스로 주요 이슈를 확인하느라 정신이 없다. 출퇴근 중에는 차에서 보내는 시간이 많아 주유비가 상당히 나온다. 그나마 기름값이 싸져서 부담은 덜하다. 보조석에는 공과금 용지가 펼쳐져 있다. 혼자 살기 때문에 많은 요금이 나오지 않아 납부하는 것을 신경쓰지 못하고 있다. 이제 곧 겨울이 올 것을 대비하여 오늘 오후에 차량 점검을 맡기려고 예약을 해두었다. 아직 사고는 난 적이 없지만 혹시나 하는 마음에 점검을 받으려고 한다.

〈신용카드 종류〉

A카드	B카드	C카드	D카드
• 놀이공원 할인 • 커피 할인 • 키즈카페 할인	• 포인트 두 배 적립 • 6개월간 무이자 할인	• 공과금 할인 • 온라인 쇼핑몰 할인 • 병원 / 약국 할인	• 주유비 할인 • 차량 소모품 할인 • 상해보험 무료 가입

① A카드
② B카드
③ C카드
④ D카드

14 건강보험심사평가원 의료급여실의 A사원은 민원인이 자주 하는 질문만을 따로 모아 간행물에 실을 계획이다. 질문과 A사원의 답변이 올바르게 연결된 것은?

〈질문〉

Q1. 의료급여 수급권자인데 야간에 응급실에 가게 되었습니다. 응급실에서 진료한 경우 의료급여가 적용되나요?

Q2. 의료급여의뢰서 없이 2차 의료급여기관을 방문하여 진료를 받았습니다. 그리고 3차 의료급여기관에서 진료를 받기 위해, 2차 의료급여기관의 의뢰서를 발급받은 경우, 3차 의료급여기관의 진료비는 의료급여 혜택을 받을 수 있나요?

Q3. 의료급여환자에 대한 입원 식대 수가는 건강보험 식대 수가와 동일한가요?

Q4. 본인부담금 보상제 및 상한제는 모든 급여대상 본인부담금 기준으로 보상을 하나요?

〈답변〉

가. 의료급여법 시행규칙 별표1의 2에 의하여 수급권자가 제3조의 규정에 의한 의료급여 절차에 의하지 아니하고 의료급여기관을 이용한 경우에 소요된 진료비용은 총액의 100분의 100 본인부담률을 적용해야 합니다.

나. 건강보험의 경우는 요양기관 종별에 따라 식대 항목별 단가가 다르나, 의료급여 식대 수가는 종별 구분 없이 항목별(일반식, 치료식 등) 단일 수가입니다. 또한, 일반식 가산, 치료식 영양관리료 등의 가산수가를 적용하지 않습니다.

다. 모두 의료급여가 적용되는 것은 아니며, 응급증상 및 이에 준하는 증상으로 진료한 경우 의료급여가 적용되어 응급의료관리료와 본인부담금이 지원됩니다.

라. 수급권자의 급여대상 본인부담금이 대통령령에서 정하는 금액을 초과한 경우, 그 초과금액의 전액에 해당하는 금액을 보상해드립니다. 그러나 노인 틀니, 치과임플란트 및 선별급여에 대한 본인부담금은 제외됩니다.

	Q1	Q2	Q3	Q4
①	가	나	다	라
②	가	라	나	다
③	다	가	나	라
④	다	나	라	가

15 다음은 S은행의 상품판매지침 중 일부이다. 상담 내용 중 상품판매지침을 어기지 않은 것은?

〈상품판매지침〉

··· 중략 ···

• 제3조(중요내용 설명의무)

　직원은 금융상품 등에 관한 중요한 사항을 금융소비자가 이해할 수 있도록 설명하여야 한다.

··· 중략 ···

• 제5조(권한남용 금지의 원칙)

　직원은 우월적 지위를 남용하거나 금융소비자의 권익을 침해하는 행위를 하지 않아야 하며, 특히 다음 각 호의 사항은 권한의 남용에 해당되는 행위로 발생하지 않도록 주의하여야 한다.

　1. 여신지원 등 은행의 서비스 제공과 관련하여 금융소비자의 의사에 반하는 다른 금융상품의 구매를 강요하는 행위

　2. 대출상품 등과 관련하여 부당하거나 과도한 담보 및 보증을 요구하는 행위

　3. 부당한 금품 제공 및 편의 제공을 금융소비자에게 요구하는 행위

　4. 직원의 실적을 위해 금융소비자에게 가장 유리한 계약조건의 금융상품을 추천하지 않고 다른 금융상품을 추천하는 행위

• 제6조(적합성의 원칙)

　1. 직원은 금융소비자에 대한 금융상품 구매 권유 시 금융소비자의 성향, 재무 상태, 금융상품에 대한 이해수준, 연령, 금융상품 구매목적, 구매경험 등에 대한 충분한 정보를 파악하여 금융소비자가 적합한 상품을 구매하도록 최선의 노력을 다한다.

　2. 직원은 취약한 금융소비자(65세 이상 고령층, 은퇴자, 주부 등)에 대한 금융상품 구매 권유 시 금융상품에 대한 이해수준, 금융상품 구매목적, 구매경험 등을 파악하여 취약한 금융소비자에게 적합하다고 판단되는 상품을 권유하여야 한다.

---

① Q : 제가 아파트를 구입하려는데 ○○차량을 담보로 약 2천만 원 정도를 대출하고 싶어요.

　A : 지금 소유하신 ○○차량으로도 담보대출 진행이 가능하긴 한데, 시일이 좀 걸릴 수 있습니다. 대신에 우선 계약을 진행하시고 아파트를 담보로 하시면 훨씬 수월하게 대출 진행이 가능합니다.

　Q : 2천만 원을 대출하는데 아파트를 담보로 진행하기에는 무리가 있지 않나요?

　A : 하지만 담보물의 가격이 높을수록 대출 진행이 원활하기 때문에 훨씬 편하실 겁니다.

② Q : 저는 전업주부인데 급하게 돈이 필요해서 대출상품을 좀 알아보려고 해요.

　A : 그러시면 저희 상품 중 '○○ 대출' 상품이 고객님께 가장 알맞습니다. 이걸로 진행해 드릴까요?

　Q : 제가 금융상품을 잘 몰라서 여러 상품에 대한 설명을 좀 듣고 싶어요.

　A : '○○ 대출' 상품이 그 어떤 상품보다 고객님께 유리하기 때문에 권해드리는 거예요.

③ Q : 제가 여러 상품을 종합적으로 판단했을 때, 'ㅁㅁ 적금'으로 목돈을 모아보려고 하는데 바로 신청이 되나요?

　A : 고객님, 그 상품은 이율이 조금 떨어지는데 왜 그 상품을 가입하려고 하세요? '△△ 적금'으로 신청하는 게 유리하니까 그쪽으로 진행해 드릴게요.

④ Q : 직장에서 은퇴해서 가게를 차리려고 하는데, 대출상품에 대해 아는 게 없어서 추천을 좀 해주실 수 있나요?

　A : 그럼 고객님께서는 가게를 차리기 위해서 잔금에 대한 대출이 필요하시고, 이전에 대출상품을 이용해 본 적이 없으시다는 말씀이시죠? 그렇다면 고객님의 우편주소나 전자 메일 주소를 알려주시면 대출상품과 관련된 안내서와 추천 상품을 발송해 드릴게요.

16 A빵집과 B빵집은 서로 마주 보고 있는 경쟁업체이다. 인근상권에는 두 업체만 있으며, 각 매장에 하루 평균 100명의 고객이 방문한다. 고객은 가격변동에 따른 다른 매장으로의 이동은 있으나 이탈은 없다. 두 빵집이 서로 협상할 수 없는 조건이라면, 다음의 설명 중 옳지 않은 것은?

B빵집＼A빵집	인상	유지	인하
인상	(20%, 20%)	(30%, −20%)	(45%, −70%)
유지	(−20%, 30%)	(0%, 0%)	(10%, −30%)
인하	(−70%, 45%)	(−30%, 10%)	(−20%, −20%)

※ 괄호 안의 숫자는 A빵집과 B빵집의 매출 증가율을 의미한다. (A빵집 매출 증가율, B빵집 매출 증가율)
※ 가격의 인상폭과 인하폭은 동일하다.

① 빵집 A와 빵집 B 모두 가격을 유지할 가능성이 높다.
② 빵집 A가 가격을 인상할 때, 빵집 B가 가격을 유지한다면 빵집 A는 손해를 입게 된다.
③ 빵집 A가 가격을 인상할 때, 빵집 B는 가격을 유지하는 것보다 인하하는 것이 더 큰 이익을 얻을 수 있다.
④ 빵집 A가 가격을 유지할 때, 빵집 B가 가격을 인상한다면 빵집 B는 손해를 입게 된다.

17 국민건강보험공단에서 근무 중인 A사원은 온라인 상담게시판 운영을 담당하고 있다. 다음을 참고하여 A사원이 한 답변으로 옳지 않은 것은?

> ▶ **건강보험안내＞급여정지 및 해제에 따른 신고 안내**
> 국민건강보험법 제54조에 의거 군입대자, 특수시설수용자, 국외출국자는 급여정지 및 해제 대상입니다. 해당되시는 분은 사유가 발생된 날부터 14일 이내에 가까운 공단에 신고하시기 바랍니다.
> 1. 입국으로 인한 급여정지해제 신고
>   - 국외 출국(1개월 이상)으로 급여정지 중 국내 1개월 미만 일시 체류 후 재출국하는 경우는 계속적으로 급여정지 됩니다.
>   - 다만, 1개월 미만 일시 체류 중 보험급여를 받고자 하는 경우는 급여정지해제 신고를 하셔야 합니다.
>   - 한편, 1개월 이상 국내에 체류하는 경우 또는 최종 입국한 경우는 공단에 급여정지해제 신고를 하셔야 합니다.
> 2. 국외체류자 중 일시 귀국자 보험료 부과 기준
>   - 1개월 이상 국내에 거주한 경우 : 보험료 부과(입국 월 제외, 출국한 날이 속하는 달 부과)
>   - 1개월 미만 국내에 거주하여 진료 사실이 있는 경우 : 입국 월을 제외한 출국 월 부과(단, 월중 입국해서 월중 진료 받고 월중에 출국하는 경우 부과하지 않으나, 입국일이 1일인 경우 부과대상임)
>   - 1개월 미만 국내 거주하여 진료 사실이 없는 경우 : 보험료 미부과
> 3. 유형별 급여정지 및 해제 일자
>
> | 유형별 | 급여정지일 | 급여정지해제일 |
> | --- | --- | --- |
> | 현역 군복무 | 입대일의 다음날
(사관생도는 입교일 다음날) | 전역일의 다음날
(사관생도는 임관일 다음날) |
> | 보충역 훈련기간(4주) | 입대일의 다음날 | 교육소집해제일의 다음날 |
> | 특수시설수용자 | 입소일의 다음날 | 출소일, 가석방일, 형집행정지일, 구속집행정지일 |
> | 국외출국자 | 출국일의 다음날 | 입국일 |
> | | • '05. 2. 28 이전 : 유학, 국외근무 사유를 제외한 자는 6개월 이상 출국하여야 급여정지 대상임
• '05. 3. 1 이후 : 출국사유 불문하고 1개월 이상 출국하여야 급여정지 대상임 | |

① Q : 아들이 오늘 사관생도로 입교하게 되었습니다. 오늘부터 급여가 정지되나요?
　A : 현역 군복무로 인한 급여정지를 신청하실 경우, 입교일 다음날부터 급여가 정지됩니다.
② Q : 해외체류로 급여정지를 신청해 놓은 상태인데 이번에 병원문제로 두 달간 한국에 들어가게 됐습니다. 이런 경우 보험급여를 받을 수 있나요?
　A : 해외에 거주하시다가 1개월 이상 국내에 체류하실 경우, 진료 사실이 발생하면 입국날짜와 연계되어 급여정지가 자동으로 해지됩니다. 따라서 보험급여를 받으실 수 있습니다.
③ Q : 회사 업무로 1년간 해외 출장을 가게 되었습니다. 저도 급여정지 대상이 됩니까?
　A : 2005년 3월 1일 이후 출국사유를 불문하고 1개월 이상 출국하는 경우는 급여정지 대상이 됩니다.
④ Q : 해외 유학 중인 학생입니다. 2월 1일부터 약 2주 동안 한국에 머물 예정인데요, 이 사이에 병원 진료를 받으면 보험료가 부과되나요?
　A : 1개월 미만 국내에 거주하여 진료 사실이 있는 경우, 입국일이 1일이라면 보험료 부과대상이 됩니다.

18 L회사에서는 소비자에게 어필할 수 있는 마케팅 전략을 수립하기 위해, 다음과 같은 자료를 참고하여 회의를 진행하고자 한다. 회의에 참여한 A ~ D 중 자신의 주장에 대해 근거가 타당하지 않은 사람은 누구인가?

〈금융 소비자의 유형별 비중 및 구성비〉

유형	내용	비중	소득 하위 17% / 상위 17% 구성비	저연령층 / 고연령층 구성비
Digital Lifestyles	IT 기기의 선호도가 높음	7%	18% / 15%	51% / 12%
Trust	정직, 신뢰에 높은 가치를 둠	37%	18% / 15%	33% / 27%
Convenience	자신에게 적합한 시간, 원하는 방식을 선택하는 것을 선호	13%	19% / 15%	46% / 18%
Exclusivity	평균 이상의 높은 품질의 상품 및 서비스를 소비	5%	17% / 21%	48% / 12%
Individualism	특성 분류로 규정하기 어려움	4%	18% / 19%	39% / 23%
Responsibility	스스로가 선택하고 의사 결정하는 것을 중요시	23%	18% / 16%	37% / 22%
Fear	제반 여건을 모두 검토한 후에 행동	6%	19% / 15%	42% / 17%
Evolving Landscapes	새로운 상품과 서비스를 즐김	5%	18% / 21%	52% / 10%

※ 저연령층 : 18 ~ 34세 / 고연령층 : 55세 이상

① A : 가장 큰 비중을 차지하는 Trust 유형에서는 신뢰도를 높이기 위해 단순한 교차판매보다 서비스 질 향상을 위해 집중하는 것이 좋겠습니다.

② B : Exclusivity, Evolving Landscapes 유형에서는 고소득자의 구성비가 높았는데, 평균 이상의 특별한 서비스와 혁신적인 상품으로 접근하면 효과적일 것으로 판단됩니다.

③ C : Fear, Convenience 유형에서는 저소득자의 구성비가 가장 높게 나타나긴 했으나 타 유형이 17 ~ 18%인 것을 감안하면 유의미한 차이로 보기 어렵습니다.

④ D : 저연령층은 Digital Lifestyles, Responsibility, Convenience 등의 유형에서 구성비가 높게 나타났는데, 이들은 IT 기기에 친숙하고 새로운 것을 좋아하므로 최신 트렌드의 반영, 온라인 및 모바일 채널 확대 등을 고려할 필요가 있습니다.

19 귀하는 점심식사 중 식당에 있는 TV에서 정부의 정책에 대한 뉴스가 나오는 것을 보았다. 함께 점심을 먹는 동료들과 뉴스를 보고 나눈 대화의 내용으로 옳지 않은 것은?

〈뉴스〉

앵커 : 저소득층에게 법률서비스를 제공하는 정책을 구상 중입니다. 정부는 무료로 법률자문을 하겠다고 자원하는 변호사를 활용하는 자원봉사제도, 정부에서 법률 구조공단 등의 기관을 신설하고 변호사를 유급으로 고용하여 법률서비스를 제공하는 유급법률구조제도, 정부가 법률서비스의 비용을 대신 지불하는 법률보호제도 등의 세 가지 정책대안 중 하나를 선택할 계획입니다.
이 정책대안을 비교하는 데 고려해야 할 정책목표는 비용저렴성, 접근용이성, 정치적 실현가능성, 법률서비스의 전문성입니다. 정책대안과 정책목표의 관계는 화면으로 보여드립니다. 각 대안이 정책목표를 달성하는 데 유리한 경우는 (+)로, 불리한 경우는 (−)로 표시하였으며, 유·불리 정도는 같습니다. 정책목표에 대한 가중치의 경우, '0'은 해당 정책목표를 무시하는 것을, '1'은 해당 정책목표를 고려하는 것을 의미합니다.

〈정책대안과 정책목표의 상관관계〉

정책목표	가중치		정책대안		
	A안	B안	자원봉사제도	유급법률구조제도	법률보호제도
비용저렴성	0	0	+	−	−
접근용이성	1	0	−	+	−
정치적 실현가능성	0	0	+	−	+
전문성	1	1	−	+	−

① 아마도 전문성 면에서는 유급법률구조제도가 자원봉사제도보다 더 좋은 정책 대안으로 평가받게 되겠군.
② A안에 가중치를 적용할 경우 유급법률구조제도가 가장 적절한 정책대안으로 평가받게 되지 않을까?
③ 반대로 B안에 가중치를 적용할 경우 자원봉사제도가 가장 적절한 정책대안으로 평가받게 될 것 같아.
④ A안과 B안 중 어떤 것을 적용하더라도 정책대안 비교의 결과는 달라지지 않을 것으로 보여.

20 다음은 ㈜○○섬유에 대한 SWOT 분석 자료이다. 분석에 따른 대응 전략으로 적절한 것을 〈보기〉에서 고른 것은?

• 첨단 신소재 관련 특허 다수 보유	• 신규 생산 설비 투자 미흡 • 브랜드의 인지도 부족
S 강점	**W 약점**
O 기회	**T 위협**
• 고기능성 제품에 대한 수요 증가 • 정부 주도의 문화 콘텐츠 사업 지원	• 중저가 의류용 제품의 공급 과잉 • 저임금의 개발도상국과 경쟁 심화

> **보기**
>
> ㄱ. SO전략으로 첨단 신소재를 적용한 고기능성 제품을 개발한다.
> ㄴ. ST전략으로 첨단 신소재 관련 특허를 개발도상국의 경쟁업체에 무상 이전한다.
> ㄷ. WO전략으로 문화 콘텐츠와 디자인을 접목한 신규 브랜드 개발을 통해 적극적 마케팅을 한다.
> ㄹ. WT전략으로 기존 설비에 대한 재투자를 통해 대량생산 체제로 전환한다.

① ㄱ, ㄷ   ② ㄱ, ㄹ
③ ㄴ, ㄷ   ④ ㄷ, ㄹ

21 S은행에서는 매월 초 인트라넷을 통해 윤리경영 자기진단을 실시한다. 아침 회의에서 은행장은 오늘 내에 부서 구성원이 모두 참여할 수 있는 별도의 시간을 정하여 가능한 빨리 완료할 것을 지시하였다. 이에 부서장은 귀하에 게 다음의 업무 스케줄을 보고 적당한 시간을 확인하여 보고할 것을 당부하였다. 자기진단 시간으로 1시간이 소요될 때 가장 적절한 시간은 언제인가?

〈업무 스케줄〉

시간	직급별 스케줄				
	부장	차장	과장	대리	사원
09:00 ~ 10:00	부서장 회의				
10:00 ~ 11:00					
11:00 ~ 12:00			타부서 협조회의		
12:00 ~ 13:00	점심식사				
13:00 ~ 14:00	부서 업무 회의				비품 신청
14:00 ~ 15:00					
15:00 ~ 16:00				일일 업무 결산	
16:00 ~ 17:00		업무보고			
17:00 ~ 18:00	업무보고				

① 15:00 ~ 16:00   ② 14:00 ~ 15:00
③ 12:00 ~ 13:00   ④ 10:00 ~ 11:00

22 시간관리의 중요성에 관한 사내 교육을 받은 A사원은 일일 업무에 대한 시간계획을 세워보기로 결심했다. 다음 중 A사원이 시간계획을 하는 데 있어서 주의해야 할 사항으로 적절하지 않은 것은?

① 시간계획의 기본 원리에 따라 하루의 60%는 계획된 행동으로 구성하고, 나머지 40%는 계획 외의 행동과 자발적 행동으로 각각 20%씩 구성해야겠어.
② 당일에 예정된 행동은 모두 계획에 포함시키고, 작성한 시간계획은 정기적·체계적으로 체크해서 일을 일관성 있게 마칠 수 있도록 해야겠어.
③ 부득이한 일이 생겨 계획에서 놓친 시간은 야근을 해서라도 미루지 않고 당일에 즉시 메우는 것이 좋겠어.
④ 야근을 해도 끝내지 못한 일은 나의 능력 밖의 일이므로 어쩔 수 없이 다른 사람에게 부탁하는 것이 좋겠어.

23 한국의 W은행, 오스트레일리아의 B은행, 아랍에미리트의 C은행, 러시아의 D은행은 상호협력프로젝트를 추진하고자 화상회의를 하려고 한다. 한국시각을 기준해 화상회의 가능 시각으로 올바른 것은?

〈국가별 시간〉

국가(도시)	현지시각
오스트레일리아(시드니)	2019. 12. 15 10:00am
대한민국(서울)	2019. 12. 15 08:00am
UAE(두바이)	2019. 12. 15 03:00am
러시아(모스크바)	2019. 12. 15 02:00am

※ 각 은행의 위치는 위 자료에 있는 도시에 있다.
※ 모든 은행의 근무시간은 현지시각으로 오전 9시 ~ 오후 6시이다.
※ A, B, D사의 식사시간은 현지시각으로 오후 12시 ~ 오후 1시이다.
※ C사의 식사시간은 오전 11시 30분 ~ 오후 12시 30분이고 오후 12시 30분부터 오후 1시까지 전 직원이 종교활동을 한다.
※ 화상회의 소요시간은 1시간이다.

① 오후 1시 ~ 오후 2시
② 오후 2시 ~ 오후 3시
③ 오후 3시 ~ 오후 4시
④ 오후 4시 ~ 오후 5시

24 A기업은 사내 화재예방 강화를 위하여 2019년 1월 1일에 대대적인 화재안전점검을 실시하였다. 점검한 결과 일부 노후화되거나 불량인 소화기가 발견되어 신형 축압식 소화기로 교체하려고 한다. 다음 중 처분 및 교체비용으로 가장 적절한 것은?

〈소화기 처분조건〉

적용순서	조건	미충족 시 적용 방안
1	내구연한 8년 미만	폐기처분으로 충족
2	지시압력계가 초록색으로 유지	신형 소화기로 교체하여 충족
3	화재안전기준에 의해 최소 60개 이상 보유	신형 소화기를 구매하여 충족

※ 소화기 폐기처분비용은 1만 원이며, 신형 축압식 소화기 교체(구매) 시 5만 원이 소요된다.

〈소화기 전수조사 결과〉

제조연도 / 지시압력계	2010년	2011년	2012년	2013년	2014년
노란색(부족)	8	5	3	1	1
초록색(정상)	10	13	18	15	10
빨간색(과다)	3	–	2	1	–
총계	21	18	23	17	11

※ 2019년도 1월 1일 기준으로 전수조사를 통해 작성하였다.
※ 내구연한은 제조연도로만 계산한다.

① 124만 원
② 112만 원
③ 110만 원
④ 100만 원

25 사원 A, B, C, D가 성과급을 다음과 같이 나눠가졌을 때, 총 성과급은?

- A는 총 성과급의 3분의 1에 20만 원을 더 받았다.
- B는 그 나머지 성과급의 2분의 1에 10만 원을 더 받았다.
- C는 그 나머지 성과급의 3분의 1에 60만 원을 더 받았다.
- D는 그 나머지 성과급의 2분의 1에 70만 원을 더 받았다.

① 840만 원
② 900만 원
③ 960만 원
④ 1,020만 원

26 굴업도에서 백패킹을 계획한 F씨는 이른 아침 인천여객터미널에 가서 배편으로 섬에 들어가려고 한다. 오전 7:20에 집에서 출발하였고, 반드시 오전 중에 굴업도에 입섬해야 한다면 F씨가 취할 수 있는 가장 저렴한 여객선 비용은 얼마인가?(단, 집에서 인천여객터미널까지 1시간이 소요된다)

〈인천터미널 배편 알림표〉

구분	출항시간	항로 1 여객선	항로 2 여객선
A회사	AM 7:00	20,000원	25,000원
	AM 9:00		
	AM 11:00		
	PM 1:00		
B회사	AM 8:00	30,000원	40,000원
	AM 9:30		
	AM 10:30		
	AM 11:30		

※ 항로 1 여객선 : 자월도 → 덕적도 → 승봉도 → 굴업도 방문(총 4시간)
※ 항로 2 여객선 : 굴업도 직항(총 2시간)

① 20,000원   ② 25,000원
② 30,000원   ④ 40,000원

27 다음은 4분기 성과급 지급 기준이다. 부서원 A, B, C, D, E에 대한 성과평가가 다음과 같을 때, 다음 중 성과급을 가장 많이 받는 직원 2명은?

<성과급 지급 기준>

- 성과급은 성과평가에 따라 다음 기준으로 지급한다.

등급	A	B	C	D
성과급	200만 원	170만 원	120만 원	100만 원

- 성과평가등급은 성과점수에 따라 다음과 같이 산정된다.

성과점수	90점 이상 100점 이하	80점 이상 90점 미만	70점 이상 80점 미만	70점 미만
등급	A	B	C	D

- 성과점수는 개인실적점수, 동료평가점수, 책임점수, 가점 및 벌점을 합산하여 산정한다.
  - 개인실적점수, 동료평가점수, 책임점수는 각각 100점 만점으로 산정된다.
  - 세부 점수별 가중치는 개인실적점수 40%, 동료평가점수 30%, 책임점수 30%이다.
  - 가점 및 벌점은 개인실적점수, 동료평가점수, 책임점수에 가중치를 적용하여 합산한 값에 합산한다.
- 가점 및 벌점 부여 기준
  - 분기 내 수상내역 1회, 신규획득 자격증 1개당 가점 2점 부여
  - 분기 내 징계내역 1회당 다음에 따른 벌점 부여

징계	경고	감봉	정직
벌점	1점	3점	5점

<부서원 성과평가>

직원	개인실적점수	동료평가점수	책임점수	비고
A	85	70	80	수상 2회(4분기), 경고 2회(3분기)
B	80	80	70	경고 1회(4분기)
C	75	85	80	자격증 1개(4분기)
D	70	70	90	정직 1회(4분기)
E	80	65	75	경고 1회(3분기)

① A, C
② A, E
③ B, C
④ B, D

28 HUG는 역량평가를 통해 등급을 구분하여 성과급을 지급한다. HUG의 성과급 등급 기준이 아래와 같을 때, 〈보기〉의 A ~ D직원 중 S등급에 해당하는 사람은 누구인가?

〈성과급 점수별 등급〉

S등급	A등급	B등급	C등급
90점 이상	80점 이상	70점 이상	70점 미만

〈역량평가 반영 비율〉

구분	기본역량	리더역량	직무역량
차장	20%	30%	50%
과장	30%	10%	60%
대리	50%	–	50%
사원	60%	–	40%

※ 성과급 점수는 역량 점수(기본역량, 리더역량, 직무역량)를 직급별 해당 역량평가 반영 비율에 적용한 합산 점수이다.

보기

구분	직급	기본역량 점수	리더역량 점수	직무역량 점수
A	대리	85점	–	90점
B	과장	100점	85점	80점
C	사원	95점	–	85점
D	차장	80점	90점	85점

① A대리   ② B과장

③ C사원   ④ D차장

29 N은행 마케팅 팀장은 팀원 50명에게 연말 선물을 하기 위해 물품을 구매하려고 한다. 다음은 업체별 품목 가격과 팀원들의 품목 선호도를 나타낸 자료이다. 자료를 참고하여 팀장이 구매하는 물품과 업체가 알맞게 짝지어진 것은?

〈업체별 품목 금액〉

구분		한 벌당 가격(원)
A업체	티셔츠	6,000
	카라 티셔츠	8,000
B업체	티셔츠	7,000
	후드 집업	10,000
	맨투맨	9,000

〈구성원 품목 선호도〉

순위	품목
1	카라 티셔츠
2	티셔츠
3	후드 집업
4	맨투맨

조건

• 구성원의 선호도를 우선으로 품목을 선택한다.
• 총 구매금액이 30만 원 이상이면 총 금액에서 5% 할인을 해준다.
• 차순위 품목이 1순위 품목보다 총 금액이 20% 이상 저렴하면 차순위를 선택한다.

① 티셔츠, A업체
③ 맨투맨, B업체

② 카라 티셔츠, A업체
④ 후드 집업, B업체

30 귀하는 비품 담당자로서 지폐 계수기 구매 사업을 진행하여야 한다. 구매 가능한 제품은 A ~ D의 4개 제품이고, 회사별 제품의 비교 평가서 및 구매 지침이 아래와 같을 때, 어느 제품을 선정해야 하는가?(단, 구매 지침을 모두 만족하는 다수의 제품 중 가장 저렴한 제품을 선택한다)

〈지폐 계수기 비교 평가 결과〉

구분	위폐감별	분당 계수 속도	투입구 용량	두께 조절 여부	가격	A/S
A제품	UV	1,400장	250장	가능	20만 원	방문
B제품	IR	1,500장	250장	가능	25만 원	1일 소요
C제품	UV / IR 선택가능	1,500장	250장	불가능	35만 원	방문
D제품	UV	1,500장	250장	가능	22만 원	방문

〈구매 지침〉

• 위폐감별 방식은 UV 방식이나 IR 방식이어야 한다.
• 방문 A/S가 가능하여야 하나 불가한 경우 수리 기일이 3일 이내인 업체를 선정한다.
• 원화와 규격이 다른 외화 또한 계수가 가능하여야 한다.
• 계수 속도가 가능한 한 빠르고 투입구 용량은 큰 것이 좋다.

① A제품
② B제품
③ C제품
④ D제품

최종점검 모의고사

☑ 확인 Check! ○ △ ✕

01 다음 중 문제 유형이 다른 하나는 무엇인가?

① 김한별 사원은 생산성을 향상시키기 위해서 업무 프로세스, 작업방법 등을 개선시킬 수 있는 방안을 마련하여 발표하였다.

② 이연미 대리는 HR 제도 개선을 위한 인력 재산정 프로젝트를 추진하기 위해 해당 직무 담당자들과 인터뷰를 진행하였다.

③ 임연준 과장은 구성원들의 성과를 향상시킬 수 있는 방안을 마련하기 위하여, 구성원들에게 제공할 수 있는 교육·훈련 프로그램을 구상하여 발표하였다.

④ 최수인 팀장은 2030 비전 달성을 위한 해외 사업 진출 프로젝트 방안을 마련하여 발표하였다.

※ 다음 명제가 모두 참일 때, 반드시 참인 명제를 고르시오. [2~3]

☑ 확인 Check! ○ △ ✕

02

- 빵을 좋아하는 사람은 우유를 좋아한다.
- 주스를 좋아하는 사람은 우유를 좋아하지 않는다.
- 주스를 좋아하지 않는 사람은 치즈를 좋아한다.

① 주스를 좋아하지 않는 사람은 우유를 좋아한다.

② 주스를 좋아하는 사람은 치즈를 좋아한다.

③ 치즈를 좋아하는 사람은 빵을 좋아하지 않는다.

④ 빵을 좋아하는 사람은 치즈를 좋아한다.

03

> - 사탕을 좋아하는 사람은 밥을 좋아한다.
> - 초밥을 좋아하는 사람은 짬뽕을 좋아한다.
> - 밥을 좋아하지 않는 사람은 짬뽕을 좋아하지 않는다.

① 사탕을 좋아하지 않는 사람은 짬뽕을 좋아한다.
② 밥을 좋아하는 사람은 짬뽕을 좋아하지 않는다.
③ 짬뽕을 좋아하는 사람은 사탕을 좋아하지 않는다.
④ 초밥을 좋아하는 사람은 밥을 좋아한다.

04 5명의 취업준비생 갑, 을, 병, 정, 무가 K은행에 지원하여 그중 1명이 합격하였다. 취업준비생들은 다음과 같이 이야기하였고, 그중 1명이 거짓말을 하였다. 합격한 학생은 누구인가?

> - 갑 : 을은 합격하지 않았다.
> - 을 : 합격한 사람은 정이다.
> - 병 : 내가 합격하였다.
> - 정 : 을의 말은 거짓말이다.
> - 무 : 나는 합격하지 않았다.

① 갑
② 을
③ 병
④ 정

※ 다음 명제가 모두 참일 때, 반드시 참인 명제를 고르시오. [5~9]

05

- G공단에서는 이번 주 월~금 건강검진을 실시하며, 서로 요일이 겹치지 않도록 하루를 선택하여 건강검진을 받는다.
- 이 사원은 최 사원보다 먼저 건강검진을 받는다.
- 김 대리는 최 사원보다 늦게 건강검진을 받는다.
- 박 과장의 경우 금요일에는 회의로 인해 건강검진을 받을 수 없다.
- 이 사원은 월요일 또는 화요일에 건강검진을 받는다.
- 홍 대리는 수요일에 출장을 가므로 수요일 이전에 건강검진을 받아야 한다.
- 이 사원은 홍 대리보다는 늦게, 박 과장보다는 먼저 건강검진을 받는다.

① 홍 대리는 월요일에 건강검진을 받는다.
② 박 과장은 수요일에 건강검진을 받는다.
③ 최 사원은 목요일에 건강검진을 받는다.
④ 최 사원은 박 과장보다 먼저 건강검진을 받는다.

06

- 은호네 가족 아빠, 엄마, 은호, 은수는 각각 서로 다른 사이즈의 신발을 신는다.
- 신발은 5mm 단위로 판매되며, 은호네 가족은 자신의 발에 딱 맞는 사이즈의 신발을 신는다.
- 은호의 아빠는 은호네 가족 중 가장 큰 사이즈인 270mm의 신발을 신는다.
- 은호의 엄마는 은호의 신발보다 5mm 더 큰 사이즈의 신발을 신는다.
- 은호에게 230mm의 신발은 조금 작고, 240mm의 신발은 조금 크다.
- 은수의 신발 사이즈는 230mm 이하로 가족 중 가장 작은 사이즈의 신발을 신는다.

① 은호 아빠와 엄마의 신발 사이즈 차이는 20mm이다.
② 은호 엄마와 은수의 신발 사이즈는 10mm 이하 차이가 난다.
③ 은호 아빠와 은호의 신발 사이즈 차이는 35mm이다.
④ 은호와 은수의 신발 사이즈 차이는 5mm 이하이다.

07

- 정은이는 오늘 커피를 한 잔 마셨다.
- 슬기는 오늘 정은이보다 커피를 두 잔 더 마셨다.
- 은주는 오늘 슬기보다 커피를 적게 마셨다.

① 정은이가 오늘 커피를 가장 많이 마셨다.
② 은주가 오늘 커피를 가장 많이 마셨다.
③ 슬기가 오늘 커피를 가장 많이 마셨다.
④ 은주는 오늘 정은이보다 커피를 많이 마셨다.

08

- 딸기에는 비타민 C가 키위의 2.6배 정도 함유되어 있다.
- 귤에는 비타민 C가 키위의 1.6배 정도 함유되어 있다.
- 키위에는 비타민 C가 사과의 5배 정도 함유되어 있다.

① 키위의 비타민 C 함유량이 가장 많다.
② 딸기의 비타민 C 함유량이 가장 많다.
③ 귤의 비타민 C 함유량이 가장 많다.
④ 사과의 비타민 C 함유량이 가장 많다.

09

- A서점에는 수험서, 소설책, 잡지, 만화책, 동화책을 판다.
- 수험서는 소설책보다 많이 팔린다.
- 가장 적게 팔리는 책은 잡지이다.
- 만화책은 소설책보다는 잘 팔리지만 수험서보다는 적게 팔린다.
- 동화책은 서점에서 두 번째로 많이 팔린다.

① 수험서는 동화책보다 많이 팔린다.
② 잡지는 소설책 다음으로 적게 팔린다.
③ 만화책은 동화책보다 많이 팔린다.
④ 만화책은 잡지보다 적게 팔린다.

10 투자정보팀에서는 다음과 같이 다섯 개의 조건을 바탕으로 문제기업을 미리 알아볼 수 있는 이상 징후를 찾아낸 뒤 투자 여부를 판단한다. 투자 여부 판단 대상기업인 A, B, C, D, E에 다음과 같은 〈조건〉이 주어질 때, 투자 부적격 기업을 모두 고른 것은?

〈투자 여부 판단 조건〉

㉮ 기업문화의 종교화
㉯ 정책에 대한 지나친 의존
㉰ 인수 합병 의존도의 증가
㉱ 견제 기능의 부재
㉲ CEO의 법정 출입
이 5개의 징후는 다음과 같은 관계가 성립한다.

〈각 이상 징후별 인과 및 상관관계〉

1) '기업문화의 종교화(㉮)'와 '인수 합병 의존도의 증가(㉰)'는 동시에 나타난다.
2) '견제 기능의 부재(㉱)'가 나타나면 '정책에 대한 지나친 의존(㉯)'이 나타난다.
3) 'CEO의 법정 출입(㉲)'이 나타나면 '정책에 대한 지나친 의존(㉯)'과 '인수 합병의존도의 증가(㉰)'가 나타난다.
투자정보팀은 ㉮ ~ ㉲ 중 4개 이상의 이상 징후가 발견될 경우 투자를 하지 않기로 결정한다.

조건

1. ㉮는 A, B, C기업에서만 나타났다.
2. ㉯는 D기업에서 나타났고, C와 E기업에서는 나타나지 않았다.
3. ㉱는 B기업에서 나타났고, A기업에서는 나타나지 않았다.
4. ㉲는 A기업에서 나타나지 않았다.
5. 각각의 이상 징후 ㉮ ~ ㉲ 중 모든 기업에서 동시에 나타나는 이상 징후는 없었다.

---

① A
② B
③ B, C
④ D, E

11 A, B, C, D 네 팀이 참여하여 체육대회를 하고 있다. 다음 순위 결정 기준과 각 팀의 현재까지 득점 현황에 근거하여 판단할 때, 항상 옳은 추론을 〈보기〉에서 모두 고른 것은?

〈순위 결정 기준〉

- 각 종목의 1위에게는 4점, 2위에게는 3점, 3위에게는 2점, 4위에게는 1점을 준다.
- 각 종목에서 획득한 점수를 합산한 총점이 높은 순서대로 종합 순위를 결정한다.
- 총점에서 동점이 나올 경우에는 1위를 한 종목이 많은 팀이 높은 순위를 차지한다.
  - 만약 1위 종목의 수가 같은 경우에는 2위 종목이 많은 팀이 높은 순위를 차지한다.
  - 만약 1위 종목의 수가 같고, 2위 종목의 수도 같은 경우에는 공동 순위로 결정한다.

〈득점 현황〉

종목명 \ 팀명	A	B	C	D
가	4	3	2	1
나	2	1	3	4
다	3	1	2	4
라	2	4	1	3
마	?	?	?	?
합계	?	?	?	?

※ 종목별 순위는 반드시 결정되고, 동순위는 나오지 않는다.

보기

ㄱ. A팀이 종목 마에서 1위를 한다면 종합 순위 1위가 확정된다.
ㄴ. B팀이 종목 마에서 C팀에게 순위에서 뒤처지면 종합 순위에서도 C팀에게 뒤처지게 된다.
ㄷ. C팀은 종목 마의 결과와 관계없이 종합 순위에서 최하위가 확정되었다.
ㄹ. D팀이 종목 마에서 2위를 한다면 종합 순위 1위가 확정된다.

① ㄱ   ② ㄹ
③ ㄱ, ㄴ   ④ ㄴ, ㄷ

12 다음은 제품 생산에 따른 공정 관리를 나타낸 자료이다. 이에 대한 설명으로 옳은 것만을 〈보기〉에서 모두 고른 것은?(단, 각 공정은 동시 진행이 가능하다)

공정 활동	선행 공정	시간(분)
A. 부품 선정	없음	2
B. 절삭 가공	A	2
C. 연삭 가공	A	5
D. 부품 조립	B, C	4
E. 전해 연마	D	3
F. 제품 검사	E	1

※ 공정 간 부품의 이동 시간은 무시한다.
※ A공정부터 시작되며 공정별로 1명의 작업 담당자가 수행한다.

보기

ㄱ. 전체 공정을 완료하기 위해서는 15분이 소요된다.
ㄴ. 첫 제품 생산 후부터 1시간마다 3개씩 제품이 생산된다.
ㄷ. B공정이 1분 더 지연되어도 전체 공정 시간은 변화가 없다.

① ㄱ   ② ㄴ
③ ㄱ, ㄷ   ④ ㄴ, ㄷ

13 L마트 본사에서는 최근 '시간관리 매트릭스'에 대한 교육을 실시했다. '시간관리 매트릭스'란 효율적으로 시간관리를 할 수 있도록 중요한 일과 중요하지 않은 일의 우선순위를 나누는 분류 방법이다. 다음 중 강의를 들은 A씨가 실제 업무 시에 교육 내용을 적용하여 업무를 분류한 것으로 가장 적절한 것은?

〈시간관리 매트릭스〉

구분	긴급한 일	긴급하지 않은 일
중요한 일	제1사분면	제2사분면
중요하지 않은 일	제3사분면	제4사분면

※ 각 사분면의 좌표의 위치는 우선 순위 정도에 고려하지 않는다.

A씨는 L마트 고객지원팀 사원이다. A씨는 ⓐ <u>다음 주에 상부에 보고할 내용</u>을 마무리 하는 도중 고객으로부터 '상품을 먹은 후 두드러기가 나서 일상생활이 힘들 정도다.'라는 ⓑ <u>불만 접수</u>를 받았다. 고객은 오늘 내로 해결할 방법을 알려달라는 강한 불만을 제기했다. 아직 업무는 다 끝내지 못한 상태고, 오늘 저녁에 ⓒ <u>친구와 약속이 있다</u>. 약속 시간까지는 2시간 정도 남은 상태이다.

	제1사분면	제2사분면	제3사분면	제4사분면
①	ⓐ	ⓒ	ⓑ	−
②	ⓑ	ⓐ	−	ⓒ
③	ⓑ, ⓒ	−	−	ⓐ
④	−	ⓐ	ⓒ	ⓑ

14 A씨는 새롭게 전세계약을 마친 뒤 이사를 하루 앞두고 있다. 이사 시 유의사항을 찾아보다가 전기 사용자가 바뀌면 명의변경 신청을 해야 한다는 사실을 알게 되어 구비서류에 대한 설명을 찾았다. 계약전력이 3kW인 경우 A씨가 가져갈 구비서류로 올바른 것은?

> 매매 등으로 전기사용자가 변경되는 경우 신고객과 구고객은 그 변경내용을 발생 후 14일 이내에 한전에 통지하여야 합니다. 매매, 임대차 등에 의해서 고객이 변동되고 신고객이 명의변경에 따른 사용자별 요금 구분청구를 신청할 경우에는 변동일을 기준으로 신·구고객별로 각각 계산하여 청구하게 되므로 구고객의 전기요금을 신고객이 납부하실 필요가 없습니다. 명의변경 신청은 구고객의 이사일 하루 전 한전 근무시간까지 아래의 구비서류를 갖추고 관할 한전에 직접 내방 또는 우편이나 FAX로 신청하시면 됩니다(단, 1주택 수가구 및 종합계약아파트 고객은 신청불가).
>
> [구비서류]
> 가. 계약전력 5kW 이하 고객(전화신청 가능)
> • 소유자로 변동된 경우
>   – 전기사용변경신청서(한전 양식)
>   – 고객변동일을 입증할 수 있는 서류 : 매매계약서 또는 건물(토지)등기부 등본 등
> • 사용자로 변동된 경우
>   – 전기사용변경신청서(한전 양식)
>   – 고객변동일을 입증할 수 있는 서류 : 임대차계약서(법원 확정필인 날인) 또는 사업자등록증 사본(전기사용 장소와 동일주소지 사업장)
> 나. 계약전력 6kW 이상 고객
> • 소유자로 변동된 경우
>   – 전기사용변경신청서(한전 양식)
>   – 매매계약서 또는 건물(토지)등기부 등본 등
> • 사용자로 변경된 경우
>   – 전기사용변경신청서(한전 양식) : 소유주 동의 날인
>   – 사용자 주민등록등본(또는 법인 등기부등본)
>   – 고객변동을 확인할 수 있는 서류 : 임대차계약서, 건축물대장
>   – 계약전력 20kW 초과 고객의 경우 전기요금 보증서류(현금 원칙, 고객희망시 이행부증보험, 지급보증 및 연대보증으로 가능)
>   – 소유주 주민등록증 사본(또는 법인 인감증명원)
>   – 사업자등록증 사본(필요시)
> 다. "나"의 경우 저압으로 공급받는 고객은 소유주 동의 날인과 소유주 관련 서류는 생략 가능
>   ※ 변동일 이후에 사용자별 요금 구분청구를 신청할 경우에는 미납요금에 한하여 신·구고객별로 각각 계산하여 청구합니다 (변동일이 속한 월의 신·구고객별 사용전력량은 고객과 한전이 협의 결정합니다).

> **보기**
>
> ㉠ 전기사용변경신청서   ㉡ 건축물대장
> ㉢ 임대차계약서   ㉣ 주민등록증 사본
> ㉤ 전기요금 보증서류   ㉥ 매매계약서

① ㉠, ㉤   ② ㉠, ㉢
③ ㉠, ㉥   ④ ㉡, ㉣

15 어플리케이션을 개발하는 K사는 올해 새로 개발 중인 어플리케이션에 대한 영향도를 평가하고자 한다. 어플리케이션 영향도 판단 기준이 아래와 같을 때, 〈보기〉에 제시된 어플리케이션에 대한 판단 (A), (B)의 영향도 값으로 적절한 것은?

〈어플리케이션 영향도 판단 기준〉

보정요소		판단기준	영향도
분산 처리	어플리케이션이 구성요소 간에 데이터를 전송하는 정도	분산처리에 대한 요구사항이 명시되지 않음	0
		클라이언트 / 서버 및 웹 기반 어플리케이션과 같이 분산처리와 자료 전송이 온라인으로 수행됨	1
		어플리케이션상의 처리기능이 복수개의 서버 또는 프로세서 상에서 동적으로 상호 수행됨	2
성능	응답시간 또는 처리율에 대한 사용자 요구 수준	성능에 대한 특별한 요구사항이나 활동이 명시되지 않으며, 기본적인 성능이 제공됨	0
		응답시간 또는 처리율이 피크타임 또는 모든 업무시간에 중요하고, 연동 시스템의 처리 마감시간에 대한 제한이 있음	1
		성능 요구사항을 만족하기 위해 설계 단계에서부터 성능 분석이 요구되거나, 설계·개발·구현 단계에서 성능 분석도구가 사용됨	2
신뢰성	장애 시 미치는 영향의 정도	신뢰성에 대한 요구사항이 명시되지 않으며, 기본적인 신뢰성이 제공됨	0
		고장 시 쉽게 복구가능한 수준의 약간 불편한 손실이 발생함	1
		고장 시 복구가 어려우며, 재정적 손실이 많이 발생하거나, 인명피해 위험이 있음	2
다중 사이트	상이한 하드웨어와 소프트웨어 환경을 지원하도록 개발되는 정도	설계 단계에서 하나의 설치 사이트에 대한 요구사항만 고려되며, 어플리케이션이 동일한 하드웨어 또는 소프트웨어 환경 하에서만 운영되도록 설계됨	0
		설계 단계에서 하나 이상의 설치 사이트에 대한 요구사항만 고려되며, 어플리케이션이 유사한 하드웨어 또는 소프트웨어 환경 하에서만 운영되도록 설계됨	1
		설계 단계에서 하나 이상의 설치 사이트에 대한 요구사항만 고려되며, 어플리케이션이 상이한 하드웨어 또는 소프트웨어 환경 하에서만 운영되도록 설계됨	2

보기

(A) 어플리케이션의 응답시간에 대한 사용자 요구 수준을 볼 때, 기본적인 성능이 잘 제공되는 것으로 판단된다. 비록 고장 시 불편한 손실이 발생되지만, 다행히 쉽게 복구가 가능하다. 설계 단계에서 하나 이상의 설치 사이트에 대한 요구사항이 고려되며, 유사한 하드웨어나 소프트웨어 환경 하에서만 운영되도록 설계되었다. 그리고 데이터를 전송하는 정도를 보면 분산처리에 대한 요구사항이 명시되지 않은 것으로 판단된다.

(B) 어플리케이션에서 발생할 수 있는 장애에 있어서는 기본적인 신뢰성이 제공된다. 응답시간 또는 처리율이 피크타임에 중요하며, 어플리케이션의 처리기능은 복수개의 서버 상에서 동적으로 상호수행된다. 그리고 이 어플리케이션은 동일한 소프트웨어 환경 하에서만 운영되도록 설계되었다.

	(A)의 영향도	(B)의 영향도
①	2	1
②	3	2
③	2	3
④	3	4

16 다음 내용과 〈보기〉에 근거할 때 옳은 것은?

제○○조 환경오염 및 예방 대책의 추진
환경부장관 및 시장·군수·구청장 등은 국가산업단지의 주변지역에 대한 환경기초조사를 정기적으로 실시하여야 하며 이를 기초로 하여 환경오염 및 예방 대책을 수립·시행하여야 한다.

제○○조 환경기초조사의 방법·시기 등
전조(前條)에 따른 환경기초조사의 방법과 시기 등은 다음 각 호와 같다.
1. 환경기초조사의 범위는 지하수 및 지표수의 수질, 대기, 토양 등에 대한 계획·조사 및 치유대책을 포함한다.
2. 환경기초조사는 당해 기초지방자치단체장이 1단계 조사를 하고 환경부장관이 2단계 조사를 한다. 다만 1단계 조사결과에 의하여 정상지역으로 판정된 때는 2단계 조사를 하지 아니한다.
3. 제2호에 따른 1단계 조사는 그 조사 시행일 기준으로 매 3년마다 실시하고, 2단계 조사는 1단계 조사 판정일 이후 1개월 이내에 실시하여야 한다.

> **보기**
> • A시에는 갑, 을, 병 세 곳의 국가산업단지가 있다.
> • A시 시장은 다음과 같이 세 개 단지의 주변지역에 대한 1단계 환경기초조사를 하였다. 2019년 1월 1일 현재, 기록되어 있는 시행일, 판정일 및 판정 결과는 다음과 같다.
>
> | 구분 | 1단계 조사 시행일 | 1단계 조사 판정일 | 결과 |
> | --- | --- | --- | --- |
> | 갑단지 주변지역 | 2018년 7월 1일 | 2018년 11월 30일 | 오염지역 |
> | 을단지 주변지역 | 2016년 3월 1일 | 2016년 9월 1일 | 오염지역 |
> | 병단지 주변지역 | 2017년 10월 1일 | 2018년 7월 1일 | 정상지역 |

① 갑단지 주변지역에 대하여 2019년에 환경부장관은 2단계 조사를 해야 한다.
② 을단지 주변지역에 대하여 2019년에 A시 시장은 1단계 조사를 해야 한다.
③ 을단지 주변지역에 대하여 A시 시장은 2016년 9월 중에 2단계 조사를 하였다.
④ 병단지 주변지역에 대하여 환경부장관은 2018년 7월 중에 2단계 조사를 하였다.

17 D병원은 현재 영양제 할인행사를 진행하고 있다. D병원에서 근무하는 A씨가 할인행사에 대한 고객들의 문의내용에 다음과 같이 답변했을 때, 답변내용으로 적절한 것은?

〈D병원 영양제 할인행사 안내〉

▶ 대상 : D병원 모든 외래·입원환자
▶ 기간 : 8월 1일 ~ 8월 31일까지 한 달간

구분	웰빙코스	케어코스	헬스코스	종합코스	폼스티엔에이페리주 치료
대상	• 만성피로 직장인 • 간 질환자	• 노인성 질환자 • 수험생 • 비만인	• 집중력·기억력 감퇴자 • 급성·만성 간염 환자 • 운동선수	• 당뇨병 환자 • 심혈관 환자 • 만성피로 증후군 • 노인, 직장인 • 비만인, 수험생 • 운동선수	• 경구 또는 위장관 영양공급이 불가능·불충분하거나 제한되어 경정맥에 영양공급을 해야 하는 환자
효능	• 간 해독효과 • 피로회복 • 식욕부진 호전 • 피부질환 예방	• 손발 저림 개선 • 어깨통증 • 피로회복 • 집중력 증대 • 다이어트	• 간세포 괴사 억제 • 전신 권태감 개선 • 인식력 저하 개선 • 학습능력 향상	• 피로회복 • 간 기능 개선 • 집중력 증대 • 손발 저림 개선 • 어깨통증 완화 • 다이어트 • 피부질환 예방	• 칼로리, 아미노산 공급 • 필수지방, 오메가-3 지방산 공급
가격	~~85,000원~~ → 59,500원	~~70,000원~~ → 49,000원	~~75,000원~~ → 52,500원	~~100,000원~~ → 70,000원	~~120,000원~~ → 84,000원

① 문의 : D병원에서 영양제 할인행사를 한다고 들었는데 얼마나 할인되는 건가요?
   답변 : 폼스티엔에이페리주 치료를 제외한 전체 코스에서 모두 30% 할인됩니다.
② 문의 : 제가 요새 식욕부진으로 고생 중인데 어떤 영양제 코스를 받는게 좋을까요?
   답변 : 할인을 통해 52,500원인 헬스코스를 추천드립니다.
③ 문의 : 손발 저림에 효과있는 영양제 코스가 있을까요?
   답변 : 케어코스가 있습니다. 혹시 피부질환도 치료를 원하실 경우 종합코스를 추천드립니다.
④ 문의 : 제가 좀 비만이라 그런데 비만에 도움되는 코스도 있을까요?
   답변 : 다이어트에 도움을 주는 케어코스 어떠실까요? 9월까지 할인행사 진행 중입니다.

18 A ~ E 5명이 순서대로 퀴즈게임을 해서 벌칙 받을 사람 1명을 선정하고자 한다. 게임 규칙과 결과에 근거할 때, 항상 옳은 것을 〈보기〉에서 모두 고르면?

• 규칙
 - A → B → C → D → E 순서대로 퀴즈를 1개씩 풀고, 모두 한 번씩 퀴즈를 풀고 나면 한 라운드가 끝난다.
 - 퀴즈 2개를 맞힌 사람은 벌칙에서 제외되고, 다음 라운드부터는 게임에 참여하지 않는다.
 - 라운드를 반복하여 맨 마지막까지 남는 한 사람이 벌칙을 받는다.
 - 벌칙을 받을 사람이 결정되면 라운드 중이라도 더 이상 퀴즈를 출제하지 않는다.
 - 게임 중 동일한 문제는 출제하지 않는다.
• 결과
 3라운드에서 A는 참가자 중 처음으로 벌칙에서 제외되었고, 4라운드에서는 오직 B만 벌칙에서 제외되었으며, 벌칙을 받을 사람은 5라운드에서 결정되었다.

보기

ㄱ. 5라운드까지 참가자들이 정답을 맞힌 퀴즈는 총 9개이다.
ㄴ. 게임이 종료될 때까지 총 22개의 퀴즈가 출제되었다면, E는 5라운드에서 퀴즈의 정답을 맞혔다.
ㄷ. 게임이 종료될 때까지 총 21개의 퀴즈가 출제되었다면, 퀴즈를 푸는 순서가 벌칙을 받을 사람 선정에 영향을 미친 것으로 볼 수 있다.

① ㄱ   ② ㄴ

③ ㄱ, ㄷ   ④ ㄴ, ㄷ

19 다음은 S공단에서 진행하는 산재보험패널 학술대회의 프로그램 시간표이다. 시간표를 보고 이해한 내용으로 올바르지 않은 것은?

〈산재보험패널 학술대회 안내〉

시간	프로그램	
13:00 ~ 13:30	학술대회 등록	
13:30 ~ 14:00	• 학술대회 개회식 및 내·외빈 소개 • 대학원생 학술논문 경진대회 우수논문 시상	
14:00 ~ 14:20	(기조발표) 산재보험패널조사로 살펴본 산재근로자의 모습	
14:20 ~ 14:30	휴식	
14:30 ~ 16:00	주제 : 산재근로자의 노동시장 참여(1) [장소 : 중회의실 A] 1. 산업재해 근로자의 직장복귀 요인 분석 2. 산재 후 원직장복귀 근로자의 원직장 이탈 결정요인 분석 3. 머신 러닝 기법을 이용한 산재요양종결자의 4년 후 원직복귀 예측 요인	주제 : 산재근로자의 일과 생활 [장소 : 중회의실 B] 1. 산재장해인 재활서비스가 직업복귀 촉진에 미치는 효과성 분석 2. 산재근로자의 이직의사에 영향을 미치는 요인 3. 산재요양종결자의 가구 빈곤 현황 및 추이 분석
16:00 ~ 16:10	휴식	
16:10 ~ 17:40	주제 : 산재근로자의 노동시장 참여(2) [장소 : 중회의실 A] 1. 산재근로자의 원직복귀와 장해등급에 영향을 미치는 요인 분석 2. 산재근로자 직업복귀 시 '고용의 질'에 영향을 미치는 요인 연구 3. 산재근로자의 직장복귀 형태에 영향을 미치는 요인 분석 및 자아존중감, 자기효능감, 일자리 만족도 비교	주제 : 대학원생 학술논문 경진대회 [장소 : 중회의실 B] 1. 재발사건생존분석을 활용한 산재근로자의 직업복귀 이후 고용 유지에 미치는 영향 2. 산재 근로자의 직업 만족도에 따른 잠재계층 분류와 영향요인 검증

① 중회의실 A에서 산재요양종결자의 원직복귀 예측 요인에 대한 설명을 들을 수 있겠구나.
② 대학원생 학술논문 경진대회를 통해 재발사건생존분석을 어떻게 활용하는지 알 수 있겠군.
③ 산새근로자의 일과 생활을 다룬 프로그램에 참석하면 산재근로자의 장해등급은 어떻게 구분되는지 알 수 있겠어.
④ 산재근로자가 이직을 하는 이유를 알고 싶다면 중회의실 B에 참석해야겠다.

20 다음 설명을 참고하여 아래 기사를 읽고 한국자동차가 취할 수 있는 전략으로 옳은 것은?

> 'SWOT'는 Strength(강점), Weakness(약점), Opportunity(기회), Threat(위협)의 머리글자를 따서 만든 단어로 경영 전략을 세우는 방법론이다. SWOT로 도출된 조직의 내·외부 환경을 분석하고, 이 결과를 통해 대응전략을 구상할 수 있다. 'SO(강점 – 기회)전략'은 기회를 활용하기 위해 강점을 사용하는 전략이고, 'WO(약점 – 기회)전략'은 약점을 보완 또는 극복하여 시장의 기회를 활용하는 전략이다. 'ST(강점 – 위협)전략'은 위협을 피하기 위해 강점을 활용하는 방법이며 'WT(약점 – 위협)전략'은 위협요인을 피하기 위해 약점을 보완하는 전략이다.

> • 새로운 정권의 탄생으로 자동차 업계 내 새로운 바람이 불 것으로 예상된다. ○○○ 당선인이 이번 선거에서 친환경차 보급 확대를 주요 공약으로 내세웠고, 공약에 따라 전기자동차에 대한 지원과 함께 친환경차 보급 확대에 적극 나설 것으로 보이기 때문이다. ○○○ 당선인은 공공기관용 친환경차 비율을 70%로 상향시키기로 하고, 친환경차 보조금 확대 등을 통해 친환경차 보급률을 높이겠다는 계획을 세웠다. 또한 최근, 환경을 생각하는 국민 의식의 향상과 친환경차의 연비 절감 부분이 친환경차 구매욕구 상승에 기여하고 있다.
> • 한국자동차는 기존에 전기자동차 모델들을 꾸준히 출시하여 성장세가 두드러지고 있는데다 고객들의 다양한 구매욕구를 충족시킬 만한 전기자동차 상품의 다양성을 확보하였다. 또한, 한국자동차의 전기자동차 미국 수출이 증가하고 있는 만큼 앞으로의 전망도 밝을 것으로 예상된다.

① SO전략
② WO전략
③ SW전략
④ WT전략

21 해외영업부 A대리는 B부장과 함께 샌프란시스코에 출장을 가게 되었다. 샌프란시스코의 시각은 한국보다 16시간 느리고, 비행시간은 10시간 25분일 때 샌프란시스코 현지 시각으로 11월 17일 오전 10시 35분에 도착하는 비행기를 타려면 한국 시각으로 인천공항에 몇 시까지 도착해야 하는가?

구분	날짜	출발 시각	비행 시간	날짜	도착 시각
인천 → 샌프란시스코	11월 17일		10시간 25분	11월 17일	10:35
샌프란시스코 → 인천	11월 21일	17:30	12시간 55분	11월 22일	22:25

※ 단, 비행기 출발 한 시간 전에 공항에 도착해 티케팅을 해야 한다.

① 12:10   ② 13:10
③ 14:10   ④ 15:10

22 다음 대화 내용을 읽고 A팀장과 B사원이 함께 시장조사를 하러 갈 수 있는 가장 적절한 시간을 고르면?(단, 근무시간은 09:00 ~ 18:00, 점심시간은 12:00 ~ 13:00이다)

> A팀장 : B씨, 저번에 우리가 함께 진행했던 제품이 오늘 출시된다고 하네요. 시장에서 어떤 반응이 있는지 조사하러 가야 할 것 같아요.
>
> B사원 : 네, 팀장님. 그런데 오늘 갈 수 있을지 의문입니다. 우선 오후 4시에 사내 정기강연이 예정되어 있고 초청강사가 와서 시간관리 강의를 한다고 합니다. 아마 두 시간 정도 걸릴 것 같은데, 저는 강연준비로 30분 정도 일찍 가야 할 것 같습니다. 그리고 부서장님께서 요청하셨던 기획안도 오늘 퇴근 전까지 제출해야 하는데, 팀장님 검토시간까지 고려하면 두 시간 정도 소요될 것 같습니다.
>
> A팀장 : 오늘도 역시 할 일이 참 많네요. 지금이 11시니까 열심히 업무를 하면 한 시간 정도는 시장에 다녀올 수 있겠네요. 먼저 기획안부터 마무리 짓도록 합시다.
>
> B사원 : 네, 알겠습니다. 팀장님, 오늘 점심은 된장찌개 괜찮으시죠? 바쁘니까 예약해두겠습니다.

① 11:00 ~ 12:00   ② 13:00 ~ 14:00
③ 14:00 ~ 15:00   ④ 15:00 ~ 16:00

23 지우네 가족은 명절을 맞아 주말에 할머니 댁을 가기로 하였다. 다음 교통편별 비용 및 세부사항을 참고하여 〈조건〉에 맞는 이동수단을 고를 때, 선택한 교통편과 그에 따라 지불해야 할 총 교통비는 얼마인가?

〈교통편별 비용 및 세부사항〉

구분	왕복 금액	걸리는 시간	집과의 거리	비고
비행기	119,000원	45분	1.2km	3인 이상 총 금액 3% 할인
E열차	134,000원	2시간 11분	0.6km	4인 가족 총 금액 5% 할인
P버스	116,000원	2시간 25분	1.0km	–
K버스	120,000원	3시간 02분	1.3km	1,000원씩 할인 프로모션

※ 걸리는 시간은 편도기준이며, 집과의 거리는 집에서 교통편까지의 거리이다.

> **조건**
>
> • 지우네 가족은 성인 4명이다.
> • 집에서 교통편 타는 곳까지 1.2km 이내이다.
> • 계획한 총 교통비는 50만 원 이하이다.
> • 왕복 시간은 5시간 이하이다.
> • 가장 저렴한 교통편을 이용한다.

	교통편	총 교통비
①	비행기	461,720원
②	비행기	461,620원
③	E열차	461,720원
④	P버스	464,000원

24 다음은 임직원 출장여비 지급규정과 T차장의 출장비 지출 내역이다. T차장이 받을 수 있는 여비는 얼마인가?

〈임직원 출장여비 지급규정〉

- 출장여비는 일비, 숙박비, 식비, 교통비로 구성된다.
- 일비는 출장일수에 따라 매일 10만 원씩 지급한다.
- 숙박비는 숙박일수에 따라 실비 지급한다. 다만, 항공 또는 선박 여행 시 항공기 내 또는 선박 내에서의 숙박은 숙박비를 지급하지 아니한다.
- 식비는 일수에 따라 식사 여부에 상관없이 1일 3식으로 지급하며, 1끼니당 1만 원씩 지급한다. 단, 항공 또는 선박 여행 시에는 기내식이 포함되지 않을 경우만 지급하며, 출장 마지막 날 저녁은 지급하지 않는다.
- 교통비는 교통편의 운임 혹은 유류비 산출액을 실비 지급한다.

〈T차장의 2박 3일 출장비 지출 내역〉

3월 8일	3월 9일	3월 10일
• 인천 – 일본 항공편 84,000원 　(아침 기내식 포함 ✕) • 점심 식사 7,500원 • 일본 J공항 – B호텔 택시비 10,000원 • 저녁 식사 12,000원 • B호텔 숙박비 250,000원	• 아침 식사 8,300원 • 호텔 – 거래처 택시비 16,300원 • 점심 식사 10,000원 • 거래처 – 호텔 택시비 17,000원 • B호텔 숙박비 250,000원	• 아침 식사 5,000원 • 일본 – 인천 항공편 89,000원 　(점심 기내식 포함)

① 880,000원
② 1,053,000원
③ 1,059,100원
④ 1,086,300원

25 H은행은 사내 축구대회를 진행하고 있다. 조별 리그전으로 진행하며 각 조에서 가장 승점이 높은 한 팀만 결승에 진출한다고 한다. 팀별 승패 현황이 다음과 같다면 결승에 진출하는 팀은?

〈팀별 승패 현황〉

1조		2조	
팀	결과	팀	결과
A팀	1승 4무	G팀	3승 2패
B팀	( )	H팀	2승 2무 1패
C팀	1무 4패	I팀	2승 1무 2패
D팀	2무 3패	J팀	3승 1무 1패
E팀	3승 1무 1패	K팀	( )
F팀	2승 1무 2패	L팀	1승 3무 1패

※ 승리 시 2점, 무승부 시 1점, 패배 시 0점의 승점을 부여한다.

① A팀, K팀
② B팀, K팀
③ B팀, J팀
④ E팀, G팀

26 건강보험심사평가원은 현재 신입사원을 채용하고 있다. 서류전형과 면접전형을 마치고 다음의 평가지표 결과를 얻었다. 건강보험심사평가원 내 평가지표별 가중치를 이용하여 각 지원자의 최종 점수를 계산하고, 점수가 가장 높은 두 지원자를 채용하려고 한다. 이때, 심사평가원이 채용할 두 지원자는?

〈지원자별 평가지표 결과〉

(단위 : 점)

구분	면접 점수	영어 실력	팀내 친화력	직무 적합도	빌진 가능성	비고
A지원자	3	3	5	4	4	군필자
B지원자	5	5	2	3	4	군필자
C지원자	5	3	3	3	5	–
D지원자	4	3	3	5	4	군필자
E지원자	4	4	2	5	5	군 면제자

※ 군필자(만기제대)에게는 5점의 가산점을 부여한다.

〈평가지표별 가중치〉

구분	면접 점수	영어 실력	팀내 친화력	직무 적합도	발전 가능성
가중치	3	3	5	4	5

※ 가중치는 해당 평가지표 결과 점수에 곱한다.

① A, D지원자
② B, C지원자
③ B, E지원자
④ C, D지원자

27 다음은 S은행에서 판매하는 펀드 상품과 펀드 가입을 원하는 고객의 요구사항이다. 고객의 성향 및 요구사항에 가장 적합한 상품은 무엇인가?(단, 고객의 투자 성향 분석 결과는 보통 수준이다)

〈S은행 판매 펀드 상품〉

구분	종류	수익률(%)	환매기간	환매 수수료	보수(%)			위험등급
A상품	주식형	13	4영업일	없음	1	0.4	0.045	높음
B상품	채권형	2.3	5영업일	없음	0.3	0.075	0.020	낮음
C상품	혼합형	7	4영업일	없음	0.55	0.2	0.033	다소 높음
D상품	혼합형	7	5영업일	있음	0.8	0.4	0.033	보통

※ 투자 성향은 매우 '매우 높음, 높음, 다소 높음, 보통, 낮음, 매우 낮음'의 6단계로 구분한다.

〈고객 요구사항〉

• 어느 정도 위험을 감수하더라도 가능한 많은 수익을 올릴 수 있으면 좋겠는데, 주식형 펀드는 너무 위험하지 않나요?
• 수익이 비슷하다면 총 보수가 낮은 상품으로 추천해 주세요.
• 해외 펀드도 상관없어요.
• 환매 후 빠른 시일 내로 지급되는 게 좋겠어요.

① A상품   ② B상품
③ C상품   ④ D상품

28 직원 수가 100명인 W은행 C지점에서 치킨을 주문하려고 한다. 1마리를 시키면 2명이 먹을 수 있다고 할 때, 최소 비용으로 치킨을 먹을 수 있는 방법은?

구분	정가	할인	
		방문 포장 시	단체 주문 시
A치킨	15,000원/마리	35%	5%(단, 50마리 이상 주문 시)
B치킨	16,000원/마리	20%	3%(10마리당 할인)

※ 방문 포장 시 유류비와 이동할 때의 번거로움 등을 계산하면 A치킨은 50,000원, B치킨은 15,000원의 비용이 든다.
※ 중복 할인이 가능하며, 중복 할인 시 할인율을 더한 값으로 계산한다.

① A치킨에서 방문 포장하고 단체 주문 옵션을 선택한다.
② B치킨에서 방문 포장하고 단체 주문 옵션을 선택한다.
③ A치킨에서 배달을 시킨다.
④ A치킨과 B치킨에서 전체의 반씩 방문 포장으로 단체 주문 옵션을 선택한다.

29 다음은 통신사용료 명세서이다. 비고를 참고하여 모든 혜택을 적용한 최저 요금을 올바르게 구한 것은?

구분	요금(원)	비고
인터넷 요금	38,500	• 인터넷과 휴대폰, TV 동시 가입한 경우 두 가지 품목 합산 요금의 20% 할인(셋톱박스 대여료 제외)
인터넷 셋톱박스 대여료	3,300	
휴대폰 요금	48,400	• 휴대폰 가입자 2인(20%), 3인(30%), 4인 이상(40%) 할인
	59,400	• 인터넷과 TV 셋톱박스 대여료는 비싼 가격 1대만 청구
	25,300	• 총 요금의 천 원 미만 절사
TV 수신료	27,300	※ 한 품목에 대해 중복 할인 불가
TV 셋톱박스 대여료	4,400	※ 자동 이체 시 10% 추가 할인
할인 및 혜택 미적용 요금	206,600	
총 요금(자동이체 적용)		

① 135,000원
② 139,100원
③ 147,000원
④ 152,000원

30 A씨와 B씨는 각각 해외에서 직구로 물품을 구매하였다. 해외 관세율이 다음과 같을 때, A와 B 중 어떤 사람이 더 관세를 많이 냈으며 그 금액은 얼마인가?

품목	관세(%)	부가세(%)
책	5	5
유모차, 보행기	5	10
노트북	8	10
스킨, 로션 등 화장품	6.5	10
골프용품, 스포츠용 헬멧	8	10
향수	7	10
커튼	13	10
카메라	8	10
신발	13	10
TV	8	10
휴대폰	8	10

※ 향수, 화장품의 경우 개별소비세 7%, 농어촌특별세 10%, 교육세 30%가 추가
※ 100만 원 이상 전자제품(TV, 노트북, 카메라, 핸드폰 등)은 개별소비세 20%, 교육세 30%가 추가

〈구매 품목〉

- A : TV(110만 원), 스킨로션(5만 원), 휴대폰(60만 원), 스포츠용 헬멧(10만 원)
- B : 책(10만 원), 카메라(80만 원), 노트북(110만 원), 신발(10만 원)

① A, 91.5만 원
② B, 90.5만 원
③ A, 94.5만 원
④ B, 92.5만 원

I wish you the best of luck!

I wish you the best of luck!

MEMO

I wish you the best of luck!

앞선 정보 제공! 도서 업데이트

언제, 왜 업데이트될까?

도서의 학습 효율을 높이기 위해 자료를 추가로 제공할 때!
기업체 인적성검사의 변동사항 발생 시 정보 공유를 위해!
기업체 채용 및 시험 관련 중요 이슈가 생겼을 때!

01 시대에듀 도서
www.sdedu.co.kr/book
홈페이지 접속

02 상단 카테고리
「도서업데이트」
클릭

03 해당
기업명으로
검색

참고자료, 시험 개정사항 등 정보 제공으로 학습효율을 높여 드립니다.

(주)시대고시기획

금융권 필기시험 시리즈

문제해결능력

정답 및 해설

01 | 유형학습

01	02	03	04	05	06	07	08	09	10
③	④	③	②	②	②	④	③	③	②

01 정답 ③

실행 및 Follow-up 단계에서 실행상의 문제점 및 장애요인을 신속히 해결하기 위해서 모니터링 체계를 구축하는 것이 바람직하다.

02 정답 ④

3C 분석에서 3C는 사업환경을 구성하고 있는 자사, 경쟁사, 고객을 뜻한다.

03 정답 ③

주요 과제 도출 단계에서는 한 가지 안이 아닌 다양한 과제 후보안을 도출해내는 일이 선행되어야 한다.

04 정답 ②

오답분석

① 문제 인식 : 해결해야 할 전체 문제를 파악하여 우선순위를 정하고, 선정문제에 대한 목표를 명확히 하는 단계
③ 원인 분석 : 파악된 핵심문제에 대한 분석을 통해 근본 원인을 도출하는 단계
④ 해결안 개발 : 문제로부터 도출된 근본원인을 효과적으로 해결할 수 있는 최적의 해결방안을 수립하는 단계

05 정답 ②

오답분석

① 다른 사람을 공감시켜 움직일 수 있게 한다.
③ 행동을 하기 전에 생각을 먼저 하게 한다.
④ 주위를 설득하는 일이 훨씬 쉬워진다.

06 정답 ②

문제해결의 장애요소

문제를 철저하게 분석하지 않는 경우, 고정관념에 얽매이는 경우, 쉽게 떠오르는 단순한 정보에 의지하는 경우, 너무 많은 자료를 수집하려고 노력하는 경우 등이 있다.

07 정답 ④

문제의 유형

1. 발생형 문제(보이는 문제) : 바로 직면하여 걱정하고 해결하기 위해 고민하는 문제
2. 탐색형 문제(찾는 문제) : 현재의 상황을 개선하거나 효율을 높이기 위한 문제
3. 설정형 문제(미래 문제) : 장래의 경영전략을 생각하는 문제로 앞으로 어떻게 할 것인가 하는 문제

08 정답 ③

오답분석

① 소프트 어프로치 : 문제해결을 위한 직접적인 표현이 바람직하지 않다고 여기며, 무언가를 시사하거나 암시를 통하여 의사를 전달하고 기분을 서로 통하게 함으로써 문제해결을 도모한다.
② 하드 어프로치 : 서로의 생각을 직설적으로 주장하고 논쟁이나 협상을 통해 의견을 조정해 가는 방법이다.
④ 퍼실리테이션 : 깊이 있는 커뮤니케이션을 통해 서로의 문제점을 이해하고 공감함으로써 창조적인 문제해결을 도모한다.

09 정답 ③

문제해결을 위한 기본요소

체계적인 교육훈련, 문제해결방법에 대한 지식, 문제관련 지식에 대한 가용성, 문제해결자의 도전의식과 끈기, 문제에 대한 체계적인 접근

10 정답 ②

문제해결과정

문제 인식 → 문제 도출 → 원인 분석 → 해결안 개발 → 실행 및 평가

02 | 심화학습

01	02	03	04	05	06	07	08	09	10
④	④	①	②	④	①	②	①	④	③

01 정답 ④

문제원인의 패턴

1. 단순한 인과관계 : 원인과 결과를 분명하게 구분할 수 있는 경우로, 어떤 원인이 선행함으로써 결과가 생기는 인과관계를 의미하며, 소매점에서 할인율을 자꾸 내려서 매출 점유율이 내려가기 시작하는 경우 등이 이에 해당한다.
2. 닭과 계란의 인과관계 : 원인과 결과를 구분하기가 어려운 경우로, 브랜드의 향상이 매출확대로 이어지고, 매출확대가 다시 브랜드의 인지도 향상으로 이어지는 경우 등이 이에 해당한다.
3. 복잡한 인과관계 : 단순한 인과관계와 닭과 계란의 인과관계의 두 유형이 복잡하게 서로 얽혀 있는 경우로, 대부분의 경영상 과제가 이에 해당한다.

02 정답 ④

D를 제외한 A, B, C의 발언을 보면 H화장품 회사의 신제품은 10대를 겨냥하고 있음을 알 수 있다. D는 이러한 제품의 타깃층을 무시한 채 단순히 소비성향에 따라 20 ~ 30대를 위한 마케팅이 필요하다고 주장하고 있다. 따라서 D는 자신이 알고 있는 단순한 정보에 의존하여 잘못된 판단을 하고 있음을 알 수 있다.

03 정답 ①

- (가), (바) : 곤충 사체 발견, 방사능 검출은 현재 직면한 문제로 발생형 문제로 적절하다.
- (다), (마) : 더 많은 전압을 회복시킬 수 있는 충전지 연구와 근로시간 단축은 현재 상황보다 효율을 더 높이기 위한 문제로 탐색형 문제로 적절하다.
- (나), (라) : 초고령사회와 드론시대를 대비하여 미래지향적인 과제를 설정하는 것은 설정형 문제로 적절하다.

04 정답 ②

오답분석

① 깊이 있는 커뮤니케이션을 통해 서로의 문제점을 이해하고 공감하게 한다.
③ 초기에 생각하지 못했던 창조적인 해결방법을 도출한다.
④ 구성원이 자율적으로 실행하는 것으로 제3자가 합의점이나 줄거리를 준비해놓고 예정대로 결론이 도출되는 것이 아니다.

05 정답 ④

- 자료(Data) : 정보 작성을 위하여 필요한 데이터를 말하는 것으로, 이는 '아직 특정의 목적에 대하여 평가되지 않은 상태의 숫자나 문자들의 단순한 나열'을 뜻한다.
- 정보(Information) : 자료를 일정한 프로그램에 따라 컴퓨터가 처리·가공함으로써 '특정한 목적을 달성하는 데 필요하거나 특정한 의미를 가진 것으로 다시 생산된 것'을 뜻한다.
- 지식(Knowledge) : '어떤 특정의 목적을 달성하기 위해 과학적 또는 이론적으로 추상화되거나 정립되어 있는 일반화된 정보'를 뜻하는 것으로, 어떤 대상에 대하여 원리적·통일적으로 조직되어 객관적 타당성을 요구할 수 있는 판단의 체계를 제시한다.

06 정답 ①

Logic Tree 방법 : 문제의 원인을 깊이 파고들거나 해결책을 구체화할 때 제한된 시간 안에 넓이와 깊이를 추구하는 데 도움이 되는 기술로, 주요 과제를 나무 모양으로 분해하여 정리하는 기술이다.

오답분석

② SWOT 분석 : SWOT 분석은 기업내부의 강점, 약점과 외부환경의 기회, 위협요인을 분석·평가하고 이들을 서로 연관지어 전략 및 문제해결 방안을 개발하는 방법이다. SWOT 분석은 내부환경요인과 외부환경요인의 2개의 축으로 구성되어 있다. 내부환경요인은 자사 내부의 환경을 분석하는 것으로 분석은 다시 자사의 강점과 약점으로 분석된다. 외부환경요인은 자사 외부의 환경을 분석하는 것으로 분석은 다시 기회와 위협으로 구분된다. 내부환경요인과 외부환경요인에 대한 분석이 끝난 후에 매트릭스가 겹치는 SO, WO, ST, WT에 해당되는 최종 분석을 실시한다.
③ 3C 분석 : 사업환경을 구성하고 있는 요소인 자사, 경쟁사, 고객을 3C라고 하며, 3C에 대한 체계적인 분석을 통해서 환경 분석을 수행할 수 있다. 3C분석에서 고객 분석에서는 '고객은 자사의 상품/서비스에 만족하고 있는지'를, 자사분석에서는 '자사가 세운 달성목표와 현상 간에 차이가 없는지'를, 경쟁사 분석에서는 '경쟁기업의 우수한 점과 자사의 현상과 차이가 없는지'에 대한 질문을 통해서 환경을 분석하게 된다.

07 정답 ②

창의적 사고를 개발하는 방법

1. 자유 연상법 : 어떤 생각에서 다른 생각을 계속해서 떠올리는 작용을 통해 어떤 주제에서 생각나는 것을 계속해서 열거해 나가는 방법 예 브레인스토밍
2. 강제 연상법 : 각종 힌트에서 강제적으로 연결지어서 발상하는 방법 예 체크리스트
3. 비교 발상법 : 주제와 본질적으로 닮은 것을 힌트로 하여 새로운 아이디어를 얻는 방법 예 NM법, Synetics

08 정답 ①

분석적 사고

1. 성과 지향의 문제 : 기대하는 결과를 명시하고 효과적으로 달성하는 방법을 사전에 구상하고 실행에 옮긴다.
2. 가설 지향의 문제 : 현상 및 원인분석 전에 지식과 경험을 바탕으로 일의 과정이나 결과, 결론을 가정한 다음 검증 후 사실일 경우 다음 단계의 일을 수행한다.
3. 사실 지향의 문제 : 일상 업무에서 일어나는 상식, 편견을 타파하여 사고와 행동을 객관적 사실로부터 시작한다.

09 정답 ④

상황을 모두 고려하면 '자동차 관련 기업의 주식을 사지 말라'는 결론이 타당하다.

오답분석

① 두 번째, 세 번째 상황은 고려하고 있지 않다.
② 세 번째 상황을 고려하고 있지 않다.
③ 상황을 모두 고려하고 있으나 자동차 산업과 주식시장이 어떻게 되는가를 전달하고 있지 않다.

10 정답 ③

해결안 선정을 위해서는 중요도와 실현가능성 등을 고려해서 종합적인 평가를 내려야 한다.

CHAPTER 02 사고력   정답 및 해설

| 01 | 유형학습

01	02	03	04	05	06	07	08	09	10
④	②	①	②	④	③	①	④	①	④
11	12	13	14	15	16	17	18	19	20
③	④	③	④	①	④	③	②	④	④
21	22	23	24	25	26	27	28	29	30
①	②	④	②	④	①	②	④	③	④
31	32	33	34	35	36	37	38	39	40
②	②	④	③	③	③	④	③	②	④

01   정답 ④

p=도보로 걸음, q=자가용 이용, r=자전거 이용, s=버스 이용이라고 하면 $p \rightarrow \sim q$, $r \rightarrow q$, $\sim r \rightarrow s$이며, 두 번째 명제의 대우인 $\sim q \rightarrow \sim r$이 성립함에 따라 $p \rightarrow \sim q \rightarrow \sim r \rightarrow s$가 성립한다. 따라서 '도보로 걷는 사람은 버스를 탄다.'는 명제는 반드시 참이다.

02   정답 ②

'축구를 좋아한다.'를 p, '골프를 좋아한다.'를 q, '야구를 좋아한다.'를 r, '농구를 좋아한다.'를 s라고 하면 '$p \rightarrow \sim q \rightarrow \sim r \rightarrow s$'가 성립함을 알 수 있다.

03   정답 ①

제시된 조건을 나열하면 '효주>지영', '효주>채원'임을 알 수 있다. 따라서 지영이와 채원이의 나이는 알 수 없지만 효주의 나이가 가장 많다는 것을 알 수 있다.

04   정답 ②

국어를 싫어하는 학생은 수학을 좋아하고, 수학을 좋아하면 영어를 싫어한다. 따라서 국어를 싫어하는 학생은 영어도 싫어한다고 할 수 있다.

05   정답 ④

p : A대학교에 다닌다, q : B시에 거주한다, r : 빨간 머리, s : 한나라 하자.
제시된 명제를 정리하면
• 첫 번째 명제 : $p \rightarrow q$
• 두 번째 명제 : $r \rightarrow \sim q$
• 세 번째 명제 : $s \rightarrow p$
어떤 명제가 참일 때 그 대우 명제도 참이다. 즉 두 번째 명제의 대우 명제인 $q \rightarrow \sim r$도 참이다.
$s \rightarrow p \rightarrow q \rightarrow \sim r$이 성립하므로 $s \rightarrow \sim r$은 참인 명제이다.
따라서 '한나는 빨간머리가 아니다.'는 참인 명제이다.

06   정답 ③

'커피를 좋아함'을 p, '홍차를 좋아함'을 q, '우유를 좋아함'을 r, '콜라를 좋아함'을 s라고 하면 $p \rightarrow q \rightarrow \sim r \rightarrow s$가 성립한다. 따라서 $p \rightarrow s$이므로 커피를 좋아하는 사람은 콜라를 좋아한다.

07   정답 ①

현명한 사람은 거짓말을 하지 않고, 거짓말을 하지 않으면 다른 사람의 신뢰를 얻는다. 즉, 현명한 사람은 다른 사람의 신뢰를 얻는다.

08   정답 ④

문제에서 주어진 명제를 정리하면 다음과 같다.
p : 스포츠를 좋아하는 사람, q : 음악을 좋아하는 사람, r : 그림을 좋아하는 사람, s : 독서를 좋아하는 사람이라고 했을 때, $p \rightarrow q$, $r \rightarrow s$, $\sim q \rightarrow \sim s$이다.
$\sim q \rightarrow \sim s$ 명제의 대우를 취하면 $s \rightarrow q$이므로 $r \rightarrow s \rightarrow q$이다. 즉, $r \rightarrow q$이다.
따라서 '그림을 좋아하는 사람은 음악을 좋아한다.'가 된다.

09   정답 ①

문제에서 주어진 명제를 정리하면 다음과 같다.
p : 축구를 잘하는 사람, q : 배구를 잘하는 사람, r : 농구를 못하는 사람, s : 야구를 못하는 사람이라고 했을 때, $p \rightarrow q$, $r \rightarrow s$, $\sim q \rightarrow r$이고, $\sim q \rightarrow r \rightarrow s$이므로 결국 $\sim q \rightarrow s$이다.
따라서 '배구를 못하는 사람은 야구도 못한다.'가 된다.

10　정답 ④

'티라노사우르스'를 p, '공룡임'을 q, '곤충을 먹음'을 r, '직립보행을 함'을 s라고 하면, 각 명제는 순서대로 $p \rightarrow q$, $r \rightarrow \sim q$, $\sim r \rightarrow s$이다. 두 번째 명제의 대우와 첫 번째 · 세 번째 명제를 정리하면 $p \rightarrow q \rightarrow \sim r \rightarrow s$이므로 $p \rightarrow s$가 성립한다. 따라서 ④가 답이다.

11　정답 ③

'A카페에 간다.'를 p, '타르트를 주문한다.'를 q, '빙수를 주문한다.'를 r, '아메리카노를 주문한다.'를 s라고 하면, $p \rightarrow q \rightarrow \sim r$, $p \rightarrow q \rightarrow s$의 관계가 성립한다. 따라서 'A카페를 가면 아메리카노를 주문한다.'는 참인 명제이므로 이의 대우 명제인 '아메리카노를 주문하지 않으면 A카페를 가지 않았다는 것이다.'역시 참이다.

12　정답 ④

'운동을 꾸준히 한다.'를 A, '스트레스를 많이 받는다.'를 B, '술을 많이 마신다.'를 C, '간에 무리가 간다.'를 D라고 한다면 첫 번째 명제는 C → D, 세 번째 명제는 B → C, 네 번째 명제는 ~A → D이므로 네 번째 명제가 도출되기 위해서는 빈칸에 ~A → B가 필요하다. 따라서 대우 명제인 ④가 답이 된다.

13　정답 ③

'일요일이다'를 A, '미영이가 직장에 간다.'를 B, '미영이가 집에서 밥을 먹는다.'를 C라고 하면 'A → ~B → C'이므로 빈칸에는 'A → C' 혹은 그 대우인 '~C → ~A'가 들어가야 한다.

14　정답 ④

B와 C가 초콜릿 과자를 먹고 D와 E 중 한 명 역시 초콜릿 과자를 먹으므로 C가 초콜릿 과자 1개를 먹었음을 알 수 있나. 남은 커피 과자 3개는 A, D, E가 나눠 먹게 된다. 이때 A가 커피 과자 1개를 먹었다면 D와 E 중 한 명은 초콜릿 과자 1개와 커피 과자 1개를 먹고, 나머지 한 명은 커피 과자 1개를 먹는다. 따라서 A와 D가 커피 과자를 1개씩 먹었다면, E는 초콜릿과 커피 두 종류의 과자를 하나씩 먹게 된다.

15　정답 ①

민정이가 아르바이트를 하는 날은 화요일, 목요일, 토요일이다.

16　정답 ④

첫 번째 명제의 대우와 두 번째 명제를 정리하면 '모든 학생 → 국어 수업 → 수학 수업'이 되어 '모든 학생은 국어 수업과 수학 수업을 듣는다.'가 성립한다. 세 번째 명제에서 수학 수업을 듣는 '어떤' 학생들이 영어 수업을 듣는다고 했으므로, '어떤 학생들은 국어, 수학, 영어 수업을 듣는다.'가 성립한다.

17　정답 ③

명제가 참이면 대우 명제도 참이다. 즉, '을이 좋아하는 과자는 갑이 싫어하는 과자이다.'가 참이면 '갑이 좋아하는 과자는 을이 싫어하는 과자이다.'도 참이다. 따라서 갑은 비스킷을 좋아하고, 을은 비스킷을 싫어한다.

18　정답 ②

설현은 석정의 가방을, 보민은 설현의 가방을, 석정은 보민의 가방을 들었다.

19　정답 ④

B를 주문한 손님들만 D를 추가로 주문할 수 있으므로 A를 주문한 사람은 D를 주문할 수 없다. 즉, 이와 같은 진술인 ④가 옳은 추론이다.

20　정답 ④

주어진 명제를 정리하면 다음과 같다.
• p : 근대화
• q : 전통 사회 생활양식의 변화
• r : 전통 사회의 고유성 유지
• s : 문화적 전통 확립

$p \rightarrow q$, $q \rightarrow \sim r$, $r \rightarrow s$이며, 두 번째 명제의 대우인 $r \rightarrow \sim q$가 성립함에 따라 '전통 사회의 고유성을 유지한다면 생활양식의 변화 없이 문화적 전통을 확립할 수 있다.'는 명제는 반드시 참이 된다.

21　정답 ①

영희가 전체 평균 1등을 했으므로 총점이 가장 높다.

오답분석

②·③·④ 등수는 알 수 있지만 각 점수는 알 수 없기 때문에 점수 간 비교는 불가능하다.

22　정답 ②

모든 1과 사원은 가장 실적이 많은 2과 사원보다 실적이 많고, 3과 사원 중 일부는 가장 실적이 많은 2과 사원보다 실적이 적다. 따라서 3과 사원 중 일부는 모든 1과 사원보다 실적이 적다.

23 정답 ④

두 번째 조건에 따라 둘째 날에는 2시간 또는 1시간 30분의 발 마사지 코스를 선택할 수 있다.

- 둘째 날에 2시간의 발 마사지 코스를 선택하는 경우
  첫째 날에는 2시간, 셋째 날에는 1시간, 넷째 날에는 1시간 30분 동안 발 마사지를 받는다.
- 둘째 날에 1시간 30분의 발 마사지 코스를 선택하는 경우
  첫째 날에는 2시간, 셋째 날에는 30분, 넷째 날에는 1시간 또는 1시간 30분 동안 발 마사지를 받는다.

따라서 현수는 셋째 날에 가장 짧은 마사지 코스를 선택하였다.

24 정답 ②

만약 민정이가 진실을 말한다면 영재가 거짓, 세희가 진실, 준수가 거짓, 성은이의 '민정이와 영재 중 한 명만 진실만을 말한다.'가 진실이 되면서 모든 조건이 성립한다.

반면, 만약 민정이가 거짓을 말한다면 영재가 진실, 세희가 거짓, 준수가 진실, 성은이의 '민정이와 영재 중 한 명만 진실만을 말한다.'가 거짓이 되면서 모순이 생긴다.

따라서 거짓을 말한 사람은 영재와 준수이다.

25 정답 ④

A와 C의 성적 순위에 대한 B와 E의 진술이 서로 엇갈리고 있으므로, B의 진술이 참인 경우와 E의 진술이 참인 경우로 나누어 생각해본다.

- B의 진술이 거짓이고 E의 진술이 참인 경우 : B가 거짓을 말한 것이 되어야 하므로 'B는 E보다 성적이 낮다.'도 거짓이 되어야 하는데, 만약 B가 E보다 성적이 높다면 A의 진술 중 'E는 1등이다.' 역시 거짓이 되어야 하므로 거짓이 2명 이상이 되어 모순이 된다. 따라서 B의 진술이 참이어야 한다.
- B의 진술이 참이고 E의 진술이 거짓인 경우 : 1등은 E, 2등은 B, 3등은 D, 4등은 C, 5등은 A가 되므로 모든 조건이 성립한다.

26 정답 ①

각각의 안내문이 참일 경우를 보면 다음과 같다.

- 방 A의 안내문이 참일 때 : 방 B에는 폭발물이 들어 있고, 방 C는 비어 있고, 방 A에는 지역특산물이 들어 있다.
- 방 B의 안내문이 참일 때 : 방 B는 비어 있고, 방 C에는 폭발물이 들어 있고, 방 A에는 지역특산물이 들어 있다.
- 방 C의 안내문이 참일 때 : 방 B에는 지역특산물이 들어 있어야 한다.
  따라서 모순이 발생한다.

27 정답 ②

주어진 조건에 따라 머리가 긴 순서대로 나열하면 '슬기 – 민경 – 경애 – 정서 – 수영'이 된다. 따라서 슬기의 머리가 가장 긴 것을 알 수 있다. 또한 경애가 단발머리인지는 주어진 조건만으로 알 수 없다.

28 정답 ④

측정 결과를 토대로 정리하면 A별의 밝기 등급은 3등급 이하이며, C별의 경우 A, B, E별보다 어둡고 D별보다는 밝으므로 C별의 밝기 등급은 4등급이다. 따라서 A별의 밝기 등급은 3등급이며, D별은 5등급, 나머지 E별과 B별은 각각 1등급, 2등급이 된다. 별의 밝기 등급에 따라 순서대로 나열하면 'E – B – A – C – D'의 순서가 된다.

29 정답 ③

영수와 재호의 시력을 비교할 수 없으므로 시력이 높은 순서대로 나열하면 '정수 – 영호 – 영수 – 재호 – 경호' 또는 '정수 – 영호 – 재호 – 영수 – 경호'가 된다. 어느 경우라도 정수의 시력이 가장 높은 것을 알 수 있다.

30 정답 ④

영서, 수희>연수, 수희>주림이고 수희가 두 번째로 크므로 영서>수희인데, 주림이가 가장 작지 않으므로 영서>수희>주림>연수이다.

31 정답 ②

동주는 관수보다, 관수는 보람이보다, 보람이는 창호보다 크다. 따라서 동주 – 관수 – 보람 – 창호 순서로 크다. 그러나 인성이는 보람이보다 작지 않은 것은 알 수 있지만, 다른 사람과의 관계는 알 수 없다.

32 정답 ②

키는 원숭이>기린이고, 몸무게는 원숭이>기린>하마이다. 따라서 원숭이가 가장 무겁다.

오답분석
① 원숭이와 하마의 키 관계는 알 수 없다.
③ 기린과 하마의 키 관계는 알 수 없다.
④ 하마는 기린보다 가볍다.

33 정답 ④

고객만족도 점수를 정리하면 A은행은 90점, B은행은 95점, C은행은 $(90+95) \div 2 = 92.5$점이므로 A은행의 점수가 가장 낮은 것을 알 수 있다.

34 정답 ③

가전제품을 A/S 기간이 짧은 순서대로 나열하면 '컴퓨터 – 세탁기 – 냉장고 – 에어컨'이므로 컴퓨터의 A/S 기간이 가장 짧은 것을 알 수 있다.

35 정답 ③

제시문에 따르면 정래, 혜미>윤호>경철 순서이다.

36 정답 ③

조건에 따르면 부피가 큰 상자 순서대로 초록상자>노란상자=빨간상자>파란상자이다.

37 정답 ④

바나나>방울토마토, 바나나>사과>딸기로 바나나의 열량이 가장 높은 것을 알 수 있으나, 제시된 사실만으로는 방울토마토와 딸기의 열량을 비교할 수 없으므로 가장 낮은 열량의 과일이 무엇인지는 알 수 없다.

38 정답 ③

깜둥이>바둑이>점박이, 얼룩이로 바둑이는 네 형제 중 둘째임을 알 수 있으며, 제시된 사실만으로는 점박이와 얼룩이의 출생 순서를 알 수 없다.

39 정답 ②

경란이 5,000원, 재민이 7,000원, 종민이 6,000원을 가지고 있다.

40 정답 ④

갑의 점수 : 을의 점수 −15점, 병의 점수 : 갑의 점수 +5점
따라서 수학 점수는 을>병>갑 순서이다.

02 심화학습

01	02	03	04	05	06	07	08	09	10
④	③	④	③	④	②	①	③	④	④
11	12	13	14	15	16	17	18	19	20
①	④	④	③	③	①	③	②	②	④
21	22	23	24	25	26	27	28	29	30
②	③	④	②	④	④	①	③	④	④
31	32	33	34	35	36	37	38	39	40
①	①	②	④	①	④	④	④	③	③

01 정답 ④

D가 산악회 회원인 경우와 아닌 경우로 나누어보면 다음과 같다.
- D가 산악회 회원인 경우
  네 번째 조건에 따라 D가 산악회 회원이면 B와 C도 산악회 회원이 되며, A는 두 번째 조건의 대우에 따라 산악회 회원이 될 수 없다. 따라서 B, C, D가 산악회 회원이다.
- D가 산악회 회원이 아닌 경우
  세 번째 조건에 따라 D가 산악회 회원이 아니면 B가 산악회 회원이 아니거나 C가 산악회 회원이어야 한다. 그러나 첫 번째 조건의 대우에 따라 C는 산악회 회원이 될 수 없으므로 B가 산악회 회원이 아님을 알 수 있다. 따라서 B, C, D 모두 산악회 회원이 아니다. 이때 최소 한 명 이상은 산악회 회원이어야 하므로 A는 산악회 회원이다.
따라서 항상 옳은 것은 ④이다.

02 정답 ③

a는 'A가 외근을 나감', b는 'B가 외근을 나감', c는 'C가 외근을 나감', d는 'D가 외근을 나감', e는 'E가 외근을 나감'이라고 할 때, 네 번째 조건과 다섯 번째 조건의 대우인 $b \rightarrow c$, $c \rightarrow d$에 따라 $a \rightarrow b \rightarrow c \rightarrow d \rightarrow e$가 성립한다. 따라서 'A가 외근을 나가면 E도 외근을 나간다.'는 항상 참이 된다.

03 정답 ④

월요일에 먹는 영양제에는 비타민 B와 칼슘, 마그네슘이 올 수 있으나, 마그네슘의 경우 비타민 D보다 늦게 먹고, 비타민 B보다는 먼저 먹어야 하므로 월요일에 먹는 영양제로 마그네슘과 비타민 B 둘 다 불가능하다. 따라서 K씨가 월요일에 먹는 영양제는 칼슘이 된다. 또한 비타민 B는 화요일 또는 금요일에 먹을 수 있으나, 화요일에 먹게 될 경우 마그네슘을 비타민 B보다 먼저 먹을 수 없게 되므로 비타민 B는 금요일에 먹는다. 나머지 조건에 따라 K씨가 요일별로 먹는 영양제를 정리하면 다음과 같다.

월	화	수	목	금
칼슘	비타민 C	비타민 D	마그네슘	비타민 B

따라서 회사원 K씨가 월요일에는 칼슘, 금요일에는 비타민 B를 먹는 것을 알 수 있다.

04　정답　③

명제들을 통해서 고기를 좋아하는 사람은 소시지를 좋아하지만 과일은 좋아하지 않는 것과 소를 좋아하는 사람은 치즈와 소시지를 좋아하지 않고, 치즈와 소시지를 좋아하지 않는 사람은 우유와 고기를 좋아하지 않는 것을 알 수 있다.
③은 4번째 명제와 1번째, 2번째 대우를 통해 추론할 수 있다.

05　정답　④

- A : 연차를 쓸 수 있다.
- B : 제주도 여행을 한다.
- C : 회를 좋아한다.
- D : 배낚시를 한다.
- E : 다른 계획이 있다.

제시된 명제들을 간단히 나타내면, A → B, D → C, E → ~D, ~E → A이다. 두 번째 명제를 제외한 후 연립하면 D → ~E → A → B가 되므로 D → B가 성립한다. 따라서 그 대우 명제인 '제주도 여행을 하지 않으면 배낚시를 하지 않는다.'가 옳다.

06　정답　②

과학 기술의 발전은 국가 발전의 원동력이므로 과학 기술의 발전에 필요한 인적 자원과 물적 자원 중 천연 자원이 절대적으로 부족한 현실에서 국가 발전을 도모하기 위해서는 고급 과학 기술 인력을 양성해 나가야 할 것이다.

07　정답　①

두 번째 조건의 '의사는 스포츠카와 오토바이를 가지고 있다.'가 참이므로 그의 대우 명제인 '스포츠카 또는 오토바이를 가지고 있지 않으면 의사가 아니다.' 역시 참이다. 따라서 철수가 스포츠카를 가지고 있지 않다면 철수는 의사가 아니라는 명제가 성립하고, 철수는 의사 또는 변호사 둘 중 하나에 반드시 해당되므로 철수는 변호사라는 추론이 가능하다.

08　정답　③

덕진과 휘영이 형제이고, 덕진과 휘영의 자식인 진철과 수환은 사촌지간이다. 따라서 덕진은 수환의 삼촌이다.

09　정답　④

'요리'를 p, '설거지'를 q, '주문 받기'를 r, '음식 서빙'을 s라고 하면 $p \rightarrow {\sim}q \rightarrow {\sim}s \rightarrow {\sim}r$이 성립한다. 따라서 항상 참이 되는 진술은 ④이다.

10　정답　④

주어진 명제를 정리하면 다음과 같다.

- a : 치킨을 판매하는 푸드트럭이 선정된다.
- b : 핫도그를 판매하는 푸드트럭이 선정된다.
- c : 커피를 판매하는 푸드트럭이 선정된다.
- d : 피자를 판매하는 푸드트럭이 선정된다.
- e : 솜사탕을 판매하는 푸드트럭이 선정된다.
- f : 떡볶이를 판매하는 푸드트럭이 선정된다.

- a → ~b
- ~c → d
- e → a
- d → ~f or f → ~d
- ~e → f

핫도그를 판매하는 푸드트럭이 선정되면 b → ~a → ~e → f → ~d → c가 성립한다.
따라서 사업에 선정되는 푸드트럭은 핫도그, 커피, 떡볶이를 판매한다.

11　정답　①

〈조건〉을 모두 기호로 표기하면 다음과 같다.
- B → ~E
- ~B and ~E → D
- A → B or D
- C → ~D
- C → A

C가 워크숍에 참석하는 경우 D는 참석하지 않으며, A는 참석한다. A가 워크숍에 참석하면 B 또는 D 중 한 명이 함께 참석하므로 B가 A와 함께 참석한다. 또한 B가 워크숍에 참석하면 E는 참석하지 않으므로 결국 워크숍에 참석하는 직원은 A, B, C이다.

12　정답　④

제시된 명제를 정리하면 다음과 같다.
- 테니스 ○ → 가족 여행 ×
- 가족 여행 ○ → 독서 ○
- 독서 ○ → 쇼핑 ×
- 쇼핑 ○ → 그림 그리기 ○
- 그림 그리기 ○ → 테니스 ○

위 조건을 정리하면 '쇼핑 ○ → 그림 그리기 ○ → 테니스 ○ → 가족 여행 ×'이므로 ④가 옳다.

13 정답 ④

새끼 양에 대하여 '검은 양이다.'를 A, '더위를 많이 탄다.'를 B, '어미 양이 검은 양이다.'를 C라고 하면 'C → A → B'임을 알 수 있다. 따라서 'C → B' 또는 '~B → ~C'가 알맞다.

14 정답 ③

C사원은 10개의 도장에서 2개의 도장이 모자라므로 현재 8개의 도장을 모았으며, A사원은 C사원보다 1개의 도장이 적으므로 현재 7개의 도장을 모은 것을 알 수 있다. 또한 B사원은 A사원보다 2개 적은 5개의 도장을 모았으며, D사원은 무료 음료 한 잔을 포함하여 3잔을 주문하였으므로 10개의 도장을 모은 쿠폰을 반납하고, 새로운 쿠폰에 2개의 도장을 받았음을 추론할 수 있다. 따라서 D사원보다 6개의 도장을 더 모은 E사원은 8개의 도장을 받아 C사원의 도장 개수와 동일함을 알 수 있다.

15 정답 ③

주어진 조건에 따라 A ~ E의 시험 결과를 정리하면 다음과 같다.

	맞힌 문제의 수	틀린 문제의 수
A	19개	1개
B	10개	10개
C	20개	0개
D	9개 이하	11개 이상
E	16개 이상 19개 이하	1개 이상 4개 이하

따라서 B는 D보다 많은 문제의 답을 맞혔지만, E보다는 적게 답을 맞혔다.

16 정답 ①

첫 번째와 네 번째 조건에서 여학생 X와 남학생 B가 동점이 아니므로, 여학생 X와 남학생 C가 동점이다. 세 번째 조건에서 여학생 Z와 남학생 A가 동점임을 알 수 있고, 두 번째 조건에서 여학생 Y와 남학생 B가 동점임을 알 수 있다. 따라서 남는 남학생 D는 여학생 W와 동점임을 알 수 있다.

17 정답 ③

연경, 효진, 다솜, 지민, 지현의 증언을 차례대로 검토하면서 모순 여부를 찾아내면 쉽게 문제를 해결할 수 있다.
1) 먼저 연경이의 증언이 참이라면, 효진이의 증언도 참이다. 그런데 효진이의 증언이 참이라면 지현이의 증언은 거짓이 된다.
2) 지현이의 증언이 거짓이라면, '나와 연경이는 꽃을 꽂아두지 않았다.'는 말 역시 거짓이 되어 연경이와 지현이 중 적어도 한 명은 꽃을 꽂아두었다고 봐야 한다. 그런데 효진이의 증언은 지민이를 지적하고 있으므로 역시 모순이다. 결국 연경이와 효진이의 증언은 거짓이다.

그러므로 다솜, 지민, 지현이의 증언이 참이 되며, 이들이 언급하지 않은 다솜이가 꽃을 꽂아두었다.

18 정답 ②

강 대리와 이 사원의 진술이 서로 모순이므로, 둘 중 한 사람은 거짓을 말하고 있다.
ⅰ) 강 대리의 말이 거짓이라면 워크숍 불참 인원이 2명이므로 조건이 성립하지 않는다.
ⅱ) 강 대리의 말이 참이라면 박 사원의 말도 참이 된다. 이때, 박 사원의 말이 참이라면 유 사원이 워크숍에 참석했다. 이 사원의 말은 거짓이고, 누가 워크숍에 참석하지 않았는지 모른다는 진술에 의해 김 대리의 말 역시 거짓이 된다. 강 대리, 박 사원, 이 사원의 진술에 따라 워크숍에 참석한 사람은 강 대리, 김 대리, 유 사원, 이 사원이므로 워크숍에 참석하지 않은 사람은 박 사원이 된다.

따라서 거짓말을 하는 사람은 이 사원과 김 대리이며, 워크숍에 참석하지 않은 사람은 박 사원이다.

19 정답 ②

A ~ E의 진술에 따르면 C와 E는 반드시 동시에 참 또는 거짓이 되어야 하며, B와 C는 동시에 참이나 거짓이 될 수 없다.
1) A와 B가 거짓일 경우
   B의 진술이 거짓이 되므로 이번 주 수요일 당직은 B이다. 그러나 D의 진술에 따르면 B는 목요일 당직이므로 이는 성립하지 않는다.
2) B와 D가 거짓인 경우
   B의 진술이 거짓이 되므로 이번 주 수요일 당직은 B이다. 또한 A, E의 진술에 따르면 E는 월요일, A는 화요일에 각각 당직을 선다. 이때 C는 수요일과 금요일에 당직을 서지 않으므로 목요일 당직이 되며, 남은 금요일 당직은 자연스럽게 D가 된다.
3) C와 E가 거짓인 경우
   A, B, D의 진술에 따르면 A는 화요일, D는 수요일, B는 목요일, C는 금요일 당직이 되어 남은 월요일 당직은 E가 된다. 이때 E의 진술이 참이 되므로 이는 성립하지 않는다.

20 정답 ④

우선 이 문제는 일반 논리문제들과 다르게 각 명제가 길다. 하지만 자세히 보면, 각 직원에 대한 명제들에서 모두 기존부서와 이동부서가 동일하다. 즉, 직원의 이름을 기준으로 하나의 명제로 보면 되는 것이지, 굳이 기존부서, 이동부서까지 나눌 필요가 없음을 알아차려야 한다.
따라서 각 직원들이 'ㅇ부서에서 ㅁ부서로 이동하였다.'는 것을 '이동하였다'라고 줄여서 생각하면 된다.
주어진 조건에 따르면 C는 이동하며, 첫 번째 정보의 대우 명제에 따라 A는 이동하지 않는다.
그러면 세 번째 정보의 대우 명제에 따라 B도 이동하지 않는다.
여섯 번째 정보에 따라 E, G는 이동한다.
두 번째 정보의 경우, 'ㅁ하는 경우에만 ㅇ한다.'는 명제의 경우, 'ㅇ → ㅁ'이렇게 기호화할 수 있다. 따라서 D는 이동하지 않음을 알 수 있다.

그리고 다섯 번째 정보에 따라 F는 이동한다.
따라서 이동하는 직원은 C, E, F, G이고, A, B, D는 명제에 따라 이동하지 않는다.
또한 E는 기획재무본부로 이동하지 않는다.

21 정답 ②

주어진 조건에 따라 월~금의 평균 낮 기온을 정리하면 다음과 같다.

월	화	수	목	금	평균
25도	26도	23도		25도	25도

이번 주 월~금의 평균 낮 기온은 25도이므로 목요일의 낮 기온을 구하면, $\dfrac{25+26+23+25+x}{5}=25 \rightarrow x=25\times5-99=26$이다.
따라서 목요일의 낮 기온은 26도로 예상할 수 있다.

22 정답 ③

B의 진술에 따르면 A가 참이면 B도 참이므로, A와 B는 모두 참을 말하거나 모두 거짓을 말한다. 또한 C와 E의 진술은 서로 모순되므로 둘 중에 한 명의 진술은 참이고, 다른 한 명의 진술은 거짓이 된다. 이때, A와 B의 진술이 모두 거짓일 경우 3명의 진술이 거짓이 되므로 2명의 학생이 거짓을 말한다는 조건에 맞지 않는다. 따라서 A와 B의 진술은 모두 참이 된다.
1) C와 D의 진술이 거짓인 경우
   C와 E의 진술에 따라 범인은 C이다.
2) D와 E의 진술이 거짓인 경우
   C의 진술에 따르면 A가 범인이나, A와 B의 진술에 따르면 A는 양호실에 있었으므로 성립하지 않는다.
따라서 범인은 C이다.

23 정답 ④

우선 A의 아이가 아들이라고 하면 A의 진술에 따라 B, C의 아이도 아들이므로 이것은 아들이 2명밖에 없다는 조건에 모순된다. 그러므로 A의 아이는 딸이다. 다음에 C의 아이가 아들이라고 하면 C의 대답에서 D의 아이는 딸이 되므로 B의 아이는 아들이어야 한다. 그런데 이것은 B의 대답과 모순된다(아들의 아버지인 B가 거짓말을 한 것이 되므로). 따라서 C의 아이도 딸이다.
그러므로 아들의 아버지는 B와 D이다.

24 정답 ②

A가 참인 경우와 A가 거짓을 말하는 경우로 나눌 수 있는데, 만약 A가 거짓이라면 B와 C가 모두 범인인 경우와 모두 범인이 아닌 경우로 나눌 수 있고, A가 참이라면 B가 범인인 경우와 C가 범인인 경우로 나눌 수 있다.

• A가 거짓이고 B와 C가 모두 범인인 경우
  B, C, D, E의 진술이 모두 거짓이 되어 5명이 모두 거짓말을 한 것이 되므로 조건에 어긋난다.
• A가 거짓이고 B와 C가 모두 범인이 아닌 경우
  B가 참이 되므로 C, D, E 중 1명만 거짓, 나머지는 참이 되어야 한다. C가 참이면 E도 반드시 참, C가 거짓이면 E도 반드시 거짓이므로 D가 거짓, C, E가 참을 말하는 것이 되어야 한다. 따라서 이 경우 D와 E가 범인이 된다.
• A가 참이고 B가 범인인 경우
  B가 거짓이 되기 때문에 C, D, E 중 1명만 거짓, 나머지는 참이 되어야 하므로 C, E가 참, D가 거짓이 된다. 따라서 이 경우 B와 E가 범인이 된다.
• A가 참이고 C가 범인인 경우
  B가 참이 되기 때문에 C, D, E 중 1명만 참, 나머지는 거짓이 되어야 하므로 C, E가 거짓, D가 참이 된다. 따라서 범인은 A와 C가 된다.
따라서 보기 중 ②만 동시에 범인이 될 수 있다.

25 정답 ④

ⅰ) A의 말이 거짓인 경우

구분	A (원료 분류)	B (제품 성형)	C (제품 색칠)	D (포장)
실수	○		×	○

실수는 한 곳에서만 발생했으므로 A의 말은 진실이다.

ⅱ) B의 말이 거짓인 경우

구분	A (원료 분류)	B (제품 성형)	C (제품 색칠)	D (포장)
실수	×／○		×	×

A와 D 두 사람 말이 모두 진실일 때 모순이 발생하므로 B의 말은 진실이다.

ⅲ) C의 말이 거짓인 경우

구분	A (원료 분류)	B (제품 성형)	C (제품 색칠)	D (포장)
실수	×／○		○	○

A와 D 두 사람 말이 모두 진실일 때 모순이 발생하며 실수는 한 곳에서만 발생했으므로 C의 말은 진실이다.

ⅳ) D의 말이 거짓인 경우

구분	A (원료 분류)	B (제품 성형)	C (제품 색칠)	D (포장)
실수	×		×	○

D가 거짓을 말했을 때 조건이 성립한다.
따라서 거짓을 말한 사람은 D직원이며, 실수가 발생한 단계는 포장 단계이다.

26 정답 ④

다섯 명 중 단 한 명만이 거짓말을 하고 있으므로 C와 D 중 한 명은 반드시 거짓말을 하고 있다.
1) C의 진술이 거짓일 경우
   B와 C의 말이 모두 거짓이 되므로 한 명만 거짓말을 하고 있다는 조건이 성립하지 않는다.
2) D의 진술이 거짓일 경우

구분	A	B	C	D	E
출장지역	잠실		여의도	강남	

이때, B는 상암으로 출장을 가지 않는다는 A의 진술에 따라 상암으로 출장을 가는 사람은 E임을 알 수 있다. 따라서 ④는 항상 거짓이 된다.

27 정답 ①

대화 내용을 살펴보면 영석이의 말에 선영이가 동의했으므로 영석과 선영은 진실 혹은 거짓을 함께 말한다. 이때 지훈은 선영이가 거짓말만 한다고 하였으므로 반대가 된다. 그리고 동현의 말에 정은이가 부정했기 때문에 둘 다 진실일 수 없다. 하지만 정은이가 둘 다 좋아한다는 경우의 수가 있으므로 둘 모두 거짓일 수 있다. 또한 마지막 선영이의 말로 선영이가 진실일 경우에는 동현과 정은은 모두 거짓만을 말하게 된다. 이를 미루어 경우의 수를 표로 나타내 보면 다음과 같다.

구분	경우 1	경우 2	경우 3
동현	거짓	거짓	진실
정은	거짓	진실	거짓
선영	진실	거짓	거짓
지훈	거짓	진실	진실
영석	진실	거짓	거짓

문제에서는 지훈이 거짓을 말할 때, 진실만을 말하는 사람을 찾고 있으므로 선영, 영석이 된다.

28 정답 ③

가장 큰 B종 공룡보다 A종 공룡은 모두 크다. 일부의 C종 공룡은 가장 큰 B종 공룡보다 작다. 그러므로 일부의 C종 공룡은 A종 공룡보다 작다.

29 정답 ④

2015년의 규민이의 키를 $x$cm라고 하면, 2019년의 준일이의 키는 $x-10$cm이다. 그런데 준일이가 2015년에 비해 10cm가 더 자랐으므로, 2015년의 준일이의 키는 $x-20$cm이다. 규민이는 2015년에 비해 30cm가 더 자랐으므로 2019년의 규민이의 키는 $x+30$cm이다. 따라서 2019년에 규민이는 준일이보다 40cm가 더 크다.

30 정답 ④

제시문을 정리했을 때 집과의 거리는 꽃집 - 슈퍼 - 카페 - 학교 순서이다. 따라서 ④가 정답이다.

31 정답 ①

각각의 조건을 수식으로 비교해 보면, 다음과 같다.
$A > B$, $D > C$, $F > E > A$, $E > B > D$
$\therefore$ $F > E > A > B > D > C$

32 정답 ①

아메리카노를 A, 카페라테를 B, 유자차를 C, 레모네이드를 D, 녹차를 E, 스무디를 F로 변환하여 각각의 조건을 비교해 보면 $A > B$, $D > C$, $E > B > D$, $F > E > A$가 된다. 이를 연립하면 $F > E > A > B > D > C$가 되므로 가장 많이 팔리는 음료는 F, 즉 스무디임을 알 수 있다.

33 정답 ②

재은이가 요일별로 달린 거리를 정리하면 다음과 같다.

월	화	수	목
$200-50$ $=150m$	$200m$	$200-30$ $=170m$	$170+10$ $=180m$

따라서 재은이가 목요일에 화요일보다 20m 적게 달린 것을 알 수 있다.

34 정답 ④

발견 연도를 토대로 정리하면 목걸이는 100년 전에 발견되어 제시된 왕의 유물 중 가장 먼저 발견되었다. 또한 신발은 목걸이와 편지보다 늦게 발견되었으나 반지보다 먼저 발견되었고, 초상화는 가장 최근에 발견되었다. 따라서 왕의 유물을 발견된 순서대로 나열하면 '목걸이 - 편지 - 신발 - 반지 - 초상화'가 된다.

35 정답 ①

주어진 조건에 따라 좌석을 무대와 가까운 순서대로 나열하면 '현수 - 형호 - 재현 - 지연 - 주현'이므로 형호는 현수와 재현 사이의 좌석을 예매했음을 알 수 있다.

오답분석

제시된 조건만으로 정확한 좌석의 위치를 알 수 없으므로 서로의 좌석이 바로 뒤 또는 바로 앞의 좌석인지는 추론할 수 없다.

36 정답 ④

B와 D는 동일하게 A보다 낮은 표를 얻고 C보다는 높은 표를 얻었으나, B와 D를 서로 비교할 수 없으므로 득표수가 높은 순서대로 나열하면 'A − B − D − C − E' 또는 'A − D − B − C − E'가 된다. 어느 경우라도 A의 득표수가 가장 높으므로 A가 학급 대표로 선출된다.

37 정답 ④

주어진 조건에 따라 수진, 지은, 혜진, 정은의 수면 시간을 정리하면 다음과 같다.
• 수진 : 22:00 ~ 07:00 → 9시간
• 지은 : 22:30 ~ 06:50 → 8시간 20분
• 혜진 : 21:00 ~ 05:00 → 8시간
• 정은 : 22:10 ~ 05:30 → 7시간 20분
따라서 수진이의 수면 시간이 가장 긴 것을 알 수 있다.

38 정답 ④

C사원과 E사원의 근무 연수를 정확히 알 수 없으므로 근무 연수가 높은 순서대로 나열하면 'B − A − C − E − D' 또는 'B − A − E − C − D'가 된다. 따라서 근무 연수가 가장 높은 B사원의 경우 주어진 조건에 따라 최대 근무 연수인 4년 차에 해당한다.

39 정답 ③

• A팀장의 야근 시간은 B과장의 야근 시간보다 60분 많다.
• C대리의 야근 시간은 B과장의 야근 시간보다 30분 적다.
• D차장의 야근 시간은 B과장의 야근 시간보다 20분 적다.
따라서 야근 시간이 짧은 순서대로 나열하면 C대리<D차장<B과장<A팀장이다.

40 정답 ③

• 캡틴 아메리카<토르
• 아이언맨<캡틴 아메리카
• 헐크<캡틴 아메리카
따라서 아이언맨<헐크<캡틴 아메리카<토르 또는 헐크<아이언맨<캡틴 아메리카<토르이다.

오답분석
①・②・④ 아이언맨과 헐크의 힘의 강도는 주어진 조건만으로 알 수 없다.

01 | 유형학습

01	02	03	04	05	06	07	08	09	10
②	②	④	④	①	④	④	③	④	①
11	12	13	14	15	16	17	18	19	20
④	②	②	④	④	②	④	③	②	②
21	22	23	24	25	26	27	28	29	30
③	③	④	②	④	①	②	③	④	④
31	32	33	34	35	36	37	38	39	40
②	②	①	④	②	②	④	③	③	③

01 정답 ②

ㄹ의 제품 정보에서 용기높이의 정보는 모르므로 'CR − Z − (040, 080, 150, 151) − P2 − S77'의 일련번호로 4가지 경우가 가능하다. ②의 재질의 일련번호는 플라스틱B이므로 'P2'가 되어야 한다.

오답분석

① ㄴ의 제품 정보에서 가능한 일련번호는 'TB − K − 151 − (P1, P2) − C26'이다.
③ ㄷ의 제품 정보에서 일련번호로 가능한 것은 '(CR, SX, TB) − Q − (040, 080, 150, 151) − G1 − E85'로 이에 해당한다.
④ ㄱ의 제품 정보에서 가능한 일련번호는 'CR − (K, Q, Z) − 150 − G1 − T78'이다.

02 정답 ②

제시된 〈조건〉에 따르면 우리는 A, B탈의실을, 나라는 B, D탈의실을, 한국은 A, B, D탈의실을 대여할 수 있다.

03 정답 ④

정규직의 주당 근무시간을 비정규직 1과 같이 줄여 근무여건을 개선하고, 퇴사율이 가장 높은 비정규직 2의 직무교육을 시행하여 퇴사율을 줄이는 것이 가장 적절하다.

오답분석

① 설문조사 결과에서 연봉보다는 일과 삶의 균형을 더 중요시한다고 하였으므로 연봉이 상승하는 것은 퇴사율에 영향을 미치지 않음을 알 수 있다.
② 정규직을 비정규직으로 전환하는 것은 고용의 안정성을 낮추어 퇴사율을 더욱 높일 수 있다.
③ 직무교육을 안 하는 비정규직 2보다 직무교육을 하는 정규직과 비정규직 1의 퇴사율이 더 낮기 때문에 이는 적절하지 않다.

04 정답 ④

• A : 해외여행에 결격사유가 있다.
• B : 지원분야와 전공이 맞지 않다.
• C : 대학 재학 중이므로, 지원이 불가능하다.
• D : TOEIC 점수가 750점 이상이 되지 않는다.
• E : 병역 미필로 지원이 불가능하다.
따라서 A ~ E 5명 모두 지원자격에 부합하지 않는다.

05 정답 ①

바탕은 흰색, 글자는 검정색이어야 하며 우측 상단 − 신고번호, 정중앙 − 개인과외교습자 표시, 우측 하단 − 교습과목 순서로 배치되어야 한다. 따라서 ①이 가장 적절하다.

06 정답 ④

무주택 기간, 부양가족 수, 입주자 저축 가입기간을 통해 점수를 구하면 다음과 같다. 이때, 무주택 기간은 365일로 나누어 계산하고, 입주자 저축 가입기간은 12개월로 나누어 계산한다.
① 8+25+8=41점
② 16+15+7=38점
③ 12+15+13=40점
④ 18+20+9=47점
따라서 ④의 청약가점이 가장 높다.

07 정답 ④

A씨의 심신상태를 영역별로 계산하면 신체기능 21점, 인지기능 5점, 행동변화 7점, 간호처치 3점, 재활 20점이다. 따라서 A씨의 장기요양인 정점수는 56점(=21+5+7+3+20)으로 장기요양등급은 4등급이다.

08 정답 ③

외국인 등록이 되어있는 17세 이상인 외국인의 경우 사전 등록이 없이 자동출입국심사대를 이용할 수 있다.

오답분석

① 35세 A씨는 19세 이상이므로 사전 등록절차 없이 자동출입국 심사대를 이용할 수 있으나, 7세인 A씨의 아들 B군은 사전 등록이 필요하다.
② 인적사항이 변경된 C씨의 경우 사전 등록이 필요하다.
④ 출입국관리 공무원의 대면심사가 필요한 체류만료일이 1개월 이내인 외국인의 경우 자동출입국 심사대 이용이 제한되므로 E씨의 자동출입국 심사대 이용은 제한된다.

09 정답 ④

정보공개 대상별 정보공개수수료 자료를 바탕으로 각 〈보기〉의 정보열람인들이 지급할 금액을 정리하면 다음과 같다.
이때, A가 열람한 문서는 각 1일 1시간 이내는 무료이고 출력한 문서도 첫 장의 가격만 다르다는 점과, C가 열람한 사진필름은 첫 장은 200원, 두 번째 장부터 50원이라는 점, D가 출력한 문서는 첫 장의 가격만 다르며, 열람한 사진필름에 대해서도 첫 장만 가격이 다르다는 점에 주의한다.

구분	정보공개수수료
A	$(5 \times 1,000) \times 2 + \{300 + (25-1) \times 100\} = 12,700$원
B	$2,000 + (13 \times 200) + (6 \times 3,000) = 22,600$원
C	$(2 \times 1,000) + (3 \times 5,000) + \{200 + (8-1) \times 50\} = 17,550$원
D	$\{250 + (35-1) \times 50\} + \{200 + (22-1) \times 50\} = 3,200$원

따라서 지급할 정보공개수수료가 큰 사람부터 나열하면 'B-C-A-D' 순서이다.

10 정답 ①

오답분석

② 3-2)의 난청 환자 진단 후 5년 동안 정신질환 발생 추적 결과를 뒷받침하는 자료로 쓰일 수 있다.
③ 3-2)의 난청 환자 진단 후 5년 내에 정신질환 발생 확률를 뒷받침하는 자료로 쓰일 수 있다.
④ 3-3)의 난청 환자와 비난청 환자의 정신질환 발생률 비교에 뒷받침하는 자료로 쓰일 수 있다.

11 정답 ④

행사장 방문객은 시계 반대 방향으로 돌면서 전시관을 관람한다. 400명의 방문객이 출입하여 제1전시관에 100명이 관람한다면 나머지 300명은 관람하지 않고 지나치게 된다. 따라서 A지역에서 홍보판촉물을 나눠 줄 수 있는 대상자가 300명이 된다. 그리고 B지역은 A지역을 걸쳐서 오는 300명과 제1전시관을 관람하고 나온 100명의 인원이 합쳐지는 장소이므로 총 400명을 대상으로 홍보판촉물을 나눠 줄 수 있다. 이러한 개념으로 모든 지역을 고려해보면 각 전시관과의 출입구가 합류되는 B, D, F에서 가장 많은 사람들에게 홍보판촉물을 나눠 줄 수 있다.

12 정답 ②

3년 이상 근속한 직원에게는 최초 1년을 초과하는 근속연수 매 2년에 가산휴가 1일이 발생하므로 2020년 1월 26일에는 16일의 연차휴가가 발생한다.

• 2016년 1월 1일 ~ 2016년 12월 31일
  → 2017년 15일 연차휴가 발생
• 2017년 1월 1일 ~ 2017년 12월 31일
  → 2018년 15일 연차휴가 발생
• 2018년 1월 1일 ~ 2018년 12월 31일
  → 2019년 15일 연차휴가 발생+1일 가산휴가
• 2019년 1월 1일 ~ 2019년 12월 31일
  → 2020년 16일 연차휴가 발생

13 정답 ②

B는 뒷면을 가공한 이후 A의 앞면 가공이 끝날 때까지 5분을 기다려야 한다. 즉, 뒷면 가공 → 5분 기다림 → 앞면 가공 → 조립이 이루어지므로 총 45분이 걸리고, 유휴 시간은 5분이다.

14 정답 ④

• 1단계
주민등록번호 앞 12자리 숫자에 가중치를 곱하면 다음과 같다.

숫자	가중치	(숫자)×(가중치)
2	2	4
4	3	12
0	4	0
2	5	10
0	6	0
2	7	14
8	8	64
0	9	0
3	2	6
7	3	21
0	4	0
1	5	5

- 2단계

  1단계에서 구한 값을 합하면

  $4+12+0+10+0+14+64+0+6+21+0+5=136$
- 3단계

  2단계에서 구한 값을 11로 나누어 나머지를 구하면

  $136÷11=12 \cdots 4$

  즉, 나머지는 4이다.
- 4단계

  11에서 나머지를 뺀 수는 $11-4=7$이다. 7을 10으로 나누면

  $7÷10=0 \cdots 7$

따라서 빈칸에 들어갈 수는 7이다.

15 정답 ④

음료수의 생산 과정을 줄인 것은 작업 절차를 간소하게 한 것이므로 단순화, 휴대전화와 충전 장치의 연결 방식을 한 가지 형식으로 통일한 것은 표준화, 자동차 바퀴의 조립작업을 한 사람에서 두 사람으로 분업화한 것을 전문화라고 한다.

16 정답 ②

오답분석

① 세 번째 조건과 네 번째 조건에 따르면 숫자 0은 다른 숫자와 연속해서 나열할 수 없고, 영어 대문자는 다른 영어 대문자와 연속해서 나열할 수 없다.

③ 다섯 번째 조건에 따르면 특수기호를 첫 번째로 사용할 수 없다.

④ 두 번째 조건에 따르면 패스워드는 영어 대문자와 소문자, 숫자, 특수기호를 적어도 하나씩 포함해야 한다.

17 정답 ④

ㄹ의 로컬푸드 직매장 경영안정 및 활성화는 '1. 직거래 등 新유통경로 안성석 정착'의 하위 항목에 들어가는 것이 적절하다.

18 정답 ③

- 철수 : C, D, F는 포인트 적립이 안 되므로 해당 사항이 없다.
- 영희 : A에는 해당 사항이 없다.
- 민수 : A, B, C에는 해당 사항이 없다.
- 철호 : 환불 및 송금수수료, 배송료가 포함되었으므로 A, D, E, F에는 해당 사항이 없다.

19 정답 ②

해외감염병에 해당하는 중동호흡기증후군 환자가 국내에 유입되었으므로 주의(Yellow) 단계에 해당한다.

20 정답 ②

제시된 교육과정 안내문과 A씨의 5월 일정에 따라 A씨가 참석할 수 있는 교육은 5월 10일부터 12일까지 이어지는 '세계농업유산의 이해'와 5월 17일부터 19일까지 이어지는 '미디어 홍보역량 강화' 두 가지이다.

21 정답 ③

오답분석

① (A) : ⓒ, ⓜ

② (B) : ⓗ, ⓐ

④ (D) : ⓛ, ⓞ

22 정답 ③

먼저, 운영 인원 10명+선발인원 117명+아나운서 6명=133명의 전체 참여 인원을 수용할 수 있어야 하므로 최대 수용 인원이 124명인 세미나실은 제외된다. 다음으로, 마이크와 프로젝터가 모두 있어야 하므로 두 가지를 모두 갖추지 못한 한빛관도 제외된다. 마지막으로 발대식 전날 정오인 8월 16일 12시부터 1박 2일의 발대식이 진행되는 18일까지 예약이 가능해야 하므로 대회의실이 가장 적합하다.

23 정답 ④

스마트OTP는 금융거래에서 정보보안을 강화하는 데 주목적이 있다. 따라서 보안과 관련된 전략 과제에 적절한 실행방안이 된다. 그러나 문제에서 제시된 전략 과제 중 보안과 관련된 것은 없다.

오답분석

① '2. 모바일 뱅킹 서비스 친숙도 증대'의 실행방안으로 적절하다.

② '1. 최초 접근 채널 다양화'의 실행방안으로 적절하다.

③ '7. 이용단계 간소화 및 오류 제거'의 실행방안으로 적절하다.

24 정답 ②

ⓑ 화장품은 할인 혜택에 포함되지 않는다.

ⓒ 침구류는 가구가 아니므로 할인 혜택에 포함되지 않는다.

25 정답 ④

임대인이 외국인 또는 해외거주자일 경우에 대출이 불가한데, 질문자의 경우 한국으로 귀화한 임차인이기 때문에 다른 조건이 충족되면 대출이 가능하다.

26 정답 ①

3만 원 초과 10만 원 이하 소액통원의료비를 청구할 시, 진단서 없이 보험금 청구서와 병원영수증, 질병분류기호(질병명)가 기재된 처방전만으로 접수가 가능하다.

27 정답 ②

예비심사는 필요 시에 시행한다.

① 3월에 나는 공고는 1차이므로, 접수 기간인 4월 1일까지 접수를 해야 한다.
③ 지원대상 선정은 4월과 8월, 사업수행 협약 체결도 4월과 8월로 같다.
④ 사업 수행 단계에서 방송광고 제작 계약서는 협약 후 45일 이내에 제출하여야 하며 사업 수행 완료 후 기금 지원 신청 단계에서 '완성된 방송광고물'이 필요하므로 협약 후 3개월 이내에 방송광고물을 완성해야 하는 것을 알 수 있다.

28 정답 ③

휴대품 손해로 인한 보상 시, 가입금액 한도 내에서 보상하되 휴대품 1개 또는 1쌍에 대해서 20만 원 한도로 보상한다.

29 정답 ④

소득평가액은 실제소득에서 가구특성별 지출비용을 뺀 것이다.

30 정답 ④

이벤트 포스터에 당첨자 명단은 홈페이지에서도 확인할 수 있다고 명시되어 있다.

31 정답 ②

예금명의변경에 따른 통장(증서) 재발급수수료를 제외한 명의변경 수수료는 건당 5,000원이 징수된다.

32 정답 ②

사진과 함께 댓글로 구매평을 남길 경우 3,000원 할인 쿠폰이 지급되며, 이는 기존 원가인 3만 원에 10%인 가격과 일치한다.

① 오픈형 성경 리폼의 가격은 기존의 20% 할인가격인 2만 4천 원이다.
③ 30,000×0.1+3,000(쿠폰)=6,000원
④ 30,000×0.3+1,000(쿠폰)=10,000원

33 정답 ①

② 법정대리인이 자녀와 함께 방문한 경우 법정대리인의 실명확인증표로 인감증명서의 대체가 가능하다.
③ 만 18세인 지성이가 전자금융서비스를 변경하기 위해서는 법정대리인 동의서와 성명·주민등록번호·사진이 포함된 학생증이 필요하다. 학생증에 주민등록번호가 포함되지 않은 경우, 미성년자의 기본증명서가 추가로 필요하다.
④ 법정대리인 신청 시 부모 각각의 동의서가 필요하다.

34 정답 ④

• 가인 : A, B, C, D가 아닌 A, P, D, C로 이루어져 있다.
• 유림 : 안전문화 모니터링 준수가 아닌 안전문화 지표 모니터링이다.

35 정답 ②

① 가장 낮은 수치를 보인 것은 나산면(0.12)이고, 함평읍(0.14)은 3번째로 낮다.
③ 기준치를 초과한 곳도 없고, 모두 적합 판정을 받았다.
④ 대장균과 구리가 검출되었다고 부적합 판정을 받는지는 알 수 없다.

36 정답 ②

ㄱ. 한류의 영향으로 한국 제품을 선호하므로 한류 배우를 모델로 하여 적극적인 홍보 전략을 추진한다.
ㄷ. 빠른 제품 개발 시스템이 있기 때문에 소비자 기호를 빠르게 분석하여 제품 생산에 반영한다.

ㄴ. 인건비 상승과 외국산 저가 제품 공세 강화로 인해 적절한 대응이라고 볼 수 없다.
ㄹ. 선진국은 기술 보호주의를 강화하고 있으므로 적절한 대응이라고 볼 수 없다.

37 정답 ④

ⓒ 특허를 통한 기술 독점은 기업의 내부환경으로 볼 수 있다. 따라서 내부환경의 강점(Strength) 사례이다.
ⓒ 점점 증가하는 유전자 의뢰는 기업의 외부환경(고객)으로 볼 수 있다. 따라서 외부환경에서 비롯된 기회(Opportunity) 사례이다.

㉠ 투자 유치의 어려움은 기업의 외부환경(거시적 환경)으로 볼 수 있다. 따라서 외부환경에서 비롯된 위협(Threat) 사례이다.
㉣ 높은 실험 비용은 기업의 내부환경으로 볼 수 있다. 따라서 내부환경의 약점(Weakness) 사례이다.

38 정답 ③

해결해야 할 전략 과제란 취약한 부분에 대해 보완해야 할 과제를 말한다. 따라서 이미 우수한 고객서비스 부문을 강화한다는 것은 전략 과제로 삼기에 적절하지 않다.

오답분석

① 해외 판매망이 취약하다고 분석되었으므로 중국시장의 판매유통망을 구축하는 전략 과제를 세우는 것은 적절하다.
② 중국시장에서 ○○○제품의 구매 방식이 대부분 온라인으로 이루어지는 데 반해, 자사의 온라인 구매시스템은 미흡하기 때문에 온라인 구매시스템을 강화한다는 전략 과제는 적절하다.
④ ○○○제품에 대해 중국기업들 간의 가격 경쟁이 치열하다는 것은 제품의 가격이 내려가고 있다는 의미인데, 자사는 생산원가가 높다는 약점이 있다. 그러므로 원가 절감을 통한 가격경쟁력 강화 전략은 적절하다.

39 정답 ③

- (가) : 외부의 기회를 활용하면서 내부의 강점을 더욱 강화시키는 SO전략
- (나) : 외부의 기회를 활용하여 내부의 약점을 보완하는 WO전략
- (다) : 외부의 위협을 회피하며 내부의 강점을 적극 활용하는 ST전략
- (라) : 외부의 위협을 회피하고 내부의 약점을 보완하는 WT전략
따라서 ③이 올바르게 나열되어 있다.

40 정답 ③

전기의 가격은 10 ~ 30원/km인 반면, 수소의 가격은 72.8원/km로 전기보다 수소의 가격이 더 비싸다. 하지만 원료의 가격은 자사 내부환경의 약점(Weakness) 요인이 아니라 거시적 환경에서 비롯된 위협(Treat) 요인으로 보아야 한다.

오답분석

① (가) : 보조금 지원을 통해 첨단 기술이 집약된 친환경 차를 중형 SUV 가격에 구매할 수 있다고 하였으므로, 자사의 내부환경(자사 경영자원)의 강점(Strength) 요인으로 볼 수 있다.
② (나) : 충전소가 전국 12개소에 불과하며, 올해 안에 10개소를 더 설치한다고 계획 중이지만 완공 여부는 알 수 없으므로, 자사의 내부환경(자사 경영자원)의 약점(Weakness) 요인으로 볼 수 있다.
④ (라) : 친환경차에 대한 인기가 뜨겁다고 하였으므로, 고객이라는 외부환경에서 비롯된 기회(Opportunity) 요인으로 볼 수 있다.

02 | 심화학습

01	02	03	04	05	06	07	08	09	10
②	②	③	④	①	①	④	④	④	④
11	12	13	14	15	16	17	18	19	20
③	③	③	④	③	④	④	③	①	②
21	22	23	24	25	26	27	28	29	30
④	④	③	④	④	④	②	④	②	②
31	32								
④	③								

01 정답 ②

주어진 자료를 표로 정리하면 다음과 같다.

선택		B여행팀	
		관광지에 간다	관광지에 가지 않는다
A 여행팀	관광지에 간다	(10, 15)	(15, 10)
	관광지에 가지 않는다	(25, 20)	(35, 15)

- A여행팀의 최대효용
  - B여행팀이 관광지에 가는 경우 : A여행팀이 관광지에 가지 않을 때 25의 최대효용을 얻는다.
  - B여행팀이 관광지에 가지 않는 경우 : A여행팀이 관광지에 가지 않을 때 35의 최대효용을 얻는다.
    따라서, A여행팀은 B여행팀의 선택에 상관없이 관광지에 가지 않아야 효용이 발생하며, 이때의 최대효용은 35이다.
- B여행팀의 최대효용
  - A여행팀이 관광지에 가는 경우 : B여행팀이 관광지에 갈 때 15의 최대효용을 얻는다.
  - A여행팀이 관광지에 가지 않는 경우 : B여행팀이 관광지에 갈 때 20의 최대효용을 얻는다.
    따라서, B여행팀은 A여행팀의 선택에 상관없이 관광지에 가야 효용이 발생하며, 이때의 최대효용은 20이다.

이를 종합하면, A여행팀은 관광지에 가지 않을 때, B여행팀은 관광지에 갈 때 효용이 극대화되고, 이때의 총효용은 45(=25+20)이다.

02 정답 ②

주어진 자료를 토대로 민원처리 시점을 구하면 다음과 같다.

- A씨는 4/29(금)에 '부동산중개사무소 등록'을 접수하였고 민원처리 기간은 7일이다. 민원사무처리기간이 6일 이상일 경우, 초일을 산입하고 '일' 단위로 계산하되, 토요일은 포함하고 공휴일은 포함하지 않는다. 따라서 민원사무처리가 완료되는 시점은 5/9(월)이다.

- B씨는 4/29(금)에 '토지거래계약허가'를 접수하였고 민원처리기간은 15일이다. 민원사무처리기간이 6일 이상일 경우, 초일을 산입하고 '일' 단위로 계산하되, 토요일은 포함하고 공휴일은 포함하지 않는다. 따라서 민원사무처리가 완료되는 시점은 5/19(목)이다.
- C씨는 4/29(금)에 '등록사항 정정'을 접수하였고 민원처리기간은 3일이다. 민원사무처리기간이 5일 이하일 경우, '시간' 단위로 계산하되, 토요일과 공휴일은 포함하지 않는다. 따라서 민원사무처리가 완료되는 시점은 5/4(수) 14시이다.

일	월	화	수	목	금	토
					4/29	30
5/1	2	3	4	5	6	7
8	9	10	11	12	13	14
15	16	17	18	19	20	21
22	23	24	25	26	27	28
29	30	31				

03 정답 ③

- 금연진료·상담료
  L씨는 고혈압진료를 병행하였으므로 금연(동시)진료 비용으로 책정해야 한다.
  - 최초상담료 : $22,500 \times 0.2 - 1,500 = 3,000$원
  - 유지상담료 : $13,500 \times 0.2 - 900 = 1,800$원
  3회 차부터 금연진료·본인부담금은 없으므로 L씨의 금연진료·상담료의 본인부담금은 $3,000 + 1,800 = 4,800$원이다.
- 약국금연관리비용
  약국을 2회 방문하였고 금연치료의약품을 처방받았으므로 약국금연관리비용 본인부담금은 $1,600 \times 2 = 3,200$원이다.
- 금연치료의약품비용
  L씨가 처방받은 금연치료의약품은 챔픽스정이다.
  챔픽스정의 1정당 본인부담금은 400원이고 7주간 처방받은 챔픽스정은 $2 \times (28 + 21) = 98$정이다.
  따라서 금연치료의약품 본인부담금은 $400 \times 98 = 39,200$원이다.
  따라서 L씨가 낸 본인부담금은 $4,800 + 3,200 + 39,200 = 47,200$원이다.

04 정답 ④

지역가입자 A ~ D씨의 생활수준 및 경제활동 점수표를 정리하면 다음과 같다.

구분	성별	연령	연령점수	재산정도	재산정도점수	연간자동차세액	연간자동차세액점수
A	남성	32세	6.6점	2,500만 원	7.2점	12.5만 원	9.1점
B	여성	56세	4.3점	5,700만 원	9점	35만 원	12.2점
C	남성	55세	5.7점	20,000만 원	12.7점	43만 원	15.2점
D	여성	23세	5.2점	1,400만 원	5.4점	6만 원	3점

이에 따른 지역보험료를 계산하면 다음과 같다.
- A씨 = $(6.6 + 7.2 + 9.1 + 200 + 100) \times 183 ≒ 59,090$원
- B씨 = $(4.3 + 9 + 12.2 + 200 + 100) \times 183 ≒ 59,560$원
- C씨 = $(5.7 + 12.7 + 15.2 + 200 + 100) \times 183 ≒ 61,040$원
- D씨 = $(5.2 + 5.4 + 3 + 200 + 100) \times 183 ≒ 57,380$원

05 정답 ①

사원별 성과지표의 평균을 구하면 다음과 같다.
- A사원 : $(3 + 3 + 4 + 4 + 4) \div 5 = 3.6$
- B사원 : $(3 + 3 + 3 + 4 + 4) \div 5 = 3.4$
- C사원 : $(5 + 2 + 2 + 3 + 2) \div 5 = 2.8$
- D사원 : $(3 + 3 + 2 + 2 + 5) \div 5 = 3$
즉, A사원만 당해 연도 연봉에 1,000,000원이 추가된다.
각 사원의 당해 연도 연봉을 구하면 다음과 같다.
- A사원 : 300만 $+ (3 \times 300$만$) + (3 \times 200$만$) + (4 \times 100$만$) + (4 \times 150$만$) + (4 \times 100$만$) + 100$만 $= 33,000,000$원
- B사원 : 300만 $+ (3 \times 300$만$) + (3 \times 200$만$) + (3 \times 100$만$) + (4 \times 150$만$) + (4 \times 100$만$) = 31,000,000$원
- C사원 : 300만 $+ (5 \times 300$만$) + (2 \times 200$만$) + (2 \times 100$만$) + (3 \times 150$만$) + (2 \times 100$만$) = 30,500,000$원
- D사원 : 300만 $+ (3 \times 300$만$) + (3 \times 200$만$) + (2 \times 100$만$) + (2 \times 150$만$) + (5 \times 100$만$) = 28,000,000$원
따라서 가장 많은 연봉을 받을 직원은 A사원이다.

06 정답 ①

갑 ~ 정의 아이돌봄 서비스 이용요금을 표로 정리하면 다음과 같다.

구분	이용시간 (시간)		소득기준별 본인부담금(원)		비고
	일반	야간	A형	B형	
갑	6	–	7,800	–	–
을	5	–	3,900	–	33.3% 할인
병	4	1	–	7,800	–
정	7	2	1,560	2,340	15% 할인

- 갑 : $7,800 \times 6 = 46,800$원
- 을 : $3,900 \times 5 \times 3 \times 0.667 ≒ 39,010$원(∵ 원 단위 이하 절사)
- 병 : $(7,800 \times 4) + \{(7,800 + 3,900) \times 1\} = 42,900$원
- 정
  - A형 아동 1명 : $(1,560 \times 7) + \{(1,560 + 3,900) \times 2\} = 21,840$원
  - B형 아동 1명 : $(2,340 \times 7) + \{(2,340 + 3,900) \times 2\} = 28,860$원
  - 서비스 이용요금 : $(21,840 + 28,860) \times 0.85 ≒ 43,090$원(∵ 원 단위 이하 절사)

07 정답 ④

첫 번째와 네 번째 시행령에 의해 신도시 신호등의 기본 점멸 시간을 구하면 $60 \div 1.5 = 40$cm/초이다.

- **5m 횡단보도의 신호등 점멸 시간**

  거리에 따른 신호등 점멸 시간을 t라 하면 $t = \dfrac{500}{40} = 12.5$초이며, 세 번째 시행령에 의하여 추가 여유시간을 더해 신호등 점멸 시간을 구하면 $12.5 + 3 = 15.5$초이다.

- **20m 횡단보도의 신호등 점멸 시간**

  거리에 따른 신호등 점멸 시간을 t_1이라 하면 $t_1 = \dfrac{2,000}{40} = 50$초이며, 이때 횡단보도의 길이가 10m 이상이므로 두 번째 시행령에 의해 추가 점멸 시간이 발생한다.

  초과 거리는 $20 - 10 = 10$m이고, 추가 점멸 시간을 t_2라 하면 $t_2 = 10 \times 1.2 = 12$초이다. 추가 여유시간을 더해 신호등 점멸 시간을 구하면 $t_1 + t_2 + 3 = 50 + 12 + 3 = 65$초이다.

08 정답 ④

각 펀드의 총점을 통해 비교 결과를 유추하면 다음과 같다.
- A펀드 : 한 번은 우수(5점), 한 번은 우수 아님(2점)
- B펀드 : 한 번은 우수(5점), 한 번은 우수 아님(2점)
- C펀드 : 두 번 모두 우수 아님(2점+2점)
- D펀드 : 두 번 모두 우수(5점+5점)

각 펀드의 비교 대상은 다른 펀드 중 두 개이며, 총 4번의 비교를 했다고 하였으므로 다음과 같은 경우를 고려할 수 있다.

i)

A		B		C		D	
B	D	A	C	B	D	A	C
5	2	2	5	2	2	5	5

표의 결과를 정리하면 D>A>B, A>B>C, B·D>C, D>A·C 이므로 D>A>B>C이다.

ii)

A		B		C		D	
B	C	A	D	A	D	C	B
2	5	5	2	2	2	5	5

표의 결과를 정리하면 B>A>C, D>B>A, A·D>C, D>C·B 이므로 D>B>A>C이다.

iii)

A		B		C		D	
D	C	C	D	A	B	A	B
2	5	5	2	2	2	5	5

표의 결과를 정리하면 D>A>C, D>B>C, A·B>C, D>A·B 이므로 D>A·B>C이다.

ㄱ. 세 가지 경우에서 모두 D펀드는 C펀드보다 우수하다.
ㄴ. 세 가지 경우에서 모두 B펀드보다 D펀드가 우수하다.
ㄷ. 마지막 경우에서 A펀드와 B펀드의 우열을 가릴 수 있으면 A ~ D 까지 우열순위를 매길 수 있다.

09 정답 ④

어느 고객의 민원이 기간 내에 처리하기 곤란하여 민원처리기간이 지연되었다. 우선 민원이 접수되면 규정상 주어진 처리기간은 24시간이다. 그 기간 내에 처리하기 곤란할 경우에는 민원인에게 중간답변을 한 후 48시간으로 연장할 수 있다. 연장한 기간 내에서도 처리하기 어려운 사항일 경우 1회에 한하여 본사 총괄부서장의 승인에 따라 48시간을 추가 연장할 수 있다.

따라서 해당 민원은 늦어도 48시간+48시간=96시간=4일 이내에 처리하여야 한다. 그러므로 7월 18일에 접수된 민원은 늦어도 7월 22일까지는 처리가 완료되어야 한다.

10 정답 ④

국민연금법에 따라 지역가입자 A ~ D의 가입기간을 계산하면 다음과 같다.

① A : 2018년 4월부터 2019년 3월까지의 기간에서 연금보험료를 내지 않은 3개월을 제외하므로 A의 가입기간은 총 12개월−3개월 =9개월이다. A는 지역가입자이므로 제17조 제2항의 예외조항에 해당되지 않음을 유의한다.

② B : 2017년 11월부터 2018년 8월까지이므로 총 10개월이다.

③ C : 가입자 자격을 취득한 날이 5월 1일이므로 C의 가입기간은 2018년 5월부터 2019년 2월까지로 총 10개월이다.

④ D : 2018년 1월부터 2018년 12월까지이므로 총 12개월이다.

따라서 가입기간이 가장 긴 사람은 D이다.

11 　정답　③

아동수당 제도 첫 도입에 따라 초기에 아동수당 신청이 한꺼번에 몰릴 것으로 예상돼 연령별 신청기간을 운영한다. 따라서 만 5세 아동은 7월 1～5일 사이에 접수를 하거나, 연령에 관계없이 7월 6일 이후에 신청하는 것으로 안내하는 것이 적절하다.

따라서 (라)는 옳지 않은 답변이다.

12 　정답　③

여행 상품	1인당 비용(원)	총무팀	영업팀	개발팀	홍보팀	공장1	공장2	합계
A	500,000	2	1	2	0	15	6	26
B	750,000	1	2	1	1	20	5	30
C	600,000	3	1	0	1	10	4	19
D	1,000,000	3	4	2	1	30	10	50
E	850,000	1	2	0	2	5	5	15
합계		10	10	5	5	80	30	140

a. 총 여행상품비용은 1억 500만 원이 필요하다.
　→ 가장 인기 높은 상품은 D이다. 그러나 공장1의 고려사항은 회사에 손해를 줄 수 있으므로, 2박 3일 상품이 아닌 1박 2일 상품 중 가장 인기 있는 B상품이 선택된다.
　따라서 750,000×140＝105,000,000원이므로 옳다.
b. 가장 인기가 좋은 여행 상품은 B이다.
　→ 가장 인기 높은 상품은 D이다. 옳지 않다.
c. 공장1은 여행 상품 선택에 가장 큰 영향력을 발휘했다.
　→ B상품을 고른 30명의 2/3인 20명이 공장1 직원이므로 절대다수를 차지하고 있다. 옳다.

13 　정답　③

ㄱ. R씨가 복용하는 약 중 임부금기에 해당하는 약은 '스무디핀정200밀리그램, 고날 – 에프펜300'으로 각각 제품코드는 '643504520, 661700051'이다.
ㄷ. 용량주의에 해당하는 약 중 네오시탈정10밀리그램의 내용이다.

ㄴ. R씨가 복용하는 약 중 병용금기는 없다.
ㄹ. 의약품안전사용서비스는 일반인도 사용할 수 있으며, 주로 의사와 약사가 부적절한 약물 사용을 줄이기 위해 사용한다.

14 　정답　①

신뢰와 연결되는 (A)에는 '안전·안정적 설비 운영', 경쟁력 확보와 연결되는 (B)에는 '신규수요 창출' 마지막으로 성과중심 경영시스템 (C)에는 '재무구조 안정성 제고'가 적절하다.

15 　정답　②

제128조 제2항 제1호에 따르면 임금에서 기여금을 공제할 때 기여금을 초과하는 금액을 사업장가입자의 임금에서 공제한 사용자는 1년 이하의 징역이나 1천만 원 이하의 벌금에 처한다. 따라서 기여금을 초과하는 금액을 사업장가입자의 임금에서 공제한 나라는 1년 이하의 징역이나 1천만 원 이하의 벌금에 처할 수 있다.

① 제128조 제2항 제2호에 따라 사용자인 가영은 정당한 사유 없이 납부기한까지 연금보험료를 내지 않았으므로 1년 이하의 징역이나 1천만 원 이하의 벌금에 처할 수 있다.
③ 제131조 제2항 제3호에 따라 공단 직원에게 거짓으로 자료를 만들어 제출한 가입자 다현에게는 10만 원 이하의 과태료가 부과될 수 있다.
④ 제128조 제2항 제4호에 따라 공단의 업무를 수행하면서 알게 된 비밀을 누설한 라희는 1년 이하의 징역이나 1천만 원 이하의 벌금에 처할 수 있다.

16 　정답　④

10년 이상 가입자로 특수직종근로자인 박정환은 만 55세이므로 제61조 제1항에 따라 노령연금을 받을 수 있다.

① 10년 이상 가입자로 만 60세가 된 김갑돌은 제61조 제1항에 따라 유족연금이 아닌 노령연금을 받는다.
② 10년 이상 가입자였던 이을석은 국외이주 기간 중 사망하였으므로 제72조 제2항에 따라 유족연금을 받을 수 없다.
③ 제61조 제2항에 따라 조기노령연금 수급권자가 되려면 가입기간이 10년 이상이어야 한다. 정병문의 경우 가입기간이 현재 10년 이상이 되지 않으므로 조기노령연금을 받을 수 없다.

17 　정답　④

C의 경우, 경영학 분야 학위를 갖추고 있으며, 제출기간 내에 등기우편이 도착하였으므로 후보로 적절하다.
D의 경우, 공공부문과 민간부문에서 모두 일한 경력이 있으므로 공공성, 기업성을 조화시킬 능력을 갖추었다고 볼 수 있으며, 지원서류 제출계획도 올바르다.

A의 경우, 경영이나 토지, 도시, 주택분야 전문인이 아니라 의료분야에서의 경력을 갖고 있어 직접적 연관성이 떨어지고, 무엇보다 음주운전 경력으로 인해 준법성, 도덕성을 갖추었다고 보기 어렵다.
B의 경우, 건설분야에서 장기간 근무한 경력이 있으며, 제출서류를 갖추었으나 방문접수가 불가능한 9월 8일(토)에 방문접수를 하려고 하므로 제출방식에 문제가 있다.

18 정답 ③

F카드사는 전월 52만 원을 사용했을 때 K통신사에 대한 할인금액이 15,000원으로 가장 많다.

오답분석
① S통신사를 이용할 경우 가장 많은 통신비를 할인받을 수 있는 제휴 카드사는 C카드사이다.
② 전월에 33만 원을 사용했을 경우 L통신사에 대한 할인금액은 G카드사가 1만 원, D카드사가 9천 원이므로 G카드사가 더 많다.
④ C카드사는 전월 카드 1회 사용 시 5천 원 할인 가능하다.

19 정답 ①

• b → c → a 순서로 작업할 때(최단) : 8시간

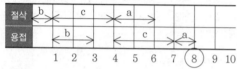

• a → c → b 순서로 작업할 때(최장) : 10시간

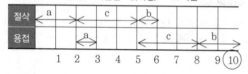

오답분석
② a → c → b 순서로 진행할 때 작업 시간은 10시간으로 가장 많이 소요된다.
③ · ④ 순차적으로 작업할 경우 첫 번째 공정에서 가장 적게 걸리는 시간을 먼저 선택하고, 두 번째 공정에서 가장 적게 걸리는 시간을 맨 뒤에 선택한다. 즉, b → c → a가 최소 제품 생산 시간이 된다.

20 정답 ②

제11조 (1)에 해당하는 내용이다.

오답분석
① 응급조치에 소요된 비용에 대해서는 주어진 지문에서 확인할 수 없다. 따라서 '갑'이 부담하는지 알 수 없다.
③ '을'이 미리 긴급조치를 취할 수 있지만, 즉시 '갑'에게 통지해야 한다.
④ '을'은 설계상의 하자나 '갑'의 요구에 의한 작업으로 인한 재해에 대해서는 책임이 없다.

21 정답 ④

주말 예약 현황과 고객의 조건을 서로 비교하여 가능한 날이 있는지 판단하면 된다. 7일(토)의 경우에는 16시에 세이지 연회장이 예약되어 있지만, 동시간대 인력이 30명이 남기 때문에 라벤더 연회장을 함께 사용할 수 있다. 라벤더 연회장은 수용인원이 300명까지이고, 세팅 및 정리시간을 포함하여 이용시간을 고려했을 때 저녁 7시 전까지 행사를 진행할 수 있으므로 고객의 요구사항에 모두 부합한다. 반면 1일(일), 8일(일), 14일(토)은 동시간대 사용가능한 연회장이 없으므로 예약이 불가하다.

오답분석
① 고객이 12월 초에 예약할 수 있기를 원하므로 최대한 첫 번째 주에 예약을 할 수 있도록 돕는 것은 적절한 판단이다.
② 고객이 250명을 수용할 수 있는 연회장을 요구하였으므로, 세이지를 제외한 나머지 연회장이 가능하다는 판단은 올바르다.
③ 고객이 정오부터 저녁 7시 사이에 행사가 진행되길 원하므로 적절한 판단이다.

22 정답 ④

예산이 가장 많이 드는 B사업과 E사업은 사업기간이 3년이므로 최소 1년은 겹쳐야 한다는 것을 기반으로 표를 구성할 수 있다.

연도 예산 사업명	1년 20조 원	2년 24조 원	3년 28.8조 원	4년 34.5조 원	5년 41.5조 원
A		1조 원	4조 원		
B		15조 원	18조 원	21조 원	
C					15조 원
D	15조 원	8조 원			
E			6조 원	12조 원	24조 원
실질사용 예산합	15조 원	24조 원	28조 원	33조 원	39조 원

23 정답 ③

ㄴ. 어떤 기계를 선택해야 비용을 최소화할 수 있는지에 대해 고려하고 있는 문제이므로 옳은 설명이다.
ㄷ. • A기계를 선택하는 경우
 - 비용 : 80,000(=8,000×10)+10,000=90,000원
 - 이윤 : 100,000-90,000=10,000원
 • B기계를 선택하는 경우
 - 비용 : 56,000(=7,000×8)+20,000=76,000원
 - 이윤 : 100,000-76,000=24,000원
따라서 합리적인 선택을 하는 경우는 B기계를 선택하는 경우로 24,000원의 이윤이 발생한다.

오답분석
ㄱ. B기계를 선택하는 경우가 A기계를 선택하는 경우보다 14,000원(=24,000-10,000)의 이윤이 더 발생한다.
ㄹ. A기계를 선택하는 경우 비용은 90,000원이다.

24 정답 ④

K교통카드 본사에서 10만 원 이상의 고액 환불 시 내방 당일 카드잔액 차감 후 익일 18시 이후 계좌로 입금 받는다.

오답분석

① 부분환불은 환불요청금액이 1만 원 이상 ~ 5만 원 이하일 때 가능하며, K교통카드 본사와 지하철 역사 내 K교통카드 서비스센터에서 가능하므로 부분환불이 가능하다.

② 모바일 환불 시 1인 최대 50만 원까지 환불 가능하며, 수수료는 500원이므로 카드 잔액이 40만 원일 경우 399,500원이 계좌로 입금된다.

③ 카드 잔액이 30만 원일 경우, 20만 원 이하까지만 환불이 가능한 A은행을 제외한 은행 ATM기에서 수수료 500원을 제외하고 299,500원 환불 가능하다.

25 정답 ④

〈표3〉은 완제 의약품 특허출원 중 다이어트제 출원 현황을 나타낸 자료이다. 즉, 다국적기업에서 출원한 완제 의약품 특허출원 중 다이어트제 출원 비중은 제시된 자료에서 확인할 수 없다.

오답분석

① 〈표1〉의 합계를 살펴보면 매년 감소하고 있음을 확인할 수 있다.

② 2019년 전체 의약품 특허출원에서 기타 의약품이 차지하는 비중

$: \frac{1,220}{4,719} \times 100 ≒ 25.85\%$

③ • 2019년 원료 의약품 특허출원건수 : 500건

• 2019년 다국적기업의 원료 의약품 특허출원건수 : 103건

∴ 2019년 원료 의약품 특허출원에서 다국적기업 특허출원이 차

지하는 비중 : $\frac{103}{500} \times 100 = 20.6\%$

26 정답 ④

세레나데&봄의 제전은 55% 할인된 가격인 27,000원에서 10%가 티켓 수수료로 추가된다고 했으므로 2,700원을 더한 29,700원이 총 결제가격이다. 티켓판매 수량이 1,200장이므로 총수익은 35,640,000원이다.

오답분석

① 판매자료에 티켓이 모두 50% 이상 할인율을 가지고 있어 할인율이 크다는 생각을 할 수 있다.

② 티켓 판매가 부진해 소셜커머스도 반값 이상의 할인을 한다는 생각은 충분히 할 수 있는 생각이다.

③ 백조의 호수의 경우 2월 5일 ~ 2월 10일까지 6일이라는 가장 짧은 기간동안 티켓을 판매했지만 1,787장으로 가장 높은 판매량을 기록하고 있다. 설 연휴와 더불어 휴일에 티켓 수요가 늘 것을 예상해 일정을 짧게 잡아 단기간에 빠르게 판매량을 높인 것을 유추할 수 있다.

27 정답 ②

ㄴ. 귀빈실 이용신청은 처리기간으로 2일이 소요되므로, 수요일에 유선을 통해 귀빈실 이용신청을 한 경우, 빨라도 금요일부터 귀빈실을 이용할 수 있다.

오답분석

ㄱ. 이의신청의 경우, 서면이 아니라 구두 또는 전화를 통해서도 가능하다.

ㄷ. 통신시설물 수리신청의 경우 처리까지 12일이 소요된다. 토요일에도 민원상황실에서 민원을 접수하지만, 토요일에 수리를 처리하지 않기 때문에 늦어도 이번 주 월요일에는 신청해야 한다.

ㄹ. 재산사용신청을 하고자 하는 경우, 제소 전 화해 동의서와 행정기관의 허가, 인가, 신고 등을 증명할 수 있는 서류는 해당자에 한하여 제출하면 되므로, 신청자가 제출해야 할 서류는 최소 5개이다.

28 정답 ④

WT전략은 외부 환경의 위협 요인을 회피하고 약점을 보완하는 전략을 적용해야 한다. ④는 강점(S)을 강화하는 방법에 대해 이야기하고 있다.

오답분석

① SO전략은 기회를 활용하면서 강점을 더욱 강화시키는 전략이므로 옳다.

② WO전략은 외부의 기회를 사용해 약점을 보완하는 전략이므로 옳다.

③ ST전략은 외부 환경의 위협을 회피하며 강점을 적극 활용하는 전략이므로 옳다.

29 정답 ②

수준 높은 금융 서비스를 통해 글로벌 경쟁에서 우위를 차지하는 것은 강점을 이용해 글로벌 금융사와의 경쟁 심화라는 위협을 극복하는 ST전략이다.

오답분석

① 해외 비즈니스TF팀을 신설해 해외 금융시장 진출을 확대하는 것은 글로벌 경쟁력이 낮다는 약점을 극복하고 해외 금융시장 진출 확대라는 기회를 활용하는 WO전략이다.

③ 탄탄한 국내 시장점유율이 국내 금융그룹의 핀테크 사업 진출의 기반이 되는 것은 강점을 통해 기회를 살리는 SO전략이다.

④ 우수한 자산건전성 지표를 홍보하여 고객 신뢰를 회복하는 것은 강점으로 위협을 극복하는 ST전략이다.

30 정답 ②

ㄱ. 기술개발을 통해 연비를 개선하는 것은 막대한 R&D 역량이라는 강점으로 휘발유의 부족 및 가격의 급등이라는 위협을 회피하거나 최소화하는 전략에 해당하므로 적절하다.

ㄹ. 생산설비에 막대한 투자를 했기 때문에 차량모델 변경의 어려움이라는 약점이 있는데, 레저용 차량 전반에 대한 수요 침체 및 다른 회사들과의 경쟁이 심화되고 있으므로 생산량 감축을 고려할 수 있다.

ㅁ. 생산 공장을 한 곳만 가지고 있다는 약점이 있지만 새로운 해외시장이 출현하고 있는 기회를 살려서 국내 다른 지역이나 해외에 공장들을 분산 설립할 수 있을 것이다.

ㅂ. 막대한 R&D 역량이라는 강점을 이용하여 휘발유의 부족 및 가격의 급등이라는 위협을 회피하거나 최소화하기 위해 경유용 레저차량 생산을 고려할 수 있다.

오답분석

ㄴ. 소형 레저용 차량에 대한 수요 증대라는 기회 상황에서 대형 레저용 차량을 생산하는 것은 적절하지 않은 전략이다.

ㄷ. 차량모델 변경의 어려움이라는 약점을 보완하는 전략도 아니고, 소형 또는 저가형 레저용 차량에 대한 선호가 증가하는 기회에 대응하는 전략도 아니다. 또한, 차량 안전 기준의 강화 같은 규제 강화는 기회 요인이 아니라 위협 요인이다.

ㅅ. 기회는 새로운 해외시장의 출현인데 내수 확대에 집중하는 것은 기회를 살리는 전략이 아니다.

31 정답 ④

오답분석

① 자사의 유통 및 생산 노하우가 부족하다고 분석하였으므로 적절하지 않다.

② 디지털마케팅 전략을 구사하기에 역량이 미흡하다고 분석하였으므로 적절하지 않다.

③ 분석 자료를 살펴보면, 경쟁사 중 상위업체가 하위업체와의 격차를 확대하기 위해서 파격적인 가격정책을 펼치고 있다고 하였으므로 적절하지 않다.

32 정답 ③

제품 특성상 테이크아웃이 불가능했던 위협 요소를 피하기 위해 버거의 사이즈를 줄이는 대신 사이드 메뉴를 무료로 제공하는 것은 독창적인 아이템을 활용하면서도 위협 요소를 보완하는 전략으로 적절하다.

오답분석

① 해당 상점의 강점은 주변 외식업 상권과 차별화된 아이템 선정이다. 그러므로 주변 상권에서 이미 판매하고 있는 상품을 벤치마킹해 판매하는 것은 강점을 활용하는 전략으로 적절하지 않다.

② 높은 재료 단가를 낮추기 위해 유기농 채소와 유기농이 아닌 채소를 함께 사용하는 것은 웰빙을 추구하는 소비 행태가 확산되고 있는 기회를 활용하지 못하는 전략이므로 적절하지 않다.

④ 커스터마이징 형식의 고객 주문 서비스 및 주문 즉시 조리하는 방식은 해당 상점의 강점이다. 약점을 보완하기 위해 강점을 모두 활용하지 못하는 전략이므로 적절하지 않다.

자원관리능력

정답 및 해설

| 01 | 유형학습

01	02	03	04	05	06	07	08	09	10
②	②	①	③	④	①	④	②	③	④

01 　정답 ②

자원을 수집할 때 가능하다면 필요한 양보다 좀 더 여유 있게 확보할 필요가 있다. 실제 준비나 활동을 하는 데 있어서 계획과 차이를 보이는 경우가 빈번하기 때문에 여유 있게 확보하는 것이 안전하다.

02 　정답 ②

인력배치의 3원칙
1. 적재적소주의 : 팀의 효율성을 높이기 위해 팀원의 능력이나 성격 등과 가장 적합한 위치에 배치하여 팀원 개개인의 능력을 최대로 발휘해줄 것을 기대하는 것이다. 배치는 작업이나 직무가 요구하는 요건, 개인이 보유하고 있는 조건이 서로 균형 있고, 적합하게 대응되어야 성공할 수 있다.
2. 능력주의 : 개인에게 능력을 발휘할 수 있는 기회와 장소를 부여하고, 그 성과를 바르게 평가하여 평가된 능력과 실적에 대해 그에 상응하는 보상을 주는 원칙을 말한다.
   정확하게 말하면 능력주의는 적재적소주의 원칙의 상위개념이라고 할 수 있다. 여기서 말하는 능력은 개인이 가진 기존의 능력에만 한정하지 않고, 미래에 개발 가능한 능력도 있기 때문에 능력을 개발하고 양성하는 측면도 고려해야 한다.
3. 균형주의 : 모든 팀원에 대한 평등한 적재적소, 즉 팀 전체의 적재적소를 고려할 필요가 있다는 것이다. 팀은 사람과 사람이 모여 이룬 작은 사회이기 때문이다.

03 　정답 ①

인맥관리카드를 작성할 때는 핵심인맥과 파생인맥을 구분하여 작성하는 것이 필요하다.

04 　정답 ③

명함에 메모해두는 것이 좋은 정보
1. 언제, 어디서, 무슨 일로 만났는지에 관한 내용
2. 소개자의 이름
3. 학력이나 경력
4. 상대의 업무내용이나 취미, 기타 독특한 점

5. 전근, 전직 등의 변동 사항
6. 가족사항
7. 거주지와 기타 연락처
8. 대화를 나누고 나서의 느낀 점이나 성향

05 　정답 ④

인적자원의 특성
능동성, 개발 가능성, 전략적 자원

06 　정답 ①

물적자원관리 과정
1. 사용물품과 보관물품의 구분 : 반복 작업 방지, 물품활용의 편리성
2. 동일 및 유사 물품으로의 분류 : 통일성의 원칙, 유사성의 원칙
3. 물품 특성에 맞는 보관 장소 선정 : 물품의 형상, 물품의 소재

07 　정답 ④

오답분석
① 시간자원, ② 인적자원, ③ 예산자원

08 　정답 ②

가계부를 관리할 때는 단돈 10원이라도 정확하게 기록하는 것이 좋다.

09 　정답 ③

오답분석
① 물적자원을 효과적으로 관리하면 경쟁력 향상, 과제 및 사업의 성공 등을 얻을 수 있다.
② 물적자원의 관리가 부족하면 경제적 손실, 과제 및 사업의 실패 등이 발생한다.
④ 긴급하거나 위험한 상황에서 물적자원의 관리가 부족하면 더욱 큰 손실을 초래할 수 있다.

10 　정답 ④

인공자원
사람들이 인위적으로 가공하여 만든 물적 자원으로 시설, 장비, 댐, 전자기기 등이 포함된다.

자연자원
자연 상태에 있는 그대로의 자원으로 석유, 석탄, 나무 등이 포함된다.

02 | 심화학습

01	02	03	04	05	06	07	08	09	10
①	①	①	④	②	④	①	③	①	③

01 정답 ①

무조건 비용을 적게 들이는 것이 좋은 것은 아니다. 예를 들어 한 기업에서 개발 프로젝트를 한다고 할 때, 개발 비용을 실제보다 높게 책정하면 경쟁력을 잃어버리게 되고, 낮게 책정하면 프로젝트 자체가 이익을 주는 것이 아니라 오히려 적자가 나는 경우가 발생할 수 있다. 따라서 책정 비용과 실제 비용의 차이를 줄이고, 비슷한 상태가 가장 이상적인 상태라고 할 수 있다.

02 정답 ①

오답분석
• 정리할 시간 : 중요한 일에는 좀 더 시간을 할애하고 중요도가 낮은 일에는 단축시키는 것 등에 대해 검토 · 조정할 시간을 확보할 것
• 권한위양 : 위양할 수 있는 일과 그렇지 못한 일을 최초부터 결정함

03 정답 ①

델파이 기법은 질적 방법으로 구분할 수 있다. 질적 방법은 인적자원관리에 전문적인 식견을 지니고 있다고 판단되는 전문가가 자신의 경험이나 직관 그리고 판단에 의존하여 조직이 필요로 하는 인적자원의 수요와 공급을 예측하는 방법이다.

오답분석
②·③·④ 통계적으로 수량화가 가능한 자료를 사용하는 평가방법이다. 과거의 자료를 근거로 하며 그 이상의 기준 요소를 설정해 이를 근거로 소요인력을 예측하는 양적 방법에 속한다.

04 정답 ④

자원관리능력
시간관리능력, 예산관리능력, 물적자원관리능력, 인적자원관리능력

05 정답 ②

예산수립 절차
필요한 과업 및 활동 규명 → 우선순위 결정 → 예산 배정

06 정답 ④

계획을 세울 때, 흔히 저지르기 쉬운 실수 중 하나는 너무 많은 시간을 소비하는 것이다. 계획은 완벽히 세우기 어렵고 완벽하게 세웠더라도 실천하지 못하면 무용지물이다. 계획이 완벽해야 한다는 부담감을 버리고 실제로 해나가면서 수정될 수 있음을 염두에 두는 것이 좋다.

07 정답 ①

㉠ 능력주의, ㉡ 적재적소주의, ㉢ 적재적소주의, ㉣ 능력주의
개인에게 능력을 발휘할 수 있는 기회와 장소를 부여하고, 그 성과를 바르게 평가한 뒤 평가된 능력과 실적에 대해 그에 상응하는 보상을 주는 능력주의 원칙은 적재적소주의 원칙의 상위개념이라고 할 수 있다. 즉, 적재적소주의는 능력주의의 하위개념에 해당한다.

08 정답 ③

인적자원으로부터의 성과는 인적자원의 욕구와 동기, 태도와 행동 그리고 만족감 여하에 따라 결정되고, 인적자원의 행동 동기와 만족감은 경영관리에 의해 조건화된다. 반면, 예산과 물적자원은 성과에 기여하는 정도에 있어서 자원 자체의 양과 질에 의해 지배된다.

09 정답 ①

인맥을 활용하면 각종 정보와 정보의 소스를 주변 사람으로부터 획득할 수 있다. 또한 '나' 자신의 인간관계나 생활에 대해서 알 수 있으며, 이로 인해 자신의 인생에 탄력을 불어넣을 수 있다. 게다가 주변 사람들의 참신한 아이디어를 통해 자신만의 사업을 시작할 수도 있다. 따라서 A사원의 메모는 모두 옳은 내용이다.

10 정답 ③

사내추천제는 직원들에게 수시로 추천할 사람의 이력서를 받은 뒤 면접을 실시해 선발하는 방식으로, 이를 통해 검증된 인재를 채용할 수 있으며, 각종 비용을 줄일 수 있다.

오답분석
① 공개 채용 제도에 비해 시간과 비용을 줄일 수 있지만, 그렇다고 해서 더 많은 인력을 채용할 수 있는 것은 아니다. 기업이 필요로 하는 인력의 수는 한정되어 있기 때문이다.
② 사내추천제를 통해 직원의 임금이 아닌 채용 과정에서 소요되는 비용을 줄일 수 있다.
④ 블라인드 채용의 장점에 해당한다.

| 01 | 유형학습

01	02	03	04	05	06	07	08	09	10
③	④	①	①	③	④	③	②	③	③

01 정답 ③

임유리 직원은 첫째 주 일요일 6시간, 넷째 주 토요일 5시간으로 월 최대 10시간 미만인 당직규정에 어긋나므로 당직 일정을 수정해야 한다.

02 정답 ④

선택지에 따른 교통편을 이용할 때, 국민건강보험공단에 도착하는 시간은 다음과 같다.
① 버스 – 택시
　: 9시 5분 ~ 10시 5분(버스) → 10시 5분 ~ 10시 35분(택시)
② 지하철 – 버스
　: 9시 10분 ~ 9시 55분(지하철) → 10시 20분 ~ 10시 45분(버스)
③ 자가용 – 지하철
　: 9시 ~ 10시 20분(자가용) → 10시 50분 ~ 11시 5분(지하철)
④ 지하철 – 택시
　: 9시 10분 ~ 9시 55분(지하철) → 9시 55분 ~ 10시 25분(택시)
따라서 ④의 지하철을 타고 고속터미널로 간 다음 택시를 타는 것이 가장 빨리 도착하는 방법이다.

03 정답 ①

두 번째 조건에서 경유지는 서울보다 +1시간, 출장지는 경유지보다 −2시간이므로 서울과 −1시간 차이다.
김 대리가 서울에서 경유지를 거쳐 출장지까지 가는 과정을 서울 시각 기준으로 정리하면
서울 5일 오후 1시 35분 출발 → 오후 1시 35분+3시간 45분=오후 5시 20분 경유지 도착 → 오후 5시 20분+3시간 50분(대기시간)=오후 9시 10분 경유지에서 출발 → 오후 9시 10분+9시간 25분=6일 오전 6시 35분 출장지 도착
따라서 출장지에 도착했을 때 현지 시각은 서울보다 1시간 느리므로 오전 5시 35분이다.

04 정답 ①

• 경도를 이용한 시간 구하는 법
　– 같은 동경 혹은 서경에 위치했을 때
　　: {(큰 경도)−(작은 경도)}÷15°
　– 동경과 서경에 각각 위치했을 때 : {(동경)+(서경)}÷15°
이에 따라 우리나라와 LA의 시차는 $(135°+120°)÷15=17$시간이다.
따라서 한국이 4월 14일 오전 6시일 때 LA의 시각은

4월 14일 오전 6시
− 　　17시간
4월 13일 오후 1시

05 정답 ③

모스크바를 기준으로 인천과의 시차는 +6시간이다.
모스크바 현지 시각을 기준으로 4일 오전 11시는 인천 현지 시각으로
4일 11+6=17시
비행시간이 8시간이므로 출발시각은 4일 17−8=9시
따라서 R부장은 늦어도 4일 오전 9시에 출발하는 비행기를 예약해야 한다.

06 정답 ④

서머타임을 적용하면 헝가리는 서울보다 −6시간, 호주는 +2시간이고, 베이징은 서머타임을 적용하지 않으므로 −1시간이다. 이 시간을 적용해 각 선택지별로 가능한지의 여부를 따져본다.
색깔로 칠한 부분은 각 나라별로 가능한 시간으로, 세 나라가 겹치는 시간은 ④임을 알 수 있다.

	W은행 (서울)	헝가리		호주		베이징	
①	오전 11시 ~ 12시	오전 5시 ~ 6시	근무 전	오후 1시 ~ 2시		오전 10시 ~ 11시	
②	오후 1시 ~ 2시	오전 7시 ~ 8시	근무 전	오후 3시 ~ 4시	회의	오후 12시 ~ 1시	점심
③	오후 2시 ~ 3시	오전 8시 ~ 9시	근무 전	오후 4시 ~ 5시	회의	오후 1시 ~ 2시	
④	오후 3시 ~ 4시	오전 9시 ~ 10시		오후 5시 ~ 6시		오후 2시 ~ 3시	

07 정답 ③

6층을 모두 순찰하는 데 총 60분(=6층×10분)이 걸리며, 건물은 6층인데 오른 다음 반드시 내려와야 하고 최대 올라갈 수 있는 층은 4층이다(현재는 1층이기 때문). 이때 가지 못한 층이 두 개이므로 나머지 두 층을 가기 위해서는 4번을 타고 내려야 되며, 올라간 다음 다시 내려오는 조건이므로 2배가 된다. 즉, 아무리 빠르게 이동한다 해도 8번(=2×4) 이동해야 한다.

한 층을 올라가기 위해서는 한 층을 내려갔다가 다시 올라가야 하므로 왕복시간은 2분이 걸린다. 따라서 최소 16분(8번×2분)이 소요된다. 이를 직접 나열해보면 다음과 같다.

• 1층에서 3층으로 올라간다. – 2분
• 3층에서 2층으로 내려간다. – 1분
• 2층에서 5층으로 올라간다. – 3분
• 5층에서 4층으로 내려간다. – 1분
• 4층에서 6층으로 올라간다. – 2분
• 6층에서 3층으로 내려간다. – 3분
• 3층에서 4층으로 올라간다. – 1분
• 4층에서 1층으로 내려간다. – 3분
∴ 순찰을 마친 후 1층으로 돌아오기까지 걸린 시간은 1시간 16분이다.

08 정답 ②

A씨의 업무시간은 점심시간 1시간을 제외하면 8시간이다. 주간업무계획 수립으로 8시간$\times\frac{1}{8}$=1시간을, 프로젝트 회의로 8시간$\times\frac{2}{5}$=192분=3시간 12분을, 거래처 방문으로 8시간$\times\frac{1}{3}$=160분=2시간 40분을 보냈다. 따라서 시장조사에서 쓸 수 있는 남은 시간은 8시간-(1시간+3시간 12분+2시간 40분)=1시간 8분이다.

09 정답 ③

9월 21일의 팀미팅은 워크숍 시작시간 전 오후 1시 30분에 끝나므로 3시에 출발 가능하며, 22일의 일정이 없기 때문에 9월 21~22일이 워크숍 날짜로 적절하다.

오답분석
① 9월 9~10일 : 다른 팀과 함께하는 업무가 있는 주이므로 워크숍 불가능
② 9월 18~19일 : 19일은 주말이므로 워크숍 불가능
④ 9월 28~29일 : E대리가 휴가이므로 모든 팀원 참여 불가능

10 정답 ③

대화 내용을 살펴보면 A과장은 패스트푸드점, B대리는 화장실, C주임은 은행, 귀하는 편의점을 이용한다. 이는 동시에 이루어지는 일이므로 가장 오래 걸리는 일의 시간만을 고려하면 된다. 은행이 30분으로 가장 오래 걸리므로 17:20에 모두 모이게 된다. 따라서 17:00, 17:15에 출발하는 버스는 이용하지 못한다. 17:30에 출발하는 버스는 잔여석이 부족하여 이용하지 못하기 때문에. 최종적으로 17:45에 출발하는 버스를 탈 수 있다. 그러므로 서울에 도착 예정시각은 19:45이다.

02 | 심화학습

01	02	03	04	05	06	07	08	09	10
②	②	③	④	③	③	①	③	④	④

01 정답 ②

각국에서 출발한 직원들이 국내(대한민국)에 도착하는 시간을 계산하기 위해서는 먼저 시차를 구해야 한다. 동일시점에서의 각국의 현지시각을 살펴보면 국내의 시각이 가장 빠르다는 점을 알 수 있다. 즉, 국내의 현지시각을 기준으로 각국의 현지시각을 빼면 시차를 구할 수 있다. 시차는 계산편의상 24시를 기준으로 한다.

구분	계산식	시차
대한민국 ~ 독일	6일 06:20-5일 23:20	7시간
대한민국 ~ 인도	6일 06:20-6일 03:50	2시간 30분
대한민국 ~ 미국	6일 06:20-5일 17:20	13시간

각국의 직원들이 국내에 도착하는 시간은 출발지 기준 이륙시각에서 비행시간과 시차를 더하여 구할 수 있다. 계산 편의상 24시 기준으로 한다.

구분	계산식	대한민국 도착시각
독일	6일 16:20+11:30+7:00	7일 10:50
인도	6일 22:10+08:30+2:30	7일 09:10
미국	6일 07:40+14:00+13:00	7일 10:40

따라서 인도에서 출발하는 직원이 가장 먼저 도착하고, 미국, 독일 순서로 도착하는 것을 알 수 있다.

02 정답 ②

• 역의 개수 : 47개
• 역과 역 사이 구간 : 47-1=46구간
• 당고개에서 오이도까지 걸리는 시간 : 2×46=92분
• ㉮열차의 경우
 – ㉮열차와 오이도행 열차의 출발 시각 차이
   : 6시-5시 40분=20분
 – 오이도행 열차의 6시까지 이동구간의 개수
   : $\frac{20}{2}$=10구간
 – 오이도행 열차의 위치 순번 : 47-10=37번
 – 1번째 역과 37번째 역의 중간역 : (1+37)÷2=19번째 역
• ㉯열차의 경우
 – ㉯열차와 오이도행 열차의 출발 시각 차이
   : 6시 24분-5시 40분=44분
 – 오이도행 열차의 6시 24분까지 이동구간의 개수
   : $\frac{44}{2}$=22구간

– 오이도행 열차의 위치 순번 : $47-22=25$번
– 1번째 역과 25번째 역의 중간역 : $(1+25)\div2=13$번째 역
• ㉰열차의 경우
  – ㉰열차와 오이도행 열차의 출발 시각 차이
    : 6시 48분－5시 40분＝68분
  – 오이도행 열차의 6시 48분까지 이동구간의 개수
    : $\dfrac{68}{2}=34$구간
  – 오이도행 열차의 위치 순번 : $47-34=13$번
  – 1번째 역과 13번째 역의 중간역 : $(1+13)\div2=7$번째 역

03   정답 ③

A씨가 쓸 수 있는 항공료는 최대 450,000원이다. 이 예산 안에서 갈 수 있는 여행지는
• 중국 : $130,000\times2\times2\times0.9=468,000$원
• 일본 : $125,000\times2\times2\times0.7=350,000$원
• 싱가포르 : $180,000\times2\times2\times0.65=468,000$원
따라서 A씨는 일본여행만 가능하다.
제시된 자료에서 8월 3 ~ 4일은 휴가가 불가능하다고 하였으므로, A씨가 선택할 여행기간은 16 ~ 19일이다.

04   정답 ④

• A씨가 인천공항에 도착한 현지 날짜 및 시각

독일시각	11월 2일 19시 30분
소요시간	＋12시간 20분
시차	＋8시간
	＝11월 3일 15시 50분

인천공항에 도착한 시각은 한국시각으로 11월 3일 15시 50분이고, A씨는 3시간 40분 뒤에 일본으로 가는 비행기를 타야 한다. 비행 출발 시각 1시간 전에는 공항에 도착해야 하므로, 참여 가능한 환승투어 코스는 소요 시간이 두 시간 이내인 엔터테인먼트, 인천시티, 해안관광이며, A씨의 인천공항 도착시각과 환승투어 코스가 바르게 짝지어진 것은 ④이다.

05   정답 ③

자동차 부품 생산조건에 따라 반자동라인과 자동라인의 시간당 부품 생산량을 구해보면 다음과 같다.
• 반자동라인 : 4시간에 300개의 부품을 생산하므로, 8시간에 300개 $\times2=600$개의 부품을 생산한다. 하지만 8시간마다 2시간씩 생산을 중단하므로, 8시간＋2시간＝10시간에 600개의 부품을 생산하는 것과 같다. 따라서 시간당 부품 생산량은 $\dfrac{600개}{10시간}=60$개/h이다. 이때 반자동라인에서 생산된 부품의 20%는 불량이므로, 시간당 정상 부품 생산량은 60개/h$\times(1-0.2)=48$개/h이다.

• 자동라인 : 3시간에 400개의 부품을 생산하므로, 9시간에 400개$\times3$ $=1,200$개의 부품을 생산한다. 하지만 9시간마다 3시간씩 생산을 중단하므로, 9시간＋3시간＝12시간에 1,200개의 부품을 생산하는 것과 같다. 따라서 시간당 부품 생산량은 $\dfrac{1,200개}{12시간}=100$개/h이다. 이때 자동라인에서 생산된 부품의 10%는 불량이므로, 시간당 정상 제품 생산량은 100개/h$\times(1-0.1)=90$개/h이다.
따라서 반자동라인과 자동라인에서 시간당 생산하는 정상 제품의 생산량은 48개/h$+90$개/h$=138$개/h이므로, 34,500개를 생산하는 데 걸리는 시간은 $\dfrac{34,500개}{138개/h}=250$시간이 소요되었다.

06   정답 ③

각 교통편에 대한 결정조건계수를 계산하면 다음과 같다.
• A : $\dfrac{5\times700}{10\times1,000+50,000\times0.5}=\dfrac{3,500}{35,000}=0.1$
• B : $\dfrac{5\times700}{8\times1,000+60,000\times0.5}=\dfrac{3,500}{38,000}≒0.092$
• C : $\dfrac{7\times700}{6\times1,000+80,000\times0.5}=\dfrac{4,900}{46,000}≒0.11$
• D : $\dfrac{7\times700}{5\times1,000+100,000\times0.5}=\dfrac{4,900}{55,000}≒0.09$
따라서 K씨가 선택할 교통편은 결정조건계수가 0.11로 가장 높은 C이다.

07   정답 ①

부패방지교육은 넷째 주 월요일인 20일 이전에 모두 끝나고, 성희롱방지교육은 마지막 주 금요일에 실시되므로 5월 넷째 주에는 금연교육만 실시된다.

오답분석
② 마지막 주 금요일인 31일에 성희롱방지교육이 실시되므로 금연교육은 금요일에 실시될 수 없다.
③ 부패방지교육은 수요일과 목요일(8, 16) 또는 목요일과 수요일(9, 15)에도 실시될 수 있다.
④ 성희롱방지교육은 5월 31일 금요일에 실시된다.

08   정답 ③

A ~ D여행사 상품의 출국날짜는 모두 차 대리 부부가 원하는 날짜인 7월 또는 8월이 포함되어 있으며, 좌석도 비즈니스석 또는 이코노미석 둘 중에 하나 이상이 모든 여행사에 포함되어 있다. 또한 출발 시각을 보면 B여행사와 C여행사는 오후 1시 30분부터 오후 5시 사이에 출발하는 상품은 없으므로 A여행사와 D여행사 상품 중 차 대리가 선택할 이코노미석 여행상품으로 부부가 지불해야 할 금액을 비교하면 다음과 같다.
• A여행사 : $345,000$원$\times2$명$\times0.9=621,000$원
• D여행사 : $(366,000$원$-50,000$원$)\times2$명$=632,000$원

따라서 차 대리가 남편과 선택할 여행상품은 A여행사의 이코노미석 상품으로 출발시각은 오후 3시이며, 지불해야 할 총금액은 621,000원이다.

09 정답 ④

문화회관 이용 가능 요일표와 주간 주요 일정표에 따라 B지점이 교육에 참석할 수 있는 요일과 시간대는 화요일 오후, 수요일 오후, 금요일 오전이다.

10 정답 ④

주말로 체육대회 날짜를 정한다고 하였으므로 월~금은 제외한다. 5일, 6일은 장마기간으로 비가 오므로 제외한다. 서비스팀 직원은 5일에 출근을 하고, 2주 뒤인 19일에도 출근을 한다. 마케팅팀 직원이 12일에 출근을 하므로 2주 뒤인 26일에도 출근을 해야 하므로 5일, 12일, 19일, 26일도 제외한다. 그리고 둘째 주, 넷째 주에는 A운동장을 개방하지 않았으므로 13일, 27일도 제외한다. 따라서 7월 20일이 체육대회로 가장 적합하다.

| 01 | 유형학습

01	02	03	04	05	06	07	08	09	10
④	④	③	①	④	④	①	④	①	②

01 정답 ④

위험 한 단위당 기대수익률은 '기대수익률÷표준편차'로 구할 수 있다. E는 $8÷4=2$이며, F는 $6÷3=2$이다. 따라서 E와 F는 위험 한 단위당 기대수익률이 같다.

오답분석

① 지배원리에 의해 동일한 기대수익률이면 최소의 위험을 선택하여야 하므로, 동일한 기대수익률인 A와 E, C와 F는 표준편차를 기준으로 우열을 가릴 수 있다.

② 위험 한 단위당 기대수익률이 높은 투자 대안을 선호한다고 하였으므로 A, B, C, D 중에서 D가 가장 낮다고 평가할 수 있다.

③ G의 기대수익률이 가장 높지만 표준편차도 가장 높기 때문에 가장 바람직한 대안이라고 볼 수 없다.

02 정답 ④

사원 수를 a명, 사원 1명당 월급을 b원이라고 가정하면, 월급 총액은 $(a×b)$가 된다.

두 번째 정보에서 사원수는 10명이 늘어났고, 월급은 100만 원 적어졌다. 또한 월급 총액은 기존의 80%로 줄었다고 하였으므로, 이에 따라 방정식을 세우면

$(a+10)×(b-100)=(a×b)×0.8 \cdots ㉠$

세 번째 정보에서 사원은 20명이 줄었으며, 월급은 동일하고 월급 총액은 60%로 줄었다고 했으므로 사원 20명의 월급 총액은 기존 월급 총액의 40%임을 알 수 있다.

$20b=(a×b)×0.4 \cdots ㉡$

㉡에서 사원 수 a를 구하면 $20b=(a×b)×0.4 → 20=a×0.4 → a=\dfrac{20}{0.4}=50$명

㉠에 사원 수 a를 대입하여 월급 b를 구하면 $(a+10)×(b-100)=(a×b)×0.8 → 60×(b-100)=40b → 20b=6,000 → b=300$만 원

따라서 사원 수는 50명이며, 월급 총액은 $(a×b)=50×300=$1억 5천만 원이다.

03 정답 ③

• A씨 : 저압 285kWh 사용
  - 기본요금 : 1,600원
  - 전력량요금 : $200×93.3+85×187.9=18,660+15,971.5$ ≒34,630원
  - 부가가치세 : $(1,600+34,630)×0.1=36,230×0.1$≒3,620원
  - 전력산업기반기금 : $(1,600+34,630)×0.037=36,230×0.037$ ≒1,340원
  - 전기요금 : $1,600+34,630+3,620+1,340=41,190$원

• B씨 : 고압 410kWh 사용
  - 기본요금 : 6,060원
  - 전력량요금 : $200×78.3+200×147.3+10×215.6$ $=15,660+29,460+2,156$≒47,270원
  - 부가가치세 : $(6,060+47,270)×0.1=53,330×0.1$≒5,330원
  - 전력산업기반기금 : $(6,060+47,270)×0.037=53,330×0.037$ ≒1,970원
  - 전기요금 : $6,060+47,270+5,330+1,970=60,630$원

따라서 A씨와 B씨의 전기요금으로 올바르게 짝지어진 것은 ③이다.

04 정답 ①

W사원이 영국에서 출장 중에 받는 해외여비는 $50×5=250$파운드이고, 스페인에서는 $60×4=240$유로이다. 항공권은 편도 금액이므로 왕복으로 계산하면 영국은 $380×2=760$파운드, 스페인은 $870×2=1,740$유로이며, 영국과 스페인의 비행시간 추가 비용은 각각 $20×(12-10)×2=80$파운드, $15×(14-10)×2=120$유로이다. 따라서 영국 출장 시 드는 비용은 $250+760+80=1,090$파운드, 스페인 출장은 $240+1,740+120=2,100$유로이다.

각 은행별 환율을 이용하여 출장비를 원화로 계산하면 다음과 같다.

구분	영국	스페인	총비용
A 은행	$1,090×1,470$ $=1,602,300$원	$2,100×1,320$ $=2,772,000$원	4,374,300원
B 은행	$1,090×1,450$ $=1,580,500$원	$2,100×1,330$ $=2,793,000$원	4,373,500원
C 은행	$1,090×1,460$ $=1,591,400$원	$2,100×1,310$ $=2,751,000$원	4,342,400원

따라서 A은행이 가장 비용이 많이 들고, C은행이 비용이 적으므로 두 은행의 총비용 차이는 $4,374,300-4,342,400=31,900$원이다.

05 정답 ④

(순수익)=(수익)−(지출) 식을 이용하여 각 행사의 순수익을 구하면 다음과 같다.

(단위 : 원)

구분	행사	순수익	구분	행사	순수익
1월	Y시 신년 음악회	5천만 −1억 =−5천만	6월	Y호수 축제	1억 2천만 −7천만 =5천만
2월	Y시 연극문화 축제	2억 −5천만 =1억 5천만	8월	어린이 물놀이 축제	1천 5백만 −3천만 =−1천 5백만
3월	봄맞이 Y시 플리마켓	3천만 −1천만 =2천만	9월	코스모스 축제	3천만 −5백만 =2천 5백만
4월	불꽃분수 축제	1천만 −8천만 =−7천만	10월	한가위 윷놀이 한마당	1천만 −3백만 =7백만
5월	가족의 달 한마당	7천만 −2천만 =5천만	12월	크리스마스 조명축제	3억 −4억 =−1억

따라서 크리스마스 조명축제가 1억 원으로 가장 많은 손해가 크므로 올해 폐지할 행사라고 볼 수 있다.

06 정답 ④

첫 번째 지원계획을 보면 지원금을 받는 모임의 구성원은 6명 이상 9명 미만이므로 A모임은 제외한다. 나머지 B, C, D모임의 총지원금을 구하면 다음과 같다.
- B모임 : $1,500+100\times6=2,100$천 원
- C모임 : $1.3(1,500+120\times8)=3,198$천 원
- D모임 : $2,000+100\times7=2,700$천 원

따라서 D모임이 두 번째로 많은 지원금을 받는다.

07 정답 ①

할인 전 KTX표의 가격을 x원이라 하자.
표를 40% 할인된 가격으로 구매하였으므로
구매 가격은 $(1-0.4)x=0.6x$원이다.
환불 규정에 따르면 하루 전에 표를 취소하는 경우 70%의 금액을 돌려받을 수 있으므로
$0.6x\times0.7=16,800 \rightarrow 0.42x=16,800$
$\therefore x=40,000$

08 정답 ④

주어진 조건을 정리하면 다음과 같다.
- $(B+C+D)\times0.2=A \rightarrow B+C+D=5A \cdots$ ①
- $(A+B)\times0.4=C \rightarrow A+B=2.5C \cdots$ ②
- $A+B=C+D \cdots$ ③
- $D-16,000=A \cdots$ ④

②를 ③에 대입하면 $C+D=2.5C \rightarrow D=1.5C \cdots$ ㉠
㉠을 ④에 대입하면 $A=1.5C-16,000 \cdots$ ㉡
㉠, ㉡을 ③에 대입하면
$B=2.5C-A=2.5C-1.5C+16,000=C+16,000 \cdots$ ㉢
㉠, ㉡, ㉢을 이용해 ①을 C에 관한 식으로 정리하면
$C+16,000+C+1.5C=7.5C-80,000$
$\rightarrow 3.5C+16,000=7.5C-80,000$
$\rightarrow 16,000+80,000=7.5C-3.5C$
$\rightarrow 96,000=4C$
$\therefore C=24,000$

09 정답 ①

{월세×12(개월)/(전세 보증금−월세 보증금)}×100=6%가 되어야 한다.
따라서 월세를 x원으로 하여 주어진 금액을 대입하고 계산해 보면,
$(x\times12)/(1$억 원−1천만 원$)\times100=6$
$\dfrac{12x}{900,000}=6 \rightarrow x=\dfrac{900,000\times6}{12}$
$\therefore x=450,000$

10 정답 ②

뮤지컬을 관람할 동아리 회원 수를 x명이라고 하자.
$10,000x \geq 30\times10,000\times\left(1-\dfrac{15}{100}\right) \rightarrow x\geq30\times\dfrac{85}{100}=25.5$

따라서 26명 이상이면 단체관람권을 사는 것이 개인관람권을 구매하는 것보다 유리하다.

02 | 심화학습

01	02	03	04	05	06	07	08	09	10
③	②	①	④	④	①	④	①	④	③

01 정답 ③

- 버스와 택시를 환승하여 이동할 경우
  - 교통비 : $1,000+2,000=3,000$원
  - 환승요금 : $450×2=900$원
  - 대기요금(5분) : $200×5=1,000$원
  - ∴ $3,000+900+1,000=4,900$원

오답분석
① 택시만 이용할 경우
  - 교통비 : $2,000+400=2,400$원
  - 대기요금(15분) : $200×15=3,000$원
  - ∴ $2,400+3,000=5,400$원
② 버스만 이용할 경우
  - 교통비 : $1,000$원
  - 대기요금(5분) : $200×5=1,000$원
  - ∴ $1,000+1,000=2,000$원
④ 버스와 지하철을 환승하여 이동할 경우
  - 교통비 : $1,000$원
  - 환승요금 : $450×2=900$원
  - 대기요금(4분) : $200×4=800$원
  - ∴ $1,000+900+800=2,700$원

02 정답 ②

각 점포의 일일매출액을 a, b, c, d, e만 원이라고 하면 〈보기〉에서 다음과 같은 방정식을 도출할 수 있다.
$a=b-30$ … (1)
$b=d×0.2$ … (2)
$d+e+2,450=c$ … (3)
$2c-12d=3,500$ … (4)
$30e=9,000$ … (5)
(5)에서 $e=300$이고, e를 (3)에 대입하면 $c-d=2,750$이므로 양변에 2를 곱하여 $2c-2d=5,500$으로 만든다. 이 식을 (4)와 연립하면, $10d=2,000$이므로 $d=200$, 따라서 $c=2,750+200=2,950$이므로, (2)식에서 $b=200×0.2=40$, (1)식에서 $a=40-30=10$이 된다.
그러므로 총합은 $10+40+2,950+200+300=3,500$만 원이다.

03 정답 ①

도시락 구매비용을 요일별로 계산하면 다음과 같다.
- 월요일 : $(5,000×3)+(2,900×10)=44,000$원
- 화요일 : $(3,900×10)+(4,300×3)=51,900$원
- 수요일 : $(3,000×8)+(3,900×2)=31,800$원
- 목요일 : $(4,500×4)+(7,900×2)=33,800$원
- 금요일 : $(5,500×4)+(4,300×7)=52,100$원
- 토요일 : $(3,900×2)+(3,400×10)=41,800$원
- 일요일 : $(3,700×10)+(6,000×4)=61,000$원

따라서 W은행의 지난주 도시락 구매비용은 총 316,400원이다.

04 정답 ④

먼저 조건과 급여명세서가 알맞게 표시되어 있는지 확인해보면, 4대보험 중 국민연금과 고용보험은 조건의 금액과 일치하며, 건강보험과 장기요양을 계산하면 건강보험은 기본급의 6.24%로 회사와 50%씩 부담한다고 하였으므로 $2,000,000×0.0624×0.5=62,400$원이지만 급여명세서에는 $67,400-62,400=5,000$원이 더 공제되어 있다. 또한 장기요양은 건강보험료의 7.0% 중 50%로 $2,000,000×0.0624×0.07×0.5=4,368$원이며, 약 4,360원이므로 맞게 지급되었다.
네 번째 조건에서 야근수당은 기본급의 2%로 $2,000,000×0.02=40,000$원이며, 이틀 동안 야근하여 8만 원을 받고, 상여금은 5%로 $2,000,000×0.05=100,000$원을 받아야 하지만 급여명세서에는 5만 원으로 명시되어 있다.
그러므로 A대리가 다음 달에 받게 될 소급액은 덜 받은 상여금과 더 공제된 건강보험료로 $50,000+5,000=55,000$원이다.
소급액을 반영한 다음 달 급여명세서는 다음과 같다.

〈급여명세서〉

(단위 : 원)

성명 : A	직책 : 대리	지급일 : 2020-04-25	
지급항목	지급액	공제항목	공제액
기본급	2,000,000	소득세	17,000
상여금	–	주민세	1,950
기타	–	고용보험	13,000
식대	100,000	국민연금	90,000
교통비	–	장기요양	4,360
복지후생	–	건강보험	62,400
소급액	55,000	연말정산	–
		공제합계	188,710
급여계	2,155,000	차감수령액	1,966,290

따라서 A대리가 받게 될 다음 달 수령액은 1,966,290원이다.

05 정답 ④

3월은 계절별 시간대가 봄·가을철에 속하고, 하루에 저압으로 20kW씩 충전해야 하므로, 각 일정의 업무시간에 충전 가능 시간을 살펴보면 아래와 같다.

일자	충전 시간대	시간대별 부하	충전요금 (원)	렌트비 (원)
3월 14일(월)	8 ~ 9시	경부하	$58.7 \times 20 + 2,390$ $= 3,564$	50,000
3월 15일(화)	20 ~ 21시	중간부하	$70.5 \times 20 + 2,390$ $= 3,800$	45,000
3월 16일(수)	8 ~ 9시	경부하	$58.7 \times 20 + 2,390$ $= 3,564$	50,000
3월 17일(목)	14 ~ 15시	최대부하	$75.4 \times 20 + 2,390$ $= 3,898$	45,000
3월 18일(금)	14 ~ 15시	최대부하	$75.4 \times 20 + 2,390$ $= 3,898$	45,000
3월 19일(토)	20 ~ 21시	중간부하	$70.5 \times 20 + 2,390$ $= 3,800$	50,000

해당하는 전력요금에 기본요금을 더해 충전요금을 계산하고 렌트 비용은 해당인원 수에 맞춰 계산한다. 이때, 5일 이상 연속으로 이용 시 렌트비의 10%가 할인되므로, $285,000 \times 0.9 = 256,500$원이고, 전력량 요금 계산 시 10원 미만은 절사하므로, 10원 미만 금액을 정리하여 계산하면 $3,560 + 3,800 + 3,560 + 3,890 + 3,890 + 3,800 = 22,500$원이다. 따라서 총 품의비는 $256,500 + 22,500 = 279,000$원이다.

06 정답 ①

A씨의 월 급여는 $3,480 \div 12 = 290$만 원이다.
국민연금, 건강보험료, 고용보험료를 제외한 금액을 계산하면
290만 원 $-$ {290만 원 $\times (0.045 + 0.0312 + 0.0065)$}
→ 290만 원 $-$ (290만 원 $\times 0.0827$)
→ 290만 원 $- 239,830 = 2,660,170$원
- 장기요양보험료
  : (290만 원 $\times 0.0312$) $\times 0.0738 ≒ 6,670$원(∵ 원 단위 이하 절사)
- 지방세 : $68,000 \times 0.1 = 6,800$원
따라서 A씨의 월 실수령액은
$2,660,170 - (6,670 + 68,000 + 6,800) = 2,578,700$원이고,
연 실수령액은 $2,578,700 \times 12 = 30,944,400$원이다.

07 정답 ④

선택지에 해당되는 교통편의 비용을 계산해보면
① 대형버스 1대 : 500,000원
② 소형버스 1대 + 렌터카 1대 : $200,000 + 130,000 = 330,000$원
③ 소형버스 1대 + 택시 1대 : $200,000 + (120,000 \times 2) = 440,000$원
④ 대중교통 13명 : $13,400 \times 13 \times 2 \times 0.9 = 313,560$원

따라서 네 가지 교통편의 조합 중 가장 저렴한 방법은 13명이 대중교통을 이용하는 것이다.

08 정답 ①

노선지수를 계산하기 위해선 총거리와 총시간, 총요금을 먼저 계산한 후 순위에 따라 다시 한 번 계산해야 한다.

경유지	합산 거리	총거리 순위	합산 시간	총시간 순위	합산 요금	총요금 순위	노선 지수
베이징	9,084km	1	10시간	1	150만 원	7	2.9
하노이	11,961km	4	15시간	6	120만 원	4	8.2
방콕	13,242km	7	16시간	7	105만 원	1	10.7
델리	11,384km	3	13시간	4	110만 원	2	5.6
두바이	12,248km	6	14시간	5	115만 원	3	8.9
카이로	11,993km	5	12시간	3	125만 원	5	7.1
상하이	10,051km	2	11시간	2	135만 원	6	4.2

노선지수가 가장 높은 베이징 노선은 잠정 폐쇄되었으므로 그다음으로 노선지수가 낮은 상하이를 경유하는 노선이 가장 적합한 노선이다.

09 정답 ④

- 회사 근처 모텔에서 숙박 후 버스 타고 공항 이동 : 40,000원(모텔요금) + 20,000원(버스요금) + 30,000원(시간요금) = 90,000원

오답분석

① 공항 근처 모텔로 버스 타고 이동 후 숙박 : 20,000원(버스요금) + 30,000원(시간요금) + 80,000원(공항 근처 모텔요금) = 130,000원
② 공항 픽업 호텔로 버스 타고 이동 후 숙박 : 10,000원(버스요금) + 10,000원(시간요금) + 100,000원(호텔요금) = 120,000원
③ 공항 픽업 호텔로 택시 타고 이동 후 숙박 : 20,000원(택시요금) + 5,000원(시간요금) + 100,000원(호텔요금) = 125,000원

10 정답 ③

월요일에는 늦지 않게만 도착하면 되므로, 서울역에서 8시에 출발하는 KTX를 이용한다. 수요일에는 최대한 빨리 와야 하므로, 사천공항에서 19시에 출발하는 비행기를 이용한다.
따라서 소요되는 교통비는 65,200(∵ '서울 – 사천' KTX 비용) + 22,200(∵ '사천역 – 사천연수원' 택시비) + 21,500(∵ '사천연수원 – 사천공항' 택시비) + 93,200(∵ '사천 – 서울' 비행기 비용) $\times 0.9 =$ 192,780원이다.

01 | 유형학습

01	02	03	04	05	06	07	08	09	10
②	②	③	②	②	③	①	④	③	③

01 정답 ②

왕복 시간이 2시간, 배차 간격이 15분이라면 첫차가 재투입되는 데 필요한 앞차의 수는 첫차를 포함해서 8대이다(∵ 15분×8대＝2시간이므로 8대 버스가 운행된 이후 9번째에 첫차 재투입 가능).
운전사는 왕복 후 30분의 휴식을 취해야 한다. 따라서 첫차를 운전했던 운전사는 2시간 30분 뒤에 운전을 시작할 수 있다. 따라서 150분 동안 운행되는 버스는 150÷15＝10대이므로 10명의 운전사가 필요하다.

02 정답 ②

(하루 1인당 고용비)＝(1인당 수당)＋(산재보험료)＋(고용보험료)
＝50,000＋50,000×0.504%＋50,000×1.3%
＝50,000＋252＋650＝50,902원
(하루에 고용할 수 있는 인원 수)＝{(본예산)＋(예비비)} / (하루 1인당 고용비)
＝600,000/50,902≒11.8명
따라서 하루 동안 고용할 수 있는 최대 인원은 11명이다.

03 정답 ③

A와 D는 각각 문제해결능력과 의사소통능력에서 과락이므로 제외한다.
합격 점수 산출법에 따라 계산하면
• B : 39＋21＋22＝82점
• C : 36＋16.5＋20＝72.5점
• E : 54＋24＋19.6＝97.6점
따라서 B와 E가 합격자이다.

04 정답 ②

각자의 총점이 0이고 각 영역의 점수 합이 0이므로, 인화력 점수를 매긴 후 차례대로 경우의 수를 확인하면 된다.

영역 사원	업무 능력	리더십	인화력
A	−1	0	1
B	0	0	0
C	1	0	−1

영역 사원	업무 능력	리더십	인화력
A	−1	0	1
B	1	−1	0
C	0	1	−1

영역 사원	업무 능력	리더십	인화력
A	0	−1	1
B	0	0	0
C	0	1	−1

영역 사원	업무 능력	리더십	인화력
A	0	−1	1
B	−1	1	0
C	1	0	−1

05 정답 ②

면접평가 결과를 점수로 변환하면 다음과 같다.

구분	A	B	C	D	E
의사소통능력	100	100	100	80	50
문제해결능력	80	75	100	75	95
조직이해능력	95	90	60	100	90
대인관계능력	50	100	80	60	85

변환된 점수에 최종 합격자 선발기준에 따른 평가비중을 곱하여 최종 점수를 도출하면 다음과 같다.
• A : 100×0.4＋80×0.3＋95×0.2＋50×0.1＝88점
• B : 100×0.4＋75×0.3＋90×0.2＋100×0.1＝90.5점
• C : 100×0.4＋100×0.3＋60×0.2＋80×0.1＝90점

- D : 80×0.4+75×0.3+100×0.2+60×0.1=80.5점
- E : 50×0.4+95×0.3+90×0.2+85×0.1=75점

따라서 최종 합격자는 상위자 2명이므로 'B, C'가 선발된다.

06 정답 ③

먼저 참가가능 종목이 2개인 사람부터 종목을 확정한다. D는 훌라후프와 줄다리기, E는 계주와 줄다리기, F는 줄넘기와 줄다리기, G는 줄다리기와 2인 3각, J는 계주와 줄넘기이다. 여기에서 E와 J는 계주 참가가 확정되고, 참가 인원이 1명인 훌라후프 참가자가 D로 확정되었으므로 나머지는 훌라후프에 참가할 수 없다. 그러므로 C는 계주와 줄넘기에 참가한다. 다음으로 종목별 참가가능 인원이 지점별 참가 인원과 동일한 경우 참가를 확정시키면, 줄다리기와 2인 3각 참여 인원이 확정된다. A는 줄다리기와 2인 3각에 참가하고, B·H·I 중 한 명이 계주에 참가하게 되며 나머지 2명이 줄다리기에 참가한다. 따라서 계주에 꼭 출전해야 하는 직원은 C, E, J이다.

07 정답 ①

각 과목별 의무 교육이수 시간은 다음과 같다.

구분	글로벌 경영	해외사무영어	국제회계
의무 교육 시간	$\dfrac{15점}{1점/h}$=15시간	$\dfrac{60점}{1점/h}$=60시간	$\dfrac{20점}{2점/h}$=10시간

이제까지 B과장이 이수한 시간을 계산해 보면, 글로벌 경영과 국제회계의 초과 이수 시간은 2시간+14시간=16시간이며, 해외사무영어의 부족한 시간은 10시간이다. 초과 이수 시간을 점수로 환산하면 3.2점이고, 이 점수를 부족한 해외사무영어 점수 10점에서 제외하면 6.8점이 부족하다.

따라서 미달인 과목은 해외사무영어이며, 부족한 점수는 6.8점임을 알 수 있다.

08 정답 ④

제시된 조건을 정리하면 다음과 같다.
- 최소비용으로 가능한 많은 인원 채용
- 급여는 희망임금으로 지급
- 6개월 이상 근무하되, 주말 근무시간은 협의가능
- 지원자들은 주말 이틀 중 하루만 출근하길 원함
- 하루 1회 출근만 가능

위 조건을 모두 고려하여 근무스케줄을 작성해보면 총 5명의 직원을 채용할 수 있다.

시간	토요일	일요일
11 ~ 12	최지홍(7,000) 3시간	박소다(7,500) 3시간
12 ~ 13		
13 ~ 14		
14 ~ 15		우병지(7,000) 3시간
15 ~ 16		
16 ~ 17		
17 ~ 18		
18 ~ 19	한승희(7,500) 2시간	
19 ~ 20		김래원(8,000) 2시간
20 ~ 21		
21 ~ 22		

※ 김병우 지원자의 경우에는 희망근무기간이 4개월이므로 채용하지 못한다.

09 정답 ③

문제의 주어진 규정에 따라 정리하도록 한다.
[1주 차]에 근무 교체 인원을 보면,
- 이광수(주임) : 동일한 주임 직급에서 대체할 사람 중 해당 주에 근무가 불가한 사람은 3주 차의 김종대와 4주 차의 박성인인데, 박성인은 3·4주 차에 근무를 할 수 없으므로 1주 차나 2주 차에 대체근무를 해야 한다. 따라서 이광수의 대체자로는 4주 차의 박성인이 가장 적절하다.
- 정수정(인턴) : 동일한 인턴 직급에서 대체할 사람은 3주 차의 최안나이다.

[2주 차]에 근무 교체 인원을 보면,
- 민정훈(사원) : 동일한 사원 직급에서 대체할 사람은 4주 차의 신주현이다.

[3주 차]에 근무 교체 인원을 보면,
- 김종대(주임) : [1주 차]의 근무 교체 인원에 따라 3주 차에 근무 교체를 할 수 있는 사람은 1주 차의 이광수이다.
- 최안나(인턴) : 1주 차의 정수정과 교체 근무한다.

[4주 차]에 근무 교체 인원을 보면,
- 박성인(주임) : [1주 차]와 [3주 차]의 근무 교체 인원에 따라 근무 교체를 할 수 있는 사람은 3주 차의 김종대이다.
- 신주현(사원) : 2주 차의 민정훈과 교체 근무한다.

이를 표로 정리하면,

구분	명단
1주 차(4일)	서정훈(팀장), 박성인(주임), 김종인(사원), 최안나(인턴)
2주 차(11일)	강동호(팀장), 하동훈(주임), 이슬기(주임), 신주현(사원)
3주 차(18일)	박선미(팀장), 이광수(주임), 유인영(사원), 이정은(인턴), 정수정(인턴)
4주 차(25일)	이자영(팀장), 김종대(주임), 민정훈(사원)

따라서 셋째 주인 3주 차에 근무하는 사람은 '박선미(3팀 팀장), 이광수(1팀 주임), 유인영(1팀 사원), 이정은(2팀 인턴), 정수정(3팀 인턴)'이다.

10 정답 ③

㉠ 각 팀장이 매긴 순위에 대한 가중치는 모두 동일하다고 했으므로 1, 2, 3, 4순위의 가중치를 각각 4, 3, 2, 1점으로 정해 네 사람의 면접점수를 산정하면 다음과 같다.
- 갑 : 2+4+1+2=9
- 을 : 4+3+4+1=12
- 병 : 1+1+3+4=9
- 정 : 3+2+2+3=10

면접점수가 높은 을, 정 중 한 명이 입사를 포기하면 갑, 병 중 한 명이 채용된다. 갑과 병의 면접점수는 9점으로 동점이지만 조건에 따라 인사팀장이 부여한 순위가 높은 갑이 채용된다.

㉢ 경영관리팀장이 갑과 병의 순위를 바꿨을 때, 네 사람의 면접점수를 산정하면 다음과 같다.
- 갑 : 2+1+1+2=6
- 을 : 4+3+4+1=12
- 병 : 1+4+3+4=12
- 정 : 3+2+2+3=10

즉, 을과 병이 채용되므로 정은 채용되지 못한다.

오답분석

㉡ 인사팀장이 을과 정의 순위를 바꿨을 때, 네 사람의 면접점수를 산정하면 다음과 같다.
- 갑 : 2+4+1+2=9
- 을 : 3+3+4+1=11
- 병 : 1+1+3+4=9
- 정 : 4+2+2+3=11

즉, 을과 정이 채용되므로 갑은 채용되지 못한다.

02 | 심화학습

01	02	03	04	05	06	07	08	09	10
④	②	④	③	①	②	④	④	③	③

01 정답 ④

B동에 사는 변학도 씨는 매주 월, 화 오전 8시부터 오후 3시까지 하는 카페 아르바이트로 화~금 오전 9시 30분부터 오후 12시까지 진행되는 '그래픽 편집 달인 되기'를 수강할 수 없다.

02 정답 ②

하루에 6명 이상은 근무해야 하므로 하루에 2명까지만 휴가를 쓸 수 있다. 따라서 A사원이 4일 이상 휴가를 쓰면서 최대 휴가 인원 2명을 유지할 수 있는 기간은 6~11일만 가능하다.

오답분석

① A사원은 4일 이상 휴가를 사용해야 하므로 6~11일 중 토·일요일을 제외하고 3일만 사용한 7~11일은 불가능하다.

03 정답 ④

- C강사 : 셋째 주 화요일 오전, 목요일, 금요일 오전에 스케줄이 비어 있으므로 목요일과 금요일 오전에 이틀간 강의가 가능하다.
- E강사 : 첫째, 셋째 주 화~목요일 오전에 스케줄이 있으므로 수요일과 목요일 오후에 강의가 가능하다.

오답분석

- A강사 : 매주 수~목요일에 스케줄이 있으므로 화요일과 금요일 오전에 강의가 가능하지만, 강의가 연속 이틀에 걸쳐 진행되어야 한다는 조건에 부합하지 않는다.
- B강사 : 화요일과 목요일에 스케줄이 있으므로 수요일 오후와 금요일 오전에 강의가 가능하지만, 강의가 연속 이틀에 걸쳐 진행되어야 한다는 조건에 부합하지 않는다.
- D강사 : 수요일 오후와 금요일 오전에 스케줄이 있으므로 화요일 오전과 목요일에 강의가 가능하지만, 강의가 연속 이틀에 걸쳐 진행되어야 한다는 조건에 부합하지 않는다.

04 정답 ③

먼저 모든 면접위원의 입사 후 경력은 3년 이상이어야 한다는 조건에 따라 A, E, F, H, I, L직원은 면접위원으로 선정될 수 없다. 이사 이상의 직급으로 6명 중 50% 이상 구성되어야 하므로 자격이 있는 C, G, N은 반드시 면접위원으로 포함한다. 다음으로 인사팀을 제외한 부서는 두 명 이상 구성할 수 없으므로 이미 N이사가 선출된 개발팀은 더 선출할 수 없고, 인사팀은 반드시 2명을 포함해야 하므로 D과장은 반드시 선출된다. 이를 정리하면 다음과 같다.

구분	1	2	3	4	5	6
경우 1	C이사	D과장	G이사	N이사	B과장	J과장
경우 2	C이사	D과장	G이사	N이사	B과장	K대리
경우 3	C이사	D과장	G이사	N이사	J과장	K대리

따라서 B과장이 면접위원으로 선출됐더라도 K대리가 선출되지 않는 경우도 있다.

05　정답　①

12/5(토)에 근무하기로 예정된 1팀 차도선이 개인사정으로 근무를 대체하려고 할 경우, 그 주에 근무가 없는 3팀의 한 명과 바꿔야 한다. 대체근무자인 하선오는 3팀에 속된 인원이긴 하나, 대체근무일이 12/12(토)로 1팀인 차도선이 근무하게 될 경우 12/13(일)에도 1팀이 근무하는 날이기 때문에 주말근무 규정에 어긋나 적절하지 못하다.

06　정답　②

C사원은 혁신성, 친화력, 책임감이 '상 – 상 – 중'으로 영업팀의 중요도에 적합하며 창의성과 윤리성은 '하'이지만 영업팀에서 중요하게 생각하지 않는 역량이므로 영업팀으로의 부서배치가 적절하다.
E사원은 혁신성, 책임감, 윤리성이 '중 – 상 – 하'로 지원팀의 핵심역량가치에 부합하기에 지원팀으로의 부서배치가 적절하다.

07　정답　④

나이 25점, 한국어능력시험 20점, 학력 32점, 가점 10점, 연간 소득 2점으로 총 89점이다. 따라서 F – 2 점수제 비자를 받을 수 있다.

오답분석

① 한국 시민권자를 배우자로 뒀거나 5년 이상 한국에 체류한 경우에만 F – 2 점수제 비자를 받을 수 있다.
② 한국어능력시험 18점, 학력 28점, 나이 23점, 연간 소득 2점, 가점 5점으로 총 76점이다.
③ 나이 20점, 가점 15점, 한국어능력시험 20점, 연간 소득 1점, 학력 15점으로 총 71점이다.

08　정답　④

승진시험 성적은 100점 만점이므로 제시된 점수를 그대로 반영하고 영어 성적은 5를 나누어서 반영한다. 성과 평가의 경우는 2를 나누어서 합산해, 그 합산점수가 가장 큰 사람을 선발한다. 합산점수는 다음과 같이 나온다.

구분	A	B	C	D	E	F	G	H	I	J	K
합산점수	220	225	225	200	277.5	235	245	220	260	225	230

합산점수가 높은 E와 I는 동료평가에서 하를 받았으므로 승진대상에서 제외된다. 따라서 다음 순위자인 F, G가 승진 대상자가 된다.

09　정답　③

B부서는 전분기 부서표창으로 인한 혜택을 받으나, D부서는 '의도적 부정행위' 유형의 사고가 3건 이상이므로 혜택을 받지 못한다. 주어진 정보에 따라 부서별 당월 벌점을 계산하면 다음과 같다.

부서	당월 벌점(점)	전분기 부서표창 여부
A	$(20\times1)+(12\times2)+(6\times3)=62$	–
B	$(20\times1)+(12\times4)+(6\times2)-20=60$	○
C	$(12\times3)+(6\times6)=72$	–
D	$(20\times3)+(12\times2)=84$	○(혜택 못 받음)

따라서 두 번째로 높은 벌점을 받을 부서는 C부서이다.

10　정답　③

프로젝트에 소요되는 비용은 인건비와 작업장 사용료로 구성된다. 인건비의 경우 각 작업의 필요 인원은 증원 또는 감원될 수 없으므로, 조절이 불가능하다. 다만, 작업장 사용료는 작업기간이 감소하면 비용이 줄어들 수 있다. 따라서 최단기간으로 프로젝트를 완료하는 데 드는 비용을 산출하면 다음과 같다.

프로젝트	인건비	작업장 사용료
A작업	(10만 원×5명)×10일=500만 원	
B작업	(10만 원×3명)×18일=540만 원	
C작업	(10만 원×5명)×50일=2,500만 원	50만 원×50일 =2,500만 원
D작업	(10만 원×2명)×18일=360만 원	
E작업	(10만 원×4명)×16일=640만 원	
합계	4,540만 원	2,500만 원

프로젝트를 완료하는 데 소요되는 최소비용은 7,040만 원이다. 따라서 최소비용은 6천만 원 이상이라고 판단하는 것이 옳다.

오답분석

① 각 작업에서 필요한 인원을 증원하거나 감원할 수 없다. 그러므로 주어진 자료와 같이 각 작업에 필요한 인원만큼만 투입된다. 따라서 가장 많은 인원이 투입되는 A작업과 C작업의 필요인원이 5명이므로 해당 프로젝트를 완료하는 데 필요한 최소인력은 5명이다.
② 프로젝트를 최단기간으로 완료하기 위해서는 각 작업을 동시에 진행해야 한다. 다만, B작업은 A작업이 완료된 이후에 시작할 수 있고, E작업은 D작업이 완료된 이후에 시작할 수 있다는 점을 고려하여야 한다. C작업은 50일, A+B작업은 28일, D+E작업은 34일이 걸리므로, 프로젝트가 완료되는 최단기간은 50일이다.
④ 프로젝트를 완료할 수 있는 최단기간은 50일이다. C작업은 50일 내내 작업해야 하므로 반드시 5명이 필요하다. 그러나 나머지 작업은 50일을 안분하여 진행해도 된다. 먼저 A작업에 5명을 투입한다. 작업이 완료된 후 그들 중 3명은 B작업에, 2명은 D작업에 투입한다. 그리고 5명 중 4명만 E작업에 투입한다. 이 경우 작업기간은 10일(A)+18일(B와 D 동시진행)+16일(E)=44일이 걸린다. 따라서 프로젝트를 최단기간에 완료하는 데 투입되는 최소인력은 10명이다.

CHAPTER 05

물적자원관리형 정답 및 해설

01 유형학습

01	02	03	04	05	06	07	08	09	10
④	②	③	④	③	②	①	③	①	①

01 정답 ④

홍보자료의 총 개수는 20개 지점×10부=200부이며, 총 페이지는 200부×30페이지=6,000페이지이다. 이를 활용하여 업체당 인쇄비용을 구하면 다음과 같다.

구분	페이지 인쇄 비용	유광표지 비용	제본 비용	비고 적용한 총비용
A	6,000×50 =30만 원	200×500 =10만 원	200×1,500 =30만 원	30+10+30 =70만 원
B	6,000×70 =42만 원	200×300 =6만 원	200×1,300 =26만 원	42+6+26 =74만 원
C	6,000×70 =42만 원	200×500 =10만 원	200×1,000 =20만 원	42+10+20 =72만 원 → 200부 중 100부 5% 할인 → (할인 안 한 100부 비용)+(할인한 100부 비용)= 36+(36×0.95) =70.2만 원
D	6,000×60 =36만 원	200×300 =6만 원	200×1,000 =20만 원	36+6+20 =62만 원

따라서 가장 저렴한 비용으로 인쇄할 수 있는 업체는 D인쇄소이다.

02 정답 ②

우선 선정 기준에 부합하지 않는 U펜션 강당을 제외하고 나머지 장소들의 대여료와 식사비용 등을 구하면,
• G빌딩 다목적홀 : (250,000×5)+90,000=1,340,000원
• O빌딩 세미나홀 : (120,000×5)+(50×6,000)=900,000원
• I공연장 : (100,000×5)+(50×8,000)+50,000=950,000원
따라서 선정 기준에 부합하면서 가장 가격이 저렴한 O빌딩 세미나홀이 가장 적절하다.

03 정답 ③

	할부 개월		단말기 가격		월 납부 요금		결정 계수
A	24	×10,000	300,000	×0.5	34,000	×0.5	407,000
B	24	×10,000	350,000	×0.5	38,000	×0.5	434,000
C	36	×10,000	250,000	×0.5	25,000	×0.5	497,500
D	36	×10,000	200,000	×0.5	23,000	×0.5	471,500

주어진 결정계수를 구해보면 C모델의 모델 결정계수 값이 가장 높음을 알 수 있다.

04 정답 ④

C안마의자는 가격이 최대 예산을 초과하였을 뿐만 아니라 온열기능이 없으므로 제외하고, B안마의자는 색상이 블랙이 아니므로 고려 대상에서 제외한다. 남은 A안마의자와 D안마의자 중 프로그램 개수가 많으면 많을수록 좋다고 하였으므로 K은행은 D안마의자를 구매할 것이다.

05 정답 ③

내구성과 안정성이 1순위라고 하였으므로 내구성에서 '보통' 평가를 받은 D모델을 제외한다. 그 다음 바닥에 대한 청소 성능 중 '보통' 평가를 받은 B모델을 제외하고, 자율주행성능에서 '보통' 평가를 받은 A모델을 제외하면 남는 것은 C모델이므로 M씨의 조건을 모두 만족하는 것은 C모델이다.

06 정답 ②

D호텔은 300명 이상 수용할 수 없고, C체육관은 칠판이나 화이트보드를 보유하고 있지 않으므로 제외한다. 대관료가 가장 저렴한 시설은 A중학교이지만 대관 가능 시간이 3시간을 넘지 않으므로 제외한다. 따라서 H사원은 B고등학교를 대관해야 한다.

07 정답 ①

각 사무용품 조합 구매를 통한 효용과 구입배용을 정리하면 다음과 같다.

상품 조합	할인행사에 따른 추가효용	총 효용	구입비용(원)
①	55(1번 할인 적용)	265	$(2{,}500\times2)+(1{,}800\times2)$ $=8{,}600$
②	50(2번 할인 적용)	185	$(1{,}300\times4)+(3{,}200\times1)$ $=8{,}400$
③	80(3번 할인 적용)	235	$(1{,}800\times2)+(2{,}200\times3)$ $=10{,}200$
④	(적용되는 할인 없음)	175	$(2{,}200\times2)+(2{,}500\times1)+$ $(1{,}800\times1)=8{,}700$

①·②·④번 조합 중 총 효용이 가장 높은 것은 ①번 조합이다.

오답분석

③번 조합의 경우, 김 팀장의 예산범위를 초과하므로 구입이 불가능하다.

08 정답 ③

A대리가 찾은 육각볼트 규격의 나사 지름이 5/16인치이므로, 그에 적합한 육각너트 규격의 내경은 5/16(in)×2.54cm=0.79375cm, 즉 약 7.9mm이다. 이와 가장 유사한 너비의 내경이 M8(내경 8mm)이 육각너트 규격으로 적절하다. 적절한 스패너는 육각너트의 외경과 가장 유사한 너비의 대변을 갖는 것이므로 M8 규격의 육각너트의 외경인 13mm와 가장 유사한 너비의 대변인 M14(대변 14mm)가 스패너 규격으로 가장 적합하다.

09 정답 ①

㉠ 분류기준에 따라 위험도와 경제성 점수 중 하나는 3.0점 초과, 다른 하나는 2.5점 초과 3.0점 이하여야 주시광종으로 분류된다. 이 기준을 만족하는 광종은 아연광으로 1종류뿐이다.

㉢ 모든 광종의 위험도와 경제성 점수가 각각 20% 증가했을 때를 정리하면 다음과 같다.

구분	금광	은광	동광	연광	아연광	철광
위험도	2.5 ×1.2 =3	4 ×1.2 =4.8	2.5 ×1.2 =3	2.7 ×1.2 =3.24	3 ×1.2 =3.6	3.5 ×1.2 =4.2
경제성	3 ×1.2 =3.6	3.5 ×1.2 =4.2	2.5 ×1.2 =3	2.7 ×1.2 =3.24	3.5 ×1.2 =4.2	4 ×1.2 =4.8

이때 비축필요광종으로 분류되는 광종은 은광, 연광, 아연광, 철광으로 4종류이다.

오답분석

㉡ 분류기준에 따라 위험도와 경제성 점수 모두 3.0점을 초과해야 비축필요광종으로 분류된다. 이 기준을 만족하는 광종은 은광, 철광이다.

㉣ 주시광종의 분류기준을 위험도와 경제성 점수 중 하나는 3.0점 초과, 다른 하나는 2.5점 이상 3.0 이하로 변경할 때 아연광은 주시광종으로 분류되지만, 금광은 비축제외광종으로 분류된다.

10 정답 ①

〈조건〉에 따라 가중치를 적용한 각 후보 도서들의 점수를 나타내면 다음과 같다.

도서명	흥미도 점수	유익성 점수	1차 점수	2차 점수
재테크, 답은 있다	6×3=18	8×2=16	34	34
여행학개론	7×3=21	6×2=12	33	33+1=34
부장님의 서랍	6×3=18	7×2=14	32	–
IT혁명의 시작	5×3=15	8×2=16	31	–
경제정의론	4×3=12	5×2=10	22	–
건강제일주의	8×3=24	5×2=10	34	34

1차 점수가 높은 3권은 '재테크, 답은 있다', '여행학개론', '건강제일주의'이다. 이 중 '여행학개론'은 해외저자의 서적이므로 2차 선정에서 가점 1점을 받는다.
1차 선정된 도서 3권의 2차 점수가 34점으로 모두 동일하므로, 유익성 점수가 가장 낮은 '건강제일주의'가 탈락한다.
따라서 최종 선정될 도서는 '재테크, 답은 있다'와 '여행학개론'이다.

01	02	03	04	05	06	07	08	09	10
②	③	①	②	④	④	①	①	③	③

01 정답 ②

A씨와 B씨의 진료 및 구입약재에 따른 비용을 정리하면 다음과 같다.
ⅰ) A씨
- 체열진단 1회 : 5,000원
- 청심환 2개 : 5,000×2=10,000원
- 소화환 1개 : 3,500원
- 변비환 1개 : 3,500원
- 약침 4개×3일 : 10,000×4×3=120,000원
따라서 A씨가 N한의원에 지불해야할 비용은 5,000+10,000+3,500+3,500+120,000=142,000원이다.

ⅱ) B씨
- 체열진단 1회 : 5,000원
- 피로회복제 2포×3일 : 3,000×2×3=18,000원
- 약침 5개×2일 : 10,000×5×2=100,000원
따라서 B씨가 N한의원에 지불해야할 비용은 5,000+18,000+100,000=123,000원이다.

02 정답 ③

제시된 자료를 보면 재배 가능 최저 온도는 0℃, 최고 온도는 55℃이다. 0℃에서 55℃까지 5℃씩 나누어 온도별 재배 가능 식물과 온도별 상품가치의 합을 구하면 다음과 같다.
- 온도별 재배 가능 식물

온도 (℃)	0	5	10	15	20	25	30	35 이상
식물 종류	A	A, B	A, B	A, B, D, E	A, D, E	C, D, E	C, D	C

따라서 가장 많은 식물을 재배할 수 있는 온도는 15℃이다.
- 온도별 상품가치

온도 (℃)	0	5	10	15	20	25	30	35 이상
상품 가치 (천 원)	10	35	35	85	60	100	65	50

따라서 상품가치의 총합이 가장 큰 온도는 25℃이다.

03 정답 ①

각 자동차의 경비를 구하면 다음과 같다.
[A자동차]
- (연료비)=150,000km÷12km/L×1,400원/L=1,750만 원
- (경비)=1,750만 원+2,000만 원=3,750만 원
[B자동차]
- (연료비)=150,000km÷8km/L×900원/L=1,687.5만 원
- (경비)=1,687.5만 원+2,200만 원=3,887.5만 원
[C자동차]
- (연료비)=150,000km÷15km/L×1,150원/L=1,150만 원
- (경비)=1,150만 원+2,700만 원=3,850만 원
[D자동차]
- (연료비)=150,000km÷20km/L×1,150원/L=862.5만 원
- (경비)=862.5만 원+3,300만 원=4,162.5만 원
따라서 경비가 가장 적게 들어가는 것은 A자동차이다.

04 정답 ②

프린터 성능 점수표를 이용하여 제품별 프린터의 점수를 정리하면 다음과 같다.

구분	출력 가능 용지 장수	출력 속도	인쇄 해상도
A프린터	80점	70점	70점
B프린터	100점	60점	90점
C프린터	70점	90점	70점
D프린터	100점	70점	60점

가중치를 적용하여 제품별 프린터의 성능 점수를 구하면
- A프린터 : 80×0.5+70×0.3+70×0.2=75점
- B프린터 : 100×0.5+60×0.3+90×0.2=86점
- C프린터 : 70×0.5+90×0.3+70×0.2=76점
- D프린터 : 100×0.5+70×0.3+60×0.2=83점
따라서 B프린터의 성능 점수가 가장 높다.

05 정답 ④

- X문구 : 비품가격은 32,000+31,900+2,500=66,400원이다. 20% 를 할인받을 수 있는 쿠폰을 사용하면 총주문금액은 66,400×0.8= 53,120원이다. 배송료를 더하면 53,120+4,000=57,120원이므로 견적금액은 57,100원이다(∵ 백 원 미만 절사).
- Y문구 : 비품가격은 25,000+22,800+1,800=49,600원이다. 회원가 구매 시 판매가의 7%를 할인받으므로 총주문금액은 49,600× 0.93=46,128원이다. 배송료를 더하면 46,128+2,500=48,628 원이므로 견적금액은 48,600원이다(∵ 백 원 미만 절사).
- Z문구 : 문서 파일을 제외한 비품가격은 24,100+28,000=52,100 원이다. 45,000원 이상 구매 시 문서 파일 1개를 무료 증정하기 때문에 문서 파일은 따로 살 필요가 없다. 즉, 견적금액은 52,100−4,000(∵ 첫 구매 적립금)=48,100원이다. 배송료를 더하면 48,100+4,500= 52,600원이다.

06 정답 ④

각 상품의 가격은 다음과 같다.
- 상품 A
  - 포스터 : $(60+30)\times10+90=990$원
  - 다이어리 : $(50+15)\times40+70=2,670$원
  - 팸플릿 : $(20+30)\times10=500$원
  - 도서 : $(60+20)\times700=56,000$원
  - → $990+2,670+500+56,000=60,160$원
- 상품 B
  - 포스터 : $(40+20)\times15=900$원
  - 다이어리 : $(40+10)\times60+50=3,050$원
  - 팸플릿 : $(40+40)\times15=1,200$원
  - 도서 : $(80\times600)+(6\times90)=48,000+540=48,540$원
  - → $900+3,050+1,200+48,540=53,690$원
- 상품 C
  - 포스터 : $(80+35)\times20+100=2,400$원
  - 다이어리 : $(20+5)\times80=2,000$원
  - 팸플릿 : $(20+30)\times16-800=800$원
  - 도서 : $(50+10)\times800=48,000$원
  - → $2,400+2,000+800+48,000=53,200$원
- 상품 D
  - 포스터 : $(100+40)\times10=1,400$원
  - 다이어리 : $(60+20)\times50=4,000$원
  - 팸플릿 : $(10+20)\times12+20=380$원
  - 도서 : $(45\times900)+(9\times50)=40,950$원
  - → $1,400+4,000+380+40,950=46,730$원
따라서 상품 D가 46,730원으로 가장 저렴하다.

07 정답 ①

가 ~ 아 수목의 수치를 생장률 및 생장량 공식에 대입하면 다음과 같다.

구분	직경생장률	재적생장량(m³)	재적생장률
가	$\dfrac{2\times1.5}{10-2\times0.5}$ $≒0.33$	0.05×0.33 $≒0.02$	$\dfrac{0.02}{2\times0.05-0.02}\times40$ $=10$
나	$\dfrac{2\times2}{12-2\times0.5}$ $≒0.36$	0.08×0.36 $≒0.03$	$\dfrac{0.03}{2\times0.08-0.03}\times40$ $≒9.23$
다	$\dfrac{2\times1.6}{10-2\times0.6}$ $≒0.36$	0.06×0.36 $≒0.02$	$\dfrac{0.02}{2\times0.06-0.02}\times40$ $=8$
라	$\dfrac{2\times1.5}{10-2\times0.6}$ $≒0.34$	0.05×0.34 $≒0.02$	$\dfrac{0.02}{2\times0.05-0.02}\times40$ $=10$
마	$\dfrac{2\times1.8}{11-2\times0.8}$ $≒0.38$	0.07×0.38 $≒0.03$	$\dfrac{0.03}{2\times0.07-0.03}\times40$ $≒10.91$
바	$\dfrac{2\times1.8}{12-2\times0.5}$ $≒0.33$	0.09×0.33 $≒0.03$	$\dfrac{0.03}{2\times0.09-0.03}\times40$ $=8$
사	$\dfrac{2\times2.2}{12-2\times0.7}$ $≒0.42$	0.1×0.42 $≒0.04$	$\dfrac{0.04}{2\times0.1-0.04}\times40$ $=10$
아	$\dfrac{2\times1.2}{11-2\times0.5}$ $≒0.24$	0.06×0.24 $≒0.01$	$\dfrac{0.01}{2\times0.06-0.01}\times40$ $≒3.64$

따라서 재적생장률이 가장 높은 수목은 '마'이고, 가장 낮은 수목은 '아' 이다.

08 정답 ①

매뉴얼 순서에 따라 비품을 확인해보면, 문서용 집게는 재사용이 가능하므로 구매하지 않고 재사용한다. 연필은 B등급이므로 A등급에 비해 우선순위가 높지 않으며, 커피의 필요 개수가 A4보다 적으므로 우선순위에서 밀려난다. 따라서 가장 먼저 구매해야 하는 비품은 A4이다.

09 정답 ③

각 회사의 제품의뢰 비용 계산결과는 다음과 같다.

- A회사 : $(66,500원×6)+(104,500원×2)+(84,500원×2)$
$=777,000원$
- B회사 : $(157,500원×2)+(164,500원×1)+(230,000원×1)$
$+(130,000원×1)=839,500원$
- C회사 : $(109,500원×3)+(40,000원×3)+(275,000원×1)$
$+(9,500원×5)=771,000원$
- D회사 : $(138,500원×2)+(57,500원×3)+(71,500원×5)$
$=807,000원$

따라서 C회사가 가장 비용이 적게 나온다.

10 정답 ③

S대리의 요청에서 탈취 효율, 유해가스 제거 효율, A/S 기간, 사용면적의 경우는 모든 제품이 적합하다. 하지만 소음방지 효율은 매우 우수 등급이어야 하며, 에너지 사용량은 년당 100kWh 이하여야 하므로 조건에 적합한 공기청정기 모델은 AL112WS, DS302GV, DC846PS, PO946VG, CT754WE로 추려진다. 이 중 L전자는 등록비 10만 원을 별도로 적용하며, S전자는 이벤트로 렌탈 기간을 20개월로 적용한다. 그리고 2년 렌탈할 경우 필터는 2번 교체해야 한다. 해당 5개 모델의 렌탈비용을 계산하면 아래와 같다.

- AL112WS(S전자) : $(267,000원×20개월)+(46,500원×2번)$
$=5,433,000원$
- DS302GV(S전자) : $(273,000원×20개월)+(51,000원×2번)$
$=5,562,000원$
- DC846PS(L전자) : $(215,000원×24개월)+(52,500원×2번)$
$+100,000원(등록비)=5,365,000원$
- PO946VG(H전자) : $(228,000원×24개월)+(42,000원×2번)$
$=5,556,000원$
- CT754WE(L전자) : $(225,000원×24개월)+(45,000원×2번)$
$+100,000원(등록비)=5,590,000원$

따라서 D사원이 선택해야 하는 가장 저렴한 공기청정기 모델은 DC846PS이다.

FINAL

최종점검 모의고사

정답 및 해설

01	02	03	04	05	06	07	08	09	10
②	④	④	④	④	③	④	①	①	①
11	12	13	14	15	16	17	18	19	20
①	④	④	③	④	①	②	④	③	①
21	22	23	24	25	26	27	28	29	30
④	④	③	①	③	②	①	③	①	④

01 정답 ②

문제란 업무를 수행함에 있어서 답을 요구하는 질문이나 의논하여 해결해야 되는 사항을 의미한다. 문제는 흔히 문제점과 구분하지 않고 사용되는데, 문제점이란 문제의 원인이 되는 사항으로 해결을 위해서 손을 써야 할 대상을 말한다.

02 정답 ④

세 번째 명제의 대우는 '운동을 좋아하는 사람은 고전을 좋아한다.'이다. 따라서 두 번째 명제와 연결하면 '사진을 좋아하는 사람은 고전을 좋아한다.'는 명제를 얻을 수 있다.

03 정답 ④

제시된 명제와 그 대우 명제를 정리하면 다음과 같다.
[ ]은 대우 명제이다.
• 액션영화 ○ → 팝콘 ○[팝콘 × → 액션영화 ×]
• 커피 × → 콜라 ×[콜라 ○ → 커피 ○]
• 콜라 × → 액션영화 ○[액션영화 × → 콜라 ○]
• 팝콘 ○ → 나쵸 ×[나쵸 ○ → 팝콘 ×]
• 애니메이션 ○ → 커피 ×[커피 ○ → 애니메이션 ×]
위 조건을 정리하면 '애니메이션 ○ → 커피 × → 콜라 × → 액션영화 ○ → 팝콘 ○'이다.

04 정답 ④

지원자 4의 진술이 거짓이면 지원자 5의 진술도 거짓이고, 지원자 4의 진술이 참이면 지원자 5의 진술도 참이다. 즉, 1명의 진술만 거짓이므로 지원자 4, 5의 진술은 참이다. 그러면 지원자 1과 지원자 2의 진술이 모순이다.

• 지원자 1의 진술이 참인 경우
  지원자 2는 A부서에 선발이 되었고, 지원자 3은 B 또는 C부서에 선발되었다. 이때, 지원자 3의 진술에 따라 지원자 4가 B부서, 지원자 3이 C부서에 선발되었다.
  ∴ A부서 : 지원자 2, B부서 : 지원자 4, C부서 : 지원자 3, D부서 : 지원자 5
• 지원자 2의 진술이 참인 경우
  지원자 3은 A부서에 선발이 되었고, 지원자 2는 B 또는 C부서에 선발되었다. 이때, 지원자 3의 진술에 따라 지원자 4가 B부서, 지원자 2가 C부서에 선발되었다.
  ∴ A부서 : 지원자 3, B부서 : 지원자 4, C부서 : 지원자 2, D부서 : 지원자 5
따라서 지원자 4는 항상 B부서에 선발된다.

05 정답 ④

D는 102동 또는 104동에 살며, A와 B가 서로 인접한 동에 살고 있으므로 E는 101동 또는 105동에 산다. 이를 통해 101동부터 순서대로 (A, B, C, D, E), (B, A, C, D, E), (E, D, C, A, B), (E, D, C, B, A)의 네 가지 경우를 추론할 수 있다. 따라서 'A가 102동에 산다면 E는 105동에 산다.'는 반드시 참이 된다.

06 정답 ③

이동 시간이 긴 순서대로 나열하면 'D - B - C - A'이다. 이때 이동 시간은 거리가 멀수록 많이 소요된다고 하였으므로 서울과의 거리가 먼 순서에 따라 D는 강릉, B는 대전, C는 세종, A는 인천에서 근무하는 것을 알 수 있다.

07 정답 ④

정현>재현(1997)으로 정현이가 1997년 이전에 태어났음을 알 수 있으나, 제시된 사실만으로는 민현이와 정현이의 출생 순서를 알 수 없다.

08 정답 ①

천자포의 사거리는 1,500보, 현자포의 사거리는 800보, 지자포의 사거리는 900보로, 사거리 길이가 긴 순서에 따라 나열하면 '천자포 - 지자포 - 현자포'의 순서이다. 따라서 천자포의 사거리가 가장 긴 것을 알 수 있다.

09 정답 ①

세영>희정, 세영>은솔·희진으로 세영이가 가장 높은 층에 사는 것을 알 수 있으나, 제시된 사실만으로는 가장 낮은 층에 사는 사람을 알 수 없다.

10 정답 ①

오전 심층면접은 9시 10분에 시작하므로 12시까지 170분의 시간이 있다. 한 명당 15분씩 면접을 볼 때, 가능한 면접 인원은 $170 \div 15 ≒ 11$명이다. 오후 심층면접은 1시부터 바로 진행할 수 있으므로 종료시간까지 240분의 시간이 있다. 한 명당 15분씩 면접을 볼 때 가능한 인원은 $240 \div 15 = 16$명이다. 즉, 심층면접을 할 수 있는 최대 인원수는 $11+16=27$명이다. 27번째 면접자의 기본면접이 끝나기까지 걸리는 시간은 $10 \times 27+60$(점심·휴식 시간)$=330$분이다. 따라서 마지막 심층면접자의 기본면접 종료 시각은 오전 9시$+330$분$=$오후 2시 30분이다.

11 정답 ①

각 선택지별 통합방안에 따라 선거구 통합은 지지율에 영향을 주지 않고, 선거구마다 유권자 수가 같다고 했으므로 두 선거구에서 지지율을 유권자 인원으로 가정하여 합하면 통합된 선거구에서 승리할 정당을 알 수 있다. ①~④ 보기를 정리하면 다음과 같다.

①
구분	(A, C)	(B, D)	(F, G)	(E, H)
당선자 소속정당	을 90 : 110	을 95 : 105	을 90 : 110	갑 115 : 85

을 정당은 갑 정당보다 2명의 당선자를 더 배출한다.

②
구분	(A, B)	(C, F)	(D, G)	(E, H)
당선자 소속정당	을 80 : 120	갑 125 : 75	을 70 : 130	갑 115 : 85

을 정당은 갑 정당과 동일한 수의 당선자를 배출한다.

③
구분	(A, B)	(C, D)	(F, G)	(E, H)
당선자 소속정당	을 80 : 120	갑 105 : 95	을 90 : 110	갑 115 : 85

을 정당은 갑 정당과 동일한 수의 당선자를 배출한다.

④
구분	(A, B)	(C, F)	(D, E)	(G, H)
당선자 소속정당	을 80 : 120	갑 125 : 75	을 80 : 120	갑 105 : 95

을 정당은 갑 정당과 동일한 수의 당선자를 배출한다.
따라서 을 정당에 가장 유리한 방안은 ①이다.

12 정답 ④

(라)의 코드번호가 N134라면, 사고 종류는 자연재해(N), 사고 형태는 침수(1), 사고 대상은 여객열차(3), 사고 위치는 교량(4)이어야 한다. 그러나 (라)의 사고 위치가 본선구간(2)이므로 N134가 아닌, N132가 되어야 한다.

13 정답 ④

A씨의 생활을 살펴보면 출퇴근길에 자가용을 사용하고 있어 주유비에 대해서 부담을 가지고 있다. 그리고 곧 겨울이 올 것을 대비해 차량 점검을 할 예정이다. 이러한 사항을 고려해 볼 때 A씨는 자동차와 관련된 혜택을 받을 수 있는 카드(D카드)를 선택하는 것이 가장 적합하다고 볼 수 있다.

14 정답 ③

질문과 답변이 올바르게 연결된 것은 ③이다.

15 정답 ④

① 2천만 원의 차량 담보로도 진행할 수 있는 대출에 아파트라는 과도한 담보를 요구하고 있으므로 제5조 제2호에 어긋난다.
② 제6조 제2호에서 정한 취약한 금융소비자에 대한 이해수준 등을 파악하지 않고 일방적으로 상품 가입을 권유하고 있다.
③ 소비자가 충분히 고민하고 결정한 상품을 부정하고, 다른 상품을 강제로 권유하고 있으므로 제5조 제1호에 어긋난다.

16 정답 ①

두 빵집은 서로의 결정에 대해 알 수 없으므로 각자 최고의 이익을 얻을 수 있는 최선의 선택을 할 것이다. 따라서 빵집 A와 B는 모두 가격을 인하할 가능성이 높다.

17 정답 ②

입국으로 인한 급여정지해제 신고에 따라 1개월 이상 국내에 체류하는 경우 또는 최종 입국한 경우에는 공단에 급여정지해제 신고를 해야 보험급여를 받을 수 있다.

18 정답 ④

IT 기기에 친숙하고 새로운 것을 좋아한다는 내용과 높은 저연령층 구성비로 미루어볼 때, D가 언급한 유형은 Digital Lifestyles, Evolving Landscapes에 가장 가깝다.

19 정답 ③

B안의 가중치는 전문성인데 자원봉사제도는 (−)이므로 부당한 판단이다.

① 전문성 면에서는 유급법률구조제도가 (+), 자원봉사제도가 (−)로 옳은 설명이다.

② A안에 가중치를 적용할 경우 접근용이성과 전문성에 가중치를 적용하므로 두 정책목표 모두에서 (+)를 보이는 유급법률구조제도가 가장 적절하다.

④ B안에 가중치를 적용할 경우 전문성에 가중치를 적용하므로 (+)를 보이는 유급법률구조제도가 가장 적절하며, A안에 가중치를 적용할 경우에도 ②에 의해 유급법률구조제도가 가장 적절하다. 따라서 어떤 것을 적용하더라도 결과는 같다.

20 정답 ①

제시된 자료는 (주)○○섬유의 SWOT 분석을 통해 강점(S), 약점(W), 기회(O), 위기(T) 요인을 분석한 것이다. SO전략과 WO전략은 발전 방안으로서 적절하다. 하지만 ST전략에서 경쟁업체에 특허 기술을 무상 이전하는 것은 경쟁이 더 심화될 수 있으므로 적절하지 않다. 또한, WT전략에서는 기존 설비에 대한 재투자보다는 수요에 맞게 다양한 제품을 유연하게 생산할 수 있는 신규 설비에 대한 투자가 필요하다.

21 정답 ④

전 직원이 이미 확정된 스케줄의 변동 없이 1시간을 사용할 수 있는 시간은 10:00 ~ 11:00과 14:00 ~ 15:00의 두 시간대이다. 은행장은 가능한 빨리 완료할 것을 지시하였으므로 10:00 ~ 11:00가 가장 적절하다.

22 정답 ④

꼭 해야만 할 일을 끝내지 못했을 경우에는 다른 사람에게 부탁하기보다는 자신의 차기 계획에 반영하여 해결하는 것이 좋다. 다른 사람에게 위양할 수 있는 일과 그렇지 못한 일은 일을 진행하는 도중이 아닌 시간 계획 최초부터 나누어 두어야 한다. 따라서 야근을 해도 끝내지 못한 일은 다음 일일 업무 계획에 반영하여 자신이 해결하도록 해야 한다.

23 정답 ③

한국(W)이 오전 8시일 때, 오스트레일리아(B)는 오전 10시(시차 +2), 아랍에미리트(C)는 오전 3시(시차 : −5), 러시아(D)는 오전 2시(시차 : −6)이다. 따라서 업무가 시작되는 오전 9시를 기준으로 오스트레일리아는 이미 2시간 전에 업무를 시작했고, 아랍에미리트는 5시간 후, 러시아는 6시간 후에 업무를 시작한다. 이것을 표로 정리하면 다음과 같다(색칠한 부분이 업무시간이다).

한국시각 / 국가	7 am	8 am	9 am	10 am	11 am	12 pm	1 pm	2 pm	3 pm	4 pm	5 pm	6 pm
W은행 (서울)												
B은행 (시드니)												
C은행 (두바이)												
D은행 (모스크바)												

따라서 화상회의 가능 시각은 한국시간으로 오후 3시 ~ 오후 4시이다.

24 정답 ①

첫 번째 조건에 의하면 내구연한이 8년 이상인 소화기는 폐기처분하여야 한다. 2019년 1월 1일을 기준으로 하였을 때, 제조연도가 2010년, 2011년인 소화기는 처분대상이 되므로 총 39개이며, 폐기처분비용은 $10,000 \times 39 = 39$만 원이 발생된다.

두 번째 조건에 의하면 지시압력계가 노란색이거나 빨간색이면 신형 소화기로 교체처분을 하여야 한다. 2012 ~ 2014까지 노란색으로 표시된 소화기는 총 5개이며, 빨간색으로 표시된 소화기는 3개이다. 따라서 교체비용은 $50,000 \times (5+3) = 40$만 원이 발생된다.

세 번째 조건에 의하면 소화기는 최소한 60개 이상 보유하여야 한다. 2012 ~ 2014년의 소화기 총계가 51개이므로 9개의 신형 소화기를 새로 구매하여야 한다. 따라서 구매비용은 $50,000 \times 9 = 45$만 원이 발생된다. 최종적으로 발생된 전체비용은 39만 원+40만 원+45만 원=124만 원이다.

25 정답 ③

총 성과급을 x만 원이라 하자.

- A의 성과급 : $\left(\dfrac{1}{3}x + 20\right)$만 원

- B의 성과급 : $\dfrac{1}{2}\left\{x - \left(\dfrac{1}{3}x + 20\right)\right\} + 10 = \dfrac{1}{3}x$만 원

- C의 성과급 : $\dfrac{1}{3}\left\{x - \left(\dfrac{1}{3}x + 20 + \dfrac{1}{3}x\right)\right\} + 60$

  $= \left(\dfrac{1}{9}x + \dfrac{160}{3}\right)$만 원

- D의 성과급 : $\dfrac{1}{2}\left\{x - \left(\dfrac{1}{3}x + 20 + \dfrac{1}{3}x + \dfrac{1}{9}x + \dfrac{160}{3}\right)\right\} + 70$

  $= \left(\dfrac{1}{9}x + \dfrac{100}{3}\right)$만 원

$x = \dfrac{1}{3}x + 20 + \dfrac{1}{3}x + \dfrac{1}{9}x + \dfrac{160}{3} + \dfrac{1}{9}x + \dfrac{100}{3}$

$\therefore x = 960$

26 정답 ②

8:20에 터미널에 도착하여 A회사 AM 9:00 항로 2 여객선을 선택할 때, 오전 중에 가장 저렴한 비용으로 입섬할 수 있다.

27 정답 ①

성과급 지급 기준에 따라 직원들의 성과점수를 산정하면 다음과 같다.

직원	성과점수
A	$(85 \times 0.4) + (70 \times 0.3) + (80 \times 0.3) + 4 = 83$점
B	$(80 \times 0.4) + (80 \times 0.3) + (70 \times 0.3) - 1 = 76$점
C	$(75 \times 0.4) + (85 \times 0.3) + (80 \times 0.3) + 2 = 81.5$점
D	$(70 \times 0.4) + (70 \times 0.3) + (90 \times 0.3) - 5 = 71$점
E	$(80 \times 0.4) + (65 \times 0.3) + (75 \times 0.3) = 74$점

수상, 자격증 획득, 징계는 4분기 내의 것만 인정이 됨에 유의한다. 따라서 A, C가 B등급으로 직원들 중 가장 높은 등급을 받고, 이에 따라 가장 많은 성과급을 받는다.

28 정답 ③

A ~ D직원의 성과급 점수를 계산하면
- A대리 : $85 \times 0.5 + 90 \times 0.5 = 87.5$점
- B과장 : $100 \times 0.3 + 85 \times 0.1 + 80 \times 0.6 = 86.5$점
- C사원 : $95 \times 0.6 + 85 \times 0.4 = 91$점
- D차장 : $80 \times 0.2 + 90 \times 0.3 + 85 \times 0.5 = 85.5$점

따라서 성과급 점수가 90점 이상인 S등급에 해당되는 직원은 C사원이다.

29 정답 ①

두 번째 조건에서 총 구매금액이 30만 원 이상이면 총 금액에서 5% 할인을 해주므로 한 벌당 가격이 $300,000 \div 50 = 6,000$원 이상인 품목은 할인적용이 들어간다. 업체별 품목 금액을 보면 모든 품목이 6,000원 이상이므로 5% 할인적용 대상이다. 따라서 모든 품목이 할인 조건이 적용되어 정가로 비교가 가능하다.

마지막 조건에서 차순위 품목이 1순위 품목보다 총 금액이 20% 이상 저렴한 경우 차순위를 선택하므로 한 벌당 가격으로 계산하면 1순위인 카라 티셔츠의 20% 할인된 가격은 $8,000 \times 0.8 = 6,400$원이다. 정가가 6,400원 이하인 품목은 A업체의 티셔츠이므로 팀장은 1순위 카라 티셔츠보다 2순위인 A업체의 티셔츠를 구입할 것이다.

30 정답 ④

첫 번째와 두 번째 구매 지침은 4개 회사 모두 만족한다.
세 번째 구매 지침에 따라 지폐 두께 조절이 불가능한 C제품이 제외되고, 네 번째 구매 지침에 따라 A제품도 제외된다.
따라서 남은 B제품과 D제품 중에 가격이 가장 저렴한 D제품이 선정된다.

최종점검 모의고사

정답 및 해설

01	02	03	04	05	06	07	08	09	10
④	④	④	③	①	③	③	②	①	②
11	12	13	14	15	16	17	18	19	20
②	③	②	②	③	②	③	④	③	①
21	22	23	24	25	26	27	28	29	30
④	③	①	④	③	①	③	①	①	④

01　정답　④

2030 비전 달성을 위한 해외 사업 진출 프로젝트 방안을 마련하는 것은 목표지향적이며, 미래지향적인 설정형 문제 업무수행과정에 해당한다.

오답분석
① 생산성 향상을 위한 업무 프로세스, 작업방법 등을 개선하는 것은 현재 상황을 개선하는 것이므로 탐색형 문제 업무수행과정에 해당한다.
② HR 제도 개선을 위한 인력 재산정 프로젝트 추진은 현재 쓰이고 있는 제도의 개선이므로 탐색형 문제 업무수행과정에 해당한다.
③ 구성원들의 성과를 향상시킬 수 있는 방안을 모색하는 것은 현재 상황의 효율을 높이기 위함이므로 탐색형 문제 업무수행과정에 해당한다.

02　정답　④

주스를 좋아하는 사람은 우유를 좋아하지 않으므로 대우 법칙을 생각했을 때, 우유를 좋아하는 사람은 주스를 좋아하지 않는다. 주스를 좋아하지 않는 사람은 치즈를 좋아한다고 했으므로 빵을 좋아하는 사람은 우유를 좋아하고, 우유를 좋아하는 사람은 주스를 좋아하지 않으며, 주스를 좋아하지 않는 사람은 치즈를 좋아한다는 결론이 도출된다. 따라서 빵을 좋아하는 사람은 치즈를 좋아한다.

03　정답　④

세 번째 명제의 대우는 '짬뽕을 좋아하는 사람은 밥을 좋아한다.'이다. 따라서 두 번째 명제와 연결하면 '초밥을 좋아하는 사람은 밥을 좋아한다.'는 명제를 얻을 수 있다.

04　정답　③

을과 정은 상반된 이야기를 하고 있다. 만일 을이 참이고 정이 거짓이라면 합격자는 병, 정이 되는데 합격자는 한 명이어야 하므로 모순이다. 따라서 을은 거짓이고 합격자는 병이다.

05　정답　①

홍 대리가 건강검진을 받을 수 있는 요일은 월요일 또는 화요일이며, 이 사원 역시 월요일 또는 화요일에 건강검진을 받을 수 있다. 이때 이 사원이 홍 대리보다 늦게 건강검진을 받는다고 하였으므로 홍 대리가 월요일, 이 사원이 화요일에 건강검진을 받는 것을 알 수 있다. 나머지 수·목·금요일의 일정은 박 과장이 금요일을 제외한 수요일과 목요일 각각 건강검진을 받는 두 가지 경우에 따라 나눌 수 있다.
1) 박 과장이 수요일에 건강검진을 받을 경우
　　목요일은 최 사원이, 금요일은 김 대리가 건강검진을 받는다.
2) 박 과장이 목요일에 건강검진을 받을 경우
　　수요일은 최 사원이, 금요일은 김 대리가 건강검진을 받는다.
따라서 반드시 참이 될 수 있는 것은 ①이다.

06　정답　③

은호의 신발 사이즈는 235mm이며, 은호 아빠의 신발 사이즈는 270mm이므로 은호 아빠와 은호의 신발 사이즈 차이는 270−235=35mm이다.

오답분석
① 은호의 엄마는 은호보다 5mm 큰 신발을 신으므로 은호 엄마의 신발 사이즈는 240mm이다. 따라서 은호 아빠와 엄마의 신발 사이즈 차이는 270−240=30mm이다.
② 은수의 신발 사이즈는 230mm 이하로 엄마의 신발 사이즈와 최소 10mm 이상 차이가 난다.
④ 235mm인 은호의 신발 사이즈와 230mm 이하인 은수의 신발 사이즈는 최소 5mm 이상 차이가 난다.

07　정답　③

오늘 정은이는 커피 한 잔, 슬기는 커피 세 잔을 마셨으며, 은주는 커피 세 잔을 마신 슬기보다 적게 마셨음을 알 수 있다. 따라서 오늘 슬기가 커피를 가장 많이 마신 것을 알 수 있다. 한편, 제시된 사실만으로는 은주가 오늘 정은보다 커피를 많이 마셨는지 알 수 없다.

08 정답 ②

제시된 과일의 비타민 C 함유량을 정리하면, '사과 – 키위(=5사과) – 귤(=1.6키위=8사과) – 딸기(=2.6키위=13사과)' 순서이므로 딸기의 비타민 C 함유량이 가장 많고, 사과의 비타민 C 함유량이 가장 적은 것을 알 수 있다.

09 정답 ①

가장 덜 팔리는 책은 잡지이고 동화책은 서점에서 두 번째로 많이 팔린다고 했으므로, 가장 많이 팔리는 책과 3, 4번째로 많이 팔리는 책을 찾으면 된다. 남은 책 중 수험서보다 많이 팔리는 책은 없으며 만화책은 소설책보다 잘 팔린다고 했으므로, 서점에서 덜 팔리는 책의 순서대로 나열하면 잡지 – 소설 – 만화 – 동화책 – 수험서가 된다.

10 정답 ②

투자 여부 판단 조건에 대한 관계를 추가로 정리하면 다음과 같다.

구분	㉮	㉯	㉰	㉱	㉲
A	○		○	×	×
B	○	○	○	○	
C	○	×	○	×	×
D	×	○	×		
E	×	×	×	×	×

2)를 근거로 ㉯가 나타나지 않으면 ㉱는 나타나지 않는다. 3)을 근거로 ㉯ 또는 ㉰가 나타나지 않으면 ㉲는 나타나지 않는다. 1 ~ 5 조건에 따라 이상 징후 발견 표를 작성하면 위와 같으므로, 투자 부적격 기업은 B이다.

11 정답 ②

종목 마를 제외한 팀별 종목별 득점의 합계는 다음과 같다.

팀명	A	B	C	D
합계	11	9	8	12

종목 가, 나, 다, 라에서 팀별 1, 2위를 차지한 횟수는 다음과 같다.

팀명\순위	A	B	C	D
1위	1	1	0	2
2위	1	1	1	1

ㄱ·ㄹ. A팀이 종목 마에서 1위를 차지하여 4점을 받는다면, 총점은 15점이고 1위를 차지한 횟수는 2번, 2위를 차지한 횟수는 1번이 된다. 이때 D팀이 종목 마에서 2위를 차지하면, 합계는 15점, 1위를 차지한 횟수는 2번으로 A팀과 같고 2위를 차지한 횟수는 2번이 된다. 따라서 D팀이 종합 1위, A팀이 종합 2위가 된다.

오답분석

ㄴ. B팀과 C팀의 가, 나, 다, 라 종목의 득점 합계의 차이는 1점이고 B팀이 C팀보다 1위를 차지한 횟수가 더 많다. 따라서 B팀이 종목 마에서 C팀에게 한 등급 차이로 순위에서 뒤처지면 득점의 합계는 같게 되지만, 순위 횟수에서 B팀이 C팀보다 우수하므로 종합 순위에서 B팀이 C팀보다 높게 된다.

ㄷ. C팀이 2위를 하고 B팀이 4위를 하거나, C팀이 1위를 하고 B팀이 3위 이하를 했을 경우에는 B팀이 최하위가 된다.

12 정답 ③

ㄱ. 공정 순서는 A → B·C → D → E → F로 전체 공정이 완료되기 위해서는 15분이 소요된다.

ㄷ. B공정이 1분 더 지연되어도 C공정에서 5분이 걸리기 때문에 전체 공정 시간에는 변화가 없다.

오답분석

ㄴ. 첫 제품 생산 후부터는 5분마다 제품이 생산되기 때문에 첫 제품 생산 후부터 1시간마다 12개의 제품이 생산된다.

13 정답 ②

ⓑ 고객이 당장 오늘 내로 문제 해결 방법을 알려달라는 강한 불만을 제기했으므로 긴급하면서도 중요한 문제이다. 그러므로 제1사분면에 위치하는 것이 가장 적절하다.

ⓐ 다음 주에 상부에 보고해야 하는 업무는 중요하지만, 아직 시간이 조금 남아있는 상태이므로 긴급한 업무는 아니다. 그러므로 제2사분면에 위치하는 것이 가장 적절하다.

ⓒ 친구와의 약속은 업무에서 중요하지 않고 긴급한 일이 아니다. 그러므로 제4사분면에 위치하는 것이 가장 적절하다.

14 정답 ②

A씨는 계약전력이 3kW 이하이며 전세계약을 했으므로 사용자로 변동된 경우다. 계약전력이 5kW 이하인 고객은 전화신청도 가능하며 사용자로 변동된 경우에는 전기사용변경신청서와 고객변동일을 입증할 수 있는 서류로 임대차계약서 또는 사업자등록증 사본을 구비하면 된다.

15 정답 ③

어플리케이션에 판단 (A), (B)의 영향도를 분석하면 아래와 같다.

(A) 어플리케이션의 응답시간에 대한 사용자 요구 수준을 볼 때, 기본적인 성능이 잘 제공되는 것으로 판단된다. → (성능 영향도 0)
비록 고장 시 불편한 손실이 발생되지만, 다행히 쉽게 복구가 가능하다. → (신뢰성 영향도 1)
설계 단계에서 하나 이상의 설치 사이트에 대한 요구사항이 고려되며, 유사한 하드웨어나 소프트웨어 환경 하에서만 운영되도록 설계되었다. → (다중 사이트 영향도 1)

그리고 데이터를 전송하는 정도를 보면 분산처리에 대한 요구사항이 명시되지 않은 것으로 판단된다. → (분산처리 영향도 0)

(B) 어플리케이션에서 발생할 수 있는 장애에 있어서는 기본적인 신뢰성이 제공된다. → (신뢰성 영향도 0)

응답시간 또는 처리율이 피크타임에 중요하며, → (성능 영향도 1)

어플리케이션의 처리기능은 복수개의 서버 상에서 동적으로 상호 수행된다. → (분산처리 영향도 2)

그리고 이 어플리케이션은 동일한 소프트웨어 환경 하에서만 운영되도록 설계되었다. → (다중 사이트 영향도 0)

따라서 판단에 대한 총 영향도는 (A)는 2, (B)는 3이다.

16 정답 ②

1단계 조사는 그 조사 시행일을 기준으로 3년마다 실시해야 하므로 2019년 3월 1일에 실시해야 한다.

오답분석

① 2단계 조사는 1단계 조사 판정일 이후 1개월 내에 실시해야 하므로 2018년 12월 31일 전에 실시해야 한다.
③ 환경부장관이 2단계 조사를 실시해야 한다.
④ 병단지 주변지역은 정상지역으로 판정이 났으므로 2단계 조사를 실시할 필요가 없다.

17 정답 ③

손발 저림 개선에 효능이 있는 코스는 케어코스와 종합코스가 있으며, 종합코스는 피부질환에도 효능이 있다.

오답분석

① 폼스티엔에이페리주 치료도 30% 할인이 적용된다.
② 식욕부진의 경우 웰빙코스가 적절하다.
④ 할인행사는 8월 한 달간 진행된다.

18 정답 ④

게임 규칙과 결과를 토대로 경우의 수를 따져보면 다음과 같다.

라운드	벌칙 제외	총 퀴즈 개수
3	A	15
4	B	19
5	C	21
	D	
	C	22
	E	
	D	22
	E	

ㄴ. 총 22개의 퀴즈가 출제되었다면, E는 정답을 맞혀 벌칙에서 제외된 것이다.

ㄷ. 게임이 종료될 때까지 총 21개의 퀴즈가 출제되었다면 C, D가 벌칙에서 제외된 경우로 5라운드에서 E에게는 정답을 맞힐 기회가 주어지지 않았다. 따라서 퀴즈를 푸는 순서가 벌칙을 받을 사람 선정에 영향을 미친다.

오답분석

ㄱ. 5라운드까지 4명의 참가자가 벌칙에서 제외되었으므로 정답을 맞힌 퀴즈는 8개, 벌칙을 받을 사람이 5라운드까지 정답을 맞힌 퀴즈는 0개나 1개이므로 총 정답을 맞힌 퀴즈는 8개나 9개이다.

19 정답 ③

산재근로자의 장해등급 구분에 영향을 미치는 요인은 '산재근로자의 노동시장 참여(2)'에서 다루고 있음을 알 수 있다.

20 정답 ①

• Strength(강점) : 한국자동차는 전기자동차 모델들을 꾸준히 출시하여 성장세가 두드러지고 있는데다 고객들의 다양한 구매 욕구를 충족시킬 만한 전기자동차 상품의 다양성을 확보하였다.
• Opportunity(기회) : 새로운 정권에서 전기자동차에 대한 지원과 함께 친환경차 보급 확대에 적극 나설 것으로 보인다는 점과 환경을 생각하는 국민 의식이 증가되고, 친환경차의 연비 절감 부분이 친환경차 구매욕구 상승에 기여하고 있으며 한국자동차의 미국 수출이 증가하고 있다.

따라서 해당 기사를 분석하면 SO전략이 적절하다.

21 정답 ④

인천에서 샌프란시스코까지 비행 시간은 10시간 25분이므로, 샌프란시스코 도착 시각에서 거슬러 올라가면 샌프란시스코 시각으로 00시 10분에 출발한 것이 된다. 이때 한국은 샌프란시스코보다 16시간 빠르기 때문에 한국 시각으로는 16시 10분에 출발한 것이다. 하지만 비행기 티케팅을 위해 출발 한 시간 전에 인천공항에 도착해야 하므로 15시 10분까지 공항에 가야 한다.

22 정답 ③

우선 B사원의 대화내용을 살펴보면, 16:00부터 사내 정기 강연으로 2시간 정도 소요된다는 것을 알 수 있다. 또한 B사원은 강연 준비로 30분 정도 더 일찍 나서야 하므로, 15:30부터는 가용할 시간이 없다. 그리고 기획안 작성업무는 두 시간 정도 걸릴 것으로 보고 있는데, A팀장이 먼저 기획안부터 마무리 짓자고 하였으므로, 11:00부터 업무를 시작하는 것으로 볼 수 있다. 그런데 중간에 점심시간이 껴 있으므로, 기획안 업무는 14:00에 완료될 것으로 볼 수 있다. 따라서 A팀장과 B사원 모두 여유가 되는 시간은 14:00 ~ 15:30이므로 보기에서 가장 적절한 시간대는 ③이다.

23 정답 ①

두 번째 조건에서 교통편과 집과의 거리가 1.2km 이내여야 한다고 하였으므로 K버스는 제외된다. 네 번째 조건에서 나머지 교통편의 왕복 시간은 다음과 같이 5시간 이하임을 확인할 수 있다.

- 비행기 : 45분×2=1시간 30분
- E열차 : 2시간 11분×2=4시간 22분
- P버스 : 2시간 25분×2=4시간 50분

또한 각각에 해당하는 총 4인 가족 교통비를 구하면 다음과 같다.

- 비행기 : 119,000×4×0.97=461,720원
- E열차 : 134,000×4×0.95=509,200원
- P버스 : 116,000×4=464,000원

세 번째 조건에서 E열차는 총 금액이 50만 원을 초과하였으므로 조건에 부합하지 않는다. 남은 비행기와 P버스 중 비행기의 교통비가 가장 저렴하므로, 지우네 가족이 이용할 교통편은 비행기이며, 총 교통비는 461,720원임을 알 수 있다.

24 정답 ④

- 일비 : 하루에 10만 원씩 지급 → 100,000×3=300,000원
- 숙박비 : 실비 지급 → B호텔 2박 → 250,000×2=500,000원
- 식비 : 8~9일까지는 3식이고 10일에는 점심 기내식을 제외하여 아침만 포함 → (10,000×3)+(10,000×3)+(10,000×1)=70,000원
- 교통비 : 실비 지급 → 84,000+10,000+16,300+17,000 +89,000=216,300원
- 합계 : 300,000+500,000+70,000+216,300=1,086,300원

25 정답 ③

각 조에서 팀별로 한 번씩 경기를 치러야 하므로 조별 경기 수는 $_6C_2=$ $\dfrac{6\times5}{2\times1}=15$경기이다. 1경기를 치르면 각 팀은 승무패 중 하나의 결과를 얻는다. 그러므로 한 조의 승무패의 합은 15×2=30이 되고, 승과 패의 수는 같아야 한다. 이를 활용하여 경기결과를 도출할 수 있고, 승점을 계산하면 다음과 같다.

1조			2조		
팀	결과	승점	팀	결과	승점
A	1승 4무	1×2+4×1 =6점	G	3승 2패	3×2+2×0 =6점
B	4승 1무	4×2+1×1 =9점	H	2승 2무 1패	2×2+2×1 +1×0=6점
C	1무 4패	1×1+4×0 =1점	I	2승 1무 2패	2×2+1×1 +2×0=5점
D	2무 3패	2×1+3×0 =2점	J	3승 1무 1패	3×2+1×1 +1×0=7점
E	3승 1무 1패	3×2+1×1 +1×0=7점	K	1무 4패	1×1+4×0 =1점
F	2승 1무 2패	2×2+1×1 +2×0=5점	L	1승 3무 1패	1×2+3×1 +1×0=5점

따라서 결승에 진출하는 팀은 1조의 B팀과 2조의 J팀이다.

26 정답 ①

평가지표 결과와 지표별 가중치를 이용하여 지원자들의 최종 점수를 계산하면 다음과 같다.

- A지원자 : 3×3+3×3+5×5+4×4+4×5+5=84점
- B지원자 : 5×3+5×3+2×5+3×4+4×5+5=77점
- C지원자 : 5×3+3×3+3×5+3×4+5×5=76점
- D지원자 : 4×3+3×3+3×5+5×4+4×5+5=81점
- E지원자 : 4×3+4×3+2×5+5×4+4×5=79점

따라서 건강보험심사평가원에서 올해 채용할 지원자는 A, D지원자이다.

27 정답 ③

첫 번째 요구사항을 통해 고객은 '높음' 등급의 위험을 꺼려하지만 어느 정도의 위험은 감수할 수 있다는 것을 알 수 있다. 따라서 '높음' 등급의 A를 제외한다. 또한 감수할 수 있는 위험 범위 내에서 가능한 많은 수익을 올리기를 바라므로 '낮음' 등급의 B상품을 제외한다.

D상품이 C상품과 수익률이 같지만 고객의 나머지 조건들에 있어서는 모두 C상품에 비해 불리하므로 고객의 요구에 가장 적합한 상품은 C상품이다.

28 정답 ①

직원 수가 100명이므로 주문해야 할 치킨은 50마리이다. 방문 포장 시의 할인율이 배달을 시킬 때의 할인율보다 크므로 방문 포장으로 주문한다.

- A치킨
  15,000×50×{1-(0.35+0.05)}+50,000=500,000원
- B치킨
  16,000×50×{1-(0.2+0.03)}+15,000=631,000원

따라서 A치킨에서 방문 포장으로 주문하는 것이 최소 비용으로 치킨을 먹을 수 있는 방법이다.

오답분석

④ {15,000×25×(1-0.35)+50,000}+[{16,000×20×(1- 0.23)}+{16,000×5×(1-0.2)}+15,000]
  → 293,750+325,400=619,150원

29 정답 ①

인터넷 요금과 휴대폰 요금 동시 가입의 경우 합산 요금의 20%를 받을 수 있지만 중복할인이 불가능하므로 휴대폰 가입자 3인 이상일 때 30%의 할인율을 받기 위해서 인터넷 요금과 TV 수신료로 교차하여 20%를 할인 받는다. 또한 TV와 인터넷 셋톱박스 대여료 중 가장 비싼 가격 1대만 청구하므로 TV 셋톱박스 대여료만 청구하며 총 요금에서 자동이체를 적용해 10% 추가 할인을 받는다.

- 인터넷 요금과 TV 수신료 : $(38,500+27,300) \times 0.8 = 52,640$원
- 휴대폰 가입자 3인 할인 : $(48,400+59,400+25,300) \times 0.7$ $= 93,170$원
- TV 셋톱박스 대여료 : $4,400$원
- 자동이체 추가 할인 : $(52,640+93,170+4,400) \times 0.9 = 135,189$원

천 원 미만을 절사하면 총 요금은 135,000원이다.

30 정답 ④

전자제품의 경우 관세와 부가세가 모두 동일하며, 전자제품의 가격이 다른 가격보다 월등하게 높기 때문에 대소비교는 전자제품만 비교해도 된다.

이중 A의 TV와 B의 노트북은 가격이 동일하기 때문에 굳이 계산할 필요가 없고 TV와 노트북을 제외한 휴대폰과 카메라만 비교하면 된다. B의 카메라가 A의 휴대폰보다 비싸기 때문에 B가 더 많은 관세를 낸다.

구분	전자제품	전자제품 외
A	TV(110만), 휴대폰(60만)	스킨로션(5만), 스포츠용 헬멧(10만)
B	노트북(110만), 카메라(80만)	책(10만), 신발(10만)

B가 내야할 세금을 계산해보면, 우선 전자제품은 모두 18%(관세 8%+부가세 10%)의 세율로 $190 \times 0.18 = 34.2$만 원과 노트북은 100만 원을 초과하므로 특별과세 $110 \times 0.5 = 55$만 원이 더 과세된다. 나머지 품목들의 세금은 책이 $10 \times 0.1 = 1$만 원, 신발이 $10 \times 0.23 = 2.3$만이다. 따라서 B가 내야할 관세 총액은 $34.2+55+1+2.3 = 92.5$만 원이다.

좋은 책을 만드는 길
독자님과 함께하겠습니다.

도서나 동영상에 궁금한 점, 아쉬운 점, 만족스러운 점이
있으시다면 어떤 의견이라도 말씀해 주세요.
시대고시기획은 독자님의 의견을 모아 더 좋은 책으로 보답하겠습니다.

www.sidaegosi.com

2022 최신판 독하게 합격! 금융권 NCS 문제해결능력 · 자원관리능력 + 무료NCS특강

개정2판1쇄 발행	2022년 03월 25일 (인쇄 2022년 02월 15일)
초 판 발 행	2020년 06월 25일 (인쇄 2020년 05월 15일)
발 행 인	박영일
책 임 편 집	이해욱
저 자	SD적성검사연구소
편 집 진 행	여연주
표지디자인	김지수
편집디자인	김지수 · 안아현
발 행 처	(주)시대고시기획
출 판 등 록	제10-1521호
주 소	서울시 마포구 큰우물로 75 [도화동 538 성지B/D] 9F
전 화	1600-3600
팩 스	02-701-8823
홈 페 이 지	www.sidaegosi.com
I S B N	979-11-383-1934-8 (13320)
정 가	20,000원

도서 관련 최신 정보 및 정오사항이 있는지
우측 QR을 통해 확인해 보세요!